사상의 거장들

사상의 거장들

그들은 어떻게 유럽과 세계를 속였는가

초판 1쇄 발행   2017년 5월 20일

지은이   앙드레 글뤽스만
옮긴이   박정자
펴낸이   안병훈
펴낸곳   도서출판 기파랑
등 록   2004. 12. 27 제300-2004-204호
주 소   (03086) 서울시 종로구 대학로8가길 56 동숭빌딩 301호
전 화   02-763-8996(편집부) 02-3288-0077(영업마케팅부)
팩 스   02-763-8936
이메일   info@guiparang.com
홈페이지   www.guiparang.com

Les maîtres penseurs
de André Glucksmann
ⓒ Editions Grasset&Fasquelle, 1977

ⓒ Translation rights by Guiparang, 2017
Korean translation rights arranged with Editions Grasset & Fasquelle through Shinwon agency.
All rights reserved.

ISBN 978-89-6523-696-2   93300

사상의
거장들

그들은 어떻게 유럽과 세계를 속였는가

앙드레 글뤽스만 | 박정자 옮김

기파랑

브레즈네프와 피노체트를 서로 교환하려 했던
한 미치광이에게

아직도 유효한 『자본론』 비판

　그때는 아직 소련 공산주의 체제가 막강한 위력을 발휘하고 있던 시절이었다. 중국 문화혁명의 잔인한 폭력성은 알려지지 않은 채 마오쩌둥毛澤東이 서구 젊은이들의 우상이던 시절이었다.

　이 맹목의 어두운 시대인 1970년대 중반에 격렬하게 공산주의를 비판하고 나선 일군의 68세대가 있었다. 처음에는 마르크시스트였으나 솔제니친의 『수용소 군도』를 읽고 소련의 실상을 알게 된 후 마르크시즘 비판으로 돌아선 젊은 철학자들이었다. 40여 년이 지난 지금 생각해 보면 그들의 용기는 대단한 것이었다. 당시 사람들은 이들을 신철학파로 불렀다. 어쩌면 이들의 용기가 소련 공산주의 체제의 몰락을 앞당긴 도화선이었는지 모른다. 『인간의 얼굴을 한 야만』을 쓴 베르나르앙리 레비Bernard-Henri Lévy도 그중의 한 명이었다. 그들의 리더가 『여자 요리사와 식인종』(1975)을 쓴 앙드레 글뤽스만André Glucksmann, 1937~2015이었다. 마르크시즘은 반드시 전체주의로 간다는 메시지를 담은 책이었다.

　『여자 요리사…』 출간 2년 뒤 글뤽스만은 『사상의 거장들Les Maîtres penseurs, The Master Thinkers』(1977)을 출간했다. 100년 동안 서양 사상을 지배해 왔던 피히테, 헤겔, 마르크스, 니체 등 독일철학이 현대 전체주의의 근원임을 비판하는 책이었다. 실제로 니체는 인간에 대한 지배가 철학이론의 이름으로 이루어질 것이라고 예견한 바 있다. 글뤽스만은 히틀러가 니체와 바그너를 좋아했다는 사실 자체가 의미심장하다고 말한다.

마르크시즘은 피히테, 헤겔 등의 이론을 근거로 정립된 이론이며, 소련과 동구권, 중국, 쿠바, 북한 등의 공산주의 국가들은 마르크시즘을 구현한 체제인데, 이들 나라들은 수백만 명의 무고한 민중들을 죽인 전체주의 체제였다. 그렇다면 당연히 우리는 그 이념에 대해 책임을 물어야 할 것이다. 그런데 당시의 철학자들은 마르크시즘을 찬양하기에 바빴다. 그런 점에서 이 책은 당대(1970년대) 철학자들의 직무유기를 질타하면서 '거장 사상가'들의 맹목성을 냉소적으로 비판하고 있는 일종의 고발서이다.

모든 서구 철학자들의 저서가 그렇듯이 이 책도 서구 문학과 철학에 대한 기본적인 개념 없이는 이해가 쉽지 않다. 책 내용의 정확한 이해를 위해 라블레의 문학과 헤겔의 '주인과 노예의 변증법'을 보완 설명하는 것으로 해제를 겸한 역자의 변을 시작하기로 한다. 역시 독자들의 빠른 독해를 돕기 위해 책 내용 중 '노동, 자본, 착취, 풍요, 텍스트, 과학, 프랑스혁명, 독일정신, 유대인, 인민과 천민, 교육' 등의 주제를 간단히 요약해 보았다.

라블레

라블레의 소설

글뤽스만은 16세기 프랑스 문학을 대표하는 프랑수아 라블레 François Rabelais, 1494~1553의 대표작 『가르강튀아』와 『팡타그뤼엘』

을 전체주의적 관점에서 비판하는 것으로 논의를 시작한다. 르네상스 특유의 생명력이 넘쳐 흐르고, 미래에 대한 낙관적 기대와 희망이 가득한 이 소설들에서 글뤽스만은 미묘한 전체주의적 씨앗을 발견한다. 라블레의 작품에 대한 이해가 없이는 글뤽스만의 논지를 따라가기 어렵기에 우선 라블레 이야기부터 시작하자.

　라블레는 원래 수도사였지만 그리스어와 고전에 능통한 인문학자였고, 저명한 법률학자인 동시에 신학자였으며, 리옹에서 교수형 당한 죄수의 시체를 공개적으로 해부한 의사이기도 했다. 르네상스인다운 전방위적 지식인이었다.

　가르강튀아는 프랑스 민담에 나오는 전설적 인물로, 뭐든지 닥치는 대로 먹어 치우는 엄청난 식욕에, 엄청나게 큰 키와 엄청나게 강한 힘을 갖고 있는 거인이다. 19세기 풍자화가 도미에Honoré Daumier의 그림에도 나오는 거인 왕이 바로 가르강튀아이다. 라블레가 살던 시대에 이미 『가르강튀아 대大 연대기』라는 전래 동화책이 있었다. 말도 안 되는 배설과 외설의 저속한 내용으로 가득 찬 이야기책이었다. 라블레는 이 소설을 저본으로, 거인을 유토피아의 왕으로 바꾸고, 팡타그뤼엘이라는 아들도 새롭게 설정하여 두 권의 소설을 썼다. 그것이 『가르강튀아』와 『팡타그뤼엘』이다. 원작처럼 저잣거리의 거친 입담이나 익살이 주조를 이루고 있지만, 시詩나 편지, 웅변 등의 순문학적 요소가 가미되었고, 수준 높은 고전도 자주 인용되어, 이 작품들은 결국 르네상스 문학의 백미가 되었다. 원작에 치명적 수정을 가함으로써 원작의 존재 자체를 말살시키는 성공적 개작改作, parodie의 예로 흔히 문학평론에서 인용되고 있는 작품이다.

　이 두 소설은 중세 스콜라철학의 낡은 교육 방식에 대한 비판,

인문주의 교육의 놀라운 성과, 피크로콜의 침략 전쟁, 기독교의 박애 정신에 충실한 그랑구지에 왕의 평화정책, 수도원 제도의 폐해와 반反 수도원으로서의 텔렘 수도원 건설 등의 테마로 되어 있다. 작품은 호탕하고 낙천적이며, 르네상스의 위대한 발견들에 대한 찬탄과, 도래할 새로운 사회에 대한 기대로 충만해 있다. 그야말로 암흑의 중세와 밝은 르네상스시대의 경계를 이루는 소설이다. 러시아의 문예비평가 미하일 바흐친Mikhail Bakhtin은 우스꽝스러움과 진지함, 물질적 삶에 대한 사실적 묘사와 비현실적 사건 등 서로 상충되는 이질적 요소들이 혼재되어 있는 이 소설들을 '카니발적 세계'로 규정했다.

카니발은 폐쇄적인 종교 축제나 공식적인 축제와 달리, 계급이나 사회적 신분에 상관없이 누구나 동등한 자격으로 참여하는 민중의 축제이다. 거기서는 전통적 권위나 가치체계에 대한 풍자와 조롱이 용인되고, 사람들은 종교적 규율, 신분상의 제약, 사회의 규범과 터부로부터 완전히 해방된다. 아무리 추한 것이라 해도 그것이 인간 본연의 모습이기만 하면 당당하게 가치가 인정되는 힘찬 생명력의 세계이다. 바흐친은 라블레 소설에 나타나는 이와 같은 민중문화적 이미지들을 '그로테스크한 사실주의réalisme grotesque'로 명명하기도 했다.

라블레의 세 번째 소설 『제3서書Le Tiers Livre』는 팡타그뤼엘의 심복이자 친구이며, 매우 희극적이고 과장적인 인물인 파뉘르주(희랍어로 '모든 것을 할 줄 아는 사람'이라는 뜻)가 결혼을 해야 할 것인가 말아야 할 것인가를 놓고 고민하는 이야기이다. 그의 결혼 문제를 해결하기 위해 베르길리우스의 시구詩句, 주사위 점, 파뉘르주 자신의 꿈, 무녀의 예언, 벙어리의 몸짓, 죽어 가는 시인의 노래, 점쟁이의 점괘 등이 동원되고, 신학자 의사 철학자가 모여 토론을 벌인다.

네 번째 소설인 『제4서Le Quart Livre』는 자신의 결혼에 내려진 부정적인 결론에 승복하지 못한 파뉘르주가 마지막으로 신성한 술병의 신탁을 듣기 위해 떠나는 환상적인 여행의 기록이다. 여행 중 파뉘르주가 배에서 양 한 마리를 바다로 던지자 배 안의 모든 양떼들이 따라서 차례차례 바다에 뛰어들었다. '파뉘르주의 양떼'라는 격언이 바로 여기서 생겨났다. 무리를 따르는 양떼의 행위가 이미 전체주의의 획일성을 예고하는 것이라고 글뤽스만은 해석한다.

반反 수도원으로서의 텔렘 수도원

텔렘 수도원은 어떻게 건설되었는가? 피크로콜 군대와 싸워 이긴 가르강튀아는 적을 격파하는 데 참여했던 모든 병사들에게 응분의 보상을 한다. 마지막으로 수도사 한 사람이 남게 되자 그에게 쇠이예 수도원장 자리를 제안한다. 그러나 수도사는 단호하게 거절하고, 대신 다른 수도원과 전혀 다른 수도원을 하나 짓도록 허락해 달라고 한다. 그래서 가르강튀아는 그 수도사에게 루아르 강변의 큰 숲에서 20리 떨어져 있는 텔렘 지방 전체를 제공한다.

이 수도원은 다음과 같은 점에서 다른 수도원들과 달랐다. 첫째, 이 수도원은 주변에 벽을 세우지 않았다. 앞과 뒤에 벽이 있는 곳에는 많은 불평과 시기猜忌, 서로에 대한 음모가 생기게 되기 때문이다. 둘째, 다른 교단들에서는 모든 것이 시간표에 따라 정해지고 제한되고 규제되지만, 이곳에는 기계식 시계나 해시계를 두지 않고, 기회와 상황에 따라 모든 일이 진행된다. 왜냐하면 진정한 시간의 낭비는 시간을 따지는 것이고, 이 세상에서 가장 큰 망상은 양식과 분별력을 따르는 대신 종소리에 맞추어 자신을 다스리는 것이기 때문이다. 셋째, 다른 수도원은 애꾸나 절름발이, 곱추, 못생기거나 비쩍 마른 여자, 미친 여자, 정신이 나갔거나 결함이 있는 여자들만 수녀로 받고, 카타르 염증 환자, 배냇병신, 백치, 집안의 골칫거리인 남자들만 수도사로 받지만, 이 수도원은 예쁘고 정상적인 신체에 훌륭한 성품을 갖춘 여자들과, 잘생기고 정상적인 신체에 훌륭한 성품을 갖춘 남자들만 받는다. 흔히 수도사들은 순결과 청빈, 복종 등 세 가지를 서약하지만, 이곳에서는 누구나 명예롭게 결혼할 수 있고, 부자가 될 수 있으며, 자유롭게 살 수 있다.

'너 하고 싶은 대로 하라'의 패러독스

텔렘 수도사들의 모든 생활은 법이나 규정, 규칙에 의해서가 아니라 자신의 자유스러운 의사와 의지에 따라 관리되었다. 텔렘이라는 이름 자체가 '의지Volonté'라는 뜻의 희랍어 'Thélèma'를 어원으로 한 것이다. 그들은 일어나고 싶을 때 침대에서 일어나, 하고 싶은 욕망이 생길 때 먹고 마시고 일하고 잠을 잤다. 아무도 그들을 깨우지 않았고, 아무도 그들에게 먹거나 마시거나, 무슨 일을 하라고 강요하지 않았다. 이곳의 규칙이라고는 '원하는 바를 행하라'라는 딱 한 가지였다.

완전히 자유의지에 맡겨도 그들은 잘못되는 법이 없었다. 모두가 좋은 가정에서 태어나 양질의 교육을 받고 고상한 사교계에서 지내던 자유인이므로, 그들에게는 명예라는 단 하나의 본능, 단 하나의 자극만이 있을 뿐이었기 때문이다. 이 본능이 그들로 하여금 덕성스럽게 행동하도록 부단히 자극하여 악에 떨어지지 않도록 해 주었다. 그래서 그들은 누구 하나가 뭔가를 원하면 모두 그것을 같이 하려고 선의의 경쟁을 벌였다. 어떤 사람이 "마시자"고 하면 모두 마셨고, "놀자"고 하면 모두 같이 놀았다. 누가 "들판에 나가 즐기자"고 하면 모두 그곳으로 나갔다.

아니, 자유의사라더니? 자기 자유의사로 남의 견해를 따른다고? 여기서 패러독스가 생긴다. 가르강튀아가 자신의 모범적인 수도사들에게 내린 명령, '네가 하고 싶은 것을 하라'를 좀 더 길게 인용해 보면, "그들에게는 단 하나의 법칙만이 있으니, 그것은 '너 하고 싶은 대로 하라!'라는 것이다!"이다.

그런데 이 규칙의 실행 과정에서 복종자들은 대단한 혼란에 빠지게 된다. 예를 들어 "나에게 복종하지 말라"고 아버지가 내게 말한다. 내가 만일 아버지에게 복종한다면 나는 아버지에게 불복하는 것이 되고, 내가 만일 아버지에게 불복한다면 나는 아버지에게 복종하는 것이 된다. 논리학에서 말하는 '크레타 사람의 거짓말'이 그대로 재연되는 것이다. 크레타 섬의 한 거짓말쟁이가 "나는 거짓말을 한다"고 말했을 때 그가 만일 거짓말을 했다면 그의 말은 진실이며, 그가 사실을 말했다면 그의 말은 거짓말이 된다. 그러므로 "나는 진실을 말한다"라는 한 '의로운' 사람의 말이 실은 거짓말일 수도 있다.

마르크시즘은 "반항하는 것이 옳다(조반유리造反有理)"(마오쩌둥)라는 말로 요약된다. 그렇다면 마르크시즘에 대해 반항하는 것도 옳은가? 만일 그것이 옳다면 마르크시즘은 정당성을 획득한다. 만일 그렇지 않다면 마르크시즘은 한갓 거짓말에 불과할 것이다. 우리 사회의 소위 진보 지식인들도 청년들에게 부단히 모든 기존 질서에 반항하라고 가르친다. 그것은 그렇게 말하는 사람에게까지 반항해야만 철저하게 지켜지는 충고가 아닐까?

모든 권력의 꿈

텔렘 수도사들은 전통적인 계급제도에서는 벗어났으나, 모든 강제에서 벗어난 것은 아니다. 만인의 의지가 합쳐진 전체 의지는 각자의 의지와 동일한 것으로 단정된다. 그들 중 한 명의 남자 혹은 여자가 "마시자"라고 말하면 모두들 마셨다. 그들에게 주어진 자유는 결국 그들 모두에게 피할 수 없는 필연성이 되었다. 만인의 의지는 가르강튀아 한 사람에게서 분명하게 드러나지만, 각자의 의지는 익명의 수도사들 속에 깊숙이 스며 들어가 숨어 버린다. 결국 이 제도의 아이러니는 만인의 의지가 결코 각자의 의지와 만나지 못한다는 사실이다.

텔렘 수도사들은 상호간에 아무런 의무가 없고, 오로지 지도자 한 사람에게만 복종할 의무가 있다. 그러나 '만인의 의지'를 정하는 사람은 누구인가? 모든 개별적 인간들은 다른 모든 사람과 동등하지만, 단 자신들을 동등하게 만든 사람과는 결코 동등할 수 없다는 이야기다. 현대 공산주의 용어로 말해 보자면 그들은 오로지 인민의 어버이에게만 모든 의무를 지고 있다. "하고 싶은 것을 하라. 그러나 너에게 명령을 내리는 자에게 반항하지는 말라." 이것이 텔렘 우화의 본질이다. 그리고 이것이 모든 좌파 논리의 패러독스이다.

남들에게 보이지 않은 채 자기는 남들을 볼 수 있는 군주 권력의 공간이 바로 텔렘 수도원의 공간이었다. 이 군주적 '가시성의 공간'에서 그들은 한 발짝도 밖으로 나가지 못했다. 여기서 모든 신민들은 보이지 않는 눈에게 결코 흠 잡히지 않아야 한다는 강박증을 느끼고 있었다. 그것은 영원한 자가비판이다. 감시하는 군주 없이도 신민들의 육체와 노동력을 종속시킬 수 있는 이 방법은 가장 저렴한 비용으로 권력의 효용성을 극대화하는 방법이다. 오늘날 모든 권력이 꿈꾸는 가장 이상적인 체제가 아닐 수 없다. 당연히 푸코의 판옵티콘panopticon 이론이 떠오른다.

텔렘 수도원과 판옵티콘

규율에는 두 가지 형태가 있다. 하나는 극단적인 폐쇄의 방법이다. 체제의 문은 완전히 닫히고 모든 기능은 부정적이다. 악을 금지하고 일체의 통신을 두절시키고, 시간을 정지시킨다. 다른 하나는 시선의 감시 체계를 이용하는 기계적인 규율이다. 이것은 권력의 행사를 유연하게 완화시킴으로써 권력을 좀 더 재빠르고 가볍게 그리고 효과적으로 만들어 준다. 푸코가 교묘한 강제권의 방법이라고 했던 바로 그 방법이다.

텔렘은 물론 미셸 푸코의 그 유명한 판옵티콘이 아니며, 판옵티콘을 향해 가는 단계도 아니다. 18세기 말에 벤담은 판옵티콘(건물 전체가 한눈에 다 보이는 구조의 건물)이라는 이상적인 감옥의 형태를 생각하여 새로운 감시 방법을 고안해 냈다. 19세기의 중등학교, 병원, 작업장, 감옥들은 모두 이 정치적 기술技術을 채택했다.

그러나 16세기 텔렘 수도원에는 감시탑이 없다. 그곳에는 중심만이 있을 뿐 주변이 없다. 중심부 안에 옹기종기 모여 있는 텔렘 수도사들은 오로지 자신들이 내재화시킨 감시인의 시선에만 복종하고 있다. 그들은 실질적으로 서로를 감시하지만 그러나 그것을 깨닫지는 못한다. 다만 "전체인 하나에게 즐거울 만한 일을 하기 위해 경쟁적으로 노력"할 뿐이라고 생각한다. 요컨대 죄수들을 독방에 가두는 벤담의 고립적 방식보다는 차라리 중국 식의 상호 통제 방법과 비슷하다. 텔렘 수도원은 물론 역사적인 실체가 아니다. 그러나 그것은 미래 역사에 결정적인 실체를 제공했다.

노동의 힘

노동에는 지배의 힘이 있다. 헤겔(1770~1831)이 처음으로 말했고, 마르크스(1818~1883)와 니체(1844~1900)가 뒤를 따라 그렇게 이야기했다. 노동이 가진 힘은 '추상'의 힘이요, '죽음을 내포하고 있는 삶'의 힘이며, 또한 규율의 힘이다.

헤겔의 그 유명한 '주인과 노예의 변증법'을 생각해 보자. 외딴 산길을 걸어가던 내 앞에 웬 낯선 사람이 불쑥 나타나 나에게 위협을 가한다. 같이 싸우면 내가 죽을 수도 있다. 죽음의 두려움을 느낀 나는 비록 굴욕적이기는 하지만 일단 생명을 택하여 상대방에게 복종한다. 그러나 상대방은 죽음도 불사하고 나에게 덤벼든다. 용감하게 죽음과 대결한 상대방은 주인이 되고, 죽음에 굴복하여 자기의식을 버린 나약한 나는 그의 노예가 된다. 그러나 주인의 노예가 되어 주인을 위해 노동만 하던 나는 노동 덕분에 결국 주인을 꺼꾸러뜨리고 내 자신이 주인으로 등극한다. 이때 주인은 나의 노예, 즉 노예의 노예로 떨어진다. 이것이 바로 주인과 노예의 변증법이다. 헤겔 좌파는 이것을 계급투쟁의 도식으로 생각하고, 헤겔 우파는 이것을 인간관계의 심리적 도식으로 생각한다.

여하튼, 주인은 어떻게 노예의 노예가 되는가? 원시인을 한번 생각해 보자. 사냥이나 채집을 하며 동굴에서 살던 원시인들은 맛있는 음식을 먹을 수도, 좋은 옷을 입을 수도, 쾌적한 집에서 살 수도 없다. 최소한의 생명 유지에 필요한 사물을 찾는 데 급급한 그들의 삶은 향유와는 거리가 멀다. 그러나 차츰 사람들이 노동을 통해 자연의 억센 사물을 가공하는 방법을 터득하게 되는 순간 사람들은 두 부류로 나뉘게 된다. 죽음도 불사하는 용기를 통해 상대방을 노예로 만든 주인과, 죽음의 공포 때문에 자기의식을 희생시켜 물질적 안위만을 택한 노예가 그들이다.

주인은 노예로 하여금 자기 대신 자연의 조야성粗野性과 대결하여 사물을 가공하도록 강제하고, 자신은 그 과실果實을 취한다. 전에는 동일한 한 사람이 향유와 노동을 동시에 했다면, 지금은 향유만 하는 사람과 노동만 하는 사람으로 갈리게 된다. 주인은 잘 다듬어져 먹기 좋고 쓰기 좋은 사물만 알고 있을 뿐, 날것 그대로의 억센 자연을 알지 못한다. 그러나 노예는 인간의 가공에 저항하는 자연의 조야한 측면을 안다. 즉, 사물의 자립성을 아는 것이다. 그리고 자신이 자연과의 통일을 이루게 된다. 주인은 투쟁 끝에 죽을 각오가 되어 있던 사람이고, 노예는 너무나 생명에 집착한 나머지 몸을 굽혀 복종했던 사람이다. 그런데 노예는 노동을 통해 이 관계를 역전시켜 스스로 주인이 된다.

노예는 노동 덕분에 자연과의 통일을 이루게 되었고, 자연과의 합일을 통해 사회의 문화를 유지하고 발전시키는 창조자가 되었다. 애초에 주인은 자립적 의식을 가지고 있고, 노예는 비자립적 의식을 갖고 있었다. 주인에 대한 전율적 존경심 속에서 노예는 자기 정체성을 거의 갖지 못했다. 그러나 노동을 하면서 서서히 자신을 존중할 줄 알게 되고, 자기 노동의 산물 안에 자신이 투영되어 있음을 보게 된다. 주인의 자립성과 사물의 자립성 사이에 '떠밀려 든 의식'으로서의 노예는 주인이나 사물에게는 있을 수 없는 내면적 사유세계를 건설한다. 자기도야를 하는 것이다.

　주인은 일시적인 향유만을 획득하지만 노예는 이처럼 자신의 노동을 통해 인생을 관조한다. 생사를 위협하는 절대적 불안은 인간의 구차한 관심을 절대적 차원의 관심으로 고양시키기 때문이다. 주인은 자기만이 자유롭고 노예는 당연히 예속되어야 한다는 편협한 생각을 갖고 있지만, 노예는 주인도 인간이기 때문에 자유로워야 한다는 보편적 이념을 깨닫게 된다. 노예는 사물을 형성하면서 자기 자신을 형성한다. 이것은 주인이 도저히 도달할 수 없는 경지이다.

　인정과 자립성의 측면에서도 반전이 일어난다. 원래 주인은 즐기기만 하고 노예는 힘든 노동만 했다. 주인은 노예를 강제하고 노예는 주인의 명령을 따른다. 자기가 하고 싶지 않은 것도 주인이 시키면 억지로 해야만 했다. 당연히 주인이 노예보다 우월하다. 그러나 좀 더 생각해 보면 이 관계에서 우위를 차지하고 있는 것이 반드시 주인은 아니다.

　노예는 자신을 노예라고 생각하고 주인도 자신을 노예라고 인정하므로 그는 철두철미하게 노예이다. 그러나 주인이 주인인 것은 노예가 그를 주인으로 인정해 주기 때문이다. 만일 노예가 그를 주인으로 인정하지 않는다면, 그리고 노예의 노동이 없다면 주인은 주인의 지위를 잃을 뿐만 아니라 더 이상 생명을 유지할 수조차 없다. 노예 없이 주인은 주인이 아니므로 주인의 개념은 전적으로 노예에 예속되어 있다. 그러므로 주인은 자신의 개념을 완성하자마자 노예의 노예로 전락하는 것이다. 자신의 존재를 노예에게 의존하고 있기 때문이다. 실컷 향유하고 동물적으로 포식하기만 하던 주인은 이렇게 자신의 존재를 노예에게 종속시킴으로써 '노예의 노예'가 된다.

애초에 주인은 자립적 의식을 갖고 있었고, 노예는 비자립적 의식을 갖고 있었다. 주인에 대한 전율적 존경심 속에서 노예는 자기정체성을 거의 갖지 못했다. 그는 "나는 노예다"라고 생각하며 자신을 노예로서 인정했다. 자신의 존재를 자기가 인정한다는 것은 그의 존재가 누구에게도 의존되어 있지 않고 자립적이라는 의미이다. 그런데 자립성이라 함은 결국 주인의식이 아닌가? 이렇게 해서 노예는 주인이 된다.

과거에 주인은 노예를 노예로서 인정했다. 그러나 이제는 자신을 노예로서 인정하게 되었다. 과거에 노예는 특정 주인에게만 종속된 노예로 자신을 생각했었는데, 이제 주인은 사신이 모든 노예의 노예임을 자각하게 되었다. "주인은 자기가 노예한테 행한 것을 자기 자신에게 행하고, 노예가 특수 속에서 행한 것을 보편 속에서 행하게 되었다"라는 헤겔의 말이 바로 그것이다.

그러나 주인과 노예의 이 변증법은 매우 역설적이다. 노예는 주인의 관점을 채택하지 않고는 주인의 인식에 결코 도달하지 못하고, 오로지 주인의 문을 통해야만 노예상태를 벗어날 수 있기 때문이다. 그렇다면 노예는 자기를 억압하는 폭력을 자기를 해방시키는 폭력으로 전도시킴으로써만 주인을 폭력적으로 꺼꾸러뜨릴 수 있다는 이야기가 된다.

주인 – 노예 관계의 궁지가 이처럼 높은 차원에서 해결된다는 헤겔의 설명은 엄밀한 학문이기보다는 차라리 문학적인 환상이다. 더 난감한 것은, 언제나 주인의 의식이 우월하다는 사실을 우리가 확인하게 된다는 것이다. 노예가 주인이 되려면 금욕적으로 자신을 자제하고, 주인을 모방해야만 한다. 결국 노예는 주인을 꺼꾸러뜨리는 것이 아니라, 주인이 됨으로써만 노예상태에서 벗어날 수 있는 것이다. 그러니까 노예에게 있어서 "주인에 대한 두려움은 지혜의 시작이다"라는 말은 노동에 의한 해방이나 주인의 타도를 의미하는 것이 아니다. 헤겔을 계승한 마르크스주의 국가에서는 아무도 노예가 아니며, 절대적 지배자는 죽음일 뿐이라는 결론이 나온다.

주인과 죽음

죽음이란 사물의 소멸인데, 이 소멸은 실현될 수도 있고 안 될 수도 있는 단순한 가능성이 아니다. 유한한 사물 속에는 이미 소멸의 씨가 들어 있다. 그것들의 탄생 시간은 그것들의 죽음의 시간과 똑같다. 살아 있는 것을 다룰 때에도, 그것을 죽음이라는 종말에서부터 다루면 객관성을 획득하게 된다. 이 죽음에 대한 태도로 사람들을 범주화해 볼 수 있다.

절대적인 지배, 다시 말해 죽음을 알고, 또 그것을 원하는 사람은 주인이다. 주인이란 죽음을 두려워하지 않는 사람이다. 그들은 이미 죽음의 순간을 살고 있는 사람들이다. 모든 위험을 무릅쓸 각오가 되어 있는 군인, 자신의 사생활을 공공봉사에 바치는 정치인(혹은 모든 공무원들), 그리고 국가 혹은 좀 더 높은 이념에 자신들의 인격을 송두리째 바쳐 그것으로 자신의 사회적 신분을 삼은 사람들이다. 그들은 소위 조국의 수호자이며, 질서와 인민의 대표자이며, 또는 직업적 혁명가이다.

태생적으로 죽음을 인정하지 않는 사람들이 있다. '나'라고 말하는 대신 '내 가족', '나의 땅', '나의 하느님'이라고 말하는 사람들이다. 헤겔은 이들에게 자기의식이 없으며, 이런 사람들은 마치 동물과도 같다고 했다. 마르크스는 이것을 '야만적 물질성'이라고 규정한 후, 다름 아닌 농민의 성질이라고 말했다. 전통적 농경생활에서 노동의 과실은 곡식과 같은 '자연적'인 산물이었다. 그러나 산업혁명 이후 노동자들이 받는 과실은 인간이 제조하는 조작 가능한 제품, 즉 제2의 물질이다. 이러한 시대에 아직 자연에 머물러 있는 농부의 노동은 덜 창조적이고 더욱 예속적인 것으로 간주된다. 이런 편견은 19세기에만 있었던 것이 아니다.

농부와 정치인 사이, 그 한중간에 있는 사람들이 바로 현대사회 특유의 존재인 중간존재이다. 그들은 죽음을 모른다는 구실 때문에 낮은 지위에 머물러 있는 사람들이다. 또는 전쟁, 혁명, 핵전쟁의 묵시록, 석유 위기 같은 '최고의' 위험과 직면해 있지 않기 때문에 정상에 오르지 못한 사람들이다. 다름 아닌 소시민(프티부르주아)과 노동자들이다. 이 둘은 어느 때는 결합하고, 어느 때는 분리되는 한 쌍이다. 헤겔에서는 부르주아와 노동자가 결합되었고, 마르크스에서는 서로 적대적인 계급으로 분리되었다. 그들은 태어나거나 죽는 데 그들의 시간을 보내는 것이 아니라 현대적 의미의 노동을 하면서 그들의 시간을 보낸다.

마르크스주의에서의 노동

현대의 노동자는 매일 아침 일을 시작하며 조금씩 자기의 생명을 단축시킨다. 그래서 헤겔은 노동을 '지연된 죽음'이라고도 했다. 권력을 잡은 '인민의 아들들', 즉 사회주의 혁명가들은 고된 노동의 일과를 끝마친 노동자의 아이들에게 다음과 같은 우화를 들려준다. 즉, 남의 노동의 과실을 향유하는 주인은 종국에 바보가 되어 노예의 노예가 되지만, 노예는 더 이상 주인을 무서워하지 않게 되고, 더 나아가 그를 꺼꾸러뜨리는 것도 무서워하지 않게 되었다고. 왜냐하면 노예는 세계를 형성함과 동시에 자기 자신을 형성하고, 자연을 순치함과 동시에 자기 자신을 통제하기 때문이라고. 지하철에서 일터로, 일터에서 잠자리로 이어지는 대도시 근로자들의 단조로운 생활을 이처럼 대담하게 세계사적으로 요약함으로써 그들은 혁명을 성공시킬 수 있었다.

그러나 헤겔과 달리 마르크시즘에서는 노동에 의한 해방의 가능성이 배제된다. 마르크스에 의하면 현대 노동자들의 노동은 노예를 주인으로 고양시키는 그런 고상한 활동으로서의 노동이 아니다. 드문드문 노동의 과실이 주어지기는 하지만, 단순노동자는 노동의 목적 혹은 계획에 대해 아무것도 모른다. 그것은 주인에 의해 조종되는 노동이므로, 철두철미하게 노예의 노동이다.

우선 노동은 주인의 행위가 아니다. 왜냐하면 사람은 노동과 향유를 동시에 할 수는 없는데, 향유란 주인의 성질이고, 그 나머지 노동이 노예의 성질이기 때문이다. 둘째, 노동이란 분리에 의해서만 완수되는, 억눌리고 억압된 행위이다. 즉 육체노동은 지적 활동과 상관이 없으므로 노동자와 지식인이 분리되며, 생산품은 생산자의 손에서 벗어나고, 구체적인 기술과 그 기술에 매겨진 화폐적인 가치 사이에도 역시 차이와 분리가 있다.

그러므로 마르크스가 말하는 노동의 현대적 조건은 착취다. 예를 들어 한 재단사가 만들어 내는 가치는 재단사의 노동으로서가 아니라 추상적인 일반 노동으로서 생산해 내는 가치라는 것이다. "이 재단사는 자기의 바늘로 꿰매지 않은 사회적 직물織物의 한 부분이다. 오로지 착취적 주인의 추상적이고 보편적인 바늘만이 사회라는 직물을 꿰맬 능력이 있다"라는 은유적 표현을 통해 그는 현대 노동자의 노동이 그저 우둔한 노예의 노동일 뿐이라고 말한다.

노동과 자본, 그리고 착취

마르크스는 노동이 자연을 인간화하고 인간을 자연화하면 일곱째 날(유대이슬람의 안식일)에도 인간이 즐겁게 일할 수 있는 사회가 도래한다고, 마치 시를 읊듯 노동의 영광을 찬미했다. "노동이 생활수단만이 아니고 인생의 제일의 욕구가 될 때, 꽃이 활짝 피듯 모든 개인들의 역량이 만발하고 생산력이 증강될 때, 그리고 모든 협동적인 부富가 샘물처럼 솟아 오르게 될 때, 바로 그때 우리는 부르주아의 법이라는 협소한 지평선에서 도망칠 수 있을 것이다." 노동을 거의 물신숭배fetish의 대상으로 삼았다는 점에서 마르크시즘은 보이스카우트만큼이나 순진하다고 글뤽스만은 냉소적으로 비판한다. 공산주의가 지배했던 소련과 중공에서 개인의 역량이 만발하기는커녕 노동생산성이 최저로 떨어졌음을 우리는 두 눈으로 확인한 바 있다.

모든 사람들이 자본과 노동 사이에는 착취관계가 있다고 생각한다. 누구나 자본을 손쉽게 이야기하지만 사실 '자본'은 모호하기 짝이 없는 애매한 존재이다. 마르크스는 "타인의 노동 중 자기가 지불하지 않은 부분을 자유로이 처분할 수 있는 능력"이라고 자본을 간단하게 정의했다. 자본은 자신을 유용하게 이용하여 끊임없이 자신을 증식시킨다. 다시 말해 이자를 통해 자신의 몸집을 불리고, 자체생산을 한다. 케인스가 들려주는 이자 이야기는 『이상한 나라의 앨리스』만큼이나 황당하고 재미있다. 만약 예수 탄생 당시 2퍼센트의 이자로 빌려준 돈을 오늘날까지 꼬박꼬박 이자를 받는다면 그 이잣돈이 거대한 금액이 되어 지구 위에 다 쌓아 놓을 수 없을 것이라는 이야기이다. 그러나 마치 황금 알을 낳는 암탉처럼 어쩐지 실체가 느껴지지 않는다.

자본의 반대로 간주되는 노동 역시 자본만큼이나 환상적인 존재이다. 마르크스는 상품가격에 계산되는 노동시간이 작업복을 입은 시간, 다시 말해서 공장에서의 시간이라고 단정적으로 말했다. 인간은 기계에 예속되었고, 노동은 극도의 분할에 의해 균등화되었으며, 이 균등화된 노동 앞에서 인간은 소멸되어, 오로지 시계추만이 두 노동자의 상관적인 행위를 재는 정확한 척도가 되었다는 것이다. 그러나 이 노동의 가치는 자본만이 그것의 값을 매길 수 있다. 자본이 없으면 노동의 값도 없기 때문이다.

과거의 모든 사회에서와 마찬가지로 현대사회에서도 노동은 실재성이어서 물론 감각의 대상이고, 생리적으로 만져질 수 있고, 구체적인 것이다. 그러나 그것은 단순히 가치(임금)만이 아니고, 또 단순히 노동자의 노력이나 수고, 혹은 경험만도 아니다. 노동의 감각적 질質, 다시 말해 구체적 노동이 행해졌다는 사실만으로 사물의 가치가 만들어지는 것은 아니다.

어떤 것을 생산하는 데 구체적으로 소모된 시간은 계산에 넣어지기도 하고 안 넣어지기도 한다. 시간은 너무 지나치게 쓸 수도 있고 혹은 쓸데없이 헛되게 쓸 수도 있다. 노동자가 보낸 시간(그의 수고)은 그것 자체로서 가치가 있는 것이 아니다. 다시 말해 노동의 가치는 사용가치가 아니라, 오로지 그 노동이 생산해 낸 물건의 '교환'가치에 의해서만 결정된다. 그렇다면 노동은 실체가 없는 '순전한 허깨비', 또는 '하나의 추상'에 불과하다.

결국 상품의 세계 밖에서는 노동은 아무것도 아니다. 내가 힘들여 일한 한 시간은 그 수고의 결실이 상품으로 팔릴 수 있을 때 가치가 있는 것이지, 단순히 나의 수고가 들어갔다는 이유만으로 가치가 있는 것은 아니다. 그래서 수공예 취미를 다루는 여성면 기사는 이 수공적 행위를 '힐링' 또는 '기쁨'과 연관지을 뿐 그것을 굳이 노동이라고 말하지 않는다. 똑같이 빵을 굽는 행위도 가족에게 먹이기 위한 것이면 단순히 '가족 사랑' 또는 '만족감'이 되지만, 그 빵을 돈 받고 판매하면 비로소 '자본주의를 굽는' 행위가 되는 것이다.

따라서 노동은 "그것 자체로서는 존재하지 않는다." 물뿌리개는 물을 주어야 할 화분이 있을 때 가치가 있는 것이지, 화분 없는 물뿌리개 그 자체로는 아무런 가치가 없다. 그러므로 추상적이고 일반적인 사회적 노동이 자본주의를 '생산한다'고 말하는 것은 자본주의의 본질을 모르고 하는 말이다. 자본주의만이 노동을 일반화하고, 추상화하고, 사회화한다. 내가 집에서 수고하여 손으로 짜낸 한 켤레의 장갑은 자본 형성에 또는 자본주의에 아무런 기여도 하지 않는다. 특정의 노동은 특정의 물건만을 만들어 낼 뿐이다. 근로자가 공장에서 하는 일반적인 노동만이 일반적인 자본을 형성하고, 자본주의를 만들어 낸다. 반복해 말하자면 일반적인 자본만이 일반적인 노동을 만들어 내고, 또 일반적인 노동만이 일반적인 자본을 만들어 낸다. 그 두 가지는 어느 것 하나가 더 우세하지 않은 채, 출발점이 결과이고, 결과는 이미 출발점에 있다.

그렇다면 자본과 노동 사이에 반드시 존재한다고 여겨지는 착취 또한 모호한 개념이 아닐 수 없다. 자기 소유의 농지를 경작하는 농부에 대한 마르크스 자신의 말이 이를 잘 표현해 주고 있다.

자본주의적 생산양식 속에서 이 농부는 두 사람의 인격으로 분리된다. 생산수단의 소유자라는 점에서 농부는 자본가이지만, 노동을 한다는 점에서 그는 자기 자신에게 고용된 임금노동자이다. 자본가로서 그는 자기의 임금을 지불하고 자기 자본으로부터 영리를 취하지만, 임금노동자로서는 자신을 착취한다. 이렇게 생긴 잉여가치 속에서 그는, 마치 노동이 자본에 공물貢物을 바치듯이, 자기 자신에게 공물을 바친다. 결국 다른 사람들을 착취하는 농부와 오로지 착취당하기만 하는 농부가 따로 있는 게 아니다. 모든 사람들이 착취의 재생산에 참여한다.

아무도 착취관계의 재생산에서 완전히 벗어날 수 없는 것이라면, 그리고 모든 사람이 '둘로 분리되어' 착취하면서 동시에 착취당하는 위치에 있는 것이라면, 결정적인 결투에서 선과 악이 대결하는 단 하나의 최종적 혁명이란 있을 수 없다. 더군다나 인공지능이 인간의 노동력과 지능을 대체하려 하는 요즘 시대에 마르크스 식의 착취나 잉여가치 개념이 과연 무슨 의미가 있는지도 새삼 의심스럽다.

물질적 풍요

근본적으로 마르크시즘은 모든 문제의 기술적인 해결을 물질의 풍요에서 찾는다. 인간이 타자를 만나기 전에 우선 사물과 마주친다는 그러한 목가적 사회는 영국 자유주의 사상가들이 그렸던 풍경이다. 헤겔이 사유재산의 일차적 소박함의 개념을 빌려온 것도 로크에서부터였다. 마르크스도 권력관계는 사물 간의 관계에 의해 결정적으로 측정된다는 로크의 가설을 고수했다. 마르크스의 『자본론』은 물질적인 풍요가 지배자에게만 있고, 피지배자에게는 없다는 사실을 정교하게 이론화한 것에 지나지 않는다. 그는 자본주의적 풍요가 일부 극소수 자본가를 제외한 사람들에게는 지옥이라고 말했다. 그러나 똑같은 물질적 풍요인데, 지배자가 가지면 지옥이고 피지배자가 가지면 낙원이라는 근거는 도대체 어디에 있는가?

『자본론』을 읽으면 아이러니하게도 자본의 힘이 단순히 파괴의 힘이나 기생충적 힘이 아니라는 것을 깨닫게 된다. 자본에게는 물질적 향유의 힘만이 아니라 모든 것을 가능케 하는 무소불위의 힘이 있기 때문이다. 게다가 물질적 풍요가 곧 지배계급의 특징이라는 가설도 이미 무너진 지 오래다. 지배계급의 사치는 사물의 향유라기보다는 차이의 향유라는 것을 우리는 이미 앙리 르페브르 Henri Lefèbvre의 『현대세계의 일상성』이나 보드리야르의 『소비사회』에서 확인한 바 있다. 호화스러운 것과 위세적인 것은 잉여가치를 만들어 내고, 이 잉여가치가 문화적, 교육적, 미학적 잉여가치를 재생산하기 때문이다. 상류층은 자신을 남의 평가에 내맡기지 않은 채 남을 평가하며, 스스로 규범을 정하는 사람들이다. 이렇게 해서 모든 사회는 각기 다른 상류층의 개념을 갖게 된다.

저개발국가에서는 살이 쪄야 하고, 선진국에서는 마른 체형이어야 하며, 페르메이르(베르메르)Johannes Vermeer, 1632~1675 시대의 네덜란드에서는 튤립 애호가가 되어야 하고, 벨에포크Belle Epoque 시대에는 자동차 애호가가 되어야만 한다. 또 어느 때는 전쟁이나 경찰 애호가 혹은 음악 애호가가 되어야 한다. 자본주의적 풍요를 한껏 누리면서 사회주의 개념을 노란 리본으로 달고 다니는 사람들의 사회도 있다. 경제적 '사물'이라는 우회적 수단을 통해, 다시 말해 물질적 풍요만으로 지배관계를 객관적으로 측정할 수 있다는 생각은 너무나 시대에 뒤떨어진 구식의 이념이다.

과학이 된 텍스트

　교황의 권리를 규정하는 조항에 "교회는 영지를 갖지 않는다"라는 구절이 있다. 그러나 이 규정은 교황이 유럽 전체의 신도들에게 성경을 보급시키는 것을 막지는 않았다. 영지가 없다는 것은, 오히려 절대적으로 신성한 한 권의 텍스트를 지역에 관계없이 널리 퍼지게 만드는 힘이 되었다. 텍스트는 영토에 법을 만들어 준다. 유스티니아누스Justinien 황제가 처음 사용했던 '영토territoire'라는 말의 어원은 원래 '사람들을 공포에 떨게terrifier 만들어 줄 수 있는 권리'라는 의미이다. 그런 의미에서 조폭들의 '바운더리'는 '영토'의 어원에 가장 충실한 개념이다.

　오늘날 권력의 사다리를 오르고 있는 사람들에게 양떼, 술, 소시지보다 더 긴요한 것은 바로 텍스트이다. 권력은 총구에서만 나오는 것이 아니다. 화약을 말하는 것으로는 충분치 않고, 텍스트를 말해야 한다. 역사적으로 국가나 관료제도가 탄생한 것은 민중 속에서 문자라는 획기적인 발명품이 생겨난 다음이라고 레비스트로스는 말했다. 단순히 적진을 소탕하려면 총으로 무장된 군대가 있으면 되지만, 영토를 점령하기 위해서는 깃털(옛날의 필기도구는 깃털에 촉을 끼운 것이므로)의 군대가 있어야만 했다. 총은 물질에 관여하지만 문자는 정신에 관여하기 때문이다. 그래서 마오쩌둥은 "총은 정신을 갖고 있지 않다. 총을 가진 인간의 이데올로기가 변하더라도, 그 총은 여전히 다른 주인의 다른 목적에 봉사할 것이다"라고 말하며 총보다 텍스트의 중요성을 강조하였다.

그러니까 텍스트는 화약과 같은 기능, 아니 화약보다 더 큰 기능을 가지고 있다. 그 옛날 교회법, 제국 법, 조공朝貢 국가의 법을 말하기 위해 스콜라철학이 텍스트로 사용되었다면, 공산주의 국가에서 정부의 법을 말하기 위해서는 마르크스의 『자본론』이 텍스트로 사용된다. 그것은 권력 유지에 더할 수 없이 중요한 현대적 텍스트이다. 『자본론』은 근현대의 바이블이다. 그 추종자들은 이 텍스트를 마치 성경처럼 절대시한다. 공산주의를 구현한 체제들이 큰 범죄를 저질렀다 해도 그것은 텍스트를 잘못 적용해서 그렇다는 식으로 해석한다. 경제주의, 의지론意志論, 도그마티즘 등 그 오류의 성격을 규정짓는 일에 대학과 당黨들은 지칠 줄을 몰랐다. 스탈린은 레닌을 잘못 읽었고, 레닌은 마르크스를 잘못 읽었으며, 마르크스는 헤겔을 너무 읽었다느니 등등의 말이 끊임없이 이어졌다. 피와 눈물을 설명하고 분류하는 그 다양한 '주의主義'의 분파들이 변명 삼아 하는 말이 유일하게 "잘못 읽었다"는 것이다. 무엇을? 성스러운 텍스트인 『자본론』이다.

백 개의 유파가 자유롭게 토론하라는 백가쟁명百家爭鳴, cent écoles rivalisent, 백 개의 꽃이 자유롭게 피어나도록 하라는 백화제방百花齊放, cent fleurs de rhétorique s'épanouissent은 중국 문화혁명 시절에 세계적으로 유행했던 마오이즘의 주요 개념들이다. 그러나 백화제방의 백 개의 꽃들은 언제나 똑같은 밭에서 재배한다는 조건 하에서였다. 그 지배 엘리트들이 참조하는 권력 사용법과 텍스트는 단하나의 유일한 것, 즉 『자본론』이다.

틀림없이 이기는 노름을 하려면, 상대방이 그 노름 규칙을 몰라야만 한다. 그러므로 지배자는 자기 백성들에게 그들이 절대적으로 무지하다는 것을 설득시킨다. 왜냐하면 그들이 아무것도 모른다는 사실은 그들이 열등하다는 것을 생생하게 증명해 주기 때문이다. 물론 텍스트 자체가 너무나 난삽하고 고답적이어서 무식한 민중은 그것을 이해할 수조차 없다. 마르크시스트였던 사르트르 자신도 "레닌의 40권의 책은 그대로 대중 억압의 수단이다"라고 말했었다. 대중은 결국 지식인의 것인 이러한 지식에 접근할 방법도 시간도 갖고 있지 않기 때문이다(사르트르, 『상황』 제10권).

여하튼 모든 마르크시스트들의 공통점은 유일한 텍스트에 대한 믿음이다. 레닌은 수많은 '부패한 농민, 소小 부르주아, 노동자들'을 초기 강제수용소에 처넣으면서 "우리와 함께하지 않는 자는 우리를 반대하는 자들이다"라고 말했다. 마오는 "하나는 둘로 나뉜다"고도 말했다. 그것은 셋이나 다섯으로는 나뉘지 않는다. 왜냐하면 모든 것은 '진실된 것과 거짓된 것, 이기는 자와 지는 자' 등으로 단칼에 결정해야 하기 때문이다. 그러니까 당신은 알고 있거나 혹은 모르고 있거나 둘 중의 하나이다. 이러한 절대적 신성시에서 마르크시즘이 단순한 학문이 아니라 결정의 과학이라는 레닌과 알튀세르Althusser의 이론이 나온다. 하기는 그 법칙의 쉼표 하나만 잘못 읽거나 위치를 바꾸어도 그것은 강제수용소가 되거나, 혹은 유례 없는 사회주의의 지복至福이 되기도 했다고 글뤽스만은 꼬집는다.

청년 헤겔은 로베스피에르의 독재정치를 합리화하고 그것을 구체제의 '전제주의'와 조심스럽게 구별해 놓았다. 제로에서부터 시작하는 근대국가에 대해서는 아무도 거역할 수 없다는 것이, 모든 독일 관념론 철학자들과 그 후계자들의 생각이었다.

프랑스의 1789년(대혁명)과 1793년(공화국 선포)을 모방하려는 생각은 독일 철학자들만이 아니라 레닌, 트로츠키, 그리고 마오쩌둥에게도 있었다. 모두가 알다시피 프랑스혁명은 부르주아(시민) 혁명이다. 그런데 부르주아를 적대계급으로 삼고 있는 그들은 이 혁명을 지양하기는커녕 오히려 그 모험과 아바타들을 프롤레타리아 혁명 속에 그대로 녹여 재현시키려 했다.

그들은 '인민의 권력'을 장미처럼 순결한 모습으로 그리려 하지만 "혁명당의 것이건, 왕당파의 것이건, 혹은 청색이건 백색이건 간에, 모든 공포정치는 밀고密告, 중상中傷, 오랜 원한에 대한 앙갚음의 초대장이다!"라는 코브R. Cobb의 말은 모든 전제주의와 프랑스혁명과의 관계를 적나라하게 보여 준다. 공포정치란 대중이 권력을 잡은 것이 아니라 특정 권력이 대중을 휘어잡았을 때의 상황이다. 이때 인민 내부의 모순들은 체계적으로 합리적으로 권력에 이용된다. 프랑스대혁명 당시 리옹의 반혁명 소요가 평정되었을 때 '이 수치스러운 도시의 모든 주민들'은 무차별적인 공격의 대상이 되었다. 거장 사상가들과 몇몇 역사가들이 생각하듯이 혁명의 상퀼로트sans-culotte적 단계는 투명하기는커녕 오히려 불투명한 요소들이 서로 쌓이고 부딪치는 축적과 '충돌'의 단계였다.

마르크스는 또 프랑스대혁명이 자본주의 시장을 향한 길을 닦아 놓았다고 평가했다. 자유스럽게 노동력을 파는 사람과 역시 자유스럽게 그 노동력을 사는 사람을 대면시켜 놓았다는 점에서 그것은 부르주아혁명이라고 그는 말했다. 그러나 당시는 아직 자본주의적 경제체제가 들어서기 전인데, 어떻게 대혁명이 이런 일을 할 수 있느냐고 글뤽스만은 반박한다. 부르주아지는 100년 후에나 시작될 경제를 이미 지배할 능력이 있었고, 인민대중은 아직 존재하지도 않았던 시장경제 체제에 항거를 했다는 얘기인가? 라고 그는 묻는다.

독일정신

세계에서 가장 지성적인 피히테, 헤겔, 마르크스, 니체 등을 탄생시킨 독일은 역설적이게도 19세기 말까지 통일된 나라를 이루지 못했다. 그것은 텍스트와 국토가 400년간이나 불일치했다는 사실에 기인한다고 글뤽스만은 진단한다. 젊고 호전적인 근대국가들에 둘러싸여 수세기 동안 국가의 형태를 갖추지 못했던 것이 독일의 불행이었다. 그때부터 텍스트가 영토와 일치하지 않는 이상한 독일이 형성되었다. 국가를 하나 만드는 데서 행복감을 찾는 것은 식민지에서 해방된 '발전도상국가'이거나 혹은 '민족해방투쟁'을 수행 중인 모든 나라들의 혁명적 엘리트들이 추구하는 꿈이다. 독일도 마찬가지였다. 독일 국민은 전환기마다 해방전쟁을 기다렸으며, 나라를 하나 세우기 위해서는 모든 역사적 문화적 힘을 한데 모아야 한다는 '독일' 정신을 만들어 냈다. 몇 사람의 우연한 만남이 이 독일정신을 필연으로 만들었다.

독일은 "옛날부터 유럽을 지배할 의지와 그것을 달성할 수 있는 힘을 갖고 있었는데, 평범한 것으로의 평준화라는 민주적이며 현대적인 관념에 의해 그만 옆길로 새어 버리고 말았다"는 것이 비스마르크와 노년의 바그너가 즐겨 한 말이었다. 패권적 제국을 꿈꾸지만, 채 민족국가도 되지 못한 채 먼지처럼 부스러진 영토, 이것이야말로 독일의 패러독스였다. "독일은 어제 혹은 내일의 독일이지, 결코 오늘의 독일이 아니다"라고 니체는 말했다. 그 후 니체는 "게르만 정신이 되돌아온다. (…) 가장 중요한 철학은 칸트와 독일 군대이다"라는 말로 19세기 마지막 3분의 1의 시대를 열었다.

유대인

고전주의시대의 철학자 데카르트는 이렇게 생각했다. "비록 인간은 언제나 미치광이가 될 수 있지만, 진리를 인식하도록 의무지어진 주체의 주권 행사로서의 '사유'는 결코 비이성적으로 될 수 없다." 그는 감각이 자신을 속이고, 세상은 존재하지 않으며, 자신은 꿈꾸고 있다고 우선 가정해 본다. 그러나 그는 자기가 유리 몸뚱이를 갖고 있다고는 상상할 수도 없다. 왜냐하면 그런 상상을 하는 것은 미치광이들일 뿐인데 "내가 그들의 예에 따라 법칙을 세운다면 나 또한 미친 사람이 될 것이기 때문"이다. 여기서 그의 회의懷疑가 끝난다. 생각하는 주체는 미치광이가 될 수 없기 때문이다. 데카르트의 그 유명한 방법적 회의이다.

푸코는 데카르트의 철학에서 광기가 사유 불가능성의 조건이 되었다는 사실에 주목한다. 데카르트가 광기를 배제하면서부터 르네상스와 고전주의 사이에 분할선이 하나 그어진다. 르네상스 시대에 허용되었던 '부조리한 이성'이나 '합리적인 광기' 같은 모순적인 경험들이 이제 완전히 불가능한 것으로 여겨지게 되었다. 이성과 광기는 상호 배제한다는 이 관념에서부터 자유사상가, 나병환자, 매독환자, 미치광이 등 모든 일탈자들을 대대적으로 감금하는 17세기의 대감금 현상이 생겨났다.

글뤽스만은 역사 속에서 어떤 은밀한 운동에 의해 유대인도 푸코적 의미로 배제의 대상이 되었다고 말한다. 데카르트적 이성은 '자연의 소유자이며 지배자'가 되기 위해 광인을 따로 모아 가두어 분리시켰다. 그런데 근대사회에서 유대인은 헤겔적 이성에 위배된다는 이유로 광인들의 옆자리에 앉게 되었다. 데카르트는 "나는 생각한다. 고로 나는 존재한다"라고 말했지만 근대 이후 서구인들은 "나는 존재한다. 그러므로 유대인은 존재하지 않는다"라고 생각하게 되었다. 고전주의시대의 이성은 결코 '광인들'만을 가두지는 않았는데, '자기의식'으로 충만한 헤겔적 이성은 유대인 하나만을 겨냥했다. 합리적인 사회의 소유자와 지배자가 되기 위해 왜 하필 유대인을 몰아내야만 했을까?

헤겔은 젊어서는 『기독교정신과 그 운명』을 통해, 늙어서는 『역사철학』을 통해 유대인을 비판했다. 그리스적 통일성 속에서는 모두가 형제인데, 주인과 노예, 복수하는 신과 복종하는 인간밖에 알지 못하는 유대인들은 거기서 비참하게 소외된다는 것이었다. 헤겔에 의하면 유대인은 '완전한 수동성, 완전한 추醜' 속에서 살고 있다. 이것은 원리주의나 미학의 차원이 아니라 정치적으로 내린 정의였다. 그리스의 아름다운 독립성이나 고대 자유도시의 자유시민과 달리 유대인은 처음부터 나라 없는 짐승이었다. "국가는 유대의 율법에 맞지 않으며, 모자이크 같은 법률과도 맞지 않는다"고 헤겔은 말했다. 독일이 자기 조국을 통일시키기 위해 국가를 건설해야만 했다면, 유대인은 원래 국가를 원하지 않았으므로 조국이 아예 필요 없었고, 그것이 아브라함 이래 계속되어 온 역사적 사실이라고 그는 말했다.

유대인들은 2천 년 전부터 가시적인 국가를 갖지 않은 인민이다. 그들은 다른 민족의 단일성을 부인함으로써 자신의 단일성을 찾았다. 헤겔에 의하면 '유대인의 민족정신'은 증오이다. 가족들은 조국을 떠났고, 각각의 유대인들은 가족을 떠나 '연관 없고', '독립적인' '우두머리'가 되었다. 왜냐하면 "모든 관계에서 자유스럽기" 때문이다. 이 말은 자연에 대한, 자기 자신에 대한, 그리고 다른 민족에 대한 모든 관계가 순수 적대관계라는 것을 의미한다. 유일하고 전능하고 복수심에 불타는 그의 신 야훼와 아주 흡사하다. '사랑하기를 원치 않는' 아브라함의 역사는 끊임없이 반복되는 분리의 역사인데, 유대의 모든 역사 역시 아브라함의 엑소더스의 반복이다. 자기 자신만을 믿으며, 지배적이고, 무정부주의적인 유대민족은 모든 것을 원하며, 아무것에도 만족하지 못한다. 관념상으로 지배적인 이 민족은 그러나 실제의 현실 속에서는 지배받는 민족이 되었다. 헤겔은 2천 년의 세월 동안 이어진 이 '분산의 의지'를 광적, 유대적이라고 명명했다.

헤겔을 계승한 청년 마르크스는 사유재산을 유대인 문제로 변형시켰다. 그는 우선 사회가 일관성을 갖기 위해 자산가의 재산은 수용되어야만 하고, 이 세계가 공동의, 공산주의적 세계가 되려면 사적 개인은 추방되어야 한다고 했다. 스스로 유대인이었던 젊은 마르크스는 유대인의 '공상적인 민족성' 혹은 '돈만 아는 상업적 기질'을 비판하며 반反 유대주의자가 되었다. 그리고 유대인에 대한 증오를 돈에 대한 증오로 치환하였다.

니체는 『비극의 탄생』을 통해 새로운 독일정신을 고취했는데, 그것은 "그리스 문명의 의지가 약화된 틈을 타 세계를 제패한 유대인들"로부터 사라진 옛 희랍의 횃불을 새로 탈환해야 한다는 것이었다. 유대 - 기독교가 혼합된 불안한 의식 위에 비극적인 그리스를 높이 치켜듦으로써 그는 반 유대적 봉쇄를 최종적으로 마무리했다.

헤겔처럼 의식의 투쟁일 수도 있고, 마르크스처럼 소외와 계급투쟁일 수도 있고, 니체처럼 일반적인 허무주의와 원한의 시대일 수도 있지만, 여하튼 19세기 독일의 모든 사상가들이 반 유대적이라고 글뤽스만은 단정한다. 그리고 이와 같은 '반 유대주의'가 명백하고도 직접적으로 나치즘과 이어진다고 생각한다.

자신이 유대인이고 부모와 누이가 모두 레지스탕스 운동에 참여했던 가족사를 생각하면 글뤽스만이 이처럼 유대인 문제에 민감하게 반응하는 것이 이해가 간다.

인민과 천민

"국민의 특정한 한 파를 지칭하는 인민peuple은 자신이 원하는 것이 무엇인지 알지 못하는 한 부분의 사람들을 뜻한다"라고 헤겔은 말했다. 피히테와 달리 헤겔은 '천민plèbe-populace'을 조심스럽게 인민과 구별했다. 모든 국민은 인민이지만 그중에서 빈곤과 반항의식을 가진 사람들이 천민이다. "만일 하나의 거대한 대중이,

정상적인 사회 구성원에게 필요한 최저생활비 이하로 떨어져, 권리의 관념이나 합법성의 정신을 잃고, 자기 고유의 노동이나 행위로 존재한다는 명예심마저 잃었을 때 거기에 천민이 형성된다"고 했다. 그러니까 지배당하지 않으려는 인민의 한 부분이 천민이다. 다시 말하면 상급자에 대한 신뢰는 인민적이며, 그것에 대한 의심은 천민적이다. "정부에게 나쁜 의지가 있다고 생각하는 것은 부정적인 관점이며, 그것이 바로 천민적인 견해이다"라고 헤겔은 말했다.

노년의 헤겔은 부르주아 사회의 경제적 빈곤상태가 천민의 객관적인 조건을 형성한다고 좀 더 분명하게 설명했다. 그리고 천민의 주관적인 조건은 정신상태의 문제라고 말했다. 그에 의하면 가난 그 자체는 사람을 천민으로 만들지 않는다. 가난과 결부된 정신상태, 즉 부자·사회·정부 등에 대한 내면적인 반항에 의해 천민이 결정된다. 그렇게 우연히 정해진 인간은 마치 나폴리의 부랑자들lazzaroni이 그러했듯이 자기 일을 게을리하고 경박하게 된다. 영국의 노동자들은 비록 가난하지만 항상 그들의 정부와 좋은 습관을 존중한다. 나폴리의 천민과는 반대로 헤겔은 영국의 노동자들을 천민의 범주에 넣지 않았다. 그런 의미에서라면 20세기의 히피 노동자들은 물론 천민이 아니라 인민일 것이다.

다른 대 사상가들이 모호한 언어로 암시할 때 니체는 단도직입적으로 다음과 같이 천민의 정의를 내렸다.

"―더 이상 예수나 루터 같은 성자나 혹은 큰 덕성을 가진 사람들을 믿지 않는 비천한 사람들

―더 이상 지배계급의 우월성을 믿지 않는 부르주아들(거기에서 혁명이 생김)

—더 이상 철학자를 믿지 않는 과학의 하수인들

　—더 이상 남자의 우월성을 믿지 않는 여자들."

교육

　교육이란 처음에는 사물과 짐승을 길들이는 기술 습득에서부터 시작되었다. 아담이 짐승들을 통제하기 위해 제일 처음으로 한 것은, 그것들에게 이름을 붙여 준 것이다. 명명한다는 것은 소유한다는 의미이며, '정신'을 부여한다는 의미이기 때문이다. 인간관계로 옮아가면서 이 지배기술의 습득은 지배권의 투쟁이 되었다. 교육시킨다는 것, 그것은 우선 말하기를 가르치는 것이다, 라고 헤겔은 말했다. 언어가 이미 국가의 이성을 내포하고 있는 것이라면, 그것은 권력기구에 다름 아니다. 사회주의 체제는 결국 교육의 체제이다. 하기는 어느 사회건 교육은 그 자체가 국가에 대한 은밀한 관계이다.

　헤겔은 "아이의 진실은 곧 부모의 죽음"이라고 말했다. 어쩌면 프로이트와 정신분석학을 예고하는 것처럼 보이는 이 말은 교육이 제로게임이라는 사실을 압축해 보여 준다. 한 사람이 이기는 데서 다른 사람은 잃는다. 처음에 어린아이는 아무것도 아니었으며, 부모가 전부였다. "어린아이의 무기적無機的 성질을 부모는 다 알고 있다." 그런데 마지막에 가서는 어린아이가 전부가 된다. 다시 말해서, 이제는 곧 사라져 버릴 일밖에 남지 않은 부모의 모든 것을 아이가 갖게 되었다. 부모는 자신들이 어린아이에게 준 것을 스스로 잃으며, 그 상실 속에서 죽는다. 결국 부모가 어린아이에게 준 것은 그들 자신의 의식意識이다. 그러므로 어린이 교육의 성공은 그 어린이 자신의 의식과 전혀 다른 타인의 의식이 그 아이 고유의 의식이 되었을 때이다.

부모는 아이들의 속에서 죽는다. 그러나 그것은, 투쟁의 불길 속에서 그들 '고유의 의식'을 전달하고 나서이다. 가족 안의 모든 사람들은 죽지만, 가족은 죽지 않는다. 특정의 왕은 죽지만, 왕의 자리는 영원하다. 헤겔적 의미의 교육은, 하나의 권력이 변함없이 다음 세대로 이어진다는 단순한 전달 기능이다. 그러므로 죽음 앞에서 무서워 뒷걸음질 치며, 파괴로부터 자신의 몸을 지키려 애쓰는 것은 삶이 아니다. 오히려 삶은 그 자체 안에 죽음을 간직하고 있으며, 죽음 속에서 자신을 유지한다. 죽음이 바로 정신의 생명이다. 인류는 끊임없이 쓰고 영원히 다시 읽는 그런 커다란 하나의 인간과도 같다.

그럼, 지배관계 속에서의 교육은 어떠한가? 지배자와 신민은 부모와 자식의 관계와 같다. 정교한 교육을 거쳐 모든 신민들은 지배자와 함께 혹은 지배자처럼 생각한다. 아니 좀 더 정확히 말하면 지배자가 그들 속에 들어앉아 생각하게 된다. 그리해서 그들은 자신을 노예처럼 느끼거나 반항하는 마음을 내면에서 아예 지워버린다. 교육의 최종적 진실은 결국 세뇌洗腦이다.

그런 의미에서 중국의 '문화혁명'은 헤겔적 교육의 도식을 가장 정확하게 재생시킨 것이다. 지도자는 인민들에게 벽보, 불만의 토로, 항거 등의 방법을 통해 '자기 마음을 깨끗이 비우라'고 촉구한다. 모든 문제를 테이블 위에 올려놓은 후, 마치 헤겔의 어린아이처럼, 그들은 공손히 한 교육자 앞에 나선다. 반면에 교육자는 모든 정보와 사상, 강령의 해석, 권력 메커니즘에 대한 이해를 독점하고 있다. 이것들을 전달하는 인쇄된 신문, 라디오, TV 등의 모든 수단들 역시 독점하고 있다. 각자는 자기의 자루를 깨끗이 비워 놓고, "속이 텅 빈 천민, 혹은 어린아이"가 되고, 교육자는 헤겔이 '부모의 지식'이라고 명명했던 지식으로 자신을 무장한다. 즉 마르크스레닌주의적 지식으로.

어린아이는 부모의 죽음이지만, 이 죽음은 그 어린이가 부모가 됨으로써만 성취된다. 국가와 당도 마찬가지다. 마오는 당을 유지하기 위한 투쟁을 신진대사에 비교했다. "찌꺼기의 폐기와 새로운 피의 흡수 없이 당은 역동성을 가질 수 없으므로" 프롤레타리아 정당은 항상 변질된 부분을 버리고 새로운 것을 흡수해야 한다고 그는 말했다. 이것이 바로 모든 구악을 일소한다고 부모까지 죽이던 홍위병의 패륜적 광기였다.

❊ ❊ ❊

프랑스에서 『사상의 거장들』이 출간된 1년 후인 1978년에 나는 이 책을 번역하여 『주간조선』에 연재했었다. 헤겔, 마르크스, 니체 등 독일 철학자들에 대한 저자 글뤽스만의 비판서라는 점에서 『사상의 거장들』이라는 제목은 사실상 "사상의 거장들이라고?"의 빈정거림을 함의하고 있다.

40년의 세월 동안 많은 것이 바뀌었다. 소련 공산체제와 동구권이 무너졌고, 마오쩌둥의 문화혁명은 잔인한 폭력과 패륜적 살인의 시대였다는 것이 밝혀졌으며, 마지막 남은 제1세대 공산주의 독재자 카스트로도 얼마 전 사망함으로써 세계적 공산주의 실험은 완전히 막을 내렸다. 그러나 우리의 북쪽에는 아직 세습 공산주의 독재체제가 남아 있어 우리에게 무한한 위협을 가하고 있으며, 은밀하게 그들에게 동조하는 남쪽의 일부 세력은 우리의 체제를 한없이 힘들게 만들고 있다. 종이문자 시대에서 인터넷 세상으로 바뀌고 이제는 디지털을 넘어 인공지능 세상으로 접어들었지만, 아직 우리의 정치 사회 문화적 환경은 40년 전과 다름이 없다고 해도 과언이 아니다. 어쩌면 이 책의 출간이 갖는 의미도 바로 거기에 있지 않을까 싶다. 이 책을 대통령 탄핵 사태의 일시적 좌절감 속에서 세대 갈등과 세대 내 갈등이라는 이중의 갈등에 시달리고 있는 한국의 젊은 보수들에게 바치고 싶다.

아울러 독일 문화에 대한 깊은 이해로 번역문의 용어상의 오류를 많이 잡아 주신 김세중 편집자에게도 심심한 감사의 뜻을 전하고 싶다.

2017년 3월
박정자

차 례

옮긴이의 말   아직도 유효한 『자본론』 비판   7

태초에 간섭이 있었다   45

1. 성문 밖의 파뉘르주   47
2. 자신도 모르게 지크프리트   79
관료들의 요람 | 텍스트에 의한 혁명 | 법의 작용 | 권력의 호감을 산다 |
20세기의 글쓰기 | 진실 게임 | 영향력의 암거래 | 법의 계급 | 내면의 독일
3. 불가능한 소크라테스 선생   123

네 사람의 에이스   153

1. 새로운 그리스와 그 유대인   155
영원한 젊은 사상가들 | 왜 독일인가 | 전환기에서 | 누가 문제를 제기하는가 |
혼동하지 말 것 | 타락의 극치 | 나는 생각한다, 그러므로 미치광이는 생각하지 못한다 |
유대인에게는 무엇이 부족한가 | 국가 밖에서는 삶도 없다 | 독일병病 | 혁명과 국가 |
국가와 혁명 | 카를 마르크스의 철학적 세례 | 새로운 체제 | 규율 기계 | 판옵틱 장치 |
높은 곳 | 누가 누구의 어깨 위에 올라가는가 | 나는 생각한다, 그러므로 국가는 존재한다 |
유럽의 부랑배들 | 정치인과 그의 타자 | 이데올로기적 곱셈

2. 왜 나는 그토록 혁명적인가(우선 피히테)   195
아무 곳으로도 인도하지 않는 거장들을 위한 변명 | 물론 | 코페르니쿠스의 모험 |
새로운 만유universelle 인력과 대학universitaire 인력引力 |
교수들을 위해서는 괄호를 치는 것이 | 혁명의 영원한 3단계 |
더 이상 태양에서 벗어나지 못한다 | 수학자보다 더 엄밀한 | 왕관 주변의 혁명 |
불안한 지배자 | 고인 약력 | 노동에서의 죽음 | 설득에서 만류까지 | 마지막 결투

3. 왜 나는 그토록 박식한가(헤겔과 그 추종자들)　245

파리Paris의 시간 | 세계의 시계 | 천민La plèbe | 문맹 퇴치 전략 |
노예는 없고 주인은 단 하나 | 학자의 임무 | 서로 다른 천민 개념 |
국가와 혁명에 대한 충성 | 삶의 교육, 죽음의 교육 | 밤에서 밤으로 |
당신의 배船들을 태워 버리라! | 마음을 마음의 묘지로 만들기 | 차가운 방 | 테러리즘의 이론

4. 왜 우리는 그토록 형이상학적인가　275

히로시마의 사랑 | 독일 관념론이란 무엇인가 | 내 집처럼 편안하기 | 벽보 | 왕복 |
위대한 서부극 | 할 수 있다, 그러므로 존재한다 | 약속된 부富 | 배제와 포함 |
신神이라는 악순환 | 사변적 명제 | 대 사상가는 어떻게 그의 관념들을 모으는가 |
어울리지 않는 질문들 | 거대한 긍정 | 자그마한 긍정들 | 왜 이렇게 먼 길을 돌아가는가 |
선거행낭 | 서구 형이상학의 예루살렘

5. 나는 어떻게 숙명이 되었는가(누구보다 마르크스)　321

거장을 보라 | 동원명령 | 위대한 수단들을 가진 하나의 과학 | 커다란 도박을 배우기 |
분리시키는 권력의 권력 | 사유재산은 강간이다 | 헤겔적 공장 | 자본은 없다 |
노동도 없다 | 멍에에 대항하여 또 다른 멍에에 | 자기 길을 가는 관념의 부재

6. 나는 어디를 통해 모든 것 위에 올라가게 되었는가(모두를 위한 니체)　361

마르크스를 넘어서 | 자산가의 뒤에는 거장이 | 안에서부터 바라봄 | 페티시즘을 넘어서 |
솔직한 말 | 그랜드 투어 | 신의 이후에는 | 인쇄물은 어떻게 발견되었는가 | 반지 |
H아워 | 지배와 수학 | 지배와 신학 | 형이상학의 도정 | 최후의 오페라

역사의 종말　401

주석과 인용 문헌　432

라블레 소설 『팡타그뤼엘』의 1537년판 속표지

태초에 간섭이 있었다

1. 성문 밖의 파뉘르주

2. 자신도 모르게 지크프리트

3. 불가능한 소크라테스 선생

오! 과학! 모든 것을 다시 가져왔네. 육체를 위해 그리고 정신을 위해, – 성체 – 의학도 있고, 철학도 있네, – 민간요법도 있고, 편곡된 대중 음악도 있네. 왕자들의 오락도 있고, 그들이 금한 놀이들도 있네! 지리학, 우주학, 역학, 화학! … 과학, 그 새로운 귀족성이여! 진보. 세계는 전진한다! 왜 뒤로인들 돌아가지 않겠는가?

— 랭보, 「지옥의 계절」

1
성문 밖의 파뉘르주

낯선 모든 것에 대항하여 안전장치를 마련할 수 있다. 그러나 우리 인간들은 모두 성벽 없는 도시에 살고 있다.

—에피쿠로스

1

오늘날 "당신들은 자유롭다"고 단언하지 않는 권력은 드물다. 또 그렇게 느끼는 즐거움을 거부하는 백성도 드물다. 2차대전 후의 젊은이들도 "나는 자유롭다"라는 말로 시작했지만 결국은 "나는 누구인가?"라는 물음으로 귀착되었다. 그들은 이 주제에 대해 아무것도 알 수 없었고 자신이 정말로 자유로운지는 더구나 알 수 없었다. 아마도 그들이 제기한 자유의 문제는 자기가 자기에게 하는 차원이 아니라 남에게 질문하는 차원이라고 이해해야 옳을 것 같다. 권력들은 "너는 자유롭다"고 진중한 목소리로 중간 판결을 한다.

단숨에 각자 속에 자리 잡은 이 목소리 앞에서 더 이상 묻지 않는 채 그저 "나는 자유로운가?"라고 메아리처럼 따라하기만 하는 것은 그들의 명령에 너무 복종하는 것이 아닌가?

텔렘 수도원[라블레Rabelais 작 『가르강튀아』 속에 그려진 이상향]의 모범적인 지도자 가르강튀아는 자신의 모범적인 수도사들에게 이렇게 명령했다. "네가 하고 싶은 것을 하라." 원문의 인용문은 다음과 같다.

"그들에게는 단 하나의 법칙만이 있으니, 그것은 '너 하고 싶은 대로 하라!'는 것이다!"[1]

"마르크시즘의 수많은 법칙들은 결국 '조반유리(造反有理: 반항하는 것이 옳다)'라는 한 구절로 요약된다"고 마오쩌둥毛澤東은 말했다. 그는 중국의 모범적 8억 인구의 위대한 조타수를 자처했다. 라블레와 4세기의 간격이 있으나 두 구절은 똑같다.

현대의 군주—국가수반 혹은 당 서기장—가 우리의 자유에 명령을 내리면서 현대적 방식으로 사람들을 복종시킬 때 이 격언은 더욱 빛난다.

1. 이 구절은 급진적이다. 그것은 현재의 시점에서 통고("하라")하면서 미래("네가 좋을 대로")를 조종한다. 여기서 과거는 삭제되어 있다. 왜냐하면 이 구절을 되풀이할 때마다 항상 제로에서 시작하기 때문이다. 이 구절에 대한 주석들이 그 단절을 잘 보여 준다(비록 규칙이 "네가 원하는 것을 하라"라는 단 하나의 조항으로 되어 있다 해도, 텔렘 수도원의 조직과 구조를 감안하면 수도사들은 전통적 수도원보다 결코 덜하지 않은 폐쇄적 공간 속에서 엄격한 규칙의 지배를 받고 있었기 때문이다). 마찬가지로 중국의 구호에서도 "반동분자들에게 반항하는 것이 옳다"라는 분명한 뜻이 드러난다. 과거에 대한 전쟁 기계이다.

2. 이 구절은 혁명적이다. 이것은 미슐레가 『프랑스혁명사』에서 말한 "모든 것이 가능한" 순간을 그려 준다. 그것은 집단 전체를 단일한 하나의 성질로 정의한다. '모든 것이 가능한' 순간은 구성원 전원에게 마치 출생신고서와도 같이 주어진다. "나의 목적은 인간을 약탈하거나 착취하는 것이 아니라 그들을 부자가 되게 하고 완전한 자유인으로 만들어 주는 것이다"라고 라블레의 왕들은 포로들에게 약속했다. 혁명 이전에 "중국은 백지상태였다"(마오쩌둥). 사제도 아니고, 소송인도 아니며, 구두쇠나 곰보도 아닌 미래의 텔렘의 수도사들도 역시 하얗고 아무런 흔적이 없는 깨끗한 밀랍이었다. 참으로 절대적인 시작이다.

3. 이 구절은 집산주의적集産主義的이다. 우리는 함께 자유롭기 때문이다. 그러므로 집단만이 자유롭다.

"이 자유 덕분에 그들은 전체적인 하나가 즐거워할 만한 것을 하기 위해 모든 노력을 기울인다. '마시자' 하면 모두 마시고, '놀자' 하면 모두 놀고, '들판으로 나가 놀자' 하면 모두 들판으로 나간다."

이 사회는 영원히 자기의 출생신고를 되풀이한다. 거기서는 명령의 방법으로만 소통이 이루어지고, 첫 번째 수장首長은 우연히 들어선 새로운 수장에게만 말을 전달한다. 그들은 모두 같은 지위이다('마시자', '놀자', … 등의 말을 할 때에만 수장이다). 텔렘 수도사들은 문자 그대로 '파뉘르주의 양떼들'[moutons de Panurge: 부화뇌동附和雷同하는 사람이라는 뜻의 숙어]이다. 그들은 현재 안에서만 산다. 과거와 함께 미래도 폐지되어 버렸다. 왜냐하면 미래란 예상치 못한 분화分化의 위험성을 내포하고 있기 때문이다. '인민에게 봉사한다爲人

民服務’는 정신은 "8억 중국인민에게 봉사하는 8억 중국인민 중의 하나가 8억 중국인민에게 봉사하는…" 이러한 도식을 갖고 있다. 그러니까 중국의 8억 인구 중의 한 명은 중국의 8억 인구의 봉사를 받으며, 또 한 명의 중국인은… 이런 식이다. 일체의 차이점을 그 싹에서부터 자르는 기계이다.

4. 이 구절은 독재적이다. 그것은 (마오쩌둥이나 가르강튀아 같은) 단한 명이 그 말을 하기 때문이 아니라 그들의 말투가 공공연하게 명령적이며("하고 싶은 것을 하라"), 또 은근히 명령적이기 때문이다 ("모든 마르크시즘을 요약한 것"이라는 말은 지고의 정언명령보다 결코 덜한 명령이 아니다. '~하는 것이 옳다'라는 말은 '~해야 한다'와 동의어이다). 더욱 심각한 것은, 이 말을 법칙으로 내뱉는 자와 그것을 법으로 받아들이는 자 사이에, 다시 말해서 명령하는 자와 복종하는 자 사이에는 뛰어넘을 수 없는 불균형이 있다는 것이다. 가르강튀아나 마르크시즘 쪽에서는 물론 아무런 문제도 없다. '반항하는 것이 옳다', '하고 싶은 것을 하라', 이 말들은 서로 모순되거나 빗나감이 없이 발설되고 명령될 뿐이다.

그런데 실행 과정에서 이 명령들은 그 복종자들을 대단한 혼란에 빠트린다. 예를 들어 "나에게 복종하지 말라"고 아버지가 내게 말한다. 내가 만일 아버지에게 복종한다면 나는 아버지에게 불복 不服하는 것이 되고, 내가 만일 아버지에게 불복한다면 나는 아버지에게 복종하는 것이 된다. 마르크시즘은 "반항하는 것이 옳다"라는 말로 요약된다. 그렇다면 마르크시즘에 대해 반항하는 것도 옳은가? 만일 그것도 옳다면 그것은 새로운 회전문이 될 것이다. 만일 아니라면 그 말은 마르크시즘의 요약이 될 수 없으며 한갓 거짓말일 것이다. 한 크레타 섬 사람이 "나는 거짓말을 한다"고 말했을 때, 그가 만일 거짓말을 했다면 그의 말은 진실이며, 그가 사실을 말했다면 그의 말은 거짓말이 된다.

현대의 논리학은 이런 식의 이율배반을 세심하게 고찰했다. 그것을 해결하는 방법은, 이러한 명제들을 난센스이며 불합리하다고 한마디로 치워 버리거나, 아니면 명제와 그 개념들, 또는 전체와 부분들, 그리고 진술과 진술 내용 등을 구분함으로써 그 명제를 받아들이는 것이다. 어떤 경우건 그 종속관계는 뒤집을 수 없다.

하고 싶은 것을 하라. 그러나 너에게 명령을 내리는 자에게 반항하지는 말라. 만일 그러지 못할 경우 너는 심한 모순에 얽혀들게 될 것이다. 서열의 차이만을 생산하는 기계다. 즉 통치 기계다.

5. 이 구절은 신학적이다. 그 기원은 종교적이다. "신을 사랑하고 섬기라, 그리고 하고 싶은 것을 하라Dilige et quod vis fas"라는 성 아우구스티누스의 말과 흡사하다. 신과 인간의 의지 사이의 관계를 지워 버림으로써 이 구절은 얼핏 보기에 종교적인 색채를 깨끗이 지웠다. 그러나 찢어 낸 자국이 그대로 보인다. 20세기의 사상은 "모든 것이 허용된다"는 말이 실은 "신이 죽었다면 모든 것이 허용된다"라는 뜻임을 상기시킨 바 있다.

종교적인 관계는 사라졌다. 그러나 '모든 것'을 결정한다고 주장하는 담론 속에 그것은 엄연히 한자리를 차지하고 있다. 신을 믿지는 않지만 사람들은 여전히 온갖 권위를 신에 부여하고 있다. 논리적으로 온갖 것을 다 증명한 후 마지막에 가서 신을 찾는, 소위 이성적 신학이다.

무신론이란 신학적 논리학theo-logique이다. "신은 죽었다"라는 추억을 가끔 되살리기 때문이 아니라, "모든 것이 허용된다"라는 말 속에서 고전철학이 신에 대해 말했던 것처럼, 무신론도 '모든 것'에 대해 말하고 있기 때문이다. 만일 신의 본질이 무엇인지를 선언하는 일이 우리의 이성에게 허용된다면, 우리 이성의 권위도 상당하여, 신이 **완벽**하며, **실제로** 존재하고 있다거나, 또는 신이란 **이념** 혹은 **죽음**이라고 단언할 것이다. 만약 인간이, 신이 존재한다는 증거가 있어서 신을 받아들이고, 신이 죽었다는 것을 알기 때문에 스스로에게 신을 금지했다면, 인간은 이세상 모든 것을 가질 수 있고 또 모든 것을 스스로 금할 수 있다. "영혼들은 제거되었다"고 1924년 러시아 촌락들의 열성적인 행동가들은 말했다. 마치, "빵과 설탕이 배급제로 공급된다"라는 말을 하듯이 그렇게 쉽게 이런 말을 했던 것이다. 종교적인 정치, 혹은 반反 종교적인 정치는 똑같이 강압적인 국가를 의미한다.

"하고 싶은 것을 하라"라는 표현은, 그 명시적 언급에서는 신을 배제했지만, 실은 이세상을 내려다보는 신의 관점을 취하고 있다. 통치자와 피통치자 사이의 관계에 신과 피조물 사이의 관계를 덧붙여 이중의 관계가 된 것이다. 작은 수장首長이 작은 신이라면, 커다란 수장은 커다란 신일 것이다!

2

텔렘 수도원의 우화가 바로 그것이다. 현대적 권력 생산 기계와 비교하면 너무 단순한가? 텔렘의 우화는 오늘날 대성공을 거둔 모든 정치이론의 본질이다. 사람들은 보이지 않는 지배자들로부터 거주지를 지정받아 살며, 지배자들 사이에서 뛰놀고 있다. 또 역시 보이지 않는 노동자들로부터 식량과 옷을 얻고 세탁 서비스도 받는다. 라블레는, 식량과 의복을 담당하는 노동자들이 텔렘 수도원의 밖에 살고 있다는 사실을 강조했다. 리카르도주의자이건 케인스주의자이건, 혹은 마르크시스트이건 베버주의자이건, 또 스미스주의자이건 라블레주의자이건, 또는 히틀러주의자이건 간에, 현실사회는 그 사회가 '조직한' 노동에서부터 그들의 부富를 얻고 있다는 것을 모르는 사람은 하나도 없다. 그러나 모든 정치이론은, 분업을 통한 노동의 조직화가 전제로 하는 지배의 문제를 교묘하게 비켜간다. "그건 다른 문제야, 그건 경제 문제지." 이런 식으로 말이다. 가장 혁명적인 이론들도 같은 함정에 빠진다. 마르크스는, 경우에 따라서 자본 대신에 '생산자 연합producteurs associés'이라는 말을 썼으며, 관리 혹은 화폐 기능의 점진적인 소멸이라는 말을 자주 썼다. 몇 개의 유보사항이 있었다. "미래의 냄비를 끓어오르게 하지" 않기 위해서라는 구실 하에 그는 미래를 백지로 남겨 놓았고, 그 결과, '미래의 대리인'에 의해 서명된 수많은 백지위임 수표가 나돌게 되었다. 그를 진지하게 비판하던 노동운동가들도, 예를 들어 혁명을 총파업으로 대체했을 때, 그와 똑같은 방식으로 생각했다. 즉 "더 이상 아무도 일하지 않으면, 사장들은 면직되고, 명령의 지렛대는 프롤레타리아와 노조원들의 손에 갈 것이고, 그러면 노동은 다시 시작될 것이다." 전처럼? 그들이 더 분명하게 말할(다시 말해 지금 여기에서의 노동을 변화시킬) 필요가 없다고 판단한 것을 보면 아마도 그런 것 같다. 모든 정치이론들이 권력을 보존, 개혁, 혹은 혁신한다고 주장하고 있지만, 그 이론들이 논하는 권력은 언제나 텔렘의 수도원 안에 있다.

라블레의 우화에는 유토피아적 환상이 결여되어 있을지언정 사실성이 부족한 것은 아니다. 자신의 생명을 유지해 주는 모든 생산과 생산자들로부터 단절되었으면서, 그 생산자들의 생산과 목숨까지 합하여 모든 것을 결정할 수 있는, 이 수도원이야말로 모든 정치이론들이 수호하고, 개혁하고, 뒤집어 엎는, 바로 그 장소가 아닐까? 거기야말로 그들의 무게중심이고, 그들로 하여금 이 세계를 들어 올리게 해 주는 지렛대의 받침점이며, 열쇠이다. 레닌, 히틀러, 혹은 대통령 직을 노리는 사람이면 누구나 국가 속에서 찾고, 보고, 느끼는 권력, 바로 그것이다. 어떤 지위를 가진 한 현대인이 국가기구(그것이 최대다수에 봉사하는 정부건, 민중의 정부건, 혹은 혁명정부건 간에)를 정복하는 것에 대해 말한다면, 그가 설립하고자 꿈꾸는 것은 바로 텔렘 수도원이다. 꿈꾸고, 이론화하고, 공포정치를 행함으로써 그는 이미 텔렘 수도원 안에 들어와 있는지도 모른다.

3

"네가 하고 싶은 대로 하라"라는 구절은 각 개인의 자유에 호소한다. 마치 언제나 다시 시작되는 세례식처럼 이 구절은 자유를 명명하고, "너는 자유롭게 될 것이다"라고 끊임없이 말해 준다. 그것을 듣지 않을 자유가 있다고? 지금 막 둥근 원을 이룬 고리에서 튀어나와 그것을 난센스라고 일축해 버리며, 일상적인 일로 넘어갈 수 있을까?

어렵다. 왜냐하면 "하고 싶은 것을 하라"는 말은 이미 가장 일상적인 일들 속에서 통용되고 있기 때문이다. 일상사에서 그 말이 들리지 않는다면 사랑은 소설이 되지 못할 것이다. 그리고 정체政體들은 충성심 있는 신하들을 만들어 내지 못할 것이다. 현대의 법이 우리의 자유에 대해서만 그리고 우리의 자유에게만 이야기한다는 것을 모르는 사람은 하나도 없다. 경제도 '자유노동자들'로 이루어진 세계를 전제로 할 때만 이들을 동원할 수 있다. 강제수용소들도 자유노동을 기획한다. "하라, 그러면 하고 싶어질 것이다"(노동이 자유케 하리라Arbeit macht frei). 죽어 가는 사람이 자기의 죽음을 스스로 관리할 때 작동되는 기능이다. 중국에서는 자기 잘못을 자아비판하는 것을 통해 사람들을 재교육시킨다. 재교육을 많이 받으면 받을수록 자유의 시간이 좀 더 가까워지는 것이다. 재교육이 그 목적의 끝까지 왔다는 것은 자기가 행한 잘못들을 완전하게 인식한 순간이라는 의미이다. 결국 사람들에게 재교육을 제공하면서 국가는 자유를 제시한다. "당신의 잘못을 완전히 인식하면서, 수용소에서 나가려는 생각이 들 수 있겠는가?"라고 그들은 묻는다. 당신의 교육이 성공적으로 끝나 당신이 그 수용소 안에 남아 있겠다고 요구하면 당국도 허락한다. 그래서 당신은 남게 된다. 그러나 만일 당신이 남아 있겠다고 요구하지 않으면 당신의 교육은 실패한 것이다. 그러므로 거기에서 나갈 수가 없는 것이다.[2] "하고 싶은 것을 하라."

어리석은 속임수의 구호이다. 우리는 최소한 이 구호보다는 더 똑똑하다. 이 구호가 던져 주는 그림자는 잊은 채, 곧바로 사물 자체에 접근하여, 그 안에 감추어진 실제 힘의 관계를 발견해야만 한다. 물론 부르주아나 관리들은 이미 잘 알고 있는 것이지만! 부르주아bourgeois가 단순히 도시bourg에 사는 사람이라는 뜻만이 아니고, 관리bureaucrate가 단순히 사무실bureau에 있는 사람이라는 뜻만은 아니며, 그들의 권력은 물론 총구에서 나온 것이 아니라 하더라도 한갓 종잇조각은 아니다. 그 권력은 자유의 이름으로 우리를 복종하게 만든다.

사회의 진정한 힘을 찾아보기 위해 말의 뒤에 숨은 뜻을 좀 더 분석해 보면 볼수록, 그 말들이 사회의 힘을 더욱 견고하게 해 줌을 알 수 있다. 부르주아지는 자신을 보편적 계급으로 제시하면서 모든 사람의 자유를 옹호했는데, 이것은 세계를 지배하기 위한 전략이었다. 그로부터 1세기 후 부르주아를 표방하는 체제에서는 마르크스의 말이 훨씬 더 가치가 있게 되었다. 끊임없이 다양하게 되풀이 연주된 주제음mieux encore이라고나 할까?—얼마나 많은 형사재판을 거쳐서?—"당신들도 우리와 같은 공산주의자이다! 어떻게 당신들은 길을 잘못 들고서, 우리를 비판할 수 있단 말인가? 회개하라! 왜냐하면 당신들과 우리들은 한데 합쳐 '우리들'이기 때문이다"(솔제니친, 『수용소 군도』 제1권).[3] 하고 싶은 것을 하라—여하튼 너는 그것을 원하게 될 것이다. 모든 사회적 힘은 자신이 '동원시키는' 자유를 총체적으로 매수하고 위협하면서 힘을 키워 간다.

외관상 조용한 사회에서는 조용한 사회학자들이 관리들을 '아무런 환상도 갖지 않은' 완전히 이성적인 고용인으로 본다. 즉 관리란 어떤 최종적인 목적을 가진 사람이 아니라, 서류를 전문적으로 검토하고 객관적인 법칙들을 다루며, 입법 당국에 의해 결정된 목적을 위해 일정한 통제 수단을 동원하며, 또 그것들을 용의주도하게 배치하는 사람이라는 것이다. 대중의 서로 모순적인 여러 욕망들 앞에서 관리는 중립적인 입장을 견지한다. 공무원의 숫자가 자꾸만 증식되는 비밀이 바로 이것이다. 만일 두 개의 부서가 서로 대립하면 그 갈등을 조정하기 위해 제3의 부서를 새로 만든다. 경찰을 감독할 경찰이 필요하며, 공중과 공중에 대한 서비스 사이에 중개인이 필요하고, 또 이 중개인들을 위한 새로운 봉사 기구가 필요하다. "그 성스러운 **관리들**에게 욕설을" 퍼부어 보았자 소용없다(막스 베버). 만일 관료제도가 합리적이 아니라면 관리들은 관료제도에 의해 그것을 합리화시킨다. 그렇지 못할 경우 사람들은 그 정부를 '아마추어dilettante' 정부라고 조롱한다. "나를 가지고 당신 하고 싶은 대로 하라"라는 말은 관료제가 자신을 받아들이게 만드는 방식이다. 이것은, 원하기 위해서는 원하는 수단을 가져야 한다는 것, 다시 말해 소망 그 자체를 가져야만 한다는 의미이다. 정확하게 정돈된 수단을 더 많이 갖고 있을수록 당신은 더욱 더 뭔가를 원할 수 있게 될 것이며, 관료정치가 서투르면 서투를수록 자유는 좀 더 커지게 될 것이다. "네가 원하는 것을 원하라, 그러나 그 전에 나를 원하라."

소란스러운 사회에는 '위험한 사회 선동가'가 있다. 관리들이 그렇듯이 직업혁명가 역시 최종적 목적의 인간이 아니다. 권력을 장악하기 직전에 레닌은 다음과 같이 말했다. "최종의 목적에 관한 마르크시스트와 무정부주의자는 의견이 일치한다. 그것은 바로 국가의 파괴이다"(『국가와 혁명』, 1917). 차이점이 있다면 수단에 있어서뿐이다. 전문적 혁명가들은 국가와 독재라는 수단을 선택하는 반면 무정부주의자들은 그 수단들을 거부한다. 결국 "하고 싶은 것을 하라"이지만, '**하라**'가 좀 더 중요하다. 이 '하라'라는 독재에 복종하면 할수록 당신은 좀 더 자유스럽게 원하게 될 것이라는 의미이다.

관리와 전문적 혁명가는 설교자가 아니다. 그들은 이성적인 인간임을 자처하며, 아무것도 예언하지 않는다. 그들은 단지 자유의 수단만을 제공한다고 주장하고 있다. 전문적 혁명가가 미래를 관료화하려고 고민한다면, 관리는 자신들이 끊임없이 현재를 개혁하고 있다는 것을 자랑스럽게 생각한다.

관리들은 관료정치 안에서만 번식하는 것이 아니다. 그보다 앞서 각자가 스스로 증식한다. 중립적인 그들은 스스로를 중립화한다. "아무런 환상도 갖지 않은"이라고 우리는 위에서 말했거니와, 사실 그들 자신이 스스로 환상을 깨는 작업을 한다. 신중한 그들은 그 무엇보다도 신중함의 수단에만 집착하고, 신중함을 만인의 목적으로 삼는다. "네가 하는 것, 그것을 너는 원하게 될 것이다"라는 구절은 관리에 의해 명령법으로부터 직설법으로 옮겨간다. 너는 내일, 다른 곳에서, 네 사생활 속, 혹은 네 영혼 속에서 그것을 원하게 될 것이다. 다시 말해 바로 지금 여기, 네가 구축한 것, 네가 하고 있는 것 안에서 원하게 될 것이다. 가르강튀아는 텔렘 수도원을 지은 다음 사라져 버릴 수 있지만 그의 규칙은 살아남는다. 규제의 수단인 텔렘은 수단의 수단인 텔렘의 수도사들을 지배한다.

목적을 원하는 자는 수단을 원하게 된다고 전문적 혁명가들은 끊임없이 말한다. 그런데 수단을 원하는 자가 한없이 많다고 관리는 한숨 짓는다. 혁명가와 관리는 항상 서로의 도전자이며, 세기적인 시합을 위해 링 위에 올라갈 준비가 되어 있는 자들이다. 공공영역에 편입된 헤겔과 마르크스의 변증법이 이들의 시합에 점수를 매기며 판정하고 있다. 즉자卽自, en-soi와 대자對自, pour-soi의 거대한 싸움이며, 인간과 사물 사이의 게임이다. 그들이 서로 떨어져 나갔다는 것은 그들이 서로 형제간이라는 의미이다. 그러나 그들이 형제간이라고는 하더라도 그들은 서로를 죽여야만 하는 것이다. 좌익을 조심하라. 우익에 주의하라. 싸움은 막상막하이다. 그들은 서로 쫓는다. 하나는 다른 하나의 그림자이다. 그들이 맞붙었을 때는 그들을 떼어 놓아야 한다. 그러나 그들이 서로 떨어지면 그들은 서로를 찾는다. 전문적 혁명가는 자기의 시합을 관료화한다. 각자는 상대편의 방법을 원용한다. 우익은 공공연히, 좌익은 실질적으로 서로를 모방한다. 길든스턴Guildenstern과 로즌크랜츠Rosenkranz[세익스피어의 『햄릿』에 나오는 두 인물. 극작가 톰 스토파드 Tom Stoppard가 이 둘을 주인공으로 하여 쓴 부조리극이 1966년 에든버러 페스티벌에서 공연되었다], 부바르Bouvard와 페퀴셰Pecuchet[플로베르의 동명 소설의 두 주인공], 그리고 뒤퐁Dupont과 퐁뒤Pondu[글자를 바꿔 쓴 말장난] 이래 이 둘이야 말로 20세기의 가장 유명한 한 쌍의 현자들이다.

이 시합에서 타이틀은 상관이 없다. 이 싸움은 선수와 관객만을 지치게 할 뿐 질문은 하나도 없다. 변증법은 모든 것이 결정되는 이 죽음의 시합을 해석할 수 있다고 믿었다. 그리고 선수들은 누가 이 시합을 주최했는지, 이 시합이 어떻게 끝날 것인지를 모르면서 단지 "하고 싶은 것을 하라"라는 공간 속에서 방황만 하고 있을 뿐이다. 각기 상대편이 자기보다 더 잘 알고 있으며 상대편으로부터 그 비밀을 빼앗아 와야 된다는 것을 변증법적으로 납득한다 해도 상황은 더욱더 복잡해지기만 할 뿐이다. 물론 그들은 바람을 쐬러 밖에 나갔다 올 수도 있지만, 돌아오면 또 왠지도 모르고 서로 계속 싸우게 될 것이다.

선수들은 자기들이 알지 못하는 목적을 서로 차지하려 싸우고 있다. 시합을 명령하는 자는 선수들보다 훨씬 높은 곳에 있다. "하고 싶은 것은 하라"라는 명령이 내려진다…. 누구인가? 가르강튀아? 흥행사는, 자기는 관심 없다고 하면서 떠나 버렸다. 그는 세심하게 자리를 정돈해 놓고 자리를 떴다. 텔렘은 군주 없이도 텔렘 수도사들을 복종시켰다. 텔렘에는 영주가 없다. 그러나 거기에는, 너무 세밀하여서 규칙이라고도 할 수 없을 어떤 사소한 규칙들이 있다. 예를 들면 "흔히 수도원에 어떤 여자가 들어오면 그녀가 지나간 길을 청소하는 것이 습속이므로, 만일 이 수도원에 수도사나 수녀가 우연히 들어오게 되면 그들이 지나간 모든 장소들을 깨끗이 청소할 것을 명하는 바이다."

틀림없이 텔렘의 특징은 단절이다. 몽매주의蒙昧主義, obscurantisme 와 휴머니즘 사이의 단절인가? 중세의 닫힌사회와 르네상스의 열린사회 사이의 단절인가? 역사가들은 이 두 시대의 대비가 미묘한 음영으로 얼룩져 있으며, 중세에도 빛이, 르네상스시대에도 그늘이 있었음을 지적한다. 그러나 라블레는 여전히 냉소적이다. 우리는 필연성의 왕국에서 자유의 지배 속으로 도약한 것이 아니라, 마치 선심을 쓰듯 하나의 원칙을 다른 원칙으로 바꿔 놓음으로써, 수도원에서 반反 수도원으로 넘어가고 있다.

4

수도원의 벽은 무너져 내렸다. 그러나 그렇게 해서 자유가 실현되었는가? 장Jean 수도사는 약간 모호하게 다음과 같이 말한다. "여기에는 효과가 아주 없지도 않다. 뒤에 혹은 앞에 벽이 있는 곳에는 어디나 은근한 힘과, 선망과, 상호 음모가 있다." 벽을 무너뜨림으로써, 19세기가 대대적으로 한 것처럼, 우리는 "규율을 마구 풀어 놓은 것"(푸코, 『감시와 처벌』)"이 아닌가?

텔렘 수도사들은 전통적인 계급제도에서는 벗어났으나, 모든 강제에서 벗어난 것은 아니다. "그들 중 한 명의 남자 혹은 여자가 '마십시다' 하고 말하면 모두들 마셨다." 그들은 아마도, 자신은 남들에게 보이지 않은 채 자기 혼자서만 남들을 볼 수 있는 주권적 권력의 공간, 즉 왕의 '가시성의 공간'에서 한 발짝도 밖으로 나가지 못했다. 이 보이지 않는 눈에게 결코 흠 잡히지 말아야 할 책임은 신민들에게 있다. 영원한 자아비판이며, "군주 없이 육체와 노동력을 종속시키고, 권력의 효용성을 극대화하는 방법이다." 18세기 말에 벤담은 **판옵티콘**panopticon[건물 전체가 한눈에 다 보이는 구조의 건물]이라는 이상적인 형태의 감옥을 생각하여 새로운 감시 방법을 고안해 냈다. 19세기의 중등학교, 병원, 작업장, 감옥 들은 미셸 푸코가 '판옵티즘panoptisme'이라고 명명한 이 정치적 기술技術을 곧장 채택했다.

텔렘 수도원 안에는 감시를 하는 탑이 없다. 텔렘 수도사들은 각자가 서로 떨어져서 자신들이 내재화시킨 감시인의 시선에만 복종하고 있는가? 그것은 아니다! 그들은 "전체인 하나에게 즐거울 만한 일을 하기 위해 경쟁적으로 노력한다." 그들은 서로를 감시하고, 그곳에는 중심만이 있으며 주변은 없다. 텔렘에서는 원하기만 하면 언제나 떠날 수 있지만, 아무도 거기서 나간 사람은 없다. "좋은 가정에서 태어나 양질의 교육을 받고 고상한 사교계에서 지내는 자유인에게는 하나의 본능, 하나의 자극물이 있는데, 그들은 이것을 명예라고 부른다. 이 본능이 그들을 덕성스럽게 행동하도록 부단히 자극하여 악에 떨어지지 않도록 해 준다." 텔렘은 물론 판옵티콘은 아니며, 판옵티콘을 향해 가는 단계도 아니다. 그것은 생산하는 세계가 아니라 의사표시의 세계이다. 그리고 이것은 공장의 뜰로 인도하는 것이 아니라 퐁텐블로의 뜰로 인도한다. 요컨대 이것은 벤담의 고립적 방법보다는 차라리 중국 식의 상호 통제 방법과 비슷하다.

"그러므로 두 가지 형태의 규율이 있다. 그 하나는 극단적인 폐쇄의 방법이다. 체제의 문은 완전히 닫히고 모든 기능은 부정적인 것뿐이다. 악을 금지시키고 일체의 통신을 두절시키고, 시간을 정지시킨다. 다른 하나는 판옵티즘의 방법을 쓰는 기계적인 규율이다. 이것은 권력의 행사를 완화시키는 기능적인 장치인데, 권력의 행사를 완화시킴으로써 권력을 좀 더 재빠르고 가볍게 그리고 효과적으로 만들어 준다. 그것은 미래의 사회를 위해 마련된 교묘한 강제권의 방법이다"(푸코).[5] 텔렘은 역사 안에 있지 않다. 그러나 그것은 역사의 결정적인 교차로이다.

─반反 수도원, 그것은 옛날의 모든 저주 받은 사람들, 즉 위선자, 편협한 사람, 법원 서기들, 고리대금업자, 애통하는 늙은이, 질투하는 자, 옴에 걸린 자, 목까지 얽은 곰보, … 등등이 포위하게 될 새로운 시대의 벙커이다. 수도원 입구에서부터 배척의 메커니즘이 작동된다. 그것은 미용사와 향수 제조인이 상주하고 있으며, 남자가 방문하려면 사전에 검사를 받아야 하는 그러한 여인들의 처소 문 앞과 비슷하다. 자유를 위해 치러야 할 값이다.

─교육기관, 거기서 권력의 문제를 해결한다. "나 자신을 통제하지 못하면서 어떻게 남을 통제할 수 있단 말인가?" 장 수도사가 처음부터 예고했던 이 질문이 텔렘의 모든 계획을 지배한다. "하고 싶은 것을 하라"라는 말 한마디로 공동체는, 굳이 군주가 없어도 세속적이고 강제적인 통일성을 이루게 된다. 평등을 위해 치러야 할 값이다.

—익명의 건축물, 흔적 없이 사라져 버린 지배자가 그 안에서 법을 만든다. 군주가 없으면 사람들은 한갓 돌에게라도 자신들의 인간관계를 조정해 줄 것을 요구하게 된다. 그래서 사람들은 감옥이나 구빈원 같은 합리적이고 거대한 건축물을 지을 것이고, 거기서는 "돌마저도 유순하고, 인식 가능하게 될"(푸코)⁶ 것이다. 그런 식으로 텔렘의 이야기는 시작된다. 우애를 위해 치러야 할 값이다.

단절, 교차로, 매듭. 모든 방향이 제시되었으나, 그 전체는 우리가 그 어떤 방향을 채택하는 것도 금지하고 있다. 자유가 수평선 저 멀리에 있을 때 그리로 가는 방법은 선택과 훈련이다. 자유가 당장 주어지면, 그것은 모든 사람에게 불가피성이 된다. 그래서 한 사람이 "마십시다"라고 말하면 그 누구든지 모두 다른 사람과 동등하지만, 동등하게 만드는 사람과는 결코 동등할 수 없다. 만인의 의지는 각자의 의지이다. 그러나 만인의 의지가 가르강튀아라고 불리는 반면, 각자의 의지는 서로 구별되지 않는 텔렘 수도사 속에 깊숙이 파묻혀 있다. 결국 이 제도의 장점은 만인의 의지가 결코 각자의 의지와 만나지 못한다는 것이다.

그들을 한데 결속시키는 것이 동시에 그들을 서로 멀리 떼어 놓는다. 텔렘 수도원의 장치와 그 구호의 유효성이 바로 거기에 있다. 나중에 이 역설적인 공간에서 생산적인 권력조직이 나타날 것이다. 사람들은 시간의 축 위에서 "오늘 하라, 내일 원하게 될 것이다", 혹은 사회생활의 여러 분야에서 권력을 분산시키면서("실제적이고 육체적인 규율은 형식적이고 법적인 자유의 하층토이다") 이율배반을 만들어 낼 것이다. 그리고 또 후에, 관리와 전문적 혁명가는 그들의 변증법적 결투를 선언하고 서로 상대편의 눈에서 들보를 찾아내려 할 것이다. 일찍이 텔렘은 시계 없는 시간을 표시해 주었다.

그 시간이 도래한 오늘날 군주들은 "반항하는 것이 옳다"라고 말한다. 그리고 이미 현대적인 그들의 권력은 우리 손에 닿지 않는 까마득히 먼 곳에 위치해 있다.

5

이 작품의 구조는 '인본주의적' 아카데미의 가벼운 빛 속에 잠겨 있는 것도 아니고 미래의 강제수용소를 예견하는 그림자 속에 잠겨 있는 것도 아니다. 텔렘은 단지 꿈속에서 웃듯이 말하고 있을 뿐이다.

"나는 진실을 말한다"라는 말은 아무런 문제가 없다. 만일 내가 진실을 말했다면 위의 문장은 참일 것이고, 만일 내가 거짓을 말했다면 위의 문장은 거짓일 것이다. 이 두 경우는 완전히 서로 분리되어 있다. 마치 텔렘 수도사들과 먼 바다에 떠 있는 배의 활대 밧줄만큼이나 서로 상관이 없다. 이 수도원은 몇 가지 점만 제외하고는 아주 건전한 지혜의 사원이 되었다. "네가 하고 싶은 것을 하라"라는 말은 전혀 논박의 대상이 되지 못한다. 왜냐하면 세입자나 집주인은 똑같이 좋은 집안에서 태어난 사람들이므로 상대방에게 해를 끼친다는 것은 생각조차 하지 않을 것이기 때문이다.

그러나 거짓을 말하고 악을 행하게 될 가능성을 상정해 보면 모든 것은 달라진다. "나는 거짓말을 한다"고 내가 말하는 것은 패러독스이다. 만약 "나는 진실을 말한다"고 하면서 실은 거짓말을 할 수도 있다면? 하고 싶은 것을 하라, 그러나 이 '네 마음대로'라는 말은 자유의 군림을 의미한다기보다는 차라리 우리로 하여금 어깨를 한번 으쓱해 보고 싶은 마음이 들게 한다. 아무것도 평등화 시킬 수가 없으므로 모든 것이 평등하다.

텔렘 안에서는 모든 것이 옳고, 그 밖에서는 모든 것이 틀리다. 그것을 안과 밖이라는 의미로 이해한다면 두 가지의 해석, 즉 비관론과 낙관론의 공식이 나올 수 있다. 수도원의 밖에 있으면 진실을 말할 수 없다. 그렇다면 그 안에 살고 있다는 말 자체가 좀 거만하게 들린다는 것만을 제외하고는 그 공식을 반박할 근거가 없다. 그러므로 그것은 독단적이다. 안과 밖, 이 둘 사이에 역설이 있다.

"그러므로 하느님의 이름으로 결혼하시오! ─그러나… ─그러므로 결코 결혼하지 마시오." 결혼을 하기 위해 진통을 겪고 있는 파뉘르주는 화승총의 발화륜에 올라앉았다. 그는 텔렘의 보이지 않는 벽이 명시적으로 몰아낸 속임수와 매독의 위험에 직면했다. '그러므로'는 데카르트의 '코기토'에 나오는 그 단어가 아닌가. 이 사상을 도입하려던 학자가 단 한 명도 소르본에 들어갈 수 없었던 그 단어. 그러나 텔렘의 '그러므로'는 데카르트의 '그러므로' 보다 좀 더 무거운 것일지도 모르겠다.

오랫동안 파뉘르주는 결혼에 반대했고, 자신의 반대에 또 대답했다. 팡타그뤼엘[Pantagruel: 라블레 연작소설 속 가르강튀아Gargantua의 아들]은 그럴 때마다 "그러므로… 하고 싶은 대로 하라"라는 말만을 강조했다. 그러므로 그들의 대화는 하늘로 흩어졌다. 마치 『산수의 기초』 집필을 막 끝낸 고틀로프 프레게Gottlob Frege에게 모든 계산의 진리를 밝혀 주는 기본 법칙이나, 혹은 수학보다 더 확실한 논리적 법칙들 중의 하나는 모순에 이르고 만다는 것을 말해 주는 버트런드 러셀Bertrand Russell의 말과도 같다. 이것은 20세기 수학에 있어서 기억할 만한 위기였으며 옛 그리스인들이 무리수無理數를 발견한 이래 가장 큰 위기였다.[7] 박학다식한 팡타그뤼엘의 '그러므로'에 지친 파뉘르주는 자기도 "하고 싶은 대로 하라"라는 위기를 만들어 냈다.

"당신의 충고는 리코셰Richochet[물수제비뜨기] 노래와도 비슷하군요. 조롱과 빈정거림과 모순적인 잔소리에 불과해요. 하나의 말이 다른 하나와 모순됩니다. 어느 말에 맞추어야 할지 알 수가 없군요."

작품의 전개 방식이나 표현 형태에까지도 이러한 역설이 암시되고 있다. 파뉘르주는 작가인 프랑수아 라블레의 문체까지도 정해 주었다.

나는 무엇을 해야 할까요? 하고 싶은 것을 하라! 하지만 나는 무엇을 원해야 하죠? 파뉘르주가 다시 묻는다. 다시 한 번 팡타그뤼엘은 그에게 공식을 말해 준다. "당신의 명제들에는 쓸데없이 '만약', '그러나'가 너무나 많다. 당신의 소망을 신뢰할 수 없단 말인가? 그게 바로 중요한 것이다." 다시 한 번 총알은 되돌아왔다. 원하는 것은 너 자신이라는 것이다. 또 새로운 리코셰 노래인가?

아니다. 왜냐하면 결혼 문제는 목가적인 분위기로 자연스럽게 흐르지 않기 때문이다. 텔렘의 하늘은 지옥의 가능성을 완전히 감추지는 못했다. "하고 싶은 것을 하라"라는 것은 자신의 소망을 신뢰한다는 것을 전제로 한다. 그것은 어디에서인가? 텔렘에서? 역시 그렇지 않다! 전쟁터에는 위대한 무용담이 있고, 풀기 어려운 수수께끼가 있다. 그들은 마치 전쟁터에 들어가듯이 결혼식에 임했다.

"거기서 모험을 시작하는 것이 좋다. 눈을 가리고 머리를 숙인 채, 그리고 땅에 키스를 하고 당신의 영혼을 하느님에게 바치라. 그 외의 어떤 확신도 나는 당신에게 줄 수가 없다."

팡타그뤼엘은 파뉘르주와 함께 탐험여행을 떠나기에 앞서 이렇게 결론을 내렸다. 이 여행은 결국 성공하지 못했다. "네가 하고 싶은 것을 하라"라는 것은 "텔렘에 머물라"라는 의미가 아니고 "밖으로 나가라, 왜냐하면 벌써 우리는 나와 있기 때문이다"라는 의미이다.

텔렘 수도원은 신체검사를 통해 건강한 사람들을 병사로 뽑았다. 신체검사는 야외에서 진행되었고, 사전에 내정된 것은 아무것도 없었다. 하지만 "바지의 앞트임은 무사의 갑옷의 중요한 부분이다"라고 파뉘르주가 말했을 때 모든 것은 정해졌다⋯. 논리적 패러독스를 피하는 가장 간단한 방법은, (러셀처럼) 한 집단의 모든 요소들을 다 포함하고 있는 것이 그 집단의 본질은 아니다, 라고 선포하는 것이다. 그러므로 텔렘은 한 텔렘 수도사에 의해 설립된 것이 아니라 가르강튀아에 의해 설립되었다. 부분은 전체 속에 '포함되어' 있다. 그러나 자기가 속해 있는 전체를 자기 속에 포함시킬 수는 없다. 반면 파뉘르주에게 있어서는 종種으로서의 개인이 문제가 된다. "머리가 잘리면 그 개인만 죽는다. 그러나 성기가 잘리면 전 인류가 멸망한다."

플라톤 이래 전통적으로 이 세계와 인간을 세 종류로 나누는 습관이 있다. 머리, 그것은 전체를 볼 수 있는 지적 장소이다. 아랫배는 개인적이고 우발적인 욕망이 사는 곳이다. 그 둘 사이에 있는 가슴은 의지에 따라 하위下位를 상위上位에 복종시킨다(만약 천사에게 성별이 없고 성별은 천사가 아니라면 만사형통할 것이다, 라고 마오쩌둥은 말했다). 파뉘르주는 이 해묵은 구조물 속에 다이너마이트를 장착했다. 그것은 성의 해방을 의미하는 것이 아니다. 그에게 있어서 성은 우리를 유혹하고 우리에 의해 유혹되는 것이지만 장려될 만한 것은 아니다. 머리를 비판하는 것도 아니다. 오히려 백발이 성성한 우리의 노장은 머리의 비판 기능에서 너무나 쉽게 자기의 왕국을 찾아냈다. 재간 좋은 파뉘르주는 나사못과 장막과 '의지'라는 완충지대를 날려 보냈다. 그런데 아주 미묘한 완충지대는 사라져 없어지지 않고 중개인의 역할 속에서 다시 나타났다.

"당신은 추론해서 결론을 이끌어 내고 싶을 것이다." 파뉘르주가 결혼 직전에 꾼 꿈을 해몽해 달라고 부탁했을 때 수도사 장Jean은 이렇게 말했다. 하나의 질문에 대해 두 가지의 모순되는 대답이 있을 경우 그 둘 중의 하나를 선택하는 것은 질문자의 의지에 달린 문제이다. 앎의 의지 속에서 의지의 의지를 찾으려 하고, 그런 만큼 더욱 더 진짜 지혜에 의해 자신의 의지가 옳음을 확인하려 한다. 파뉘르주는 소뿔을 꿈꿨다. 그것이 그의 문제였다. 그는 이 뿔이 오쟁이 진 남자[부정한 아내의 남편]를 뜻하지는 않는다고 해석했다. 그것이 바로 그의 의지의 앎이었다. 그는 그것이 풍요한 지식의 뿔이라고 해석했다. 그것이 바로 그의 앎의 의지였다. 수도사장은 이렇게 말했다. "당신은 마치 신神과 당신 아내의 도움으로 당신의 존재가 항상 엄연한 진실이듯이, 이 뿔─오쟁이의 꿈도 항상 진실이고 틀림없는 것이라고 생각하고 싶을 것이다." 데카르트가 확실한 진리를 구하려 했던 그 속임수의 신도 섹스를 할까?

거기서는 무엇이 문제였던가? 결혼이었다. 다시 말해서 사랑의 성실성이다. 좀 더 일반적으로 말하면 소통의 성실성이요, 성실성의 소통이 문제이다. 그리고 소통 가능성, 혹은 소통 불가능성의 문제이다. 오, 이것만이 문제라면! 그렇다면 파뉘르주에게 절제만을 가르치면 될 것이다. 그가 학문 중의 학문만 찾지 않는다면 그는 회전문에서 벗어날 수 있을 거라고 사람들은 말한다. 그런데 정확히 그렇지 않다. 우선 파뉘르주의 문제는 인식론적인 것이 아니고, 오쟁이 진 남자가 되거나, 두들겨 맞거나, 도둑맞는 일 등을 피하는 데 있다. "하고 싶은 것을 하라"라는 역설에 사로잡히게 되는 것은 이와 같은 비속한 탐색에 의해서이다.

파뉘르주가 만일 탐험을 계속했다면 그는 제5원소Quintessence의 왕국을 지나고, 에스클로Esclots 섬과 프루동Fredons 수도회의 난바다를 지나서 마르크스–엥겔스의 군도群島를 발견했을 것이다. 두들겨 맞지 않았다고?(라고 아마 사람들은 말하겠지.) 하지만 그것은 권력의 문제일 뿐이다. 프랑스에서는 정치의 영역이다. 도둑맞지 않았다고? 영국 식의 소위 정치경제학이라는 학문에 의해 이것이 이루어진다. 오쟁이 지지 않았다고? 다시 말해 속지 않았다고? 독일 땅 안에서만 가르쳐지고 있는 헤겔주의 식으로 덤벼들어야 한다. 거기에 엥겔스의 믿음이 있고, 마르크시즘의 세 가지 원천이 있으며, 거기서부터 대답이 흘러나온다. 즉 '혁명을 하라'는 것이다. 그렇게 하면서, 그대는 마르크스의 이름으로 결혼하라! 는 것이다.

여기에 또 사악한 영혼이 다른 설명을 한다. 즉 "앞서와 마찬가지로 이후에도, 두들겨 맞고, 도둑맞고, 아내가 바람피우는 위험을 무릅쓰게 될 것이다. 그러므로 결혼하지 말라!"

그렇다면 당신들의 모든 정치학이나 경제학, 혹은 최후의 철학은 내게 무슨 도움이 되는가? 라고 파뉘르주는 돌아서서 자기 시대의 생산양식에 의해 자신을 정의하며 이렇게 외쳤다.

오늘날의 정치학은 이론과 실천을 결합시키는 장점을 가지고 있는데 파뉘르주 시대의 정치학은 그 장점을 무시한다는 엄청난 단점을 갖고 있었다. 다만 바크뷔크Bacbuc 주교가 포이어바흐Feuerbach에 대한 테제를 때 이르게 생산해 내기는 했다. "그것이 바로 내가 당신에게 이 장章을 읽고 이 주석을 보라고 말하지 않고, 이 챕터를 맛보고 이 해설을 삼키라고 말하는 이유이다!" 그리고 붉은색 작은 잔을 내밀면서, 그는 '하고 싶은 대로 하라'라는 말의 가장 최후의 변형판인 "마셔라Trink!"를 외쳤다. 그리고 마치, 모스크바의 로모노소프Lomonosov 대학에서 수학한 후 훔볼트 대학(동베를린)의 구술시험에 합격한 사람처럼 디아마트[Diamat: 변증법적 유물론dialectical materalism의 러시아어]의 가장 탁월한 원칙에 의거하여 해설을 한다. 이론은 스스로를 마시고, 실천은 이론화한다. "술병은 당신을 그곳으로 보낸다. 당신의 일은 당신 자신이 해석하라." 사람은 술로 신성하게 되고 점쟁이도 된다는 술 취한 주교의 말은 옳았다. 특히 이 진리가 모든 언어에 나타나고 있다고 그가 말했을 때 그는 더욱 옳았다. 라인 산 포도주의 도움으로 독일어도 거기에 포함되었다. "진실은 그러니까 바쿠스 신의 착란 상태이다. 거기에 취하지 않은 사람도 하나도 없다"(헤겔).

　"하고 싶은 것을 하라"의 파뉘르주적 변용은 텔렘의 변용과는 아주 다르다. 이상적인 유토피아에 가두지 않고 길거리에 던져 버린다. 속임을 당하고, 도둑맞고, 두들겨 맞을 위험에 대해 아무런 보장도 해 주지 않고 그저 그것들을 조롱할 뿐이다. 역설들은 회피되거나 퇴거되지 않았다. 그것들은 그저 되는 대로 흘러가며, 확정적인 보증만을 보증하며, 지배의 원칙을 마련해 주지 않는다. 지식에 대해서나 권력에 대해서 그저 웃어 버릴 뿐이다. "르네상스시기 50~60년 동안 근본적이고 보편적이며, 세계 전부를 포괄하는 가장 경쾌한 형태의 웃음이 '민중적' 언어와 함께 민중의 밑바닥에서부터 솟구쳐 올라와 수준 높은 문학과 고상한 이데올로기 사이에 끼어들게 되었다. 그렇게 해서 보카치오의 『데카메론』,

라블레의 책, 세르반테스의 소설, 그리고 셰익스피어의 희곡들 같은 세계적인 걸작들이 나오게 되었다"(바흐친M. Bakhtine).[8]

6

훨씬 뒤에 진지함을 되찾은 학자들이 이 웃음을 설명할 것이다. 무슨 이유로 그들은 웃음이 설명되어야 할 어떤 것이라고 생각하게 되었을까? 19세기의 사상가들은 사회는 쇠퇴해 갈 때만 코믹하게 되고 웃음은 게임이 끝날 때만 나오는 것이라고 생각했다. 아리스토파네스가 등장했을 때 그리스의 도시국가는 침몰했다고 헤겔은 설명했다. 너무나 진지하여 소크라테스가 이미 예전에 이런 절대적인 지식을 비웃었고, 특히 창조를 시작하기도 전에 벌써 창조자가 된 양 근엄한 얼굴로 담론을 논하는 철학자들의 자세를 비웃었다는 것을 생각할 겨를조차 없었다. 언제나 응용을 잘하는 마르크스의 한 제자는 좋은 사람과 비극적인 사람을 구분했고, 대혁명을 일으킨 사람들과 그 외의 사람들, 즉 희극적인 아류들, 최종적 사회주의 사회가 아니라 최초의 사회주의 사회를 고안한 사람들을 구분했다. 이처럼 1세기 전부터 '논리적'이고 과학적인 한 마르크시스트에게 있어서는 1848년 혁명을 일으킨 사람들이 우습게 보였을까? 제2차 세계대전 후 사르트르는 파시즘과 이성적인 사람 사이에, 또 이성적인 사람과 부르주아 사이에, 그리고 부르주아와 마르크시스트 사이에 어떤 공통점이 있다는 것을 막연히 느꼈다. 끈과, 말의 안장과, 경주용 말들은, 완전히 같은 물건은 아니라 하더라도 완전히 다른 것도 아니다.

웃음은 널리 퍼지면서 미치광이들에게 왕관을 씌우고, 왕의 바지를 벗기고 세계를 마구 혼란에 빠뜨렸다. "옷을 거꾸로 꿰고, 견장을 머리에 달고, 재미로 왕과 교황을 선거로 뽑는 것 등은 모두 똑같은 지형학적 논리에서 나온 것이다. **꼭대기와 밑바닥을 뒤바꿔 놓아야만 한다.** 높이 있고 오래되어 완벽하게 준비되고 종결된 모든 것을 물질적 육체적 '바닥'으로 떨어뜨려야만 한다"(바흐친).[9]

그저 웃기 위해 르네상스를 예로 들었을까? 아니다. 당신은 잘못 생각하고 있다. 근엄한 19세기는 미끄러져 지나갔지만, 그들의 얘기는 결코 농담이 아니다. 다만 과학일 뿐이다. 그리고 이성이다. 자기 자신과 화해한 정신이다. 그러나 생산력이다. 프로테스탄트 정신이고, 위대한 발견들이며, 새로운 국가이고, 돈이다. 아! 돈이라! 셰익스피어 자신도 돈을 뚜쟁이, 창부라고 이름 붙이지 않았던가? 틀림없이 그렇다. 그러나 웃음을 설명하는 것으로 간주되는 그 위대한 것들도 실은 웃음을 자아내는 것이 아닐까? 언제부터 과학과 창녀가 웃지 않고 진지하게 함께 일하기 시작했을까? 그리고 선원船員들은? 근엄한 사상가들은 라블레, 셰익스피어, 세르반테스 이후에 빠르게 이 세상과 만났다. 바로 '그 후에'.

이들은 자기 자신을 포함한 모든 밧줄을 끊어 버리는 대폭발을 감행했는데, 심지어는 고매한 자기 학문의 밧줄까지 끊어 버렸다. 그들은 텔렘의 그 박식하고 인공적인 자급자족의 세계를 비웃었다. 그러나 그들 자신도 곧 그들의 근대적 자만심 속에서 그런 세계에 빠져들게 되었다. 자신이 설명하는 웃음도 결국은 자기가 방금 자기 몸에서 비워낸 웃음일 뿐이었다.

빚(부채)과 피와, 행성들, 점잖은 말들, 여행, 전쟁, 매독이 유행했다. 인간이 웃음의 소유물(그 반대가 아니고)이 되었을 때 이 세상은

"네가 하고 싶은 대로 하라"의 소용돌이가 되었다. 머리와 아랫배 사이에서 의지는 더 이상 서열적 중재의 기능을 하지 못하고, 피는 '영혼의 요새'이며, 포도주를 피로 바꿈으로써 육체는 주인 없는 대장간임이 증명되었다. "이 대장간 안에서는 모든 기관이 각기 자기 고유의 기능을 가지고 있다. 그리고 그 각 기관은 끊임없이 서로 빌리고 빌려주며, 상호 채무관계에 있다." 스스로에게 질문하는 의지에게 있어서 결혼을 할 것인가, 라는 결정은 결코 내릴 수 없다. 그러나 이 결정할 수 없음이 바로 결정이므로 의지는 더 이상 완충지대의 구실을 하지 못하고, 그 꼬리와 머리는 그저 빙글빙글 돌기만 할 뿐이다. "전체는 부분들 상호간의 대변과 차변으로 이루어진다. 결혼의 의무라는 것이 바로 이런 것이다."

사람들이 파뉘르주에게, 인간이란 항상 빚만 지고 살 수는 없으며, 앞으로 생길 것을 예상하고 미리 써 버릴 수만도 없는 것이라고 반박하자 그는 논쟁을 시작하면서 논쟁 상대를 지정했다. 비난은 "파리의 대학과 법원에서부터 왔다. 그곳들은 절대적이고 보편적인(범신론적인) 지혜의 진짜 원천과 생생한 사상이 자리 잡은 곳이며, 또한 모든 정의가 있는 곳이다. 그것을 의심하는 자는 이단이다." 여기서 20세기의 박사들은 기뻐서 어쩔 줄을 모른다. 그들은 약간 앞뒤가 맞지 않고 역설적인 파뉘르주의 이야기에서, 그들이 서슴없이 독창적인 **변증법**이라고 이름 지을 만한 초안(왜냐하면 아직 미숙하므로)을 발견했다. "주어진 지성 속에서 그것을 부정하는 지성, 그리고 그것을 파괴하는 데 필요한 지성을 동시에 보여 주"(마르크스)는 그러한 변증법 말이다.

파뉘르주 자신도 부채의 순환이 이 세계를 변형시킨다고는 설명하지 않았다.

"나는 밀롱[Milon, 기원전 5~6세기 그리스의 힘센 장사. 큰 나무 둥치를 두 손으로 눌러 잘랐다고 한다]처럼 큰 나무를 베었고, 멧돼지 여우의 소굴이며, 도둑과 살인자들의 소굴인 어둠침침한 숲을 깎아 냈다. (…) 그리고 그곳을 밝고 아름다운 히스heath 꽃의 숲으로 평평하게 만든 후, 피리를 불며, 최후 심판의 밤을 위해 좌석을 마련했다."

바로 이 대목에서 우리의 악당은 현행범으로 잡힌다. 자기 동시대인들이 아무것도 모른다고 생각하고, 그는 『공산당 선언』의 그 유명한 몇 페이지로 자신의 글을 장식한다. 마르크스가 "부르주아지는…"으로 시작하여 밀롱을 무색하게 할 만한 기적들을 열거함으로써 끝맺는 그 선언 말이다. "… 거대한 도시들을 솟아나오게 했다", "야만국과 반半 야만국을 문명국에 예속시켰다", "생산수단을 중앙통제하고, 재산을 몇몇 사람의 손에 집중해 놓았다", "이집트의 피라미드, 로마의 고가 수로高架水路aqueduc, 고딕 성당들에 버금가는 많은 기적들을 이루어 놓았다."

파뉘르주가 마르크스의 말을 빌려온 것이 아닌가 의심스러울 정도이다. 단순히 시간의 선후 문제가 아니다. 오늘날 변증법적 사적 유물론자들은 모두 (파뉘르주를 따라) 부르주아지에게 말을 시키고, 그들로 하여금 수많은 기적을 '행하게' 하였다. 게다가 파뉘르주는 자신의 빚이 "최후 심판의 밤을 위한 좌석을 마련하고 있다"고 위험을 무릅쓰고 말하지 않았던가. 이것은 곧바로 마르크스와 연결되는 말이다. "부르주아지는 자신을 죽음으로 몰고 갈 무기를 만들었을 뿐만 아니라 이 무기를 조작할 수 있는 사람까지도 생산해 냈다. 즉 현대의 노동자와 프롤레타리아를"(『공산당 선언』). 그러나 파뉘르주에게 있어서는 이러한 구절이 너무 '범신론적'으로 여겨졌을 것이다. 만일 파뉘르주가 이 대목을 읽었다면 아마도 마치 그 유명한 영성체송을 만든 직후 루이 9세에게 초대받은 성 토마스 아퀴나스가 했던 질문과도 같이, 오늘 마르크스는 무슨 생선을 먹었는가라는 질문을 던졌을 것이다. 토마스 아퀴나스는 거리낌 없이, 축하연 상에 올려진 칠성장어 한 마리를 다 먹어 치우고, "모든 것은 소모되었다"라고 외쳤다. 『공산당 선언』은 생선인가, 아니면 '그리스도의 모방Imitation de Notre Seigneur'인가?

"그러나(팡타그뤼엘이 묻는다) 언제 그 빚을 다 갚을 것인가? "그리스력曆에 따라, 그리고 모든 사람이 만족하고, 당신의 후예가 모두 만족할 때까지"라고 파뉘르주는 대답한다. 그런데 속담에 의거하는 이와 같은 세 가지 표현은 '결코' 오지 않을 시간을 의미한다는 것을 편집자는 주註에서 밝히고 있다. 이 결코 오지 않을 시간을 표현한 방식이 매우 중요하다. 괴테는 오랫동안 그 두 번째 방법("모든 사람이 만족"할 때까지)에 주석을 달았고, 프로이트는 세 번째 방법("당신의 후예가" 모두 만족할 때까지)을 해설했다. 이 불가능성은 눈에 보이는 왕의 제스처에 의해서도, 혹은 군주의 칙령에 의해서도 극복되지 못했다. 군주는 가문 좋은 사람들을 텔렘에 모아 놓고 자기는 사라져 버렸다. 하고 싶은 것을 하라, 그러면 모든 사람이 결코 만족할 수 없을 것이다. 텔렘은 죽었다. 넓은 길 만세. 당신은 거기서 분명 한 아버지를 만날 것이다. 왜냐하면 당신의 후손 같은 것은 없기 때문이다. 잘됐군!

7

텔렘의 수도사들은 서로에게 아무런 의무가 없었다. 한 사람이

"마시자"라고 말하면 모두가 마셨다. 굳이 말하자면 그들은 텔렘적 인민의 어버이에게만 모든 의무를 지고 있었다. 파뉘르주적 경제는 완전무결하게 완성된 사회를 거부한다. 깨지지 않는 견고한 결합을 금지했지만, 동시에 모든 것을 해결하는 것으로 간주되는 묵시록적인 갈등 역시 금한다. 수도원도, 피크로콜Picrochole의 전쟁[우스꽝스럽고 부조리한 분쟁. 피크로콜은 『가르강튀아』에 나오는 왕의 이름]도, 영원한 항구도 모두 금지되었다. 파뉘르주는 떠나면서, 마르크스를 그렇게도 애태우고 또 즐겁게 만들었던 그 긴급한 자본주의의 총체적 위기만을 고대했다. 마르크스는 부르주아지가 썩을 대로 썩어서 위기(1853년), 붕괴(1857년), 재난(1862년) 등에 의해 프롤레타리아에게 미래의 길을 닦아 놓을 때까지, 자기의 걸작―『자본』―을 완성하지 못할까 봐 조바심 쳤다.

마르크스는 거의 파뉘르주적 즐거움으로 당시에는 가장 최신의 제도였던 영국의 신용대부 제도를 연구했다. "그곳에서는 대부금 지불과 그것을 어음으로 대체 지불하는 인위적인 수단이 아주 잘 연계되어 있었다." 그런데 그는 현금 지불을 판결한 최종심에서, 다시 말해 '진짜' 위기의 법정에서 이 '인위적 수단'을 인용했다.

"신용대부 제도를 통화제도로 급변시킨 강요된 선회는 실질적인 공황에 이론적인 공황을 덧붙이는 결과를 낳았다. 그래서 유통의 주체들은 그들 상호간의 관계가 만들어 내는 예측할 수 없는 신비 앞에서 몸을 떨게 되었다."[10]

이날이야말로 모든 빚이 청산된 날이다. 자본의 시종侍從들의 '이론적인 공포'는 마르크스와 그 추종자들의 이론적인 권력에 의해 청산될 것이다. 마치 '실제적인 공포'가 혁명적 독재에 의해 청산되었듯이. 두 번째로 더욱 결정적인 '부채 청산의 인위적 제도'

는… 이번에는 권력들 간의 부채 청산이다. 그것은 아직도 기능을 발휘하고 있다. 1975년에 프랑스 공산당은, 바르가[Ievgheni Varga, 1874~1964, 소련의 경제학자]가 1930년의 전체적이고 결정적인 위기에 관해 쓴 책을 조심스럽게 재간행했다(책 출판 시점으로부터 전후 10년간의 경제위기에 대한 바르가의 예언은 탁월했다).

'현금 지불'을 '강압적인 결산'으로, '위기'를 '대 전투'로 바꿔놓자 마르크스가 시들기 시작했다. 오스테를리츠[체코의 지명. 1805년 12월 나폴레옹이 오스트리아 – 러시아 연합군과 싸워 대승을 거둔 지역]의 태양이며, 워털루[벨기에의 지명. 1815년 6월 나폴레옹이 영국의 웰링턴 장군의 군대와 싸워 대패한 곳]의 저녁이다. 시간이 되자 레닌은 물었다. "힘으로가 아니라면 자본주의 체제의 모순을 해결하는 방법은 어디에 있는가?" 마르크스의 구조에서 1914년 전쟁의 필연성을 추론해낸 블라디미르의 생각은 전혀 틀리지 않았다. 그것은 특별히 유혈적인 하나의 '결제 수단'이라고 그는 생각했다. 마르크스는 발자크 식으로 자본주의의 '모순'을 나폴레옹적으로 묘사했다. 그래서 이런 말을 혼자 생각했다. "추구하라, 그리고 기다리라, '최후의 심판'이라는 결정적인 전투를."

이런 식의 최후 결정을 '주사위 내기'로 내릴 것을 추천하며 라블레는 호전적인 전통의 한 세기와 결별했다. 그는 마르크시스트만이 아니라 수많은 노동 조직으로부터도 추방당했다. '마르크스의 파국적 혁명'과 '노동조합의 총파업'의 대비에서 조르주 소렐George Sorel은 두 개의 '신화'를 보았다. 즉, "제시된 전략과 행동계획은 나폴레옹이 구상했던 각본에 그대로 들어맞는다"는 것이었다. 그 행동계획의 방법이 어떠하든지 간에 최종의 해결을 위해서는 최종의 전투가 있어야만 했다. 나폴레옹적 풍경 속에 들어 있는 '개량주의'를 잊고 있는 걸 보면, 소렐은 얼마간 당파주의자라는 것을 알 수 있다. 그는 언제나 도박 중의 도박(모든 것을 결정하는 권력, 즉 국가 혹은 그 대용물)을 쟁취하기 위해 전투 중의 전투(선거, 봉기, 노조운동)를 치러야만 한다고 말했다.

파뉘르주의 불행한 동지는 이것들을 가지고 제6 인터내셔널을 따돌렸다. 최종 청산을 무기연기한다고 말함으로써 그는 최종적인 전투가 결코 끝나지 않을 것임을 암시한 것 아닌가? 그렇다면 그는 어떻게 "나폴레옹이 구상했던 각본에 맞추어 일을 추진할 수" 있었는가? 그리고 그 많은 존경스러운 우리의 지도자들은 별로 존경스럽지 않은 수많은 목숨들(자신의 목숨에 너무 집착했던 것이 화근이었다)을 어떻게 처형할 수 있었을까?

끊임없는 절약이 조금 의심스럽기는 하지만 그래도 파뉘르주는 여전히 정치적 이단이다. 그는 노동자 계급의 (순진하고 관대한) 가슴속에 혁명적, 개량주의적 노조운동가들이 일제히 비판했던 위험한 환상을 불어 넣은 것이 아닌가. 공고히 결속된 국가와 경제적 결정론의 필연성에 의해 내일로 약속된 수확을 기다리지 않고 "아직 설익은 보리를 먹는" 그 환상 말이다! 소매를 걷어 붙여야 할 때, 주머니에 손을 넣고 자기를 앞세우는 것은 이기주의며 경제주의가 아닐까? 그놈의 노동계급! 비록 내면 깊숙이 파뉘르주처럼 설익은 보리를 먹는 것이 그들의 취향이라 하더라도, 그들에게는 사회주의의 학문이 '외부'(예컨대 레닌)로부터 와야만 한다. 그들 자신이 계급의식을 가지고 스스로 나폴레옹이 되기를 꿈꾸지 않는한 말이다.[11]

2
자신도 모르게 지크프리트

모든 문명국가 중에서 독일 민족은 가장 쉽게 가장 지속적으로 지배할 수 있는 민족이다. 그들은 새로운 것에 대해서 적대적이고, 기존 질서에 저항하는 것에 대해서도 심한 거부감을 갖고 있다. 지성과 혼합된 침착함이 그들의 성격이다. 현재의 사물의 질서를 따지지도 않고, 다른 질서를 추구하지도 않는다. 그런 성격이 그들을 모든 지방, 모든 기후에 잘 적응하는 사람들로 만들어 준다.

—I. 칸트, 『인간학』

독일의 노동운동은 독일 고전철학의 후계자이다.
—F. 엥겔스, 『루드비히 포이어바흐와
독일 고전철학의 종말』

사랑, 결혼, 그리고 혁명과 국가는 귀찮은 문제를 회피한다는 점에서 서로 비슷한데, 이 네 가지 모두 책 속에 깊숙이 들어 있다. 파뉘르주가 불확실이라는 '심연과 위험'에서 죽을힘을 다해 탈출하려 했을 때, 사람들은 그가 '좀 더 박식하고' '좀 더 많이 아는'

사람이 되었다고 생각했다. 그리고 흔히 주저하고 의심하는 사람들의 피난처인 "그건 글로 쓰여졌어c'est écrit"의 법칙을 그에게도 적용했다.

파뉘르주가 파피만Papimanes 섬에 내렸을 때 사람들은 그에게 사원의 둥근 천장에 매달린 "값지고 아름다운 보석이 박힌 커다란 금빛 책"에 경배하도록 했다. 책을 열고 "책장에 키스하는 것"은 그것이 예비적인 의식儀式임을 암시한다. 요컨대 책을 읽기도 전에 책에 복종하는 것이 옳으며, 읽어 가면서 그 안에 복종해야만 할 모든 진리가 들어 있다는 것을 발견하는 것도 놀라운 일은 아닐 것이다. 책에 대한 사랑이 전통을 존중하게 만들지 그 반대는 아니다. 마오쩌둥을 레닌에 의해 설명하고, 레닌을 마르크스에 의해, 그리고 마르크스는 헤겔에 의해, 또 헤겔은 모세에 의해 설명할 수도 있지 않을까? 이런 생각은 십계명이 대대로 재생산되며, 책들은 퇴화하거나 재생되거나 간에 언제나 자가교배에 의해 새로운 책들을 만들어 낸다는 이야기가 된다. 현명한 '사상사'들에 흔히 나오는 믿음이며, 소크라테스적 질문에서부터 벗어나고 싶은 사람들의 좋은 구실이다. 즉 "걱정하지 말라. 책이 문제를 제기하고 대답을 주며, 스스로 주석을 달고, 논쟁을 하며, 또 제 스스로 해결을 하기 때문이다"라는 믿음이다. 성스러운 비문碑文은 판독이 안 될수록 더욱 성스럽다고 헤겔은 말했다(세심하게 암호화되고 암시적인 이 비문의 문체에 대해 그 어떤 주석가도 질문할 기회가 없기는 했지만).

"복종한다고? 왜? 자유로워지기 위해서!"라고 근대는 입을 모아 대답한다. 라블레는 근대의 텔렘적 현상을 아주 기쁜 마음으로 경배했을 것이다. 전문가들은 근대의 텔렘적 현상을 공업적, 기계적, 도덕적이라고 하고, 혹은 폭력적이거나 조용하다고도 하며,

점진적 혹은 비약적이라고도 말하지만, 이 해방적 혁명 속에 과학이 있다는 것은 아무도 부정하지 못할 것이다.

그리하여 혁명의 과학은, 가장 논박은 많이 되었으나 논쟁은 별로 이루어지지 않은 목적이며, 다양한 모델이고, 단 하나의 기획임이 증명되었다. 들어오면서in put 당신은 질문을 던질 수 있으나, 나가면서out put 당신은 더 이상 질문을 하지 않을 자유를 얻게 된다. 아니면 당신은 새로 시작해야만 한다. 아직도 질문을 하는가? 정치학 전문가, 가족 전문가, 성性 전문가, 원예 전문가들은 그것이 병의 징후라는 의견을 말한다. 질문들은 그 증상이다. 나는 묻는다. 그러므로 내게는 과학이 부족하고, 그러므로 나는 과학을 요구한다. 나의 진정한 자유라고? 그것은 유식한 책 속에 한자리를 차지하고 있다!

그렇다고 해서 군주의 힘이 시민들의 허약함에 기인한다는 결론을 끌어낼 수는 없다. 이런 이야기는 단지 군주들에게 면죄부를 주는 것일 뿐이다. 시민들이 무엇에 복종하는지를 물어야 한다. 그들은 단 한 명에게 복종한다. 개인 숭배라는 탈모증이며 옴이다—이것이 바로 사적 권력에 대한 설명이다. 사적 권력은 옴에 걸린 피부병 환자이며 머리가 빠지는 탈모증 환자이다. 독재자가 사라지고 그에 대한 숭배가 없어지면 모든 것이 해결된다. 원인(숭배)은 결과(독재자)와 함께 사라진다는 것이다. 히틀러와 스탈린을 지우기 위해 소련과 독일에서 이 시나리오가 똑같이 적용되었다. 그것은 악랄한 주요 인물들에게나 순진한 소시민들에게 똑같이 들어 있는 과오라는 것이다. 이제 이런 것으로는 더 이상 우리를 사로잡지 못할 것이다. 그러므로 집어치우라! 너무나 순종을 잘하는 시민들은 누구에게 복종하는가? 그들의 복종 자체에 복종한다! 그리고 그들의 존경심에, 또 그들의 숭배에 복종한다. 안내 받는 자가 자신이 안내되도록 내버려두기 때문에 안내자는 안내를 할 수 있는 것이다. 맙소사! 아편은 '잠재우는 미덕'을 가지고 있기 때문에 잠을 재운다. 그런데 사람들은 스탈린과 히틀러가 한 손에 책을 들고 복종을 강요했다는 사실을 잊는다. 그들은 자신의 책을 신성화시켰을 때 드디어 승리를 거두었다. 즉 한 사람은 미래의 당의 역사를, 또 한 사람은 제3제국의 유일한 증언으로서 『나의 투쟁』을 성서로 만들었던 것이다. 그들은 죽는 날까지 이 책들의 인세를 인간의 육신으로 받았다.

독일은 피골이 상접했다. 식은땀을 줄줄 흘리고 있다. 알제리전쟁, 베트남전, '사회주의적' 강제수용소—이때마다 하나의 유령이 1940년 이후 세대를 찾아와 그 고통스러운 논쟁을 새롭게 일깨운다. 그것은 (19세기에 학자, 철학자, 음악가, 사회주의자 등 '사상의 등대'를 온 세계에 비춰 준 후) 나치가 되어 버린 '인민의 유령'이다. 가장 중요한 문제들은 모두 독일을 한번씩 거쳐 갔고 독일은 오랫동안 "유럽의 전장戰場"(토마스 만, 1920)[1]이 되었다.

우리는 한 권의 책 속에 갇혀 있다고 프리츠 랑Fritz Lang은 『마부제 박사의 유언』(1933)[2]에서 한마디로 요약했다. 이것은 명백하게 나치즘의 대두를 암시하는 것이며, 당시의 독일인들이 문자 그대로 적용하려 했던 진짜 책에 대한 의문 제기인 것이다. 나치즘은 민족적 이데올로기와 혁명적 이데올로기를 한데 합쳤을 때만 효율성이 나타났다. 그러나 이런 결합을 시도한 것은 그들이 처음이 아니었다. 19세기의 모든 독일 사상가들이 그것을 시도했다. 그들은 또 그러한 시도를 한 마지막 사람들도 아니었다. 다시 말해서 히틀러의 '성격'이 그의 책 속에 잘 나타나 있다고 하지만 이 책은 모든 면에서 이 '성격'을 능가하고 있다. 히틀러가 과거를 인용하면서도 그 인용문의 진위 여부는 별로 개의치 않았다고 하지만— 그는 염치없이 니체와 바그너도 멋대로 변형시킬 것이다—과거는 여전히 구실 이전에 진정한 전서前書가 되는 것이다. 19세기의 독일은 온통 민족적 혁명과 사회주의적 혁명을 미리 계획하고 있었다. 독일 사상의 원죄를 비난해야만 할까? 루카치와 마르크시스트들은 이런 방법을 통해 진실 추구보다는 오히려 속죄양을 찾는 데 급급했다. 그들은 그 속죄양을 사회학이라는 굵은 밧줄로 비끄러맸다. 프랑스나 영국이나 혹은 미국과도 달리 독일은 민중혁명을 경험하지 못한 나라이다. 독일은 비스마르크의 '위로부터의 혁명'과 프로이센 군대에 의해 통일을 이루었다. 이렇게 잘못 시작된 혁명은 그 나라 사상가들에게 비합리성irrationalisme을 주었고, 결국 나치라는 폭탄을 터뜨렸다. 자유주의자들도 약간의 시나리오만 수정하여 똑같은 주제를 되풀이했다. 독일의 가장 큰 불행은 호헨촐레른Hohenzollern 왕가의 왕 한 명의 목이라도 베어 보지 못했다는 것이라고 사회학자 막스 베버는 말해야만 하지 않았을까?

오로지 독일인에만 해당되는 이야기이고, 어느 일정한 시기에 관한 이야기일 뿐이다! 마르크시스트들은 스탈린의 행동을 스탈린 자신에게 '국한'시키기 위해 바로 이런 주제를 발전시켰다. 그런데 불행하게도 식민지적 집단학살의 축적이나 강제수용소 제도의 세계적 확산에는 국지적인 성격이 전혀 없다. 좀 더 넓게 생각을 해야만 하는 이유이다.

파시즘의 본거지인 독일은 하나의 국토나 인구가 아니다. 그것은 한 권의 텍스트이며, 텍스트들과의 관계이다. 이 텍스트 책들은 히틀러 훨씬 이전에 생겨났고, 게르만의 신성로마제국의 옛 국경선을 훌쩍 넘어 널리 전파되었다. 이 독일은 아직도 활동적이다. 이것은 워싱턴의 펜타곤에 있는 현대적 두뇌의 머릿속에도 있고 캄보디아 들판 땅굴 속 강제수용소 안에도 있다. 어제를 오늘에 비추어 보는 방법으로 지난 세기의 독일과 그 사상의 거장들을 다시 생각해 본다는 이 갑작스러운 가설은 결국에 가서는 설득력이 있게 될 것이다. 물론 처음부터 그것이 터무니없게 보인 것은 아니었다. 사람들은 텍스트와 국토를 일치시키기를 좋아한다. 즉, 인권과 프랑스, 자유주의와 영국, 독일 이데올로기와 독일, 이런 식으로 말이다. 이런 일치는 일방통행으로만 달린다. 즉 "그런 토양에서는 그런 텍스트만 나온다"는 것이다. 그러나 브르타뉴, 코르시카, 바스크, 혹은 아랍인들을 위해서는 보는 각도를 달리해야 할 것이다. 프랑스는 1차적으로 영토이며, 2차적으로 텍스트인가? 아니면 이 '원주민들'은 텍스트의 전략이 탈바꿈하여—예컨대 신교도 박해나 강제 문자 정책 같은—부적당하고 낯선 현실의 법으로 되었다고 느끼지 않았을까?

텍스트와 영토 간의 일치는 법의 문제가 아니라 실제의 문제이며, 근대국가의 탄생 및 종교전쟁과 때를 같이한다. 종교전쟁의 잠정적인 결론(지역마다 고유의 종교가 있다cujus regio ejus religio)은 형이상학적이라기보다는 오히려 군사적이다. 국토(중심 대 변방, 도시 대 시골, 정통 대 이단, 표준어 대 '방언')를 통일시키는 전쟁은 그것이 왕에 충성적인 것이든 혹은 혁명적이든 간에, 독일의 특수성을 만드는 것으로 간주되는 '위로부터의 통일'과 단순한 '아래로부터의 통일'을 대비시키는 것을 용납하지 않는다.

교황의 권리에 관해서는 "교회는 영지를 갖고 있지 않다"라는 규정이 있다. 그러나 이 교황의 권리는 유럽의 가장 오래된 관료 제도가 그들의 텍스트들을 신도 전체에게 보급시키는 것을 막지는 않았다. 영지가 없다는 것은, 절대적으로 신성한 한 권의 텍스트가 지역에 관계없이 보편적인 힘을 갖고 있다는 의미가 된다. 온 인류가 이 텍스트에 예속될 것이다. 텍스트와 영토의 일치는 500년 전부터 있어 왔다. 이 일치의 활동적인 측면을 고찰하기 위해서는 이 텍스트로 무장된 제도 안에서 그것을 살펴보아야 할 것이다. 텍스트는 영토에 법을 만들어 준다('영토territoire'는 사람들을 공포에 떨게terrifier 만들어 줄 수 있는 권리라는 의미이며, 유스티니아누스 황제에 의해 널리 퍼진 말이다).[3] 그러므로 독일의 역사적, 지리적 특수성은 19세기 말에 갑자기 일어난 '위로부터의 혁명'이나, 시작부터 실패한 '아래로부터의 혁명'에 기인하는 것이 아니다. 그것은 오히려 텍스트와 국토가 400년간이나 불일치했다는 사실에 기인한다.

독일의 운명에 관해서는 두 개의 결정적인 사실만을 유의하면 된다.

1) 독일 국민의 통일은 독일 영토의 통일보다 훨씬 앞서 이루어졌다. 그것은 루터의 '책 중의 책'[성서] 번역에서 확인된다. 이 책에서 루터는 '독일민족'에게 호소하고 있다. 그는 영주들의 배타주의, 기사들의 야망, 부르주아와 농민들의 '이기주의'를 맹렬히 비난하면서, 그 모든 사람들의 위에 "친애하는 독일"을 우뚝 세웠다.

"독일인들이여, 내가 구원과 성덕聖德을 구하는 것은 바로 그대들을 위해서이다"(1531).[4]

2) 영토의 세분화는 텍스트들에 의한 통일과 같은 시기에 이루어졌다. 이웃 국가들(영국, 프랑스)이 국가로 형성되는 동안 두 개의 사건이 옛 게르만 제국으로 하여금 미세한 권력의 분산(소국가들)을 몇 세기 동안 유지하게 만들었다. 우선 농민 반란의 제압과, 그들에 동조하여 일어난 도시 상인 반란의 평정이다. 이 사건이 물론 매우 중요하기는 하지만 엥겔스는 이것을 필요 이상으로 너무 강조했다. 왜냐하면 반란 진압이 그렇게 심하지 않았던 다른 지역에서도 엥겔스가 예상했던 결정적인 결과는 나오지 않았기 때문이다(예컨대 카미사르Camisards 전쟁). 두 번째의 재앙이 첫 번째 것을 숙명으로 만들어 놓았다. 30년전쟁으로 말미암아 황폐와 학살은 극에 달하여 자신의 영주들과 다른 신생 유럽 국가의 군대에 의해 인구는 3분의 1이나 줄어들었다. 평화는 묘지를 딛고 일어서서 수립되었다(1648년의 베스트팔렌조약). 독일은 근대의 새로운 강대국들에 의해 그 옛날의 베트남이 되었다. 그것도 2세기 동안이나 짓밟혀 버린 베트남이 되었다.

그때부터 텍스트가 영토와 일치하지 않는 이상한 독일이 형성되었다. "독일은 어제 혹은 내일의 독일이지, 결코 오늘의 독일이 아니다"라고 니체는 말했다. 유럽적인 국가 기준에 의거한다면 이것은 매우 특이한 현상이다. "민족국가가 되는 대신 이것은 먼지처럼 부스러진 영토이고, 패권적 제국의 꿈이었다. 그야말로 더할 나위 없는 독일의 패러독스이다." 단지 독일만의 이상한 현상인가? 실로 그렇다! 그 주변 국가들에서 텍스트와 지역이 잘 일치했다고는 해도, 그들 역시 제국에 대한 열망이 매우 컸기 때문에 기회 있을 때마다 식민지를 만들었다. 그들 국가의 외인부대의 꿈은 튜튼[중세의 북게르마니아]족 기사들의 꿈이나 마찬가지로 다정다감했다. 이 관료적 봉건 잔재가 되살아나기 위해서는 대재앙이라는 달빛과, 폭발적 논쟁이라는 햇빛만 있으면 되었다. 이 소소한 봉건국가들을 눌러 없애는 대신 거대한 국가들은 그것을 한데 봉합시켰다. 다른 유럽 국가들이 자기들의 통치방식에 입을 다물고 있는 동안 독일은 입을 열고 떠벌여 댔다. 그러나 독일의 법은 전 영토를 흡수하는 데는 실패했다. 유례없는 요지경이며, 동시대 권력의 소화능력을 보여 주는 전망이다. 다른 나라에서는 녹이 슨 듯 교묘하게 슬쩍 감춘 통치방법을 독일은 번쩍이는 새 물건처럼 제시했다는 점에서 독일은 **괴물**이다, 라고 말할 수 있을까?

　사람들은 흔히 독일의 특성(마르크스와 청년헤겔주의자들은 "독일의 빈곤"이라고 표현했다)을 두 개의 분리된 세계, 즉 이념과 현실, 혹은 이상과 정치적 현실, 또 혹은 신화와 정경正經 사이의 상이한 세계를 동시에 살아갈 수 있는 능력이라고 말한다. "우리 독일 철학은 꿈속에서 이루어지는 프랑스혁명에 다름 아니다"라고 하이네는 냉소적으로 말했다. 라인 강의 한쪽 편에서 실제로 행하는 것을 라인 강의 다른 편에서는 생각만 할 뿐이라는 이야기다. 마르크스는 이 시인의 말을 충실하게 표절하여, 프랑스인은 '정치적 머리'를, 독일인은 '철학적 머리'를 갖고 있다고 말했다. 이 철학적 머리가 독일인들로 하여금 그들의 현실 역사에서 부족한 부분을 지성의 역사라는 '유작遺作'으로 보충하게 했다. 나중에 독일 정치가 매우 현실적으로 그러나 반동적으로 되었을 때 마르크시스트와 자유주의자(1940년 이전)들은 단지 이 이원성二元性을 뒤집어 놓는 데만 합의했다. 독일은 두 개의 강둑으로 갈라지게 되었으며, 정치는 그 중의 나쁜 강둑이 되었고(프로이센적, 군국주의적, 봉건적), 휴머니스트 적, 보편적, 괴테적 문화는 다른 쪽의 강둑에 자리 잡게 되었다. 이 제는 철학의 국경선이 라인 강이 아니고 엘베 강과 오데르 강이 되었다. 이원론적 도식은 여전히 존속했다.

　문명적이며 동시에 악마적인 이중의 독일인들, 현실적이며 동 시에 관념적인 이중의 독일이다. 설명은 간단하다. 두 개의 손가 락으로 셈을 하면 되는 것이다. 독일 비평가들의 방법은 예외없이 모두 똑같다. 그들은 현재 그들을 둘러싸고 있는 잘못된 제2의 독 일의 밖에, 그 잘못된 독일과는 아무 상관이 없는, 진실되고 건강 한 독일을 발견할 것이라는 달콤한 생각에 젖어 있다. 오늘날에도 여러 그룹들이 전전戰前의 공산당 이론을 미세한 것까지 충실히 다 시 되풀이한다. 마치 현재와 전혀 다른 혁명적인 역사, 진정한 독 일 역사의 끈을 다시 매야 할 곳은 바로 거기인 것처럼. "불행하게 도 구두장이 에베르트[Friedrich Ebert, 1871~1925, 독일 사민당 정치인, 최 초의 민선 대통령]의 인기 없는" 행동에다가 독일 민주주의의 기회를 비끄러매었던(1976년) 연방공화국 대통령[5]은 덜 순진한 것이었던 가? 사회주의적 바이마르 공화국의 창시자는 혁명적 스파르타쿠 스단[1916년에 결성된 독일 사회주의 단체] 단원들을 제국 군대로 억압한 (1919년) 대부代父이다(대통령은 이 사실을 잊고 있다). 19세기의 민속학 자들은 최초의 진정한 독일을 중세의 숲속으로까지 거슬러 따라 올라갔다.

　독일을 두 개의 독일—좋고 나쁜—로 설명하는 것은 비록 그것 이 설명의 과정이라 하더라도 어떤 신화를 만들어 낸다. 게다가 허풍도 있다. 독일문화는 아주 섬세해서 자신들이 살고 있는 미개

barbarie의 세계 밖으로 나가면 전혀 능력을 발휘하지 못한다고 (토마스 만Thomas Mann의) 소설 『파우스트 박사』의 화자話者인 세레누스 차이트블롬Serenus Zeitblom은 말했다. 그는 이 소설의 악마적인 주인공을 통해 독일 운명 전체를 진단하려 했던 것이 아닌가? 우선 그렇게도 많은 비판을 받았던 독일과 독일인의 합치되지 않는 이 원성은 어떤 단위로 재어야만 할까?

마르크스가 독일 역사라는 '미완성의 작품'을 말했을 때, 그는 이것을 프랑스혁명이라는 '완전한 작품'과 나란히 비교한 것이었다. 그가 프랑스대혁명에서 눈을 돌리자마자 이번에는 프롤레타리아 혁명이라는 완전한 작품에 비해 미완未完임이 판명된 또 하나의 혁명이 거기 있었다. 1789년 프랑스대혁명을 모방한 (1848년의) 혁명이 실패로 돌아가자 그는 다시 독일의 원천적인 성격을 문제 삼아, 독일이 이중의 부족감을 갖고 있음을 지적했다. 첫째, 독일은 너무나 앞섰기 때문에 뒤에 처져 있다. 독일이 앞으로 완수해야 할 혁명은 프롤레타리아 혁명이다. 그것은 어떤 의미에서는 이미 독일이 이미 한번 지나쳐 온 혁명이기도 하다. 이 이중의 부족감이 독일의 특수한 운명을 잘 말해 주고 있는가? 전혀 그렇지 않다. 왜냐하면 마르크스는 곧, 프랑스의 새로운 황제인 나폴레옹 3세에 대해서도 똑같은 방법으로 설명을 하고 있기 때문이다. 그는, 나폴레옹 3세도 혁명적 프롤레타리아에 의해 바짝 추격을 당하고 있는 산업적 부르주아지에 앞서서, 그리고 동시에 뒤처져서 있다고 말했다. 드디어 비스마르크, 히틀러, 혹은 스탈린에까지 '보나파르티즘'을 말하는 마르크시스트들이 생겨나게 될 것이다.

마르크스는 모든 나라의 역사가 '불완전'했던 시기에 살고 있었다는 것을 우리는 알고 있다. 독일의 역사만이 이런 특징이 있었던 것은 아니다. 마르크스는 자기의 머릿속, 혹은 도서관의 서가에서만 '완전한 역사'를 보았다.

좀 더 보완적인 근거를 대 보자면, 독일 이데올로기의 이론은 특정한 역사, 다시 말해 전前 혁명기 독일 지식인들의 특수한 상황을 고찰하기 위해 세워진 것이다. 마르크스적 이론이 된 독일 이데올로기는 전반적인 모든 분야, 즉 종교, 광기, 선거제도, 합리주의, 기계론 등등을 설명하는 일반적인 이론이 되었다. 그러므로 독일의 상황이 전혀 특수한 것이 아니며(이렇게 되면 앞의 가설과 정반대가 된다), 앞에 말한 이론을 설명하는 것은 다른 어디에도 적용할 수 있는 설명이 된다(C.Q.F.D. [ce qu'il fallait démontrer, 위와 같이 증명됨]).

두 눈을 감고 얼굴을 가리는 것, 이것이 바로 '두 개의' 독일이라는 이론이 자신의 서류를 분식粉飾하기 위해 취하는 유일한 제스처다. 비판적인 해설가가 자리 잡고 있는 곳은 언제나 동정녀처럼 순진무구한 '좋은' 독일이다. 사실 그들의 이론이라는 것은 나쁜 독일에서 망령을 쫓아내는 것에 불과하다는 것을 고백해야만 할 것이다. 그래서 그 이론은 우리에게 감동을 주지 못하고 우리를 유혹하지도 못한다는 것 역시 고백해야만 할 것이다! 몇 년 후, 이 이론을 치장했던 장식이 떨어져 나가자, 그 정신적인 함정이 백일하에 드러나게 되었다. 그것은, 소르본의 한 교수가, 프로이센적이 아니고 군국주의적도 아닌 다만 '문명화된' 좋은 독일을 서양의 휴머니즘이라는 '완전한 작품'에 연결 짓기 위해, 러시아의 태형笞刑 제도와 식민주의를 위와 비슷한 논조로 합리화했을 때 명백하게 드러난 사실이다. 그는 이렇게 말했다. "계몽주의 시대인 (…) 18세기에 우리는 괄목할 만한 독일문화의 요소들을 건졌을 뿐만 아니라 표트르 대제 시대의 서구화된 러시아도 쟁취하게 되었다. 그런데 그것은 글자 그대로 부르주아 이념이다. 빛[계몽주의를 뜻함]을 말하는 자는 기술과 그 찬란한 업적을 말하는 자이다… 그것은 다름 아닌 영英제국이나 프랑스제국 같은 거대한 제국을 수립한 서구 부르주아지의 탁월한 공적이다"(E. 베르메유Vermeil, 『독일』, 1945).[6] 독일을 탁월한 이중성으로 묘사하기 위해 치른 값을 우리는 여기서 가늠해 볼 수 있다. 다른 곳—텔렘 수도원과 매우 유사하지만 그러나 좀 더 혁명적이고 서구적인—에서 사람들은 독일적인 불완전성을 먹고 자라는 완전성의 통일체를 꿈꾸고 있었다.

　이것은, 다른 것을 돋보이게 하기 위해 독일을 이용하는 것일 뿐이다. 그들은 이질적 힘의 야만성이나 혹은 그 통치 전략들을 독일 속에서 다시 발견하게 될까 봐 겁이 났던 것이다. 유럽 국가들은 독일이라는 거울 앞에서 화장하지 않은 자신의 얼굴을 감히 비춰 보지 못한다. 그들은 또 알제리나 베트남의 고아들, 또는 수용소 군도에서 도망쳐 나온 사람들이 소위 합리적이라고 일컬어지는 유럽의 문명, 통치, 혁명의 방법 들을 바라보는 시선 속에 자신이 놓이기도 원치 않는다. 그런데 그 거울 속의 영상이 같은 이미지라면? 오늘날, 옛 유럽 열강의 비밀을 거기서 판독하게 될까 두려워, 독일의 (좋은) 부분만을 간직하겠다고 하는 것은 너무 어리석은 짓이 아닐까? 다른 대륙의 민중에게 유럽이 흔히 보여 주었던 모습은 마치 문장紋章의 방패꼴 중앙부 디자인[abyme. 방패 모양의 문장은 한중앙의 도안이 전체의 도안을 다시 반복하는 구도로 되어 있다]처럼 유럽이 이미 자기 안에 갖고 있는 '독일적' 무서운 얼굴이 아닌가?

　"1914년 전에 유럽국가들 사이에 만연된 독일 혐오는, 유별나게 과격한 혈족 감정이다." 이 교묘한 말로 독일 작가 R. 무질[R. Musil, 1880~1942]은 갈색 페스트를 솜씨 좋게 피했다. 그는 계속해 말한다.

"게다가 독일은 선동적인 모든 대중이 그러하듯이 호전적이고 탐욕스럽고, 위험하게 무책임했다. 그러나 이 모든 것은 결국 순전히 유럽적이며, 유럽주의가 좀 지나치게 표현된 것이었다는 것을 유럽인들은 알아야만 한다."[7]

물론 무질은 '최종 결판'의 대 조작이 막 시작된 1942년에 죽었다고 반박할 사람이 있을지 모르겠다―수용소에서 죽은 600만 명의 유대인들 역시 비길 데 없는 독일의 일원이 아니던가? 거기서 "좀 지나친 유럽주의"밖에는 볼 수 없었단 말인가?

혹은 희생자의 숫자가 1914년 전의 담론들을 쉼표 하나도 변경시키지 않았다는 것에 놀라면서 무질의 자세를 견고하게 지지하는 것이 옳은 일인가? (독일을 속죄양으로 삼은 국가들은 거의 나중에 나치의 범죄와 공모하게 되었다.) "다른 사람이 땀을 흘리며 뛰는 동안 또 다른 사람들은 가만히 앉아 그것을 구경한다. 그것은 스포츠이다. 그와 마찬가지로 사람들은, 다른 사람들이 엉뚱하고 편파적인 이론에 빠져들도록 내버려 둔다. 그것이 바로 이상주의이다. 사람들은 악을 마구 휘젓고 있으며, 진창에 튀긴 것처럼 그 악을 뒤집어쓴 사람들은 '터키인의 머리'[세상의 웃음거리]가 되고 만다…. 그러나 이와 같은 성자聖者 숭배와, 소외에 의한 속죄양의 살찌우기 기술은 위험이 없지도 않다. 왜냐하면 이 기술은 끝나지 않은 수많은 전투들이 야기하는 긴장으로 이 세계를 가득 채우고 있기 때문이다"(무질, 위의 책). 2차대전이 끝난 후 30년이 흘렀고, 인류에 대한 나치의 범죄가 충분히 단죄된 오늘날에도 '끝나지 않은 수많은 전투'들이 아직도 우리 주위를 둘러싸고 있다. 그 대의명분은 충분히 알려졌다. 부헨발트Buchenwald와 아우슈비츠Auschwitz에서 독일인들은 그 명분을 효과적으로 **유럽화**시켰다. 그들은 '최종적인 해결'을 제시함으로써 (실로 서구적이고, 현대적이고, 혁명적인) 유럽적인 방법을 과시했다. 이것은 처음엔 프랑스의, 나중에는 미국의 지배를 받았던 베트남의 풀로 콘도르[Poulo Condor, 베트남 남부 해안의 군도]에서도 보여진 방법이며, 50년 전부터 소련의 콜리마[Kolyma, 시베리아 동부에 있는 강]에서 볼 수 있는 방법이다.

200년간의 식민화와 혁명을 거치는 동안 유럽의 사상과 방법론은 이 지구를 한 바퀴 돌게 되었다. 세계대전의 유혈 속에 몸을 담그고, 대륙과 대륙을 포개 놓음으로써 역사를 전진시키려는 꿈을 가진 우리 작은 곶岬[유럽을 의미]의 사상적 엘리트들은 문제를 해결하지 않기 위해 문제들을 세분했다. 즉, 독일은 독일이고, 러시아는 러시아이며, 남미의 파시즘은 제3의 것이다, 라고. 인민들을 국가에 복종시키고 전 세계를 초강대국에 복종시킨 이러한 지배전략은 다름 아닌 유럽 고유의 창조물이다. 이 세계가 혁명에 의해 식민지에서 해방된 이래, 다시 말해 유럽이 유럽에 의해 해방된 이래, 우리는 이국적인 사건을 경험하기 위해 지구 반대편까지 갈 필요가 없게 되었다. 아덴 아라비[인도양 서북부의 만彎]도 여전히 유럽이라는 사실을 니장[Paul Nizan, 1905~1940, 프랑스 작가, 사르트르와 고등사범 동창. 1925년에 돌연 아라비아로 떠났다]이 발견했던 것도 벌써 50여 년 전 일이다.

텍스트에 의한 혁명

프랑스의 1789년(대혁명)과 1793년(공화국 선포)을 모방하려는 생각은 레닌, 트로츠키, 그리고 마오쩌둥에게도 있었다. 번뜩이는 재능이 있음에도 불구하고 그들은 '부르주아적'인 프랑스혁명을 넘어서기는커녕, 그들의 마르크스적 '프롤레타리아' 혁명 속에서 프랑스 '대'혁명의 모험과 아바타들을 그대로 재현시켰다는 의심의 여지를 남겼다. 그것은 레닌이 제정 러시아의 낡은 관료제에 소비에트적 니스 칠을 입혔을 따름이라는 것을 시인했을 때, 그리고 말년의 마오쩌둥이 역시 나이먹은 상대편 대화자에게 로베스피에르에 대해 물어 보았을 때 자명해진 사실이다. 그러나 역사적 대사건이 이어질 때 우리가 참조하는 '혁명의 과학'의 권위 때문에 그 사실은 쉽게 드러나지 않았다.

누가 뭐라고 말하든 혁명이란 전염병이 아니다. 영국인도, 프랑스인도, 러시아인도, 중국인도 모두 얌전히 다른 국민의 국경선 앞에서 멈추었다. 혁명전쟁이 승리하여 제국주의적인 것이 되지 않는 한 그랬다. 모든 혁명은, 그 가장 행복한 측면이나 불행한 측면에서, 결코 모방될 수 없는 것임이 판명되었다. 전 세계적으로 혁명의 모델로 간주되고 있는 프랑스대혁명도 그 어느 곳에서고 재생될 수 없었다. 혁명이 명백히 전파되는 것은 '혁명 과학'이라는 수단을 통해서이다. 레닌이 1917년에 '프티부르주아의 타협'을 비판하고, 혁명적 급진주의의 새로운 형태를 고안해 냈을 때, 그는 단순히 1848년 '독일' 혁명의 실패에서 마르크스가 이끌어낸 '교훈'을 적용시키려 했던 데 불과하다. 이 '과학적'인 교훈의 이름으로 그는 독일의 모델을 러시아의 상황에 그대로 적용시켰다. 그가 해체시킨 제헌의회는 그의 눈에는 마치, 마르크시즘의 교부敎父들로부터 그렇게 멸시를 받았던 수다스러운 프랑크푸르트 의회의 복제로 보였다(마르크시즘의 교부들은 거기에서 '국민의회'[Convention, 프랑스혁명 당시의 혁명의회]로 되려는 생각에 완전히 기능이 마비된 '제헌의회'

를 보았다). 우리의 유물론적 사상가[레닌을 말함]의 눈에는 국민의 90퍼센트가 농민인 1917년의 소련이 1848년 독일의 재판再版인 듯이 보였다(이것은 이 시기를 1789년의 프랑스와 지속적으로 비교함으로써 마르크스가 그려 놓은 형상을 그대로 따른 것이다). 대 사상가들이 단 하나이며 불가분의 것이라고 생각하는 '혁명 과학'은, 이렇게 해서, 모든 혁명 속에 들어있으면서도 그 어떤 혁명과도 닮지 않은 하나의 혁명을 유일한 정열의 대상으로 삼도록 했다. 이 과학의 권위가 머릿속의 열정을 열정의 머리로 삼도록 했다.

그리고 때가 오면, 그 머리를 치는 것이다. 1927년, 아직 러시아 혁명의 빛나는 우두머리였던 트로츠키는 처음으로 최고인민회의 앞에서 재판을 받았다. 참고 질문이 시작되었다. 기소인인 슈톨츠 Stolz가 물었다. "이것의 지향점은 무엇인가? 당신은 프랑스혁명사를 잘 알고 있겠지…."

트로츠키가 공이 튀어 오르듯 대답했다. 그는 이 과학적인 논쟁의 모든 굴곡과 우회로를 너무나 잘 알고 있었다.

"프랑스대혁명 당시 많은 프랑스인들이 단두대에서 처형됐습니다. 우리도 수많은 사람들을 총살 집행 부대로 보냈습니다. 그러나 프랑스혁명은 두 개의 시기로 크게 나눌 수 있습니다. (…) 혁명이 한창 진행되고 고조되던 전반기에는 당시의 볼셰비키라 할 수 있는 자코뱅당이 왕당파와 지롱드당원들을 처형했습니다. 우리도 그 비슷한 시기를 거쳤습니다. (…) 그러나 테르미도르파[1794년 7월 27일 로베스피에르를 타도한 혁명 분파. 테르미도르Thermidor는 프랑스혁명력의 일월熱月]와 보나파르트 추종자들이 (…) 좌파 자코뱅당을 격파하고 그 당원들을 추방하기 시작했을 때 (…) 프랑스에서는 또 하나의 새로운 시대가 열렸습니다. (…) 혁명은 진지한 문제입니다. 우리는 그 누구도 총살 집행 부대 따위는 두려워하지 않습니다. (…) 그러나 우리는 알아야 합니다. 누가 총살을 당할 것인가, 그리고 어떤 시기에 우리는….”[8]

바로 이것이다! 그때는 수용소 군도의 전진 초소가 10주년의 기념식을 가졌을 때이며, 오래전부터 모든 창문과 방문들이 굳게 닫혀 있었다. “그들은 모두 프랑스혁명의 기록을 다시 들춰보아야만 했다.” 리얼리즘의 감동이다—서로 총살형 앞에서 뒤로 물러서지 않는 두 동지들, 이것이야말로 모든 정치적 리얼리즘의 진실이 아닌가? 1927년의 소련의 현실은 그러니까 1793년의 기록 속에서 읽어야만 한다. 어떤 페이지에 이르러 총성이 울리게 될 것인가를 알아야 하기 때문이다. 단두대에서 목들이 뚝뚝 떨어진 자코뱅의 챕터에서인가, 아니면 테르미도르(열월)의 챕터에서인가. 책 한 권을 뒤적이며 역사는 전진한다.

법의 작용

이와 같은 텍스트에 대한 정열은 특별히 혁명가에게만 있다기보다는 권력자 모두에게 일반적으로 들어 있는 성질이다. 한 정부는 총으로만 유지할 수 없으며, 다른 나라에 대해 쓴 텍스트의 효과에 의해 지탱된다. 스탈린은 로마 교황이 몇 개 부서를 장악하는가 하고 물음으로써 순진성을 가장했다. 그는 공산당사(史)의 정통적인 해석자이며 레닌 정신의 유일한 대리자라는 특권을 얻기 위해 다른 사람들의 피를 대가로 치렀다. 하나의 권력은 일정 수의 탱크에 덧붙여진 일정 수의 텍스트에 의해서만 유지되는 것은 아니다. 스탈린이 제시한 공산당사는 거짓이건 아니건 간에 하나의 단순한 서술에 불과하다. 그것은 표준점과 병력 선에 의해 정치 세계를 분할하는 방법, 그리고 적을 표시하고, 분류하고, 다루는 방법을 약속해 준다. 텍스트는 단순히 권력의 행사를 돕기만 하는 것이 아니라, 권력 행사 자체이며, 사람들을 복종시킨다. 이것은 노예의 쇠사슬보다 더한 억압의 방법이다. 그것을 받아들이는 사람들에게 있어서는 질서의 힘인 이 위대한 유럽 권력의 텍스트들은 지배 전략에 봉사하는 것이 아니라 그 자체가 그대로 지배 전략이다.

텍스트의 전략은 있는 그대로의 외관으로만 해석해서는 안 된다. 무엇에 관한 권력임을 확인하기 전에 누구의 위에 군림하는 권력임을 먼저 말하는 권력은 없다. 프랑스의 법은 '프랑스 인민'의 의지이다. 소련의 국가는 '인민 전체의 것'이며, '프롤레타리아' 독재이다. 이론상 권력은 자연에 반하는 활동을 요구한다. 그리하여 각 개인으로 하여금, 일반적인 이해利害를 위해 자신의 '자연적인 욕구는 통제할 것을' 명령한다. 보편적이므로 권력은 (이미 니체가 독일에 대해 말했듯이) 어제의 것, 혹은 내일의 것이지 결코 오늘의 것이 아니다. 권력은 '현재의 우리를 만들어 준' 전통에 호소하거나, 우리가 모두 형제가 될 기쁜 내일에 호소한다. 권력은, 그 신하들이 자기들의 분쟁을 법적으로 증명할 때 쓰이는 법을 제정하는 것이므로, 그 모든 분쟁들의 저 너머에서부터 와야 한다. 권력의 진실이 철학적이건 역사적이건 혹은 인종주의적이건 간에 이 진실은, 이것에 의해 해결된다고 간주되는 문제들을 지배한다. 이 진실은, 자기가 통솔하는 신민들 사이의 관계에 의해 규정되지 않는다. 그러므로 가르강튀아가 텔렘 사람들 이전에 텔렘 수도원의 제도를 미리 창설했던 것과 마찬가지로, 이 진실 또한 다른 곳으로부터 와야 할 것이다.

그런데 권력의 텍스트는 '타자에 대항하는 행동'을 하라고 가르치지는 않는다. 오히려 자기가 배제시키는 사람들('야만인들'), 다시 말해 상종할 수 없는 사람들이라고 스스로 간주하는 사람들만을 인정한다. 그러나 이 텍스트의 전략은 또한 단순히 '자연에 반하는 활동'을 지시하는 것도 아니다. 다만 자유인들을 있는 그대로 함께 통합시킨다고 주장한다. 권력은 사람들을 물건처럼 통치하지는 않는다. 왜냐하면 권력에게는 신하들이 필요하기 때문이다. 그러나 그것은 단순한 인간들 사이의 관계로 축소될 수도 없다. 왜냐하면 이것은 작용의 법칙, 다시 말해서 인간들의 인간성을 규정하는 특권을 갖고 있기 때문이다. 거기서 최초 입법자의 패러독스가 나온다. 모든 권력이론은 이 패러독스와 마주치고, 문제를 제기하거나 에둘러 가려 하지만 결코 피하지는 못한다.

"법에 복종하는 인민은 그 법의 작성자임에 틀림없다. (…) 입법자는 모든 면에서 그 국가 안에서는 특수한 사람이다. (…) 그러므로 입안된 법률안에는 양립할 수 없는 것처럼 보이는 두 가지 사실이 있다. 즉 인간의 힘 위에 군림하는 하나의 기획과, 그것을 행사하기 위해 필요한 권위가 그것이다. 그런데 이 권위는 실체가 없다"(J.-J. 루소, 『사회계약론』, II. 6-7).

이 패러독스에 대해, 텔렘은 지배자의 입장을 제시한다. 가르강튀아는 "하고 싶은 것을 하라"라는 지배 법칙 뒤에 몸을 숨김으로써 자신의 권위를 입증했다. 지배하는 자의 모습이 보이지 않는 지배에 대해서는 아무도 반론을 제기할 수 없다. 소크라테스와 비슷하게 파뉘르주가 취했던 또 하나의 태도는 권력을 새롭게 창설하기보다는, 창설되지 않은, 있는 그대로의 권력에 도전하는 것이다. 여하튼 법을 만들려는 권력의 전략은 이중으로 요지부동인 듯이 보인다. 첫째, 타자에 대한 반항이 아니다. 왜냐하면 법을 제정하는 사람은 가르강튀아적 고독 속에서 생각하는 사람이기 때문이다. 둘째, 무감각한 자연에 대한 반항도 아니다. 왜냐하면 이것은 반反 전략이기 때문이다. 이런 전략에 대해 입법자는 그냥 불가능이라고 규정해 버린다. 사물들 간의 관계도 아니며, 인간들 사이의 관계도 아니면서, 논리적으로 분간되기 '이전의' 사물인 이 법의 작용은 결국 유령들과의 싸움이다. 유령들과의 피투성이의 싸움 속에서 우리는 특징적인 몇 개의 책략을 분리시켜 볼 수 있다(좀 더 산문적으로 말해 보면, 이 법 속에서 우리는 자신들의 신하를 확보하는 현대 관료제도의 본질적 타성을 발견할 수 있다).

그 책략이란 무엇인가? 오늘날 권력의 사다리를 오르고 있는 사람들에게 양떼, 술, 소시지보다 더 긴요한 것은 무엇일까?

텍스트이다.

권력의 호감을 산다

법칙은 법칙이다, 라고 관료들은 말한다. 사회학자는 거기서 관료의 '합리성'을 본다. 관료들은 인간 각자가 법을 알아야만 하고, 추상적인 법규에 의해 정해진 일반적인 명령에 따라 행동해야만 할 것이라고 믿는 듯하다. 그들은 명백히 규정된 목적의 수행을 위해 주어진 수단들을 조합하는, 예측 가능한(M. 베버에 의하면 목적합리적zweckrational) 행동을 추천한다. 그리고 마르크스가 말했듯이, 전체의 이익을 위해 사적인 이익을 희생시키는 것이 이 예측의 측면(이기주의적이건 아니건 간에)에 아무런 영향을 주지 않는다고 말한다.

경우에 따라서 관료는 불가능한 계산을 하는 사람인 것처럼 보인다. 그의 법조문 서류함을 열면, 우리는 수많은 공식 문서 더미 속에 파묻힐 지경이다. 카프카의 『성城』에 나오는 관리처럼 이 관료는 이렇게 말할 것이다. "이건 극히 일부에 지나지 않습니다. 나머지 것들은 전부 헛간에 집어넣었죠. 대부분의 문서를 파기했는데도 이렇습니다…" 그렇다면 관료의 '합리성'은 '주술呪術이 풀린'(베버) 세계, 혹은 미망迷妄에서 깨어난 세계(마르크스)에서 기능하는 것이 아니라, 현대의 주술 그 자체를 야기하는 것이 아닌가, 하는 의심이 든다. 숲이 제아무리 소송절차의 밀림으로 변했다 해도 브로셀리앙드Brocéliande 숲『원탁의 기사』이야기의 요술사 메를랭과 요정 비비안이 살았던 브르타뉴의 숲은 아직도 그 신비를 잃지 않았다. 미국의 한 장관이 베트남전을 포함한 미 국방정책을 모두 계량화하겠다고 장담했던 것도 어언 10년 전이다. 그는 "선택된 목적을 달성하기 위해 필요한 모든 행동을 합리적으로 결정하는 전문적인 계획 수립자"에게 모든 예산 상의 결정권을 주었다. 당시 '맥나마라McNamara 전략'이라고 불렸던 이 작업을 오늘에 와서 냉소하기에는 때가 너무 늦었다.[9] 다만 우리는 그의 주요 목표가 계산이 아니라 이런 계산의 필요성을 국민에게 알리는 것이었음을 주목할 따름이다(그의 말에 설득된 당시 국민이 그 정책을 실천할 고통스러운 임무를 왜 이 장관에게 맡기지 않았겠는가?).

관료는 합리적인 계산이 국민들과 공유하고자 하는 이상理想이라고 하지만, 실제로 그가 하는 일은 이 이상을 사람들에게 설득시키는 일이다. 계산을 직접 하는 사람이 아니라 이 계산의 정확성을 보증하는 사람으로서 그는 법규의 서류함 문이 덜컥 열려 이율배반의 의무들이 나이아가라 폭포처럼 떠내려가지 않도록, 그 안의 모든 것을 절서정연하게 정돈하고, 그 법규들에 더욱더 질서를 부여하는 성스러운 작업을 수행한다. 그는 '단 하나의 텍스트만을 믿는' 사람이다(르장드르Legendre, 『권력을 향유하기』).[10]

텔렘은 그저 단순하게 입구에 그들의 규칙을 게시했다. 거기서 오늘날의 관료들이 악착같이 추구하는 현대의 등가물을 발견해야 할 것이다. 오늘날의 관료들은 거기서 판독해 낸 법이 지금도 존재한다, 라고 조용히 우리를 설득시키려 한다. "프랑스 법, 관료제도 등 그 무엇으로 부르든 그 활동은 언제나 입법, 법규, 법률학 등과 정확히 똑같은 대상을 다루는" 것이라는 것을 알지 못한다면, 그야말로 그것들은 무질서한 혼란에 불과할 것이다. 관료제도의 최종적인 종말은 마치 유엔 제도와 같은 모습이다. 법규를 적용하는 것보다는 법규 자체가 존재한다는 것을 알리는 것이 더 중요하다.

"그리하여 사람들은 침묵의 세계, 텍스트의 세계로 들어가는 것이며, 그 텍스트는 모든 것을 알고 있고, 모든 것을 말하고, 모든 질문과 답변을 갖고 있다"(위의 책).

권력은 자신의 정통성을 단순히 총구에서만 끌어내는 것이 아니다. 화약을 말하는 것만으로는 충분치 않고 텍스트를 말해야 하며, 그 텍스트들 또한 화약과 같은 기능을 가지고 있다.

"우리는 법과 함께 대화를 하는 것이 아니라, 법으로 하여금 말하게 한다. 우리는 전문가들에 의해 가공된 스콜라 철학을, 그 옛날의 해설가들이 했던 방식대로 사용한다. 다만 오늘날에는 교회의 법, 제국의 법, 조공朝貢 국가의 법이 아니라 산업적 중앙집권 정부의 법이 거론될 뿐이다."

국가니 관료제도니, 누적적인 역사니 하는 것들은 민중의 생활 속에서 문자의 발명이라는 획기적인 사건을 전제로 한다고 레비 스트로스Lévy-Strauss는 말했다. 총으로 무장된 군대는 지나가면서 적진을 소탕하지만, 영토를 점령하기 위해서는 깃털부대[옛날의 필기도구는 깃털에 축을 끼운 것이므로]가 있어야만 한다. "총은 정신을 갖고 있지 않다. 총을 가진 인간의 이데올로기가 변하더라도, 그 총은 여전히 다른 주인의 다른 목적에 봉사할 것이다. 그 사실을 잊는 사람은 마르크스–레닌주의의 기본 명제를 잊는 것이며, 그것은 바보 같은 짓이다"(마오쩌둥). '바보'가 되지 않기 위해, 다시 말해 진지를 고수하기 위해, 권력들은 문자의 발명 이래, 마르크시즘이 그들의 지혜를 코드화할 때까지 마냥 가만히 앉아 기다리고 있지는 않았다. 그러나 무질서를 만들어 낼 수 있는 사람들('자유로운 노동자들')에게 총을 겨냥한 이래로, 마르크시즘은 권력 텍스트의 현대적 판본에 더할 수 없이 중요한 기여를 하게 된다.

20세기의 글쓰기

마르크시즘이라고? 가장 치명적인 적들, 다시 말해 소련의 권력, 중국의 권력, 내부의 반역자, 외부의 수정주의자들이 가지고 있다고 간주되는 지적인 보석을 지칭하기 위해 우리는 진지함과 냉철함을 견지하려 한다. 지구의 6분의 1이 전 지구 인구의 4분의 1에게 열핵반응熱核反應의 위협을 주고 있고, 그 반대도 가능한 이때, 양쪽에 공통적으로 적용되는 '혁명 과학'은 어디에 있을까? 그러나 서구의 모든 대학들에서 학자들은 마르크시즘에 현학적인 주석을 달고, 논쟁하며, 때로는 정확한 표적에 화살을 쏘는 듯한 태도로 자신이 반反 마르크시스트라고 말하기도 한다. 과녁은 어디에 있는가? 붉은 별은? 그것은 베이징을 쓸어 버릴 꿈을 꾸었던 모스크바의 원수元帥가 찾던 것인가, 아니면 소련에 반격을 가할 꿈을 꾸었던 베이징의 지도자가 은근히 과시했던 그 별인가? 마르크시스트는 가장 마지막에 총을 쏘는 자인가, 아니면 조심스럽게 첫 번째로 쏘는 사람인가?

아니면 그는 세 번째의 도둑인가? 그리하여 다른 두 사람의 잘못을 하나하나 세고 있다가, 두 가지의 마르크시즘이 동시에 죽어 없어진 다음, 재앙의 현장에 와서 흩날리는 종잇장들을 다시 끌어 모아 거기서 새로운 마르크시즘을 발견하는 사람인가? 최악의 범죄는, 예전의 혹은 미래의 고문자들의 '오류'일 뿐만 아니라 현장에서 수천 킬로미터 떨어진 곳의 마르크스적 지식인들의 '오류'이기도 하다. 별로 무례하지 않은 방식으로 그 제3의 마르크시스트들은 앞선 두 개의 마르크시즘이 범죄가 아니라고 결론지을 것이다. 그리고는 살짝 무례하게 그 주동자들에게 '끔찍한 죄'를 뒤집어 씌울 것이다. 그러나 그들은 다음과 같은 사실을 머릿속에서 유보하고 있다. 즉 범죄란 오류보다 더 나쁜 것이며, 설명을 필요로 한다고. 그들은 범죄의 뒤에 그 범죄를 설명해 주는 오류를 설정한다. 이 오류의 성격을 규정짓는 일에 대학과 당黨들은 지칠 줄을 모른다. 경제주의, 의지론意志論, 도그마티즘 등 그 리스트는 범죄의 가짓수만큼이나 끝이 없다. 또 스탈린은 레닌을 잘못 읽었고, 레닌은 마르크스를 잘못 읽었으며, 마르크스는 헤겔을 너무 읽었다느니 등등의 말도 끊임없이 이어진다. 백가쟁명百家爭鳴, cent écoles rivalisent하고 백화제방百花齊放, cent fleurs de rhétorique s'épanouissent

하게 하라. 백 개의 유파가 자유롭게 토론하고, 백 가지 꽃이 자유롭게 피어나도록 하라. 단, 언제나 똑같은 밭에서 재배한다는 조건은 받아들여야 한다. 그리고 지배 엘리트들이 참조하는 권력 사용법과 텍스트는 단 하나의 유일한 것이어야 한다. 피와 눈물을 설명하고 분류하는 그 다양한 '이즘ism'의 분파들은 도대체 무슨 말을 하고 있는가? 잘못 읽었다는 것이다! 무엇을? 성스러운 텍스트를!

서로 살육하기 이전의 모든 마르크시스트들은 어떤 공통점을 갖고 있었는가? 유일한 텍스트에 대한 믿음, 바로 마르크시즘이다! 그 믿음은, 텍스트의 종류가 다르다는 것만을 제외하고는 현대국가의 모든 관료제도가 공유하고 있는 믿음이다. 모두들 이렇게 소리친다. "사람들은 법과 함께 대화하는 것이 아니라 법으로 하여금 말하게 할 뿐이다."

(이건 좀 다른 이야기지만, 소위 자신이 사회주의자임을 자처하면서 좌파 관료제도를 비판하는 사람들 대부분의 취약성은—대부분의 사회학과 마찬가지로—관료제도가 텍스트의 주변에서 동원된다는 사실을 소홀히 하는 것이다. 관료제도는 뼛속까지 정확히 마르크스적 텍스트이며, 마르크스를 비판하는 사람들 역시 그들의 무기를 이 책에서 끌어내는 것이므로, 거기서 일련의 지수指數적 판단착오가 발생한다—관료와 비평가 그리고 제곱의 비평가들이 공유하고 있는 이 공통의 환상적이면서도 필요한 마르크시즘은 첨예한 권력의 꼭대기에서 마치 천사의 숫자만큼이나 번식하며 증가해 가는 중이다.)

당신은 알고 있거나 혹은 모르고 있다! 헤겔은 (예전에 플라톤도 그랬지만) 소크라테스를 비난하며, '모르고 있음inscience'이라는 제3의 입장을 배제했다(여기서 사람들이 모르는 앎이란 과학과는 상관없는 앎이다). 아테네 법정은 소크라테스의 재판에 아래와 비슷한 논리를 폈다. "그는 우리의 신과 권한을 존중하지 않는다. 그러므로 그는 다른 신과 다른 권한을 세우려는 음모를 꾸미고 있다. 그는 우리의 법 대신 자기의 법을 원하고 있다." 나중에 레닌은 수많은 '부패한 농민, 소小 부르주아, 노동자들'을 초기 강제수용소에 처넣으면서 "우리와 함께 있지 않는 자는 우리를 반대하는 자이다"라고, 모든 것을 안다는 듯이 말했다. 왜 언제나 두 편만이 있는가? 종교를 제대로 없애지 못해서인가? 도덕주의의 발로인가? 풍토병적인 도그마티즘인가? 이것의 뒤에는 양식良識에 가까우며, 그런 만큼 더욱 설득력이 있는, 모든 권력에 관한 공식이 있다. "하나는 둘로 나뉜다"(마오쩌둥). 그것은 셋이나 다섯으로는 나뉘지 않는다. 왜냐하면 모든 것은 '진실된 것과 거짓된 것, 이기는 자와 지는 자' 등으로 결정해야 하기 때문이다.

"거기는 들어가시오… 거기는 들어가지 마시오"라고 텔렘에는 쓰여 있다. 지知와 무지無知, 유죄有罪와 무죄無罪, 그 모든 것이 좌와 우로 나뉘어 있다. 좌의 좌, 혹은 우의 좌, 이런 식이다. 이분법은 이루 셀 수 없이 복잡하게 갈라질 수 있다. 그러나 처음에는 단칼에 나뉘고, 법이 모든 것을 결정한다. "모든 차이 속에는 이미 모순이 들어 있다… 차이 그 자체가 이미 모순이다"(마오쩌둥). 이런 공식은 위험한 급진주의로 이해될 수 있다(예컨대 모든 사조는 서로 다르다. 그러므로 그들은 목숨을 내걸고 경쟁한다. 따라서 백화百花는 온통 피투성이다. 라는 식으로). 하지만 이 급진주의도 법의 지배를 받는다. 텍스트는 질문과 답변을 다 마련해 주고, 모든 것이 '예', '아니오'로 결정되도록 한다. 그래서 제3의 항은 배제되고, 소크라테스는 사형 선고를 받는다.

공통적으로 용인되는 이성의 원칙 중에는 모순율이라는 원칙이 있다. 하나의 사물과 그 정반대의 것을 똑같은 관점으로 동시에 긍정할 수는 없다. 자기 신민들의 반듯한 행실과 그렇지 못한 행실을 비非 모순적인 판결에 의해 판단하면서 법은 신민을 판결 가능한 범죄사실의 영역에 병합시킨다. 그러면서 자신이 이성적인 일을 했으며, 자신은 과학적이고, 결정의 과학이라고 선언한다.

왜 행정부가 산재한 법규, 명령, 법률 등을 통합시키는 유일한 텍스트를 그렇게 서둘러 지정하는지 우리는 알 수 있을 것 같다. 우선 최고의 결정을 내리기 위해서 법은 그 자체가 모순이어서는 안 된다. 그리고 또 텍스트는, 법이 판결해 주는 행위들을 법에 의해 보장해 주어야만 한다. 다시 말해 판결 가능한 행동이라고 규정해 주어야만 한다. 마치 단순히 양식에 의해서인 것처럼, 아무런 문제도 없다는 듯, 모순율을 일반적으로 적용하면서, 법은 유례없는 특권을 스스로에게 부여했다. 즉 하나의 사물과 그 반대의 것을 구별하고 대립시키는 것을 허용하는 관점과 순간을 항상 자신이 결정하겠다는 그러한 특권이다. 모순율이 문제가 되는 것은 바로 이것이다. 한 사물의 '반대항'에 대한, 섬세하게 격렬하고 격렬하게 섬세한 정의定義(헤겔의 제자 마오쩌둥과 같은 변증법론자들이 그렇게 했다) 속에 모순이 있는 것이 아니다. 훨씬 더 중요한 것은 모순율이 지시하는 이 '계기'와 이 '관점'이다. 이 계기와 관점을 사용하려면 우리는 그 안에 들어가 있어야만 할 것이다.

법은 별 문제 없이, 양식의 이름으로, 그러나 좀 지나친 특권을 누리며 그곳에 자신의 수호신을 세웠다. 수학조차도(그 오랜 공식화公式化의 작업 후에도, 그리고 괴델Gödel 이후에도) 더 이상 자신이 모순인지 아닌지를 확인하는 그런 관점을 갖고 있지 않다. 수학은 다만 크레타의 법이 (소크라테스를 징벌하면서) 결코 듣고 싶어 하지 않았던 패러독스의 가능성을 (자기 방식으로) 표현했을 뿐이다. 수학이 이성의 활동을 그치는 곳에서 법은 자신의 이성을 작동시키기 시작한다.

> "잘 아시다시피… 그는 자기가 법을 모른다는 것을 인정하고, 또 동시에 자기가 죄가 없다는 것을 주장했다." (카프카, 『소송』)

패러독스를 문에서 쫓아내면 그것은 창문으로 들어온다. 판결할 수 있는 것에만 적용된다고 주장하는 법은, 그 현장에서 바라보면, 불분명함과 모호함의 결과라는 것이 생생하게 드러난다. 한마디로 휴지 조각이다.

"무기력한 행정부, 서류들의 벽, 협조라는 미명하에 위장된 각 부처 간의 경쟁에서 야기되는 모순들은 단순히 부산물이 아니다. 이것들은 대중 관리라는, 점점 확대되는 문맥 속에서 매일같이 중앙집권적 조직화의 목표를 실현시키고 있다. (…) 이 미친 그러나 성스러운 교조성의 실천 속에서 오로지 지배층만이 말할 줄 안다. 왜냐하면 그들은 전지全知적 법의 화신이므로. (…) 모든 것은 식민제도의 본을 따라 진행된다. 백성들은 말할 줄 모른다고 간주하면서, 이 언어 부재에 의해 체제를 정치적으로 유지시키는 그 식민제도 말이다"(르장드르, 『권력을 향유하기』).[11]

여기서 통상의 가설을 뒤엎어야 할 것이다. 즉 관료가 비록 실수를 저지른다 해도 관료적 합리성의 오류는 지고의 이성에 대한 찬가보다 더 합리적이며 유효하다는 가설 말이다. 종이가 입을 틀어막고, 계급적인 엘리베이터는 모든 몸과 몸의 만남을 방해하며, 당 비서의 안팎 유니폼과 '행정가적인 정숙함'은 그의 벗은 몸을 상상할 수 없게 한다. "그러나 그 사람이야말로 너의 그리스의 신이다! 그러므로 그를 침대에서 끌어 내려라!"(카프카, 『성』)

　조심성 없는 측량기사 K는 그 마을의 교사에게 성城의 주인을 아느냐고 묻는다. 그는 빨리 가야겠다고 하면서 이렇게 말한다. "내가 어떻게 그를 알겠소?" 그리고 학생들을 손으로 가리키며 프랑스어로 덧붙여 말한다. "순진한 학생들 앞이라는 것을 생각하시오." 모든 관료제도는 이중의 언어를 구사한다. 즉 라틴어와 통속어, 탁월한 프랑스어와 제정 러시아의 천박한 러시아어, 그리고 (법률적이거나 혹은 마르크스적인) 특수한 어법과 선술집의 대화가 그것이다. 사람들은 지적인 언어로 민중의 언어를 폐기시켜 버린다. 그런데 이 지적 언어는 민중의 언어를 폐기시키는 비밀밖에는 다른 아무것도 갖고 있지 않다. 형식과 서류의 뒤에 고립되어 있는 법이 일반 서민에게 아무 말도 하지 않는다는 것은 결국 민중에게 아무 할 말이 없기 때문이다. 이런 임무를 위해서는 서류를 쌓을 줄 아는 지식밖에는 더 소용이 없다. 수세기 동안 쌓아 올려진 서류의 바리케이드에 비추어 보건대, 그것들 사이에 새로운 서류를 쌓아 올리기 위해서는 결코 소홀히 할 수 없는 실용적인 지식이 필요하다. 이처럼 사무실에서 사무실로 끊임없이 순환하는 지식은 비확정성의 과학이다.

　틀림없이 이기는 노름을 하려면, 상대방이 그 노름 규칙을 몰라야만 한다. 그러므로 법은 자기 신하들에게 그들이 절대적으로 무지하다는 것을 설득시킨다. 왜냐하면 법을 전혀 이해할 수 없다는 사실은 그들이 열등하다는 것을 생생하게 증명해 주기 때문이다.

"레닌의 40권의 책은 그대로 대중 억압의 수단이다. 대중은 아무런 의미도 모르는 채 이것을 그냥 겉말로만 받아들인다. 왜냐하면 대중이란, 결국 지식인의 것인 이러한 지식에 접근할 방법도 시간도 갖고 있지 않기 때문이다―그렇다면 무엇을 할 것인가?"(사르트르, 『상황Situations』 10권).[12]

쉼표 하나라도 문제가 되는 마르크스 이론의 법칙은, 레닌-알튀세르Althusser의 말을 빌리면, 단순한 하나의 학문이 아니라, 결정의 과학이다. 학자들이 그 법칙의 쉼표 하나만 잘못 읽거나 위치를 바꾸면 그것은 강제수용소도 되고, 유례없는 사회주의의 지복至福도 된다. 권력이 이 텍스트들을 휘두르고 있다는 것을 증명하는 확실한 표시이다. 그리고 자신이 효과적으로 무지 상태에 있다는 것을 알려고 하지 않는 사람들에게 엄청난 효과를 발휘한다는 명확한 징후이다.

이 전략은 법이 아무것도 모르면서 법 집행을 하고 있다는 것을 신하들이 알아차리지 못하기 때문에 기능을 발휘한다―법은 신하들을 복종시키는 방법만을 알고 있을 뿐인데, 신하들은 법이 모든 것을 알고 있다고 생각하고, 그래서 스스로 거기에 복종한다. 주인과 노예 사이의 투쟁의 한 버전인 셈이다. 처음에 주인은 지식을 향유했고, 노예는 노동을 하며 그에게 복종했다. 노동을 하면서 노예는 세계를 변형시켰고, 변형의 지식을 습득했다. 그러나 그의 주인은 자기가 무엇을 향유하는지도 모르면서 그것을 향유했다. 결과는 시초에서부터 흘러나온다. 노동을 하면서 앎을 습득한 노예는 멍청하게 향유만 하고 있는 주인을 거꾸러뜨리고 제거하고 그 자리를 차지했다. 이 이론의 어린이 판본은 법의 신비에 대해 놀랄 만한 통찰을 보여 준다. "나는 그게 뭔지 아니까 그걸 할 수 있어. 아는 것이 곧 힘이거든."

대강 생각해도, 실제로 일어나는 일은 이와 정반대이다. 할 줄 안다는 것은 타인을 무지하게 만들고, 타인이 그런 자신을 눈치채지 못하도록 만든다는 의미이다. 그런데 신하들이 자신들의 이해 불능 자체를 알지 못한다면, 거기에 무슨 문제가 있겠는가. 지배자가 자기 신하들의 무지에 의해 떠받쳐져 있다는 것은 틀림없는 사실이다. 그러나 무엇에 대한 무지인가? 자기 자신의 무지에 대한 무지이다. 스탈린은 굳이 천재일 필요가 없었다. 다만 그가 술에 취해 있다는 것을 국민들이 눈치 채지만 않으면 되었다. 그래서 그는 황제가 책상 밑에서 데굴데굴 구르는 장면이 나오는 영화 〈이반 뇌제〉를 검열에 부쳤다.

자신들의 노예 상태가 주인의 앎에 의해 합리화된다고 생각하는 노예들은 주인이 원하는 것, 즉 '예속은 앎에 의해 합리화된다'는 개념을 주인에게 제공한다. 자신들을 위해 이런 앎을 주장하면서 노예들은 동시에 예속의 합리화도 요구하는 셈이다. 즉 "우리는 싸울 것이다. 그러나 쇠사슬을 이용해서." 해방과 노동이 나란히 가므로, 서로 상반된 앎에 의해 조직된 예속 상태에서 이 둘은 동시에 승리를 거둘 것이다.

법은 신하가 그 도박을 함께 해 주기만 하면 이기게 되어 있다. 법의 유일한 전략은 상대방으로 하여금 노름에 참가하게 하는 것이다. 신하들이 법에 복종하면서 자신들의 권리를 즐기도록 하기 위해 가족, 학교, 감옥, 그리고 거기에 따르는 모든 지식들, 예컨대 교육학, 도덕교육, 종교교육, 공민교육, 정신분석학, 범죄학 등등이 있다.

법의 작용을 외부의 시점에서 바라보면, 다시 말해 신하가 되기 위한 준비의 관점에서 본다면, 학교, 감옥, 공장 들은 사람들에게 하나의 '영혼'을 만들어 주는 기관들이다. 그리고 바로 이 순간부터 법은—공화적이건 세속적이건 간에—그 영혼을 재판하기 시작한다. 미셸 푸코의 『감시와 처벌』은 여기서 '규율사회'의 탄생을 발견했다.

그럼 만일 법의 작용을 내부의 시점에서 바라본다면? 교황의 신정론神政論에서 구체제의 신정 체제, 그리고 공화국 법에 이르기까지, 법의 세속화는 '권력의 불가사의한 성격'을 제거하는 것이 아니라, 그것 자체에 대한 언급을 검열하는 방향으로 나아갔다. 원래 신으로부터 유래한 권력은 '널리 울려 퍼지고', 그 목소리는 마치 성서의 천둥소리가 그러하듯 도저히 공격할 수 없고 공박도 할 수 없는, 게다가 이해할 수조차 없는 우레 소리처럼 들린다. 세속화된 오늘날에 있어서도 권위는 항상 불가사의에서 그 효력을 끌어낸다. 새로이 창설되는 중앙집권적인 국가는 교황적 권위를 지향한다. "국가는 온전하게 우리를 사랑한다. 국가는 우리를 사랑하는 일만을 한다. (…) 공공의 봉사는 이 환상을 법으로 제정한 것

이다. 반대로 개인의 권리 영역에는 모든 형태의 상업이 지배한다"(르장드르).[13]

세 번째 지표. 법이 혁명으로 말끔히 씻겨진 판 위에 새겨지기 위해서는, 소위 혁명 대중의 순진한 머릿속에 먼저 침투해 들어가야만 한다. 만일 혁명계급이 일상사의 요구에 얽매여, 매일매일의 분투, 목전의 이익이나 자발주의, 혹은 경제주의에 매몰되어 있지 않는 한, 혁명이론은 '외부로부터' 프롤레타리아에게 주어지는 것이라고 레닌은 말했다. 이 점에 있어서는 카우츠키-레닌 2인조를 비난할 여지가 없다. 왜냐하면 혁명 사상의 기원에 관한 논문이 아니기 때문이다. 이 주제는 각기 그들 고유의 엘리티즘에 따라 성격이 달라질 것이다. 논문이건 아니건 간에 현대의 모든 혁명이론은 공통적으로 이 세계를 공적인 것과 사적인 것으로 양분했다. 그리고 공적인 것은 선한 것, 사적인 것은 악한 것이라고 규정지은 것이다. 중국 대중은 "이기주의에 대항하여", 개인적이고 물질적인 이해利害와 (프티부르주아의) 주관주의에 대항하여 투쟁할 것을 요구받는다. 다시 말해 공공 정신의 이름으로 전쟁 및 자연 재난에 대비하라는 것이다. 우리는 이러한 대칭관계를, 공적 권리(국가적이므로 가치가 있다)와 사적 권리(돈 문제, 섹스 문제 등이므로 아주 역겨운 것이다)로 나누는 서구의 관료제도 안에서 다시 찾아볼 수 있다. 르장드르는 이것을 가리켜 '쾌락에 대한 금기'라고 불렀다.

법은 그 지배를 받는 사람들에게 있어서는 외재성外在性이다. 혁명의 이론 역시 혁명계급에게는 아무 상관이 없는 외재성이다. 그것은 마치 이 계급이, 자기가 혁명한 사회에 대해 외재적인 존재인 것과 꼭 마찬가지이다. 한 계급이 법을 담당한다고 공표한 순간부터 법은 그 법의 통치를 받는 사람과 완전히 무관하게 이론화된다. 법의 지배를 받는 사람과 법을 만드는 사람은 언어도 다르고, 종족, 종교 등, 모든 상상할 수 있는 면에서 전부 다르다. 그러나 법을 만드는 사람들이 반동적 사상가, 진보적 사상가, 귀족, 부르주아, 프롤레타리아 등 그 무엇이든 간에, 그들의 근본적 외재성을 장식하는 디테일만 다를 뿐, 그들은 기본적으로는 모두 동일하다. 드 불랭빌리에De Boulainvilliers는 이미 1789년 이전에 종족의 정통성("모든 프랑크족은 귀족이었고 모든 골Gaule족은 평민이었다")을 내세워 프랑스 귀족의 특권을 옹호했다. 그 옛날 왕의 폭정에 대항하여 나라의 기본법을 구한 것이 프랑스 귀족의 조상이었다는 것이 그의 주장이었다.

법의 계급

이 대비를 뒤집기만 하면, 제3신분(도시에 살았던 로마시대의 골족)의 확고하고도 순수한 기원이 정립된다. 그들은 (봉건적이고 촌뜨기 같은) 게르만 침략자에 맞서 싸웠던 것이다. "4세기와 5세기의 대 전쟁이 끝난 후 (…) 두 종류의 인간, 두 종류의 사회가 있었는데, 그 둘 사이의 공통점은 종교뿐이었다"라고 기조Guizot에 뒤이어 오귀스탱 티에리Augustin Thierry는 말했다.[14] 이 두 사람은 마르크스-엥겔스에 의하면 부르주아적 계급 개념을 최초로 확립한 두 시조이다. 오늘날 불랭빌리에의 말에서 우리가 회고적으로 문제 삼아야 할 것은 '반동적'이고 '인종주의적'인 관점이 아니다. 오히려 법의 담당자인 한 그룹을 설정하고, 이들이 마치 "특별한 헝겊"(스탈린)으로 만들어진 것인 양, 사회 전체에서 이 그룹을 분리시키는 그러

한 일반적인 방법을 문제 삼아야 한다. 이런 방법에서는 대영주大
領主의 귀족주의나 직업적 혁명가의 독재가 똑같은 근거로 정당화
되기 때문이다.

법에 의해 선택된 각 주체(그룹이건 개인이건)는 법의 외재성을 내
재화한다. 불가해한 서류 더미들은 그를 감싸 주는 살이다. 그는
자기 안에 불가해성을 정착시킨다. 그렇게 가두어진 내용물은 하
나의 "영혼"(푸코)이 된다. 마치 중앙위원이 한 계급의 영혼이 되듯
이 말이다. 이것은 허용과 금지, 또는 공과 사의 합법적 경계선을
감시하는 초소의 역할을 한다. 이렇게 해서 그 주체는 자기 주위
에 대해 이방인이 된다. 마치 대 침략의 무질서 앞에서 제3신분이
그러했듯이, 또는 조직적이고 의식적인 노동계급이 자본주의적
무정부상태(혹은 소 부르주아지의 감정) 앞에서 그러했듯이, 그리고 구
속자가 감옥 외부 세계에 대해 그러하듯이, 그는 자기 주변에 대
해 소원疏遠함을 느낀다.

내면화란 말을 변증법적으로 이해하지 말기를 바란다. 비록 고
난의 골고다 언덕이 있다 해도 그것은 자기 자신, 개인 또는 계급
에 대한 인식과 고통스럽게 화해하는 정신의 골고다가 아니다. 그
렇다. 구속자에게 가해지는 변화의 형벌은 '영혼의 대체'만이 아
니라 고통의 재생이기도 하다. 법에는 흔히 내재적 앎이 들어 있
다고 여겨진다. 왜냐하면 그 외부적 접근이 도저히 이해할 수 없
는 것이기 때문이다. 그 이해할 수 없음이 내부의 깊이를 측량하
게 해 준다. 법의 주체들에 대해서도 마찬가지 얘기가 된다. 외부
세계와 단절될수록, 그들은 더욱 더 내면적인 것으로 간주된다.
처음에는 굶주림에 의해서, 다음에는 이데올로기와 당과 학문 등
에 의해서 자기가 살고 있는 세계의 이방인이 될수록 노동자계급

은 더욱 더 혁명의 내부 속으로 들어가게 된다. 형벌이 무거울수록 감옥 속에서 죄수가 도야해야 할 영혼은 더욱 더 깊어진다. "근원적인 쇠사슬에 얽매인 계급이 하나 있어야만 한다"(마르크스)(이 말은 형법 개정을 추진하는 한 장관의 낙관적인 발언이 아니다).

법은 그 미래의 주체에게 하나의 내면성을 마련해 주면서 도박을 강요한다.

법이 자기의 신하들을 동원하는 방법은 아주 진부하다. 그것은 흔히 쓰이는 방법이다. 중요한 것은, 노름의 조직자가 한창 이기고 있을 때 그 누군가를 노름에 합세하도록 강요하는 것이다. 권력투쟁의 방법도 있다. 그것은 당신 스스로가 노름판을 조직하는 것이다. 묵시록적 방법도 있다. 노름판에 가게 되더라도 절대로 노름에 합세하지 않는 것이다. 지크프리트의 방법도 있다. 바그너의 보탄[Wotan, 〈니벨룽겐의 반지〉에 나오는 신의 우두머리](법, 국가)은 완전히 '자유로운', 다시 말해서 관습을 모르는 채 노름을 하는 주인공을 하나 불러온다. 법은 원래 불가사의한 것이므로 저능아만큼(법에 의해 저능아가 된 사람을 포함하여) 그것을 잘 수행할 수 있는 사람은 없을 것이다.

야망을 가지라, 두려워하라, 그리고 어린아이가 되어라. 한마디로 현대인이 되어라. 이 세 가지 방법이야말로 우리 일상생활의 공통적인 명령이다. 그 예는 이루 손으로 꼽을 수 없이 많다. 르장드르는 사소한 반 위계적 도전에 대해 프랑스 정부가 보여 주었던 그 정신착란적인 불안감(묵시록적 방법)이야말로 항상 어린애로 남아 있어야만 하는(지크프리트적 방법) 신하들에 대한 **거세**의 작전이라고 해석했다. 그러나 법은 전혀 손상을 입지 않은 채로 남아 있다. 이 세계가 핵 보유 초강대국들로 분할되어 있다는 것은 다음과 같은 시나리오를 연출하는 것이다. 약소국들(지크프리트)이 초강대국의 질서를 받아들일 때까지 강대국은 이 세계의 핵 폭발적 종말(묵시록적 방법)이라는 논쟁을 휘두르면서 국력을 에스컬레이트한다(권력투쟁 방법).

조종하는 *끄나풀*이 서로 비슷하다 해도, 법이라는 함정은 함정에 갇힌 사람들에 대해서는 각기 상이한 기능을 가지고 있다. 비록 사람들을 지크프리트의 상태로 조심스럽게 세뇌시켰을망정 관료제도의 장치는 언제나 완강한 차이의 장벽에 걸려 넘어질 위험을 갖고 있다. 흑인, 베트남인, 특수 노동자, 소련 강제수용소에서 도망쳐 나온 사람들은 그들이 법을 탈선시킬 위험을 항상 내포하고 있다는 사실만 제외하고는 결코 서로 동일한 사람들이 아니다. 미국은 어느 날 베트남의 농민들이 19세기 아메리카 초원의 인디언이 아니라는 것을 깨달았다. 법이 어떤 특정 영토를 장악하려면, 그 작용은 상대방에 따라 서로 다른 기능을 해야만 한다. 그리고 각기 특수한 방법을 적용해야만 한다.

어쩌어떠한 지배 장치가 무엇을 의미하는지를 알고 싶으면 그 장치가 침묵시키려 하는 상대방이 누구인지를 먼저 알아야 한다. 그 자체로는, 법은 항상 사람들에게 침묵을 강요한다! 그리고 다음과 같은 세 가지 작용은 똑같이 이런 의미가 된다. 첫째, 지크프리트적으로 침묵할 것. 그렇지 않으면 피가 흘러 묵시록이 될 것이다! 진부한 법의 긴 이론은 그 법에 복종하기를 원하는 사람들에 의해 귀납된 결론이다. 법이야말로 유일하게 말하도록 선택되었고, 또 스스로 그런 역할을 맡은 것이라고는 하지만, 그것은 "복종하라!"라는 말밖에는 하지 않는다. 그리고 그 긴 독백은 맞건 틀리건 간에 말 잘 듣는 사람과 무법자를 판별해 내는 기능 밖에는 없다. 그리하여 고분고분한 사람들에게는 "내 말대로 하는 게 이로울걸!" 하고 말하고, 다른 쪽의 무법자들에게는 유혹과 협박으로 통합을 강요한다. 법이여, 네가 누구를 향하고 있는지를 말해 다오, 그러면 나는 네가 누구인지를 말해 주겠다—권력자들의 역사는 모두 비슷하다. 인민의 역사는 오로지 그들을 위해서만 있다. 소위 역사과학이라는 것은 그 색깔이 어떤 것이든 간에 법의 보편성 속에 자리를 잡고 있으며, 언제나 중복되어 선택될 것이다. 그 첫 번째는, 인민들이 개입하여 기존의 모델을 뒤엎었을 때이다. 중국혁명은 10월 17일의 혁명과는 비슷하지 않았다. 두 번째는, 이렇게 벌어진 틈새를 메우기 위해 법이 임시변통의 수단으로 반격을 가했을 때이다. 즉 한편으로는 러시아 황제의 아들이며 또 한편으로는 중국 관리의 아들이기도 한 마르크시즘으로 변하면서 영토를 재탈환했을 때이다.

내면의 독일

단 한 번, 법적인 허구와 실제의 역사가 거의 마주친 적이 있었다. 법은 마치 백짓장 위에서처럼 거대한 영토 위에서 기능을 발휘하였다. 조야한 자본주의의 탄생으로 깊이 골짜기가 패고, 종교전쟁('세속어' 문화와 인쇄술의 덕분으로 이것은 현대적 광신주의의 시초가 되었다)들로 갈기갈기 찢기고, 긴 이빨과 강한 군대를 가진 신생 국가들에 의해 한구석으로 몰린 독일은 유럽적 법의 실험 장소가 되었다.

묵시록적 방법은 바로 30년전쟁(1618~1648)이었다. "어떤 문명국의 백성도 그처럼 큰 재난을 당한 적이 없다. 독일은 마치 200년을 후퇴한 것이나 다름없다. 30년전쟁 이전의 경제 수준을 되찾으려면 200년이 더 있어야만 했다." 1914년 전쟁 이전에 사회주의자 메링F. Mehring은 이렇게 썼다. 그러나 3명 중 1명꼴의 독일인이 죽은 이 재난을 경제의 척도로 잴 수는 없다. 독일인이 이때 겪은 공포의 효과는, 그 후에 붙여진 독일인의 성격 묘사에서 잘 알아볼 수 있다. 온화하고? 신중하고? 비정치적이고? 음악적이고? 평화적이고? 성마르고? 형이상학적이고? 향토적이고? 야만적인? 그러한 성격들이다. 수세기에 걸쳐 관찰된, 가끔 모순적이기도 한 이 모든 성격들은 권위, 다시 말해서 법과 질서의 담당자 혹은 국가 앞에서의 공포에 질린 후퇴의 결과가 아닐까? 오늘날 두 명의 정신분석학자가 각기 자기 고유의 용어로 이 사실을 확인하고 있다.

"공공의 용기라는 일반적 합의에 의해 유일하게 남은 금기가 있으니, 그것은 개인적 양심의 이름으로 내려진 결정, 즉 개인적 책임이라는 개념이다. 이 개념은 신에 의해 주어진 권위를 존중하지 않는다는 점에서 가증스러운 것으로 여겨졌다"(미체를리히 부부 A. & M. Mitscherlich).[15] 그들은 또 1945년의 패전 이후 독일은 마치 패전을 전혀 생각하지 않는다는 듯이, 그런 것은 있을 수 없다는 듯이 자신들의 장례를 치렀다고 말하기도 했다. 거기서 우리는 17세기에 일어났던 첫 번 묵시록의 반복을 보아야 하는 것 아닌가? 1945년 이후 독일은 모든 것을 잊고 경제 재건에만 전념했는데, 이것 역시, 항상 제로에서부터 시작하는, 영원한 독일 역사의 반복이 아닌가?

법에 흰 페이지를 제공하는 묵시록적 방식의 전통이다. "실용적인 활동과 그 성공은 서둘러 과거의 상처를 감추었다. 우리는 토대 위에서 재건했다. 그러나 의식적으로 전통에 집착하지는 않았다"(위의 책).

몇 명의 위대한 낭만주의자들을 제외하고는 독일의 엘리트들은 프랑스혁명이 터지자 곧 권력투쟁의 방식을 향해 돌진했다. 사상가들, 개혁주의적 장관들, 음악가들, 계몽적 장군들이 모두 이 방향으로 돌진했으며, 19세기 내내 법인들이 서서히 그 뒤를 따랐다. 제시된 방법은 다 달랐으나 목표는 단 하나였다. 즉 다른 유럽 국가들을 따라잡고 그들을 앞지르는 것, 그리고 유럽대륙에서는 프랑스와, 이어서 전 세계에서는 영국과 경쟁을 하는 것이었다. 이 목표는 특별히 독일적인 것만 고집하지는 않았다. 헤겔의 정치적 모델은 리슐리외였고, 철학자 피히테와 장군 클라우제비츠는 둘 다 마키아벨리를 존경한다는 점에서 일치했다. 그러나 과거에 묵시록을 경험했던 국민과 이 보편적 유럽의 법이 처음으로 조우했다는 것이 다름 아닌 독일적인 현상이다(상처는 매번 다시 헤집어졌다. 나폴레옹의 거대한 군단 앞에서 저항보다는 공포를 느꼈던 독일은, 같은 시기 스페인이나 러시아 국민들과는 달리, 오로지 30년전쟁의 트라우마를 다시 떠올렸을 뿐이다).

인민은 하나하나 흩어지고, 엘리트는 온통 자신들의 에너지를 국가에 쏟았다. 법의 작용이라는 허구는 현실이 되고, 역사는 실험실이 되었으며, 영토와 법이 극도의 분명한 조건 속에서 일치되려는 순간이었다.

부족한 것은 아무것도 없었다. 자유스러운 순진함 속에서 완전한 예속을 누리는 법의 신하, 즉 지크프리트도 있었다. 한 국민의 백치화는 나치 치하에서 그 극에 이르렀다. 모든 사람이 각기 자기 능력에 따라 나치즘에 가담했다. 대 철학자, 교향악단장, 행정부의 99퍼센트, 군 장교들, 자유업에 종사하는 사람들 및 교육자들까지 골고루 참여했다(반항자나 이민자가 있기는 하나, 비록 그것을 알리바이라고 할 수는 없어도, 여하튼 그것은 아주 예외적인 현상임에 틀림없다).

한 국민이 그처럼 철저하게 "모든 신하가 어린아이인 그러한 가상공간 안에" 깊이 처박혔던 적은 한 번도 없었다(르장드르). 그런데 이 공간은 바로 유럽적인 공간이다. 독일의 경험을 경청해야 하는 이유는 거기서 유럽화의 극단적인 방식을 발견할 수 있기 때문이다. 미체를리히 부부는 그냥 무심하게 "독일적 공민의식"의 결여를 지적했다. 이때 독일적 공민의식이란 사적 책임감과 개인적인 저항을 의미한다. 수용소 군도가 확대되는 조건이 무엇인지를 논하면서 솔제니친도 역시 '공민의식'의 결여를 강조했다.

드문드문 유럽적이기는 하지만 나치 독일은 도전 없이 법에 맹종하는 것이 어떤 결과를 가져오는가를 잘 보여 주는 예이다. 반면교사라고나 할까. 완전함으로 보자면 유일한 모델이지만, 오늘날 그 대용품은 전 세계에서 찾아볼 수 있다. 그러한 지옥을 만들어 내는 생산양식을 밝히는 데 있어서 이것은 탁월한 예가 될 것이다. 국민을 묵시록 속에 자리 잡게 하고, 엘리트는 모든 변화를 담당하는 유일한 열쇠로 삼고, 국가는 탈취, 변형, 혁명의 대상으로 삼는 것이다(세부적인 것은 중요하지 않다. 언제나 국가가 최우선이다). 결국 전체적으로 혹은 세부적으로 온 국민의 우민화愚民化이다. 그러기 위해서 모든 에너지, 예컨대 저술, 행정, 예언, 연설, 철학, 전투, 봉사, 노동 등을 모두 동원하는 것이다. 독일의 재앙이다. 누가 이 재앙을 완전히 피할 수 있었겠는가?

19세기의 독일은 유럽의 학문과 문화를 끓어 오르게 한 크나큰 공적을 갖고 있다. 그러므로 우리는 그 나라의 사상가들에게 질문해야만 한다. 결과를 예측하지 못했을 뿐이라고, 또는 그들과 결과와는 아무 상관이 없다고, 그들을 합리화시켜 주려는 것이 아니라, 유감스럽게도 그들이 다른 세계, 혹은 맹목의 세계에 있었다는 것을 알려주기 위해서이다. 또, 그들이 여러 방법론을 구축하고, 명명하고, 설명했다는 그 섬세한 영광을 짓밟으려는 것도 아니다. "땅의 지배를 위한 시간이 가까웠다. 그것은 기본적인 철학 이론의 이름으로 이루어질 것이다"(니체).

자신이 어디로 가고 있는지 아는 사람은 그들에게 일격을 가하기 위해 글러브를 끼어야 할 것이다. 그들이 어디에서부터 왔는지를 알기 위해, 또 무엇이 그들 각자로 하여금 소크라테스나 파뉘르주 같은 도전의 섬광을 결정적으로 죽여 버렸는지를 알기 위해, 우리는 좀 더 단순한 질문을 그들에게 던져야 할 것이다.

자크 루이 다비드, 〈소크라테스의 죽음〉(1786)

3
불가능한 소크라테스 선생

이제 나는 나의 가장 탁월한 명제에 도달했다. 질서를 상상하라. 아니, 차라리 하나의 위대한 사상을 상상하고 이어서 좀 더 큰 사상, 그리고 또 이어서 더욱 큰 사상, 이런 식으로 계속 상상하라. 그리고 이 모델에 따라 너의 머릿속에서 항상 더욱 큰 질서를 상상하라! 우선 이것은 노처녀의 방만큼 재미있고, 기마부대의 마구간만큼 깨끗하다. 전투 준비 중인 여단만큼 장엄하고, 결국 한밤중에 미사가 끝나 집에 돌아갈 때 하늘의 별들을 바라보며 "우주여, 조심해, 우향우, 우향우!"라고 말하는 것만큼이나 어처구니없다. 또는, 뭐랄까, 질서는 기진맥진하여 질질 끌리는 다리와 같다. 아니면 자기가 모든 사람을 제치고 전쟁장관이 됐다고 상상하는 것과 같다. 하지만 이제는 전체적이고 보편적인 인류의 질서를 생각하라. 한마디로, 명예를 걸고 맹세하노니, 완벽한 공민적 질서를! 그건 얼어 죽은 시체이고, 시체의 경직성이며, 환각의 풍경이고, 기하학적 전염병이다!

— 로베르트 무질(Robert Musil), 『지체 낮은 사람』

진지한 사상은 진지한 문제들을 다룬다. 예컨대 발전하는 기업, 성장하는 조직, 국가, 혹은 대륙에 관한 문제들이다. 그러나 사상의 내부에 들어앉아 사상으로 하여금 경제계획, 당의 강령이나 노선, 국가이성 등의 방향만 따르도록 강요하는 거대한 집단은 문제 삼지 않는다. 전화선이 끊겼나? 통화중인가? 번호를 다시 눌러 본다.

 흔히 인간 고유의 특성이라고 익살스럽게 말하는 대부분의 재능들이 실은 진지한 투입의 대상이다. 위대한 기획들은 말—그것이 세속의 말이건, 당의 말이건, 노조의 말이건 간에—이나, 글(오 서재여, 오 성城이여!), 좋은 감정, 나쁜 감정, 하다못해 사창가의 문제까지 그 어떤 것 하나도 소홀히 하지 않는다. '권력을 잡겠다'는 꿈을 꾸었던 냉소적인 68년 5월 세대도 인생을 바꾸는 문제에 전념했다. 변하지 않는 인생이 어디 있는가? 그럼 이성은? 원자탄에도, 강제수용소에도 합리성은 있다. 20세기를 장식한 체제 중 합리성이 부족한 체제는 단 하나도 없다. 그 합리성은 인간적인 것인가? 네이팜탄 세례를 받은 베트남인이나 수백만의 소련 강제수용소 재소자들이 사회적인 이유로 합리화되었을 때 그 비인간적인 감정은 너무나 자주 흐릿하게 지워지지 않았던가. 그것을 합리화하는 사람들이 일 처리 과정에서 '하찮은 사람들'에게 보여 주는 공통적인 멸시 속에도 이와 똑같은 합리화가 있음을 알아차려야 할 것이다. 요컨대 인간은 위대한 기획에 적합한 동물이다.

 그런데 다 떨어진 구두에 누더기 옷을 걸친 아주 미세하고 작은 능력이 하나 있다. 너무나 보잘것없는 것이어서 전문가들은 여기에 수익성 있는 투자의 기회가 있을 것이라고 상상조차 하지 못한다. 통치자들의 관심의 대상은 추론할 수 있는 이성들, 건설적인 상상력, 특별한 감정들뿐이다. 그런데 이 보잘것없는 능력은 아무 쓸모가 없어서 소홀히 취급되고, 좀 더 정확히 말하면 버려지고 있다. 구겨진 채 버려진 이 능력은 모든 사람의 수중에 있고, 그 어느 누구도 자기만의 것이라고 자랑할 수 없다. 사실을 말하자면 능력도 아니고, 권력이라고 할 수도 없고, 기껏해야 허가된, 약간 제멋대로의 방종인데, 다름 아닌 '이야기를 중단시킬 자유'이다.

　—조금 진지한 어법으로 말해 보자. 지금은 거대한 집단의 시대이다! 아메리카의 도전의 시대이다. 2억 5천만 소련인과 8억의 중국인을 걷게 만든 마르크스적 저항(만인에 대한 만인의 저항)의 시대이다. 오늘날 문화는 대중적이며, 생산은 대량적이며, 소비는 대규모이고, 전쟁은 세계적이며, 문명은 우주적이다. 이 세계에서는 백만장자처럼 생각해야 한다. 기술자의 말을 빌리면, 모든 플랜과 정책이 북 소리를 내며 진격해 온다. 마르크시스트의 말을 빌리면, 대륙들은 벌써 당신 목소리의 계산된 떨림 속에서 흔들리고 있다. 그러니 그대들의 방해로 우리들의 진로를 방해하지 말라.

　—그러나 한 학생이 장관에게 끼어들어 섹스에 대해 말하고, 장관은 그 학생에게 수영이나 하라고 권할 때, 그리고 학생들이 교통을 방해하고, 노동자들이 파업을 할 때, 그것은 역사상 가장 큰 규모의 파업이며 1천만의 방해자들인 것이다!

　—그리고 역시 68년 5월 이야기! 당신들의 사상을 좌익의 관점으로 보건 우익의 관점으로 보건, 혁명은 '불가능하다introuvable'는 것에 당신은 동의하게 될 것이다. 그러므로 아무것도 아니다. 그것은 정신치료 연극이라고 우익 사상가들은 말한다. 그것은 민속적인 것이라고 좌익의 영웅들은 말한다. '사건'이라고 모든 언론

들은 입을 모은다.

—틀림없다! 방해는 사건이다. 그렇게 지칭된 사건은, 말하자면, 명분이 없고, 이론이 빈약하다. 방해는 개념들을 혼동시킨다. 그것은 어디로 가고 어디서부터 오는가를 아는 사람이 있는가? 사건은, 그것을 분류할 수가 없으므로 더욱 더 사건이다. 68년 5월을 좀 더 잘 밝혀 보기 위해 비교할 만한 비슷한 사건이 있다. 프랑스에서는 멀리 떨어져 있어 잘 알려지지 않았으나 틀림없이 세계적이며 순수한 민속이고, 진지한 사람들에게는 성가신 정신병 치료 연극인 베트남전이다. 베트남전은 끝났다. 물론 베트남인들 자신에 의해서이다. 그것은 펜타곤의 전략가들에게는 새로운 것이었을지 모르나 전혀 새로운 사실이 아니다. 나폴레옹은 스페인과 러시아의 게릴라들에 의해 저지되었다. 민족해방전쟁은 오래전부터 있어 왔다.

그런데 전혀 예상할 수 없었고, 한 번도 본 적이 없는 사실이 있다. 미국의 젊은이들에 의해 미국전쟁이 끝났다는 사실이다. 세계 제일이며, 역사상 가장 강한 군대가 내부에서 폭발한 것이다. 노래와 마약과, 반항적인 목사와 사제들에 의해, 그리고 시詩에 의해, 또는 고위 성직들의 미사에 던져진 수류탄들에 의해 이 군대는 내부에서부터 붕괴되었다. 공적 담론과 행렬에 대한 방해, 고도의 전략적인 계산과 지배자의 지식 속에 끼어든 방해였던 것이다. 적어도 10년간 베트남에는 네이팜탄이 투척되었다. 그런데 정신적인 원자탄으로 이 모든 것이 한 방에 무력화되었다. 최신의 무기도 이 대중의 비판을 이겨내지 못했다.[1]

전면적인 이의 제기가 이처럼 열핵반응 무기와 맞먹는다는 것은 참으로 상상하기 어려운 일이다. 눈이 풀린 마약 중독자와 영혼 깊숙이 가톨릭 신자인 사람들 사이에는 어떤 공통점이 있는가? 서로 다른 방식으로 상대를 지칭하기는 하지만 여하튼 그들이 이의를 제기하는 대상은 똑같다. 똑같이 대상을 악마라고 지칭하지만 한쪽은 순수하게 '디아블diable'이라고 말하고, 다른 한쪽은 ['추악한 놈'이라는 뜻의 파생어인] 임몽드immonde라고 말하는 것만이 다르다. "모든 나라의 마약 중독 젊은이들이여, 단결하라!"(버로스W. Burroughs)

방해하는 대상을 지칭하는 말은 각기 다르지만, 방해하기를 잊어서는 안 된다는 것이 그 양쪽 모두의 의무였다. 소련의 반체제 인사들은—그들의 머리가 찔리고 몸에 구멍이 나는 모험을 무릅쓰면서도—반항이 거대한 경찰 기구에 제동을 걸 수 있다는 것을 보여 주었다. 강제수용소 제도의 근원을 살피면서 솔제니친은 그 반증을 제시했다. 즉, 애초의 개인적 항거의 결여—그는 이것을 공민 의식의 결여라고 했다—가 경찰국가의 암으로 번졌다고 그는 말했다. 이런 무관심은 소련에만 있는 것이 아니다. 유럽의 모든 엘리트들은 1914년의 대살육에서 고개를 숙이고만 있었다.

소련에서 저항이 일어나고, 미국 군대는 내부에서 잠식되었으며, 서구에서는 다양한 이의 제기들이 일어나고 있는데, 이것들은 서로 멀리 떨어져 있고, 점적點的이고, 덧없는 사건들이라고 생각하는 것은 자유다. 그러나 금세기가 추구하는 치명적인 운행을 깨뜨리고 그 안에서 휴머니티를 발견하려는 점에서 그들은 서로 모르는 가운데 같은 목표를 향하고 있는 것이다. 양차 세계대전, 수많은 파시즘, 식민지의 학살, 10억 인구에게 부과된 다양한 사회주의적 강제수용소, 그리고 핵무기의 작용 등을 겪은 후 1970년대에 이르러 이 역사의 주창자들은 한숨 돌리고 있다.

이 모든 것을 일목요연하게 꿰뚫어 보고 그것을 전체적으로 평가하는 방법은 아직 없다. 사람들은 단지 악을 계열별로 나누고, 한편으로는 사회주의의 오류를, 또 한편으로는 자유주의의 실수를 말할 뿐이다. 이 미묘한 구분은 잘 구별이 되지 않는다. 대량 학살은 어느 것이나 비슷비슷하고, 고문은 '사회주의' 쪽의 것인지 '자본주의' 쪽의 것인지 구분되지 않는다. 세기말의 엘리트들이 순진한 지진아로 간주되는 것이 바로 그런 이유 때문이다. 그들은 고작 TV에서 폭력 장면을 검열하고 있을 뿐이다.

방해, 그것은 역사의 비밀이며, 문명의 원동력이며, 확장의 엔진이다!

귀를 막은 학자들에게는 이 거대한 것이 그저 단순히 무모한 것으로 보일 가능성이 있다. 이에 대해서는 두 사람의 권위 있는 학자의 말을 인용하는 게 좋겠다. 그 두 사람은 가장 고전적인 부르주아 경제학자인 리카르도Ricardo와 그의 가장 마르크스적인 제자, 마르크스 바로 그 사람이다. 19세기, 영국의 노동자들은 10여 년간의 피나는 투쟁 끝에 노동시간의 축소와 임금의 인상이라는 목표를 달성했다. 경영주들은 임금을 줄이기 위해 그들의 설비를 현대화했다. 마르크스는 거기서 '자본의 일반적인 방법'을 발견하고 이렇게 말했다. "리카르도는 기계가 인간의 노동과 영원한 경쟁관계에 있다고 적절하게 지적했다. 그리고 기계를 도입하기 위해서는 노동의 가격이 적당한 수준에 오를 때까지 기다려야만 한다고 말했다."[2]

오, 성스러운 미국 및 소련의 기계 발전과 생산력 발전이여! 그 알량한 새로운 기계를 도입하기 위해서 "기다려야만" 한다니. 도대체 그것은 무엇인가? 새로운 발견, 연구, 발전? 아니다. 이것들 역시 노동의 가격이 적당한 수준에 오를 때까지 기다려야 한다. 당시 영국의 노동자들은 별로 적당하지 못한 방법으로 임금을 적당한 수준에 올려놓았다. 그들은 노동을 방해하기 위한, 천 개도 넘는 방법을 갖고 있었다. 방해가 기업 및 상업의 촉진제가 되었다. 그것이 그 유명한 리카르도–마르크스 상사商社의 상표가 붙은 보편적 동력이다.

이 '일반법칙'의 적용 범위가 무한히 넓다는 것을 최근의 예들이 보여 주고 있다. 1930년의 대공황과 세계대전으로 인한 대대적인 사회변동 후에 경영주들은 마치 지난 세기에 노동시간을 축소해야 했던 것과 마찬가지로 실업의 사이클 폭과 그 후유증을 최소한으로 축소시켜야만 했다. 그로부터 투자 지침이라든가, 노동 집약이라든가, 대량 소비 같은 새로운 '방법들'이 생겨났다. 경제발전을 찬양하는 사람들의 의견을 들어 보면 경제성장의 진짜 동력은 파업과 데모와 거리에서 찾아야 한다는 것이다. 그 역사적인 반증은 다음과 같다. 즉 "대중의 도전을 받지 않는 경제는 침체한다. 자극이라고는 고작 군대와 억압밖에 없는 사회주의 국가를 보라."

그러므로 우리의 전문가들이 신탁神託으로 묘사하고, 우리의 통치자들은 운명이라고 명명하고, 그 나머지 사람들은 숙명처럼 감수할 수밖에 없는 그러한 경제는 그 '법칙'이 방해를 받을 때만 기능을 발휘한다. 대중의 생활조건을 끊임없이 뒤흔드는 시장도 그것이 확대되기 위해서는 대중이 끊임없이 혼란을 일으켜야만 한다. 자체 운동에 맡겨진 시장 기능은 제아무리 내부(사회)와 외부(외국)의 위협으로부터 잘 보호된다 하더라도 결국은 이완된다. 부르주아가 국내시장이나 세계시장에 아무런 도전 없이 군림할 때 그것은 즉각 부패하고 만다. 승리를 거두면서 내리막길을 가는 것이다. "부르주아는 부자가 되면서 몸이 비대해지고, 연금年金의 형태로 부를 누린다. 동시에 사치스러운 생활에 빠져들면서 자신은 시골 신사의 생활을 영위하고 있을 뿐이라고 점잖게 생각한다."[3] 역사학자 좀바르트Sombart가 이탈리아(16세기), 네덜란드(17세기), 영국(19세기) 등의 자본주의의 황혼기를 상기시키며 했던 말이다. 부르주아는 자동적으로 자기 부정을 만들어 내지는 못한다. 그러나 활력을 갖고 매번 소생하기 위해서는 하나의 도전자가 반드시 필요하다. 결국 진지한 부르주아 한 명이 진지한 도전자보다는 못하다는 증거이다.

그러나 이것은 고작 절반 정도의 증명밖에는 안 된다. 여기에는 함정이 있다. 부정否定은 자기가 부정하는 상대를 먹여 살리는가? 방해는 담론을 깨부순다. 그러나 그것은 새로운 궤변을 도입하는 것이 아닐까? '항상 부정하는 정신'인 메피스토는 자신을 "항상 악을 원하면서, 항상 선을 창조하는 힘의 부분"(괴테)이라고 소개했다. 부정이라는 것에 거부감을 갖고 있는 사람들(근엄한 사회−정치−경제인들)의 가장 깊은 속에도 약간의 부정이 있다고는 하나, 그들은 곧 다음과 같은 변명을 늘어놓는다. 즉 좀 더 기초를 튼튼히 하기 위해 부정을 저지른다는 것이다! 이런 선택 속에서 헤겔은 세계의 역사를 거대한 이성의 속임수로 만들었다. '나쁜 부분'이라는 지름길을 통해 나쁜 교우관계에 빠짐으로써 세계의 역사는 "실패에 실패를 거듭하다가 결국 최종적인 승리"를 얻게 될 것이라고 마오쩌둥은 되풀이 말했다. 부정하는 메피스토는 날카로운 발톱을 감추어야만 할 것이다. 그가 반항할 이유가 있다[造反有理]는 것은 그의 반항이 결국 이성에 봉사하기 때문이다. 참으로 좋은 악마이다. 아이러니 아닌가?

목표에 내기를 거는 것이 중요하고, 그 내기는 중국화中國化할 만한 가치가 있다. 금세기 초 노동자들의 반항에 대처하여 기술자 테일러Taylor는 노동의 '과학적인' 조직화를 창안해 냈다. 무정부주의적 노조운동이 자동기계 앞에서의 단순노동을 초래했다고 결론 지을 수 있을까? 1930년대 실업자들의 격렬한 투쟁이 곧장 '소비 사회'를 만들어 냈다. 후자는 전자의 진실인가? 미국 청년들의 반전운동은 몇 명의 대통령을 물러나게 했다. 이 운동은 이 결과 속에 요약되는가? 모든 부정은 그 부정에 의해 변형된 대상에 의해 결국 매몰되는가? 혹은 부정하는 사람들 사이에는 시대를 초월하여 횡적인 유사성이 있는가? 그들이 각기 막연한 친족관계를 갖고 있다고는 하지만, 그들 모두는 자기 시대의 아들이며, 그 시대의 특징을 갖고 있다. 인물이 멀어질수록 사진은 빛이 바래고, 비교는 더욱 불분명해진다.

누렇게 바랜 사진에서 단 하나의 얼굴이라도 알아보려 한다는 것은 부질없는 짓이다. 부정否定들은 서로 비슷하게 닮을 필요도 없이 자꾸만 반복된다. 피에르 클라스트르Pierre Clastres(『국가에 대항하는 사회』)⁴가 아마존 숲속에서 발견했던 인디오들은 서구의 이성이 그곳에 상륙하기도 전에 이미 '반항할 이유'(조반유리)를 갖고 있었다. 그들은 그들의 추장에게서 국가권력의 그림자를 예견하고 그에 대해 폭동을 일으켰고, 결국 그를 꺾었다. 그들이 동원한 수단의 개념은 우리의 것보다 나은 것도 아니고 못한 것도 아니며, 단지 다를 뿐이었다. 과야키Guayakis 인디오[파라과이의 원시종족]이나, 스파르타쿠스Spartacus[기원전 1세기 로마 노예반란의 지도자], 가브로슈 Gavroche[빅토르 위고의 『레미제라블』에 나오는 부랑소년. 원작에서는 여관집 테나르디에의 아들 중 하나), 혹은 크론슈타트Cronstadt[발트함대의 요새가 있는 소련령 핀란드의 섬으로, '전함 포템킨'으로 상징되는 소비에트혁명의 성지 같은 곳이었으나, 1921년 수병들의 반 소비에트 봉기가 일어났다] 수병水兵들을 모두 한 줄로 세워 보았자 소용없다. 그들 사이에서 '인간성'이라는 머리가 우뚝 솟아오르기를 기대하는 것은 헛된 희망일 것이다. 다양성을 유지하기 위해 부정하는 것인데, 그들 상호간에 다양성이 없어서야 되겠는가. 그들의 공통점은 그들이 서로 대적하고 있다는 점이다.

지난 2세기 동안 이의 제기를 축소하기 위해 그들이 시도한 행위들의 유사점은 무엇인가? 그것은 그 모든 시도가 이성의 이름으로 행해졌다는 것이다. 비록 사회주의적인 성격을 갖고 있다 해도 거기에 부르주아적이라는 꼬리표를 붙일 수밖에 없는 이유이다. 가장 허약한 인종주의 권력이라도 소위 인종주의적 지식을 갖고 있어야만 한다. 반反 민중 독재가 프롤레타리아를 표방하는 학문을 필요로 하는 것과 꼭 마찬가지이다. 앞에서 말한 이성이 이의 제기를 논의하고, 논박하고, 잠잠하게 억누른다. 언제나 질서 속에서 이의를 제기하라고 그들은 주장한다.

그때 말하는 질서는 미래의 질서이다. "어린애와 프롤레타리아는 장난을 그만두고 지도자가 되는 법을 배워야 한다."

또는 반反 질서이기도 하다. "반反 유대주의자들에게 있어서 방랑하는 유대인은 보이지 않는 국가의 요원이었다. 마찬가지로 통치자들에게 있어서 모든 내부적 반대는 곧 외부의 적에 봉사하는 수단임이 드러난다."

그 한중간의 모호한 질서일 수도 있다. "이의 제기자들은 비록 정신병원 속에서라도 재교육되는 것이 좋다."

그것은 또, 사유의 한계선에 있는 부재의 질서일 수도 있다. "이의 제기자는 그러니까 아무것도 아니다. 따라서 거기에 적당한 대우, 즉 짐승의 대우를 받아야만 한다."

논쟁은 항상 같은 경사로 내려간다. 즉, "이의를 제기하는 자는 머릿속에 한 가지 이념을 갖고 있으며, 넌지시 질서를 암시하고 있다. 이중간첩처럼 그는 대체하기 위해 파괴한다. 그는 음모가이다. 미래의 첩자 아니면 외국의 첩자, 그 둘 중의 하나이다." 이런 고정관념은 큰 사건들에 대한 재판 과정과 비슷하다. 즉 한 질서에 대한 이의 제기는 다른 질서의 이름으로만 가능하다는 것이다. 그래서 이성의 정부에게 있어서는 순진한 이의 제기란 있을 수가 없다. 만일 그 반대가 너무 순진할 때 정부는 오히려 이 이의 제기를 잘 보살핀다.

논쟁 중의 논쟁을 헤겔은 제시했다. '대 철학자'로서 한 것은 아니다. 물론 이 방면에 있어서는 특별한 기준치가 따로 없다. 그의 논쟁은 아마도 그가, 외부로부터의 혁명에 크게 마음이 동요되어, 1789년 사건 이후 이 세계, 특히 그의 나라 독일이 어떤 식으로 새롭게 통치될 수 있는가를 생각하게 된 지식인이었기 때문에 가능했던 것이다. 그가 반동주의자였는지 혹은 은밀하게 진보주의자였는지에 대해서는 많은 논란이 있다. 그러나 그는 분명 국가공무원의 임무를 자임했다. 의식적으로 국가공무원의 임무를 떠맡은 최초의 철학자이다. "우리나라에서 철학은, 마치 고대 그리스에서처럼, 개인적인 기술로 행사되지는 않고, 공공의 존재를 가지며, 집단, 그중에서도 특히 국가에 봉사하는 것이다."[5]

그러나 이 말은 헤겔을 좌익으로도 우익으로도 규정짓지 못하며, 프로이센 국가의 철학자, 혹은 "마지막 철학자"(마르크스)로도 규정짓지 못한다. 사상의 한 거장이 자신을 '현실주의자'라고 말할 때, 그가 말하는 현실이란 '고대 그리스'와 대치되는 의미라는 것을 강조하는 것이다. 그러므로 그는 현실을 지나간 수세기의 척도로 잰다. 헤겔은 오히려 최초의 근대적 철학자라고 생각하는 것이 옳을 것이다. 그가 봉사한 국가란 그의 사상의 국가에 지나지 않았다. 혁명의 과학 없이는 혁명할 수 없으며, 그 혁명의 과학이란, 마르크스의 『자본론』이라는 열쇠가 없이는 습득될 수 없는 것이며, 이 방대한 책은 헤겔의 『대 논리학』을 흡수하지 않고는 이해할 수 없다고, '직업적' 혁명가들 중에서도 가장 유명한 한 혁명가가 선언하는 것을 들었다면, 헤겔은 아마도 매우 만족했을 것이다. 그리고 시대가 변하여 마르크스레닌주의의 가장 강력한 정수를 대학 노조에서 발견한다 해도 별로 놀라지 않을 것이다. 비록 매우 헤겔적인 이 집단이 가끔 그 교부教父와 함께 자유를 선택할 때가 있기도 하지만 말이다. 헤겔은 아마도 자기 사람을 잘 알아보는 재주를 가졌을 것이다. 이의를 제기하는 자가 자기를 합리화하는 유일한 방법은 자신을 헤겔화化하는 것이다. 비록 자신이 의식하지 않았다 하더라도 말이다.

논쟁 중의 논쟁은 순진함의 옷을 입고 전진한다. 소크라테스는 불가능하다. 델포이의 신탁이 그에게 준 임무와는 달리, 자신이 아무것도 모른다는 것을 증명하고, 또 그 사실을 알고 있다는 것을 말한 소크라테스는 가장 박식한 인간이었다. 그런 형식이 매우 당혹스러운 것이기는 했지만, 소크라테스는 그것을 표방한 최초의 사람이었다. 그는 끊임없이 그의 대화 상대자들을, 완강한 궁지(아포리아) 속에 몰아넣었다. "매번 참석자들은 내가 그들을 시험하기 위해 던지는 질문의 주제에 대해 내가 잘 알고 있을 것라고 생각했다." 소크라테스는 파뉘르주가 결혼에 대해 했던 것과 꼭 마찬가지로 지식에 대해 가벼운 어조로 말했다. "당신은 당신이 아무것도 모른다는 것을 안다. 그러므로 지식과 결합하라—그러나—결코 결합하지 말라"[6]라고 그의 '다이모니온'[daimonion, 어떤 일의 선악을 판단하기 어려울 때 소크라테스의 마음속에서 속삭여 주었다는 수호신]이 끼어들었다. 헤겔은 그렇게 쉽게 함정에 빠지기를 원치 않았다. 그는 철학을 '사적인' 일(물론 그리스적인 의미에서이다!)로 생각하지 않았다. 그가 스스로에게 부여한 국가적 일이란 다음과 같은 것이다. 즉 소크라테스는 자기도 모르는 사이에 외부의 세력과 접촉했다. 그가 질문을 던진다는 것은 그가 그것을 안다는 증거이고, 그가 그의 국가를 비판한다는 것은 좀 더 정당한 국가가 있다는 것을 그가 믿고 있다는 이야기가 되며, 당시 지도자들의 덕성을 모른다는 것은 그가 좀 더 나은 지도자를 추천하겠다는 이야기가 아니겠는가? 그가 권력의 문제를 제기했다면 그것은 그가 권력을 원했기 때문이다! 자신을 위해서가 아니라고? 그렇다면 다른 사람들을 위해서! 혼란은 누구에게 이익이 되는가… 그것은 누구의 앞잡이가 되는가… 헤겔은 제법 정확하게 이 궤적을 따랐다. 소크라테스는 플라톤의 이면裏面일 뿐이라고 그는 생각했을 것이다.

국가를 통치하는 방법에 관한 플라톤의 이론은 풍부했다. 그것이 확실한 것인지는 논쟁과 재조명의 여지가 있다. 여하튼 그것은 소크라테스의 "나는 아무것도 모른다"는 말과 똑같이 우유부단하다. 헤겔의 『법철학 강요』는 플라톤의 『국가』에 대한 대답이 될 것이다. 문제들이 해명되는 것은 학자들 사이에서이다. 특히 아직 제기되지 않은 문제의 문제를 다룰 때 그러하다. 신문을 창간하고, 학술잡지를 만들고, 폭군과 친구가 되고, 모든 철학을 개선한다. 왜인가? 미래의 지도자를 더욱 잘 교육시키기 위해서이며, 권력자들을 잘 인도하기 위해서이다. 플라톤과 디오니시오스[Dionysios, 기원전 4세기 시칠리아 시라쿠사의 참주tyrannos], 아리스토텔레스와 알렉산드로스 대왕, 헤겔과 나폴레옹, 레닌과 레닌, 환상의 조합이다.

당대에 가장 문명국이었던 그리스 국가에서 소크라테스는—헤겔의 말을 믿는다면—혁명가처럼 행동했다. 그는 무신론자라는 비난과 새로운 신을 섬긴다는 비난을 동시에 받았으며, 더 나아가 젊은이들을 꾀어 그들로 하여금 가정과 윗세대에 불복종하도록 만들었다는 비난까지 받지 않았는가? 그리고 당시 세계에서 가장 민주적인 아테네의 헌법에 의해 합법적으로 유죄선고를 받지 않았는가? 게다가 그는 사면 청원을 거부하면서 이 선고를 인정하기까지 했다. 그것은 자기가 유죄임을 인정하는 것인가? 틀림없이 그렇다, 왜 아니겠는가? 하고 헤겔은 반박했다. "이 사면 청원의 거부를 도덕적인 위대함으로 볼 수도 있다. 그러나 또 한편으로 보면…." 소크라테스보다는 오히려 헤겔적인 부하린[Bukharin, 1888~1938, 소련의 혁명가, 정치가, 탁월한 이론가, 저술가였으나 스탈린의 경제정책에 반대하다가 반혁명 분자로 몰려 처형되었다]은 좀 덜 '일방적'이었다. 소련의 헌법을 기초한 뒤에 그는 자기의 커다란 반역을 '고백했다'.

"철학사에서 아주 중요한 인물"[7], "세계사적 인물", "정신의 주요 전환점을 이룬 인물", "인간에게 사고를 일깨워 준" 사람의 발밑에 바친, 이 풍성한 꽃다발! 장군에게는 용기를 정의하도록 요구하고, 정치인에게는 덕성을, 시인에게는 아름다움을, 사제에게는 신앙을 정의하도록 요구하면서 소크라테스는 관헌들에게는 독약의 영광을 돌렸다. "그의 모르는 척하는 태도는 딴 사람으로 하여금 말을 하도록 만들었다." 대답을 유도하기 위해 모든 대답을 받아들이고 항상 질문을 던지며, "내부의 파괴력이 저절로 발전하여" 스스로 반박하도록 함으로써 소크라테스는 전통적인 권위를 깨뜨렸다. 헤겔에 의하면 그는 '표면적인 순진성'을 가장하며, 진지하게 묻고, 주의 깊게 들으며, 대답을 명시하고, 그 대답들이 모순임을 밝혀 낸다.

"그렇게 해서 그는 사람들을 변증론의 공기 펌프 밑에 놓고, 그들이 이때까지 마시던 공기를 빼내 버린 다음 그들을 그 자리에 못 박아 두었다. 그때 사람들이 희박한 공기로 숨을 쉴 수 없다면 그들은 모든 것을 잃게 되는 것이다. 그러나 소크라테스는 더 이상 어떻게 할 수 없었으므로, 새로운 실험 쪽으로 달려갔다"(키르케고르).[8]

이 자그마한 놀이는 헤겔에게는 반쯤밖에 흥미가 없었다. 이 '부정적인 측면'은 '긍정적인 측면'과 짝을 이루어야만 하며, 이 긍정적인 측면은 앞의 부정적인 측면이 단지 순진성의 가장이었다는 것을 드러내 줄 것이다.

소크라테스의 무덤에 바쳐진 헤겔의 꽃다발이다. 자기의 도시를 곤경에 빠뜨린 철학자는 미래를 구현했다. 왜냐하면 그의 도시는 실제로 치명적인 곤경에 빠졌기 때문이다. 그러나 국가는 정신의 영원성을 구현했다. 두 결투자가 죽은 후에야 해결된 비극적 결투이다. 소크라테스의 집념이 아무리 그의 천재성을 증명한다 해도, 그것은 마오쩌둥이 말한 것처럼 여전히 '일방적이다'. 그러므로 유죄이다. 헤겔은 차분하게 우리에게 속삭인다. 20세기를 사는 우리의 귀에까지 그의 목소리가 들려온다.

"아테네 시민 같은 자유시민은 물론 어떤 국민도 도덕적 양심의 재판소를 가질 수는 없다. (…) 모든 국가의 제1원칙은, 국가가 법에 부여한 것보다 더 높은 이성, 양심, 명예란 없다는 것이다. 국가에서 규정하는 권리와 국가 방위 임무에 반대하는 퀘이커 교도들, 재침례교파 들은 진짜 국가에서는 설 자리가 없다. 자기 멋대로 생각하고, 자기가 원하는 견해만을 갖는 이 한심한 자유는 국가 안에 있을 자리가 없다"(헤겔).[9]

헤겔은 소크라테스를 한껏 꽃피우게 한 사람이지만, 아마도 그는 그 소크라테스 뒤에 또 하나의 다른 사람을 상정하고 있었던 듯하다. 그것은 퀘이커 교도이며, 재침례교파이고, 낭만주의자이며, 냉소가, 한마디로 이의 제기자이다. 이 두 사람의 인물은 헤겔이 당대의 문제를 해결하기 위해 설정한 역사적 인물과는 별 연관성이 없다. 이 거장 사상가를 괴롭힌 것은 정확히 말해서 혁명가 소크라테스가 아니었다. 1789~1793년의 모델에서 그는 혁명이란 마치 화산 폭발처럼 자유가 자신을 파괴하는 과정이라는 것을 알아차렸다. 그리고 혁명이 지구상에서 사라질 때 이 지구는 더욱더 좋게 개선된다는 것도 알았다. 화려하게 꽃핀 소크라테스는 그러므로 곧장 내리막길을 달렸다. 모든 우수한 혁명가가 그렇듯이 그도 두 개의 질서, 즉 그리스와 기독교 정신 사이의 교량 역할을 했다. 중간쯤에 안정기가 있었다. 그 나름의 신경제정책NEP이었던 것이다. 소크라테스의 긍정적인 진실은, 바로 자신이 알고 있다는 것을 알고 있는 플라톤일 것이다. 그 뒤에 다른 사람이 있다. 그것은 헤겔에 의해 말해진 역사의 변경에서 살고 있는, 이의 제기자라는 허깨비이다. 그 악령의 탄력성은 "개인을 한 사람씩 국가라는 실체적인 현실 밖으로 밀어내며", [10] 다른 사람들과 마찬가지로 자기 자신도 밀어낸다. 아리스토파네스의 연극에 나오는 하늘과 땅 사이의 바구니 속에서, 이 악령은 자기의식의 앎으로 한껏 부풀어진 거장 헤겔의 "나는 아무것도 모른다는 것을 안다"라는 사유방식을 경멸한다. 헤겔 사상 속에서 숨이 막혔던 키르케고르가 이 허깨비를 불러왔다. 인류는 "가벼운 다이어트로 소크라테스 사상이라는 비만에서" 벗어날 필요가 있다. 그런데 헤겔은 이 허깨비를 자기의 논리적 단두대로 처형해 버렸다.

그가 시장을 그토록 뒤흔든 것은 시장의 동요를 끝내기 위함이 아니었던가? 그가 모든 사람들에게 침묵을 강요한 것은, 이 평등한 침묵 속에서 지식을 가진 사람 혹은 시장에 전혀 가지 않는 사람들의 이야기를 듣고자 함이었던가? "나는 아무것도 모른다"라는 말이 얼핏 냉소주의자를 연상시키지만, 소크라테스가 뒤에 감추고 있는 진정한 기술은 산파술이었다. 그는 플라톤의 "나는 안다"라는 아기를 출산시키지 않았는가? 그의 빈정거림은 지식의 도화선이며 '어뢰'였다고 헤겔은 변호했다. 이 어뢰가 플라톤의 학문을 좀 더 잘 정착시키기 위해 상식을 공격했다. 만일 소크라테스가 친자확인을 할 기회가 있었다면 그는 아마도 자신의 몸을 이런 변호사에게 물려주었을 것이다. 살아 있는 사람을 죽은 사람처럼 취급할 줄 아는 사람이라면 죽은 사람을 산 사람처럼 취급할 줄도 알 것이기 때문이다. 그러나 부질없는 일이다. 소크라테스가 플라톤 속에서 흔적도 없이 사라졌듯, 플라톤 역시 헤겔 속에서 사라져 버렸다. 앞의 두 사람의 아이러니는 명백한 진실이지만 세 번째 사람의 비고의적 과실은 마지막 장에서 슬그머니 사라졌다.

사람들은 철학에 관해 의심할 권리가 없다고 헤겔은 단호히 말했다. 회의는 진리를 드러내기 위해, 오로지 상식에 대해서만 행해져야 한다고 했다. 학문에 대해 공격할 일이 생기면 그는 한 바퀴 빙 돌아서 이렇게 말했다. "옛날 사람들은 모든 것이 헛된 일이라고 말했는데, 그 헛됨 안에는 이 명제까지도 포함된다."[11] 그 나름의 악순환인 것이다. 그러나 그것은 속된 견해를 조롱하기 위한 것이며, 또 철학적 자기의식으로 유도하기 위한 것이라고 헤겔은 슬쩍 비켜 말한다. 만일 그렇지 않다면 그것은 '자가당착'이며, '요란한 확실성'이고, '헛됨'이며 '속임수Witz'[12]에 불과할 것이라고 했다. 그런데 이런 무례한 언사는 현대인들, 특히 헤겔 추종자가 아닌 현대인들을 겨냥하는 것 같다. 그것이 왜곡된 것임을 지적하는 것은 역사가들의 몫이다. 그리스의 회의론자들은, 아마도 그들이 그 존재를 알지 못했던 철학 자체에 대해서는 아니라 하더라도, 최소한 그들이 독선적이라고 느꼈던 철학적 지식에 대해 공격을 감행했다. 뭐, 여하튼 상관없다. '자신의 무지를 확인하는 이의 제기자'란 논리적으로 불가능한 정의라는 것을 나는 보여 주고 싶을 뿐이다.

"나는 한 가지 사실만은 안다. 그것은 내가 아무것도 모른다는 것이다"라고 말하는 소크라테스의 논리적 불가능성은 "나는 거짓말을 한다"고 말하는 거짓말쟁이의 불가능성과 다를 것이 없다. 헤겔은 소크라테스를 이원화시킴으로써 진부하게 문제를 해결했다. 한쪽에는 "아무것도 모르는" 1번 소크라테스가 있고, 또 한쪽에는 그것을 아는 2번 소크라테스가 있다. 1번의 지식을 통제하고 있는 2번(소크라테스-플라톤)은 1번보다 위계상 우월하다("나는 내가 아무것도 모른다는 것을 안다"라는 2번의 말은, '아무것도 모르는' 1번의 나를 나는 알고 있다는 이야기이다). 통상적인 마르크시즘에서는 1번이 2번의 의식을 갖게 된다. '알튀세르 스타일'의 마르크시즘에서는 2번이 1번의 이론을 만들어 준다. 현대 논리학에 의하면 언어에도 등급이 있다(러셀의 유형types과 질서ordres, 카르나프Carnap와 타르스키Tarski 등의 메타언어métalangage와 대상언어langage-objet). 메타자아méta-je는 대상자아je-objet가 아무것도 모른다는 것을 안다. 일상생활 속에서 사람들은 감정사와 감정되는 물건, 의사와 환자, 테두리와 내용물 등이 있다고 말한다.

  분할에 의해 문제를 해결하는 방법이 요순堯舜 시절이나 헤겔-마르크시즘에서는 존경할 만했는지 몰라도 현대사회에서는 적어도 정중한 태도는 아니라고 논리학자들은 점잖게 말한다. 이런 방법은 문제 자체의 존재를 거부함으로써만 문제를 해결하고 있다고 그들은 말한다. 만약 언어가 완전히 별개의 지층으로 분리되어서, 매번 상위의 층이 (그것을 말할 능력이 없는) 하위의 진실을 말해 주는 것이라면, 패러독스 자체가 실질적으로 사라져 버린다. 왜냐하면 "나는 말한다"(상위의 언어)와 "나는 거짓말한다"(하위의 언어)가 실제로는 발설되지도 않고, 들리지도 않기 때문이다. 당신의 귀는 동시에 두 가지 말을 들을 수 없으므로 각각의 말은 결코 역설적으로 들리지 않는다. 이 이론들의 모든 관심이 (미리 듣고 이해해야만 하는) 패러독스에 집중되어 있으므로, 현대 논리학은 이러한 절단작업을 얼마간 포기했다. 그리하여 한 언어가 논리적으로 증명되고 통제될 수 있는 한계가 어디까지인지에 관한 흥미로운 성과를 거두기도 했다. 헤겔도 감히 맞닥뜨리지 못했던 한계였다.

  그의 생각으로는, 소크라테스 1번(알지 못하는)은 결코 소크라테스 2번(아는)에게 질문을 던질 수 없다. 나는 안다가 나는 아무것도 모른다보다 '훨씬 더 강한' 것이기 때문이다. 소크라테스가 질문하는 체할 때, 말하는 사람은 다름 아닌 플라톤이다. 이와 같은 소크라테스의 부재는 헤겔적 앎의 처음이며 마지막, 알파이자 오메가이다. 사람은 마치 외부에서 자기를 바라보듯 자기가 알고 있는지 모르고 있는지를 자문할 수 없고, 사유와 존재는 하나가 되어 아무런 외부도 갖고 있지 않다고 그는 말한다(여기서 헤겔은 지나치게 '외부적인' 회의론자들에 반하여, 그리스 철학 최초의 말들 혹은 파르메니데스를 자기 멋대로 소환한다). 이 회의론자들의 뒤에서 헤겔은 칸트를 겨냥한다. 헤겔보다 50년 먼저 칸트는, 신의 관념으로 신의 존재를 증명('존재론적' 증명)할 수는 없다고 말하지 않았는가? 그것은 100탈러[Thaler, 독일의 옛 은화]라는 관념이 결코 묵직하고 달랑달랑 소리를 내는 실제의 돈 100탈러를 만들어 내지 못하는 것과 똑같은 논리라고 그는 말했다. 헤겔이, 최고의 지知는 더 이상 "생각하는 주체와 존재하는 객체의 대립"을 허용하지 않는다고 단호하게 주장하며 첫 번째의 구분을 포기했듯이, 오늘날의 사변가들도 모두 이 두 번째의 구분을 인정하지 않는다. 이로써 소크라테스의 부재 증명과 신의 존재 증명이 똑같은 것이 되고 말았다. 생각하는 사람은, 더욱 진실되고 박학한 어떤 사유가 없이는, 자기가 생각하는 대상들의 '밖에' 위치할 수 없다. 다시 말해서 하나의 앎은 그것보다 더 우월한 앎의 이름으로만 부정할 수 있다. 따라서 신도 신의 이름으로가 아니면 부정할 수 없다. 민감한 사람들은 다음과 같은 사실을 주목할 것이다. 즉 헤겔은 신에 대한 신앙을 도입한 것이 아니라 증명에 대한 신앙을 도입했으며, 오늘날 그것은 더욱 황폐의 요인이 되었다는 것 말이다.

소크라테스의 논리가 지향하는 최종적 앎을 명확히 드러내면서, 헤겔은 소크라테스의 논리적 살인은 관례적인 것으로 보았다.

소크라테스는 플라톤의 가면이었으므로, 비판 받아야 할 것은, 의식하지 못하는 채, 그러나 약간의 엉큼한 미소가 없지도 않은 채 자기는 알지 못한다고 말하는 그 아이러니라고 그는 생각했다. 아이러니의 아이러니는 이 전략적 장소에서부터 헤겔에 대항하는 모든 비판자들, 즉 실존주의자, 마르크시스트, 미학자, 시인, 태평스러운 사람 혹은 별 주장 없이 세상을 살아가는 사람들이 일제히 그들의 비판의 닻을 들어 올린다는 점이다. 매번 그들은 존재니 사회생활이니 남자 혹은 여자니 같은, 헤겔적 앎과는 상관없는 지점에서 출발하며, 비록 그림자일망정 존재의 앎은 이미 자신의 안에 있다고 주장한다. 그러면 헤겔주의 학자는, 역시 빈정거리면서, 앎에 대해 농하는 자 이미 그 앎을 전제로 하고 있는 것이라고 대답한다. 불행하게도 점점 더 진지해지며 공박과 응수가 증폭되고 증식되는 동안, 남는 것은 먹구름 같은 소크라테스의 망상뿐이다.

만일 역설이 불가능하다면, 그리고 한계를 짓는 것(나는 거짓말한다고 말하는 것)이 이미 한계(이 거짓말에 대한 진실된 관점을 갖는 것)를 극복하는 것이라면, 소크라테스는 불가능한 존재이다. 키르케고르 이후 실존주의 비평가들은 이 문제를 갑자기 제기했다. 그러나 역설 속에서 인간의 비참을 애도하기 위해서였다. 그들의 눈물은 아직도 헤겔적이다. 주관성은 진정한 담론 앞에서는 결핍이고, 후퇴하며, 죄가 많다. "나는 실제 역사 속에서는 반역자이지만 하나의 담론 앞에서는, 비록 더 추악하더라도, 덜 반역자이다. 나는 불가능한 존재이다. 그러나 나는 존재한다." 불행한 의식인 '프티부르주아'는 엘뤼아르Eluard와 함께 이렇게 되풀이 말할 것이다. "모든 것은 모든 것을 말한다는 의미이다. 그런데 나에게는 말이 부족하다." 20세기의 우수한 두뇌들이 『대 논리학』이라는 양귀비 밭에서 경작하고 있는 절대지絕對知에 대한 의지에서가 아니라면 "모든 것은 모든 것을 말한다"라는 말이 도대체 어디서 나올 수 있단 말인가? 절대지를 제거하기 위해서는, 다른 지식 예컨대 종교(키르케고르), 정치, 역사, 사회 같은 것을 진지하게 다루는 것이 필요하다고 사람들은 생각했다. 그러나 종교건 그 무엇이건 간에, 진지하게 다룬다는 것은 벌써 그것을 헤겔적으로 취급한다는 뜻이 된다. 그것은 결국 자신의 현명한 사상에서부터 멀리했던 역설들을 다시 온전하게 받아들이는 꼴이 되는 것이다.

그러므로 키르케고르는 이렇게 말했다. "내 생각에는 소크라테스에게 긍정적인 근거가 있다고 주장하는 헤겔의 시도는 헛된 것으로 보인다. (…) 그게 사실이라면 소크라테스의 무지는 일종의 대화 방법에 불과했을 것이다. (…) 그러나 그의 반어법은 그 자체 안에서 완성되었다. 그의 무지를 진지하게 취급하는 동시에, 그러면서도 진지하게 취급하지 말아야 할 이유가 바로 여기에 있다. 이런 극단적인 입장이야말로 바로 소크라테스의 입장이다."[13]

좀 더 쉬운 말로 해 보면, 소크라테스의 '질문 기술'인 반어법은, 하나의 지식을 그 자체의 주장이라는 덫으로 사로잡아 그 그물을 기대에 가득 찬 마음으로 펼쳐 보이게 한 후, 그 고리를 하나하나 살펴보도록 하고, 결국 그것이 편견과 모순이라는 좀벌레에 의해 구멍이 여기저기 나 있음을 보여 주는 것이다. 소크라테스는 이 지식을 보고, 시험하고, 확인하고, 반박하기 위해 좀 더 '높고' 좀 더 '긍정적인' 지식을 가질 필요조차 없었다. 그러나 제자는 스승의 범주 속에 갇혀 있었다. 키르케고르는 계속해서 이렇게 덧붙였다. "자기가 무지하다는 것을 아는 것은 인식의 시작이다. 그러나 무지만을 안다는 것은 어디까지나 시작에 불과하다."

여기서 세기世紀는 둥글게 돌기 시작했다. 자기가 타기하고 멀리한다고 주장했던 바로 그 헤겔 사상 속에서. "인식의 시작, 그러나 단지 시작일 뿐!"[14] 헤겔은 다른 말을 하지 않았고, 그저 단지 소크라테스의 대화가 아무런 해결이나 결론 없이 우리를 혼란 속에 방치했다고 말한다. "이 혼란이야말로 우리를 성찰로 인도한다. 그것이 소크라테스의 목적이다. 이 순전히 부정적인 측면이 본질적인 것이다. 철학이 시작되는 것은 바로 이 혼란을 통해서이다."

최근 2세기 동안 사상가들은 각기 회의에서부터 그들의 학문을 출발시켰다. 그리고 자신의 회의가 남들의 그것보다 더욱 '근본적 (radical)'이라고 생각했다. 그들은 데카르트에서(피히테), 소크라테스에서(헤겔과 키르케고르), 혹은 "그들의 눈을 뜨게 해 준" 부르주아지에서(마르크스의 『공산당 선언』)부터 그들의 회의를 출발시켰다. 회의의 기원이 투사되는 스크린이 그 무엇이든 상관없다. 중요한 것은, 사물을 그 근원에서부터 살펴보는 것이며, 그것이 본질적이면 본질적일수록 거기에서 그들이 끌어내는 앎은 더욱 더 진지한 것이 될 것이다. 회의는 그들의 정확한 출발점인 시작에 있다. 그리하여 **진지한 종교, 진지한 정치**, 가차없는 자기비판을 향해 전진한다! 헤겔은 세계를 정복했으므로 지양되었다. 그런데 그가 이 효과적인 장치를 **누구에게 주었는가**를 알아야만 한다. 친애하는 변증법론자들이여, 헤겔이 수집하고 체계화시킨 것이 지난 2세기 동안의 모든 국가수반, 통치자, 지배자 들의 사상을 형성했다면, 당신들은 그의 최고의 방법, 즉 혁명적 변증법을 거부해야 되는 것 아닌가?

바람직하지 못한 소크라테스 저편으로 우리는 헤겔적 전쟁기계가 겨냥하는 과녁을 알아볼 수 있다. 거장은 자아인식을 이룬 이 영웅의 영광스러운 초상화를 붓으로 뭉갠다. 그러자 깊숙한 원경遠景에서 하나의 그림자가 나타난다. 그것이야말로 이 거장이 쫓아내고자 했던 마귀의 모습이다. 금세기의 목표들, 예컨대 질서, 좀 더 나은 미래, 좀 더 나은 세상 등을 성취시키기 위해 지식의 사수射手들은 포열을 정비했다. 그리고 그들이 포화를 퍼부어 댄 땅에서는 수 개 편대의 유령들이 솟아올랐다. 그들은 자신들이 아무것도 알지 못한다는 것을 알고 있었지만 그들 주위 사람들도 역시 그랬는지는 알 수 없는 일이다.

베르덩[Verdun, 1916년 1차대전의 격전지]에서 머뭇거릴 틈도 없이 학살된 34만 명의 독일인과 36만 명의 프랑스인들의 용기를 찬양해야만 할까? 혹은 50년도 훨씬 지나, 아직도 이 죽음을 예찬하고 있는 정부 당국자들의 용기를 찬양해야 할까? 이제 우리는 안다. 베르덩? 그것은 독일 참모들이 설치한 함정이었다. 그들은 프랑스 지도자들이 생각하는 이 도시의 상징적 가치를 감안하여 함정을 팠다. 위세를 높이기 위해 프랑스 지도자들은 그곳의 군대가 궤멸되도록 놔두지 않을 것이다. 양측의 군대는 이 함정 속에서 장군들은 머리를, 병사들은 몸을 서로 주고받았다. 후속 사태를 예고하는 이 거대한 송장 구덩이에서부터 수많은 학문의 향기가 올라왔다. 그것은 장군, 대통령, 황제 들의 학문이며, 공교육에 의해 신성화되고, 군복무처럼 의무화된 학문이었다. 그 어떤 강한 학문이 있어, 그들 자신의 궤멸 밑에 파묻힌 앎을 설명해 줄 수 있을까? 혹은 아무것도 이해하지 못하고 놀라울 뿐이라는 것을 고백하기 시작해야 할까?

"원주민들은 결국 몽둥이로 때려야만 움직였다. 공교육을 받은 백인들이 각기 스스로 걸어가는 데 반해 이들은 최소한 이만 한

자존심은 갖고 있었다." 셀린Céline은 『밤이 끝날 무렵의 여행』을 쓸 때 호쾌하게 '무지'했다("전쟁은 결국 우리가 전혀 이해할 수 없는 모든 것이다"). 그는 나중에 "문맹에서 벗어나", 인종주의라는 잉여의 지식의 안내를 받으며, 스스로 모든 것을 안다고 자부하면서 앞으로 나아갔다.[15]

전장에 혼자 남아 세기의 진실을 볼 기회가 있었으면서도 페르디낭 바르다뮈[Ferdinand Bardamu. 셀린 소설의 주인공]는 거기서 아무것도 보지 못했다. 얼마나 많은 GI[Government Issue. 미군 병사]들이 그 후 그의 말을 흉내 내어 "이런 역사 속에서는, 탈영밖에는 할 것이 없다"라고 말했던가. 그리고 얼마나 많은 식민지 군인, SS[나치의 친위대원], 소련 강제수용소 감시인 들이 그런 말을 할 수 없었던가? 그들 주변에는 자신들에게 이런 말을 해 주는 목소리가 없었기 때문이다.

1914년 전쟁의 군대는 탈영병을 사살할 헌병대 때문에 수가 배로 늘었다. 붉은군대가 동토凍土의 전장을 지나갈 때도 크론슈타트코뮌(1921년)의 반란하는 수병을 징벌하기 위해 비슷한 장치를 사용했다. 권력은 두 개의 총구 끝에 있다. 두 번째의 총구는 먼저 반항하는 총구에 겨냥된다. 제일 마지막 사람의 머리에 총알이 관통되기 전까지는 그 어떤 무기와 병사도 결코 충분치 않다. 떠들썩한 소크라테스 옆에 헤겔적인 것이 가미된 사상의 영웅들이 있다. 그것은 탈영병의 그림자이다. 그는 면밀한 관찰의 대상이다. 모든 앎이 동원되었을 때, 나는 아무것도 모른다는 것을 안다, 라는 말은 곧 탈영을 의미한다. 다른 학문의 실수를 알아보기 위해서는 더 높은 학문이 있어야만 할까? 소위 정밀과학에서는 가설이 제시되지 않는다. 인간사를 다루면서 이 가설은 괴상하지만 일반적으로 받아들여진다. 금세기의 여러 가지 사건들, 즉 세계대전, 식민지 전쟁, 파시즘, … 등에서나 또는 과학적 전조前兆에 대한 당시의 판단을 보면, 그 실험을 끝내 주는 것은 언제나 동정과 피곤함이다.

상위의 앎은 자기 자신과 다른 앎들을 판단한다. 탁월한 엘리트의 특권인가? 오히려 이 학문들의 안이나 밖에는, 좀 더 민주적으로 골고루 분배되어 있는 무지가 있는 것이 아닐까? 소크라테스나 페르디낭 바르다뮈나 혹은 탈영병 GI로 하여금 "나는 아무것도 모른다. 그러나 나는 그 사실을 안다"라고 말하게 하는 것은 바로 그 무지가 아닐까? 전염병이지만 다행스럽게도 희귀한 병이다.

진실을 알지 못하고는 "나는 거짓말한다"고 말할 수 없고, 박식한 사람이 아니고는 "나는 모른다"고 확언할 수 없으며, 지고의 선이라는 관념 없이는 "그것은 악하다", "그것은 틀렸다"고 말할 수 없고, 건축에 대한 안목이 없이는 폐허를 볼 수 없다. 정말인가? 폐허는 발밑에서 무너지고, 잔해는 해골들 위로 무너져 내리며, 고문은 설명도 필요 없이 공포를 일으키고, 피는 자신의 이야기를 한다. 피크로콜의 전쟁은 텔렘의 목가牧歌를 암시하기도 전에 벌써 지쳐 버린 듯하다. 이론적 천국의 관념적 진실을 굳이 참조하지 않아도 재난의 실제적 진실은 인식된다. 그리고 사람들은 관념적 진리보다는 실용적 진리를 더욱 잘 이해한다.

더 높은 차원의 앎이 투입되었다는 것을 선언할 필요도 없이 그냥 재판권과 느낌만으로 "나는 거짓말한다"고 말하는 것, 이런 '무지'를 사람들과 공유하는 것, 그리고 이 무지가 언어만큼이나 인간에게 보편적인 것이라는 것을 확언하는 것, 이것들이야말로 헤겔만이 아니라 20세기의 독일 및 세계 전체의 사변철학이 거부했던 일이다. 그러나 거짓말을 하면서 동쪽에서 뜨고 그 거짓말을 다시 부정하면서 서쪽으로 지는 현실의 태양 또한 그것을 거부하지 않는가.

사회주의가 강제수용소를 잉태한다는 것은 거짓말이라고 믿는 것은 자유이다. 또 이 괴물적 상황 앞에서 전방위적으로 '거짓의 거부'를 전개하는 반항에서 아무것도 배울 것이 없다고 믿는 것도 자유다. 다음과 같은 말을 듣지 않는 것도 자유다.

"어떤 파렴치한 사람이라 할지라도 감히 이 행동 노선 즉 '거짓에의 불참'이라는 노선에 소리 높여 대항할 수 있을까?

오! 사람들은 내게 반박한다. '거짓말은 무엇이냐?'고. 그 반박에 이유가 없는 것도 아니다. 어디에서 진리가 끝나고, 어디에서 거짓이 시작되는지 누가 알 수 있단 말인가? 역사적−구체적 변증법적인 모든 상황이 그러하다. 50년 전부터 거짓말쟁이들이 줄을 잇는 이유가 바로 그것이다.

그런데 대답은 안녕이라는 말만큼이나 간단하다. 네 자신의 힘으로 보고, 네 양심에 따라 말하라는 것이다. 벌써 오래전부터 그것이면 충분하다고들 말한다. 자기의 정신 수준, 경험, 교육 정도에 따라 각자는 사회적, 혹은 국가적 거짓의 한계를 판이하게 보고, 이해한다. 어떤 사람에게는 이 한계가 아주 멀리 있는 듯이 보일 것이고, 또 어떤 사람에게는 벌써 자신의 목을 조르는 끈처럼 가까이 느껴질 것이다."[16]

네 자신의 힘으로 보라. 거짓의 문명은 거짓이 아무리 지독하고 야만적이라 해도 여하튼 필수적으로 그 신민臣民들이 서로 거짓말을 할 것을 요구한다. 아니 더 정확히 말하면 "나는 거짓말한다"를 "안녕"과 같은 쉬운 말로 생각해서는 안 된다고 요구한다. 이를 위해 모든 문명은 각기 서로 빠져나가기 위한 과학적이고도 변증법적인 방법을 개발했다. 마치 단색의 비석 하나를 다채로운 색깔의 수많은 화분으로 바꿔 놓은 듯, 학문을 섬세하게 다양화하여 여러 개의 인문과학으로 나눔으로써 이 문명은 각기 다른 하늘 밑에 동일한 문화라는 절약을 할 수 있게 되었다. 즉 권력자들은 신민들의 자기기만에서 채취된 잉여가치의 분량만큼 거짓말의 난폭함을 절약하는 것이다. 현대 권력의 공리는 '안녕'처럼 단순한 말에 근거하고 있다. 즉 "너는, '내가 아무것도 모른다는 것을 나는 안다'라는 말로 상황에서 벗어날 수 없다. 그러니, 얌전히, 입 다물고 있거라." 모든 무지의 고백은 순종의 고백에 다름 아니다. 권력만이 **나는 안다**고 말한다.

'잔해 밑의 목소리들'. 이런 제목으로, 소련의 반항자들은 오랫동안 설명의 필요도 없이 받아들여진 역사적 실험에 대한 성찰을 시도했다. 이론의 이론에 대한 서론이나 과학이 아니라 **목소리**라는 데 주의할 필요가 있다. 좀 더 개선된 방식에 의해 확인되는 계산 착오나, 혹은 장비의 노후, 사환의 실수 등으로 인해 저질러진 잘못, 그러니까, 장비를 현대화하기만 하면 해결될 수 있는 실험실의 실험이 아니라 **잔해**라고 그들은 말한다. 그런데 잔해를 보지 않으려는 방법 자체가 그 잔해의 일부분이 된다. 마치 잔해가 쌓이는 것을 보이지 않게 하는 이론이 그 잔해 축적의 일부분이 되는 것과 마찬가지로. 마르크시즘뿐만이 아니라 무지를 고백하는 모든 '합리적인' 금기 장치가 다 그러하다.

"내가 모른다는 것을 나는 모르지 않는다"고 예언자 소크라테스, 결혼을 주저하는 파뉘르주, 병역을 기피한 바르다뮈는 모두 이야기했다. 자기가 모른다는 것을 모르고 있는 사람들에 의해 이 금지가 심한 타격을 받지만 않았다면, 그들의 '안녕!'은 온 세상 사람들에게 그 무지를 공유하도록 했을 것이다. 그들은 누구인가?

그것을 점검하기 위해서는 유명한 사람들의 추모 약력을 들추어보고, 몇몇 지도자들을 만나보는 것으로 족하다. 권력을 가진 사람은 누구나 **자신에게 확신**을 갖고 있다. 소크라테스에서 GI 탈영병에 이르기까지, 무지의 공유와 우애는 그야말로 민주주의의 한 체험이 되었다. 그것도 유일하게 알려진 체험.

　잔해 속으로까지 절대적 앎을 따라온 이 목소리들을 억누르기 위해 최근의 2세기는 자신들의 잔해를 또 그 위에 덧붙였다. 한편 이론가들은 그 목소리들이 모순적이므로 불가능하다고 논증했다. 자기의 무지를 안다는 것은 역설이라는 것이다. 그러나 이 번득임은 **위대한 앎**Grand Savoir의 세계, 즉 사전에 방부 처리된 세계에서만 자신을 공박하는 모순이 된다. 불완전하고, 산만하고, 사변적이 아닌 학문이 학문의 최고재판소, 다시 말해 자기에 대한 앎이며 자기를 재판하는 판관인 **학문**La Science 앞에 나와, 자기의 가치와 유효성을 주장하는 곳에서는 어디나 지배의 오래된 꿈이 있다. 그것은 라이프니츠에서 후설Husserl에 이르기까지 있어 왔던 '보편수학'이라는 오래된 욕망이다. 그러나 보편수학은 다른 인식들에 대해 손상을 입히지 않고는 결코 맞닥뜨릴 수 없는 것이다. 그러나 이 다른 인식들은 박식한 무지의 문제를 외면하지 않는다는 미세한 장점을 가지고 있었다. 그러므로 잔해를 뒤덮고 목소리를 억누르는 것은 그 인식들이 아니다. 이의를 제기하는 소크라테스를 이론적으로 처형하기 위해, 그리고 누가 무엇을 모르는가를 확인하기 위해서는 확신에 찬 하나의 학문이 있어야만 했다.

1738년(페르시아의 아프가니스탄 침공)부터 1789년(프랑스대혁명)까지의 세계의 살육의 역사를 그린 삽화

네 사람의 에이스[*]

1. 새로운 그리스와 그 유대인
2. 왜 나는 그토록 혁명적인가
   (우선 피히테)
3. 왜 나는 그토록 박식한가
   (헤겔과 그 추종자들)
4. 왜 우리는 이토록 형이상학적인가
5. 나는 어떻게 숙명이 되었는가
   (누구보다 마르크스)
6. 나는 어디를 통해 모든 것 위에 올라가게 되었는가
   (모두를 위한 니체)

아버지는 나를 한 번도 진짜로 때리지는 않았다. 그러나 고함지르고, 얼굴이 벌개지고, 서둘러 멜빵을 풀어 의자 등받이에 거는 모습들은 나를 한 대 때리는 것보다 더 무서웠다.

—카프카, 『아버지에게 보낸 편지』

1
새로운 그리스와 그 유대인

우리 둘은 모두 전형적인 서유럽 유대인들을 아주 많이 알고 있다. 내가 알고 있는 한 나도 그들과 같은 부류이다. 아니 어쩌면 가장 전형적인 부류. 다시 말해서 좀 과장해 말하자면 나는 한 순간도 마음의 평화를 알지 못했다. 내게는 아무것도 주어지지 않았고, 내 자신이 모든 것을 쟁취해야만 했다. 현재나 미래만이 아니라 과거도 그랬다. 다른 사람들은 모두 아무 노력 없이 거저 받는 그 과거마저도 나는 내 힘으로 쟁취해야만 했다. 그건 어쩌면 가장 힘든 일이었다. 만일 지구가 오른쪽으로 돈다면—물론 지구가 오른쪽으로 도는지 어쩐지는 잘 모른다—나는 왼쪽으로 돌아야만 했다. 내 과거를 붙잡기 위해….

마치 매번 외출할 때마다 세수하고 머리 빗는 일—이것만으로도 충분히 피곤한 일인데—이것 말고도 매번 옷을 새로 짓고, 구두를 새로 깁고, 모자를 새로 만들고 지팡이를 새로 깎아야만 하는 사람이 있다면 내가 바로 그런 사람이었다. 물론 이 모든 것을 잘할 수 없다. 어떤 골목에서는 지체되는 적도

있다. (…) 마침내 페르가(街)에 이르면 그는 유대인
을 쫓는 한 무리의 군중을 만나게 될 것이다.

—카프카, 밀레나에게 보낸 편지

영원한 젊은 사상가들

아직 무신론과 자코뱅주의로 비난 받고 해고되기 전의 젊은 교수 피히테는 예나의 비밀 학생단체들을 통합시켰다. 그는 그들 상호간에 행사하는 테러보다 더욱 흥미로운 테러가 일어나는 곳으로 파리를 지목했다. 1789년 직후 시인이며 철학자이며 한층 더 신비주의적인 철학자인 횔덜린, 헤겔, 셸링은 단순한 학생이었다. 그러나 그들은 미래의 독일혁명의 웅변가들이었고 그 혁명을 꽃 피울 자유의 나무를 심은 사람들이었다.[1] 그로부터 35년 후 청년 독일파 하이네 및 좌익 지식인들(사람들은 이들을 헤겔 좌파라고 불렀다)은 모두 "우리의 철학을 조심하라!"고 외쳤다. "그 이론들은, 이 세계를 폭발시켜 공포와 경탄으로 가득 채우게 될 순간만을 기다리는 혁명 세력을 발전시켰다. (…) 크로아티아와 코사크의 신성동맹보다도 고삐 풀린 독일이 더 두려운 존재가 될 것이다"라고 하이네는 그의 프랑스 친구들에게 말했다.[2]

그 후 니체는 19세기의 마지막 3분의 1 시대를 열었다. "게르만 정신이 되돌아온다. (…) 가장 중요한 철학은 칸트와 독일 군대이다."[3] 바로 이 똑같은 사람이 15년 후 "게르만주의의 정수에서 이탈"한 것으로 비난을 받게 된 것도 바로 이 독일정신의 이름으로였다. 독일정신이란 "옛날부터 유럽을 지배할 의지와 그것을 달성할

수 있는 힘을 갖고 있었던 것"이었는데, "평범한 것으로의 평준화라는 민주적이며 현대적인 관념에 따라 새로운 제국을 세운다는 그럴듯한 구실 하에 그만 옆길로 새어 버리고 말았다"(비스마르크와 노년의 바그너). 세기말에서 다음 세기까지 독일 사상의 놀라운 참신함은 집단의식을 추구하는 젊은 지도자의 사상을 상기시켰다. "우리의 머릿속은 온갖 종류의 소란함으로 가득 차 있다. (⋯) 그러나 독일의 머리는 취침용 실내모를 깊숙이 눌러 쓰고 집안일을 보살피기를 더 좋아한다"(헤겔).

왜 독일인가

집단에서 벗어난 젊은 지도자들도 있었다. 그들은 2세기 동안 유럽과 전 세계를 방황하며, 언젠가는 나폴레옹과, 또 어느 때는 레닌과 자기를 동일시했다. 가끔 그들은 조직이나 혁명이나 전쟁들과 만나기도 했다. 그러나 누가 누구를 배반했는지, 혁명이 그들 중 하나를 배반했는지, 아니면 그들이 혁명을 배반했는지를 정확히 알 수 없는 채, 그들의 밀착은 언제나 착각으로 끝났다. 독일 사상의 거장들은 대척점에서 그들의 진리를 찾지 않았다. 다시 말하면 다른 세기, 혹은 다른 대륙으로 하여금 자신의 사상을 증명하도록 요구하지 않았다. 그들이 혁명이라는 이국취미, 또는 먼 나라에 대한 무조건적인 충성심을 통해 근대를 탐색한 것은 오로지 돌아와 영웅이 되기 위해, 그리고 지구 저편 사람들에게 예언을 해 주기 위해서였다. 그들은 다만 그들의 조그만 땅뙈기인 독일, 유럽에만 철저히 틀어박혀 있었다. "여기에 장미가 있다. 여기서 너는 춤추어야 한다"(헤겔). 그들은 그 땅을 열심히 파냈으며, 그리하여 그들이 꽃피운 백화百花가 전 세계에 퍼지게 되었다. 그들은 영웅과 예언자인 듯했지만 사실은 영웅과 예언자의 출장판매원에 불과했다. 역사와 세계가 온통 독일이 될 때까지 그 사상의 거장들이 우리에게 가르쳐준 것이라고는 "지도자가 되는 법을 잊어버리라"는 것뿐이다.

전환기에서

젊고 호전적인 근대국가들에 둘러싸였던 독일의 불행은 수세기 동안 국가의 형태를 갖추지 못했다는 사실이다. 국가를 하나 만드는 데서 행복감을 찾는 것은 해방된 모든 나라들, 즉 '발전 도상에 있는' 혹은 '민족해방투쟁'을 수행하는 모든 나라들의 민족적, 혁명적 엘리트들이 추구하는 하나의 신기루이다. 나라를 하나 세우기 위해서는 모든 역사적 문화적 힘을 한데 모아야 한다는 것, 그것이 바로 '독일' 정신이었다.

그래서 독일은 전환기마다 해방전쟁을 기다렸다. 그것의 결말은 전혀 필연이 아니었다. 유일한 필연은 몇 사람의 우연한 만남이었다. 운명에 의해 혹은 운명을 거스르며 투쟁하는 사람들에게 달린 문제였다. 그 적수들의 이름을 알아 두는 것도 무익한 일은 아닐 것이다. 그들은 세계에서 가장 지성적인 피히테, 헤겔, 마르크스, 니체이다.

누가 문제를 제기하는가

 어떤 지식인에게 질문한다는 것은 우리가 반드시 그보다 더 어리석다는 의미가 아니다. 혹은 더 지성적이라는 의미도 아니다. 그저 다만 지식을 습득하는 방법이 그와 다를 뿐이다. 소크라테스의 다이모니온은 소크라테스에게 아무런 약속도 하지 않았다. 그는 다만 소크라테스가 아테네의 관헌을 자발적으로 인정하게 내버려 두었다. 이것은 플라톤이 말했던 것처럼 소크라테스의 독창성이나 천재성이 아니었다. 그 도시의 평민들은 이미 그의 무례함을 잘 알고 있었다. 여기서 아테네 관헌들이 최종적으로 해결하지 못했던 문제가 생긴다. 그것은 마지막으로 오는 자들의 불꽃이 다이모니온의 역할을 하게 하라는 것이다.

혼동하지 말 것

 사상의 거장들은 나치가 아니다. 피히테는 프랑스 식의 혁명가였다. 그런데 이 방직공의 아들은 제정 프랑스 점령군에 대항하여 무장하라고 국민들에게 호소했다. 그것이 외국인 배척과 보수반동을 학습하는 결과가 되어 범게르만주의가 부정되는 위험이 있는데도 그렇게 하라고 했다. 헤겔은 나폴레옹의 자유공무원이 되었다가 나중에 개혁(그 당시에는 계몽이라고 불렸다) 프로이센의 공무원이 되었다(아마도 그는 은밀한 혁명사상을 속으로 감추고 있었을 것이다. 이것이 하이네의 견해이며, 오늘날까지도 수많은 대학 논문의 소재가 되고 있다…). 마르크스와 니체는 격렬하게 독일에 욕설을 퍼부었다.

나치즘과 이어지는 명백하고 직접적인 끈은 반反 유대주의이다. 일반적으로 이것은 조잡한 것이 아니라 아주 세련된 것이다. 19세기 독일의 모든 사상가들이 머리에 이 모자를 쓰고 태어났다.

헤겔부터 시작해 보자. 그는 이 세기 속에 들어와, 그리스적 아름다움의 통일성을 제시했다. 그리스적 통일성 속에서는 모두가 형제인데, 다만 주인과 노예, 복수하는 신과 복종하는 인간밖에 알지 못하는 유대인들은 비참하게 소외된다고 그는 말했다. 다음에는 마르크스, 어떤 대학의 향수로도 그의 『유대인 문제』에서 풍기는 진한 반 유대의 냄새를 지울 수 없을 것이다. 그리고 니체는 유대-기독교의 불안한 의식의 늪 위에 비극적인 그리스를 높이 치켜듦으로써 봉쇄를 종결했다. 이 문제는 독일을 벗어나 온 세계를 한 바퀴 돌게 되었다(참으로 역설적이지만, 반 유대주의가 아닌 독일 사상을 발견하기 위해서는 하이데거를 기다려야만 했다. 그는 "그리스로 향하는 길에서 우리를 방해하는 것은 유대가 아니고 로마다. 로마제국 원전原典들의 번역은 로마가 강요했던 평화만큼이나 파괴적인 것이다"라고 말했다).

타락의 극치

반 유대주의는 독일의 특산물이 아니다. 지금도 있고 전에도 있었고 후에도 있을 것이다. 그런데 독일의 예외적인 특징은, 사상의 거장들이—그들은 자신이 중점을 두는 방향에 따라 혁명적이거나 혹은 독일적이다—자신의 정체성을 드러내는 방법에 있다. 그들은 자신이 그러하지 않다고 주장하는 것만큼 자기가 그러하다는 것을 반비례적으로 확인한다. 유대인 문제가 바로 그것이다. 헤겔의 (출판되지 않은) 첫 번째 정치선언은 다음과 같은 말로 끝맺고 있다.

"인간의 사회적 성격이 한번 교란되어 개인주의로 치닫게 되면, 심한 타격을 입은 이 사회적 성격은 타자와의 분리를 위해 온갖 정력을 기울이게 되며, 자기의 특수성을 확인하기 위해 광적인 집념을 보이게 된다. 왜냐하면 광기란 인류에서부터 이탈된 개인이 보여 주는 행동에 지나지 않기 때문이다. 그런데 독일이 보여 주는, 자신의 특수성에 대한 집념은 사회성이나 공동정신이라는 관점에서 볼 때 전혀 딴 민족과 양립할 수 없는 존재인 유대민족 고유의 광기와 유사할 정도이다. 그러나 비록 자기 민족의 특수성에 집착한다고는 하나, 독일민족은 나라 전체를 완전히 파괴할 때까지 서로 죽고 죽일 정도로 타락하지는 않을 것이다"(『독일 현법』).[4]

모든 것이 거기에 있다. 즉, 미치광이, 패덕자, 이기주의자, 개인주의자, 고집쟁이, 살인과 자살, 특권과 우둔, 전쟁 그리고 분산—한마디로 유대인이다. 화장터의 연기가 우리의 코를 간질이게 하지 말라. 헤겔은 그런 식으로 반 유대주의자는 아니었다. 그는 '보편적 인간'만을 인정하는 근대법을 원했으며, "사람은 단지 사람이기 때문에 가치가 있는 것이지, 그가 유대인이거나 가톨릭 신자거나 프로테스탄트이거나 독일인이거나 이탈리아인이거나 하기 때문에 가치가 있는 것은 아니다"[5]라는 이념을 가진 재판소만을 원했다. 이것은 앞서의 견해와 아무런 모순도 없다. 법을 수립하고 근대국가를 세우기 위해서 독일은 자기 내부의 유대인을 죽여야만 했다. 헤겔은 유대인이 근대적으로 될 수도 있음을, 다시 말해서 자신 속의 유대인을 스스로 죽일 수도 있음을 배제하지 않았다.

사상의 거장들이나 마찬가지로 대부분의 독일 국민들도 그랬다. 대부분의 주민들은 선량한 이웃 유대인들과 함께 우리를 만나러 왔고, 다른 사람이 유대인과 사이좋게 지내는 것을 인정했다. 그러나 그 자신은 아니었다. 그래서 6천만 독일인들 사이에서 수백만의 유대인이 무사할 수 있었다고 히믈러[Himmler. 나치 친위대의 고위 지도자]는 친위대원들에게 말했다.[6] 우리는 사상의 거장들이 강제수용소를 만들었다고 비난할 수는 없다. 그러나 그것을 미리 해체시키지 못한 책임은 묻지 않을 수 없다. 그들의 반 유대주의가 나치즘을 준비한 것은 아니지만, 나치에 대한 무저항을 준비한 것은 틀림없다.

나는 생각한다, 그러므로 미치광이는 생각하지 못한다

데카르트는 모든 것을 회의했다. 그는 그의 감각이 그를 속이고, 세상은 존재하지 않으며, 자신은 꿈을 꾸고 있는 것이라고 가정했다. 그러나 그는 자기가 유리 몸뚱이를 갖고 있다고 상상하지는 않았다. "왜냐하면 그런 상상을 하는 것은 미치광이일 것이기 때문이다. 그리고 내가 그들의 예에 따라 법칙을 세운다면 나도 또한 엉뚱한 사람이 될 것"이라고 했다. 여기서부터 그는 더 이상 회의하지 않았다. 생각하는 주체는 미치광이가 될 수 없다. 왜냐하면 "광기는 바로 사유 불가능성의 조건이기 때문이다"라고 푸코는 말했다. 이와 같은 이성과 광기의 상호 배제는 모든 일탈자들(파업하는 사람, 자유사상가, 나병 환자, 매독 환자, 미치광이들, …)의 대대적인 감금이라는 생각과 맞닥뜨리게 된다. 고전주의 시대에 서구 이성은 이렇게 생각했다. "비록 인간이 언제나 미치광이가 될 수는 있지만, 진리를 인식하도록 의무 지워진 주체의 주권 행사로서의 사유는 결코 비이성적으로 될 수 없다. 곧 분할선이 하나 그어졌고, 이어서 르네상스 시대에 흔히 겪었던 경험, 즉 부조리한 이성, 합리적인 광기 같은 경험이 불가능하게 되었다"(푸코).[7]

어떤 은밀한 운동에 의해 유대인은 헤겔적 이성을 배제하는 공간에서 미치광이의 옆자리에 앉게 되었을까? '자연의 소유자이며 지배자'가 되기 위해, 데카르트적 이성을 가진 인간은 미치광이를 가두었다. 그런데 합리적인 사회의 소유자와 지배자가 되기 위해서 왜 하필 거기에서 유대인을 몰아내야만 했을까? 나는 존재한다, 그러므로 유대인은 존재하지 않는다. 고전주의 시대의 이성은 결코 '미치광이' 하나만을 가두지는 않았다. '자기의식'이 된 이성의 정치학은 유대인 하나만을 겨냥하는가?

유대인에게는 무엇이 부족한가

헤겔에 의하면 유대인은 '완전한 수동성, 완전한 추醜' 속에서 살고 있다. 이 정의는 원리주의적이거나 미학적인 것이 아니라 정치적이다. 그리스의 아름다운 독립성, 고대 자유도시의 자유시민과 달리 유대인은 처음부터 나라 없는 짐승이었다. "국가는 유대의 율법에 맞지 않는 것이며 모자이크 같은 법률에 적당치 않다." 독일이 자기 조국을 통일시키기 위해 국가를 건설해야만 했다면, 유대인은 국가를 원하지 않았으므로 조국이 없는 것이다. 그것은 아브라함 이래로 계속되어 왔다.[8]

여기서 이 사상가[헤겔]처럼 인민과 민족과 국가를 동일시하는 사람들에게 하나의 어려운 문제가 생긴다. 유대인들은 그러한 동일시의 오류를 너무나 생생하게 보여 주는 증거물이다. 그들은 2천 년 전부터 가시적인 국가를 갖지 않은 인민이다. 문제를 제기하는 것은 이미 그 문제를 해결하는 것이다. 유대인들은 다른 민족의 단일성을 부인함으로써 자신의 단일성을 찾았다. '유대인의 민족정신'은 증오, 인간 일반에 대한 혐오_{odium humani generis}이다. '사랑하기를 원치 않는' 아브라함의 모든 역사는 끊임없이 반복되는 분리의 역사이다. 그의 가족은 조국을 떠났고, 그는 가족을 떠나 '연관 없고', '독립적인', '우두머리'가 되었다. 왜냐하면 그는 "모든 관계에서 자유스럽기" 때문이다. 이 말은 자연에 대한, 자기 자신에 대한, 그리고 다른 민족에 대한 모든 관계가 순수 적대 관계라는 것을 의미한다. 이것은 헤겔이 말한 것처럼 유일하고 전능하고 복수심에 불타는 그의 신과 아주 흡사하지 않은가. "사유된 존재는 영원히 적대적인 자연 위에 군림하는 단일성이 되었다. 왜냐하면 적대적인 것은 지배 관계로 들어올 수밖에 없기 때문이다." 유대의 모든 역사는 아브라함의 엑소더스의 반복이다.

자기 자신을 믿으며, 지배적이고, 그러므로 무정부주의적인 유대민족은 모든 것을 원하며, 아무것에도 만족하지 못한다. "관념상으로 지배적인 이 민족은 실제의 현실 속에서는 지배받는 민족이 되었다." 역사는 아무래도 좋다. 유대 국가들의 유적지는 유대인들 자신이 그들의 국가를 파괴했다는 것을 증명해 주고 있다. 헤겔이 이성 혹은 국가에 대치되는 개념으로서 광적, 유대적이라고 명령했던 이 분산의 의지 속에서 2천 년의 세월이 단락_{短絡}되고 만다.

유대인들은 반反 국가적이었다(헤겔). 혹은 국가 속의 국가라고 피히테는 암시했다. 그는 1789년 혁명 발발 이후에 이렇게 쓰기 시작했다.

"유럽 국가 한가운데서, 다른 민족과 끊임없이 전쟁을 하고, 시민들을 무섭게 압박하며, 적대적인 감정에 불타 오르는 강력한 나라가 펼쳐지고 있다. 바로 유대인들이다. 이 나라가 그 정도로 무서운 것인지를 논증해 보고자 한다. 이 나라가 그토록 무서운 것은, 분리되어 강력하게 통일을 이룬 국가라서가 아니라, 모든 종류의 인간에 대한 증오에 기초를 두고 있기 때문이다."[9]

이 말은 피히테가 혁명을 논할 때, 혁명에 정통성을 부여하기 위해 우선 인민의 정의를 내릴 때 지적한 말이다. 이와 같은 유대인에 관한 언급은 인민이 주권자인 곳에서 추방할 수 있는 국가의 특권계급(교회, 귀족, 독일의 작은 공국들의 왕족)의 리스트 작성을 가능케 했다. 얼핏 보기에 유대인―이방인에 대한 주의 환기는 하나의 말장난인 듯이 보인다. 이 자코뱅주의의 철학자는 계급 혹은 '신분état'(예컨대 귀족, 제3신분, 독일어로는 Stand)의 개념에서 슬쩍 국가 Etat(독일어로는 Staat)의 개념으로 옮아갔다.[10] 조상대대로 내려오는 공포의 배경 앞에서 유대인의 모습은 내부의 적이라는 새로운 프로필로 고정되었다. 자기 주위에 대한 적대감으로 무장된 국가 속의 국가인 유대인은 이민 가야만 한다. … 동시에, 귀족이나 승려들도 만일 그들이 혁명국가에 적대감을 보인다면, 그들에 대한 추방도 합리화된다.

익명으로 발표된 『프랑스혁명에 관한 고찰』에서 피히테는, 마리

앙투아네트 및 다른 왕족들의 처형으로 측은한 마음이 되어 자신의 불행을 잊고 있는 독일 국민을 일깨우려 했다. 동정심의 방향을 올바로 잡는 것을 배워야 한다.

"만일 네가 어제 먹었고, 오늘도 배고픈데, 오늘치의 양식밖에 갖고 있지 않다면, 어제도 먹지 못하고 네 옆에서 배고파하는 유대인에게 조금 나누어 주어라. 이것은 좋은 행동일 것이다. 그러나 그들에게 민법 상의 권리를 주는 문제에 있어서는 그들 모두의 머리를 자르고, 전혀 유대인 의식이 없는 다른 머리를 대신 붙여 놓는 것밖에는 더 좋은 방법이 없다고 나는 생각한다. 그렇지 않고는 우리는 그들에 대항하여 우리를 지켜낼 방법이 없다. 혹시 그들에게 약속된 땅을 주고 그들을 모두 그곳에 보낸다면 모를까."

유럽의 모든 유대인을 마다가스카르 섬으로 보내는 문제가 나치 간부들에 의해 진지하게 계획된 적이 있다. 그런데 그들은 아우슈비츠의 가스실이 더욱 외교적이고, 더욱 간단하고, 더욱 경제적이라는 것을 알게 되었다.

독일병病

그의 머리맡에는 19세기의 의사들이 줄을 이었다. 진단은 언제나 한결같았다. 독일의 불행은 국가가 없다는 것이며, 그 병은 근원적인 것이다. 그 근원에는 "독일을 가장 유명하게 만든 자유의 본능이 있다. 이 본능 때문에, 유럽의 모든 다른 나라들이, 단 하나의 통일된 국가에 복종하는 동안, 독일은 공동의 국가권력에 결코 순종하려 하지 않았다." 자만심과 낙담을 동시에 느낀 헤겔은 자기 국민을 십자로에 위치시켰다. 그리하여 한편으로는 이러한 무서운 '독일적 성격의 고집' 때문에 독일은 영원히 방랑하는 더러운 유대인과 비슷하게 자유와 국가를 대립적으로 생각하게 되었다는 것이다. 또 한편으로는 이 고집이 꺾여 개인들은 "사회를 위해 자기의 특수성을 희생시키고", "월등한 국가권력에 다 같이 자유스럽게 복종함으로써 자유"를 찾았다고 했다. 자기 안의 유대인을 죽인 독일은 근대 생활의 한계 속에서… 그리스가 되었다.

독일병의 연대기는 그 근본에 있어서는 언제나 똑같다. 젊은 헤겔(『기독교정신과 그 운명』)에게 있어서나 늙은 헤겔(『역사철학』)에 있어서나, 또 니체(『비극의 탄생』)에 있어서나 새로운 독일은 "그리스 문명의 약화된 의지 위에서 세계를 제패한 유대인들"에 의해 사라져 버린 그리스의 횃불을 탈환해야만 했다.[11]

할리우드 식의 멋진 장식 속에서 세계사는 변장을 했다. '유대'는 '자유의 본능'이라는 문제를 드러내 주는 것을 도왔고, 상상의 그리스를 통해 근대국가의 모습이 드러났다. 그 구체적인 줄거리는 파리의 사건들, 다시 말해서 한 번, 두 번, 세 번의 혁명이 소재를 제공했다.

혁명과 국가

세계사가 어떤 식으로 쓰여졌는가는 별로 중요하지 않다. 하얀 백짓장 위에 사람들은 수없이 다양하고 그러나 **세계적인** 역사를 적어 넣었다. 그 초대작超大作들은 언제나 변함없는 명제로 시작되고 끝난다. 즉 모든 이야기/역사[프랑스어 'histoire'에는 '이야기'와 '역사'의 두 가지 뜻이 있다]는 ~로 요약된다 혹은 역사란 ~의 이야기일 뿐이다"라는 것이다. 이 한 가지의 코미디를 가지고 작자들은 자기 취향에 맞게 주인공을 여러 가지로 변형시킨다. 즉 자아의식의 역사, 계급투쟁의 역사, 금발머리 바보의 역사, … 등이다. 이런 것들을 영사막에 비추기 위해서는 스크린이 백색이어야만 했다.

독일이 (계급이나 공국들 같은) 국가 속의 국가에 의해 어지럽혀 있어서 '처녀지紙'가 아니라고, 평생 혁명적 급진주의의 잣대로 사유한 헤겔은 애석해 했다. 그는 프랑스혁명 속에서 "인간이 머리로 걷기 시작하여, 다시 말해서 사고思考로 걷기 시작하여, 사고의 기능으로 움직이는 현실이 구성"되는 순간을 보았다. 거기서 혁명은 사랑을 받건 미움을 받건 실로 사람들의 취향과는 상관없이 최종의 순간이 아니라 최초의 순간이며, 사람들은 치솟는 불길의 열기 속에서 생각하고, 공포정치가 깨끗이 쓸어 놓은 땅 위에 이성적인 국가를 건설했다. 청년 헤겔은 로베스피에르의 독재정치를 합리화하고 그것을 구체제의 '전제주의'와 조심스럽게 구별해 놓았다. 그 후 그는 괴테, 마르크스, 니체와 마찬가지로 나폴레옹을 군사적 측면에서 존경했다. 제로에서부터 시작하는 근대국가에 대해서는 아무도 거역할 수 없다는 것이, 그들이 프랑스대혁명에서 배운 교훈이었다.[12]

별로 개혁이 되지 못한 민중들의 유식한 체하는 성질을 감안하여 이 교훈은 독일어로 실시되기 전에 우선 그리스어로 번역되었다.

"국가의 철권鐵拳만이 필연적으로 대중을 한데 섞어 화학적인 분리를 일으켜 새로운 피라미드적 구조를 만들어 낼 수 있다. 그런데 각자의 이해理解와 이기주의를 훨씬 넘어서는 목표를 가진 이러한 새로운 국가권력은 어디서 나오는가? 문명의 눈먼 두더지인 노예는 어떻게 태어났는가? 그리스인들은 본능적인 인권 사상을 통해 이 노예를 보여 주었다. 그들의 인권 개념은, 그들의 도덕심과 박애주의가 절정에 이르렀을 때라 할지라도 역시 다음과 같은 쇳소리 나는 격언, 즉 '패배자는 그의 아내와 어린아이, 신체와 재산과 함께 승리자에게 예속된다'는 격언을 끊임없이 선언했다"(니체).[13]

국가와 혁명

한 마르크시스트는 그의 주먹이 덜 무거운 것도 아닌데, 좀 더 신중하게 '국가의 철권鐵拳'을 예찬했다.

"마르크시스트들은 어떤 경우에 있어서도 연방정부나 지방분권의 원칙을 추천하지는 못한다. 중앙집권화가 이루어진 큰 나라는 거대한 역사적 진보를 담당하며, 중세적인 파편 상태에서부터 전 세계적 사회주의라는 미래의 통일성으로 인도한다"(레닌). 이 구절은 그 순진성이 특기할 만하다. 중앙집권국가는 중세와 밝은 미래 사이의 한 과정에 불과하다고 그는 생각했던 것이다.

그러한 과정을 필연적으로 거쳐야 한다는 생각은 마르크스와 엥겔스에게는 의심의 여지가 없는 듯이 보였다. 그들은 거기서부터 민족 및 인민을 '역사성'의 정도에 따라 구분하는 철저한 분류 방법을 생각해 냈다. 합리적인 근대국가를 세울 능력이 있는 인민(민족)은 역사적이다. 생존을 위해 이 나라들에 동화되어야만 하는 다른 민족들은 역사적이 아니다. 체코, 세르비아, 웨일스, 브르타뉴, 바스크, … 민족들이 그러하다. "이들은 역사의 행진에 무자비하게 짓밟힌 (…) 찌꺼기들이다."[14] '꾀바른 보헤미아 집시'나 남부 유럽의 '짐승 같은 슬라브족'을 비롯하여, 엥겔스가 '가장 더러운 종족'이라고 이름 붙인 폴란드의 유대인들이 바로 그러한 민족이다. 그리고 유럽 이외의 대륙에서는 미국, 페르시아, 아프가니스탄만을 제외하고는 모두 야만의 암흑 속에 잠겨 있는 듯하다.

런던에서 살았던 마르크스도 국가가 영토를 통합하고, 기본 자산의 축적이라는 가혹한 야만성으로 세계를 식민화한다는 것을 모르지 않았다. 반쯤 동화되고 반쯤 식민지가 된 아일랜드도 이 방법이 틀리지 않다는 것을 보여 주고 있다. 마르크스는 지배의 메커니즘이 무섭다는 것을 잘 알았다. 그러나 이 공포 앞에서도 그는 뒤로 물러서지 않았다.

"영국인들이 이 나라를 아일랜드화化했다 하더라도, 그 조상 대대로 내려오는 판에 박힌 형태들의 파괴는 유럽화를 위해서는 필수불가결한 조건이었다. (…) 그래서 촌락들의 자급자족 형태를 탈피시킴으로써 그들 조상 대대로 이어져 오던 산업을 파괴해야만 했다"(마르크스, 인도 식민화 문제에 대해서).

근대세계의 조건 속에서, 다시 말하면 서유럽 속에서, 한 국가를 건립하고 수호할 만한 능력이 있는 민족만이 나라를 만들고, 문명화되고, 미래의 담지자가 되었다. 마르크스와 엥겔스는 프롤레타리아혁명의 독재적이고 국가적인 전략에 대한 얼마큼의 경향성을 보였다. 그것은 과거의 사실이나 다른 혁명가들의 예를 보고 좀 온건하게 변한 경향이었다. 그들은 마음속에서는 국가를 '사회주의적 관점'으로 자꾸 대치되는 단순한 과정으로 보았을까, 아니면 오히려 국가라는 안경을 쓰고 사회주의를 본 것은 아니었을까?

독일 사상가들에 의해 사회적 본능의 패덕을 구현하고 있다는 낙인이 찍힌 유대인은 동시에 해방되었다. 비록 그들의 종교가 비판을 받는다고는 하지만 종교는 그들을 비판하지 않으며, 그들이 반反 국가적이라고는 하나, 그들은 적敵그리스도는 아니었다. 그들은 그 어느 때보다 더 근대사회의 강박관념이 되었는데, 그 강박관념은 종교적인 것이 아니었다. 오히려 그것은 좀 더 현실주의적인 해석으로 더욱 활기를 띠게 되었다. 여기서 현실주의적이란, 일간신문을 읽는 사람들은 현실주의자다, 라는 의미에서의 그러한 현실성이다(헤겔. "근대 인간의 아침기도").

마르크스의 유물론은 헤겔의 현실주의를 조금도 쇄신한 것이 없다. 헤겔은 '부르주아 정신' 안에 독일 유대인의 유혹이 있음을 지적했다. 독일의 유대인은 자신을 고립시키고, 자신의 특수성을 계발하며, 일반적으로 사유재산의 범주 속에서 국가이성을 생각하는 특징을 갖고 있다. 독일의 모든 국가—다시 말해 모든 국민—는 누구나 전체와의 관계를 '재산의 형태'로, 다시 말해서 '소小 자본가'의 의지에 달린 임의적인 것으로 생각했다. 그 결과 전체는 그 존재를 상실했다.

"그러한 결합은 피라미드의 형태로 쌓아올려진 둥근 돌 더미를 생각나게 한다. 그런데 이 돌들은 완전히 둥글게 생겼으므로 함께 결합될 수가 없다. 피라미드가 그 애초의 목표를 향해 움직이기 시작하면 모든 것이 와르르 무너지고 만다"(헤겔).[15]

헤겔 식으로 유대인 문제를 사유재산의 문제로 삼았던 청년 마르크스는, 사유재산을 새로운 유대인 문제로 변형시키는 데도 여전히 논리적이었다. 즉, 사회가 일관성을 갖기 위해 자산가의 재산은 수용되어야만 하고, 이 세계가 공동의commun, 공산주의적 communiste 세계가 되기 위해서는 사적 개인이 추방되어야 한다고 했다. 그는 나중에 이것을 '생산자 연합의 세계'라고 고쳐 말했다. 유대인의 '공상적인 민족성' 혹은 '돈만 아는 상업적 기질'을 비판하며 젊은 유대인 마르크스는 헤겔의 추종자가 되고, 나중에 그가 베를린의 카페라고 이름 붙인 대학[베를린 대학교, 지금의 베를린 훔볼트 대학교]의 입학시험에 합격했다.

그는 이 입학자격증을 굉장히 비싼 값에 샀음에 틀림없다. 왜냐하면 그 후에도 계속 어음을 결제하느라 허덕였기 때문이다. "유대인은 유대인의 방식으로 해방이 되었다. 금융시장을 장악했기 때문이 아니라, 그들 덕분에 돈이 세계적인 힘이 되었기 때문에, 그리고 유대인의 실용정신이 모든 기독교 세계 인민들의 실용정신이 되었기 때문이다"(『유대인 문제』).[16]

그런데 마르크스는 독일 식으로 해방이 되었다. 다시 말해서 소위 자신을 스스로 해방시키는 유대적 방식에 의해 끊임없이 자신을 해방했던 것이다. 유대적 비판은 정치경제학의 비판 방식이 되었다. '세계적인 힘'인 돈은 『자본』이라는 이름으로 비판될 것이다.

그가 들어간 곳은 베를린의 카페가 아니라 대 사상가들에 의해 닫혀진 폐쇄적인 우주였다. 그곳을 관통하며 그는 결코 거기서 벗어나지 못했다. 근대 유대인에 대한 비난의 진원지가 바로 여기라는 것을 우리는 직감할 수 있다. 세계를 방랑하는 자들의 발걸음과 자본의 세계시장을 동일시하게 된 것도 바로 거기서부터가 아닐까? 유대인과 돈을 혼동하기 시작한 것은―헤겔적으로 설명된―국가가 아니고 무엇이겠는가? 국가는 이 국경선 침범자들에게서 국가 해체라는 똑같은 위험을 발견했다. 유대인 문제와 자본의 문제가 그처럼 완전하게 서로 복사되는 것이라면, 그것은 그 두 문제가 동일하게 국가의 문제를 내포하고 있기 때문일 것이다.

마르크스가 사유재산의 힘과 대비시킨 것은 진정 **공산주의**인가? 그것은 단순히 **공공**의 영역, 국유화, 국가권력이 아니었을까? 『자본론』 속에는, 비록 예고되었음에도 불구하고, 마치 우연인 것처럼 국가의 장章이 없다. 유대인에서 자본가에 이르기까지 개별 집단들에게만 증오의 초점을 맞추고 있는 국가가 자신은 몸을 감춘 채 모든 비판에서 도망치고 있는 것이 우연일까?

왜 서구의 엘리트들은 국가가 가장 거대한 자본가라는 사실을 깨우치는 데 2세기나 걸렸을까? 그것은, **사유재산**에 관한 모든 비난이 **공공**정신의 이름으로, 다시 말해 국가의 이름으로 행해졌기 때문이다! 마르크스는 유대인에 대한 증오를 돈에 대한 증오로 바꿔 놓았다. 그런데 나치는 이 자리 이동을 또 다시 바꿔 놓았다. 앞에 있는 기관차, 뒤에 있는 기관차 모두가 거친 숨소리의 증기를 내뿜으며 증오의 선로 위를 달리고 있다. 이것이 바로 근대국가였다.

새로운 체제

그들이 말하는 의미의 독일은 존재하지 않는다. 독일이 존재를 갖게 되었을 때 사상의 거장들은 욕설을 퍼붓기 시작했다. 그러므로 국가는 아직도 사람들의 머릿속 생각으로만 존재했으나, 그 생각은 관념적이지도 않고 이상적인 것도 아니었다. 그들이 국가라고 생각한 것은 이웃에 실재하는 국가의 모습이었을 뿐이다. 그러니까 국가는 기관차였다. 1세기 후에 해설가들이 젊은 날의 피히테가 무정부주의에 가까운 극단적 자유주의자였다는 사실을 발견하고 깜짝 놀랐는데, 그건 그를 잘못 이해한 것이다. 구체제Ancien Régime에 대한 무자비한 비판가였던 그는 합법적인 기관차라는 새로운 체제에 매혹되었던 것이다. "군주는 법에 의해 통치를 해야 한다. 그리고 그 자신도 법에 복종해야만 한다. (…) 군주는 법에 의해 움직여지는 기관차이며, 이 기관차 역시 법이 없으면 생명을 갖지 못한다."[17]

이 말은 조금 논쟁적으로 과장되어 있다. 군주는 법 앞에서 빛을 잃고, 태양-국가는 기관차-국가가 되었으며, 국가는 종교적이지도 않고, 존경의 대상도 아니게 되었다. 환상에서 깨어난, 혹은 제정신을 차린 세계라고 나중에 헤겔의 후계자들인 마르크스와 베버가 말했다. 헤겔은 곧 피히테와 반대의견이 되어, 근대국가는 "자신의 운동을 끊임없이 바퀴장치에 전달해 주는 단 한 개의 기관만을 가진 기관차"가 아니라, 좀 더 복잡한 것이라고 했다. 그는 기관차라는 이미지 대신에 살아 있는 유기체라는 이미지를 제시했다. 피히테 자신도 기관차라는 말 대신에 나무라는 말을 썼다. 국가는 자기의 부분들을 뿌리, 줄기, 잎사귀 등으로 통합한다는 것이다. 그리고 그 극도의 세련미를 우리는 지금도 계속해서 가꾸고 있다는 것이다. 오, 이렇게 사이버네틱할 데가! 그러나 그들은 최초의 묵계를 감추지 못하고 있다. 즉 국가를 나무로 보거나 기관차로 보거나 여하튼 그것은 언제나 국가에 대해 산문적으로 말하고 있다는 사실을.

프랑스에서는, 폴 발레리의 말을 들어 보면, 1914년 전쟁 이후 여러 문명들이 스스로 유한한 존재임을 깨달았다. 그런데 독일에서는, 국가들이—사상의 거장들에 의하면 문명들이—1789년 이후에 스스로의 유한성을 깨달은 것으로 되어 있다. 마르크스가 동양에서는 페르시아가 유일하게 역사적인 인민이라고 말한 것은 헤겔의 『역사철학』을 읽고서이다.

"페르시아인들은 최초의 역사적 인민이며, 페르시아는 멸망한 최초의 제국이다. 중국이나 인도가 오늘날까지 식물적인 자연스러운 생존을 영위해 오며 정체상태에 머물러 있는 것과는 달리 이 나라는 진화와 혁명을 끊임없이 되풀이했다. 진화와 혁명이야말로 역사를 구성하는 기본적인 조건인 것이다. 의식과 정신의 세계에서 일어난 조로아스터의 빛도 (…) 페르시아에서 처음으로 빛나기 시작했다." 그래서 하필 차라투스트라인 것이다[니체의 차라투스트라가 조로아스터임].

국가는 유한한 존재이므로 기관차이다. 자신이 언젠가 죽어야만 한다는 것을 알고 있을 때, 이것은 좋은 기관차가 된다. 페르시아가 "최초의 보편적인 역사가 된 이유도 여기에 있다. 왜냐하면 절대적 안티테제를 통한 주체의 영원한 내재화와 화해야 말로 역사 속에서의 정신의 일반적인 관심사이기 때문이다."[18] 우리 살아 있는 사람들에게 있어서 안티테제는 죽음이다. 우리 의식 있는 사람들에게 있어서 우리 자신의 죽음은 안티테제를 '절대적'으로 만드는 수단이다. 국가는 인민 각자가 그 안에서 자신의 유한적인 삶을 살고 있는, 살아 있는 기관차이다—사람들은 유한한 삶 속에서 조국을 위해 죽는다. 합리적인 근대국가는, 그 국가 자신이 위험하다는 끊임없는 인식 속에 세심하게 조립된 기관차이다.

마키아벨리는 헤겔보다 3세기 앞서 근대적 군주는 자기의 권력을 확립시키기 위해 가장 단호하고 피비린내 나며 위선적이고 은밀한 수단을 동원해야만 한다고 말했다. 연구자들은 마키아벨리가 군주에게 비밀을 간직하라고 **공개적으로** 요구하는 그 아이러니를 자주 지적했다. 이 책은 군주에게 인민을 억압하는 1천 1개의 방법을 보여 주고 있으며, 인민들에게는 군주의 1천 1개의 음모를 보여 주고 있다. 청년 헤겔은 아마도 너무 혁명적이었기 때문에 그 패러독스를 이해하지 못한 듯하다. 그는 마키아벨리를 인정했다("썩어 들어가는 다리를 라벤더 향수로 치료할 수는 없다"). 그는, 나중에 독일인의 성질이 될, 그 진지함으로 마키아벨리를 이해했다. 즉 마키아벨리는 군주 하나만을 상대했고, 정치학은 단지 국가에 대해서만이 아니라 국가를 위한 학문이기도 하다, 라고 말이다. 국가 자체가 유한한 것이므로 국가 주위의 모든 것도 유한한 것이어야 한다. "한 국가에게 있어서 무정부주의의 도입은 가장 큰, 아니 유일의 죄악이다."[19]

규율 기계

  국가를 아무리 복잡하게 말한다 해도 근대의 합리적 국가는 두 가지의 특징으로 구분된다. 즉, 중앙집권적이고 가시적이라는 성질이다.

  만일 독일이 디아스포라diaspora에서 벗어나고 싶으면, 그 군대와 재정은 서로 분리될 수 없는 권한의 손에 맡겨져야만 한다. 즉 "정치권력은 단일한 중심으로 집중되어야 한다". 이 중앙집권화는 폭력적으로 이루어진다―국가가 평화적으로 탄생한다고 믿는 순진한 사상가는 한 사람도 없다. 이 폭력은 오로지, 그리고 필연적으로 물리적인 것만은 아니다. "이 중심이 일단 인민의 공포적인 존경심을 확보한 다음에"(헤겔)[20] 국가기구는 신민들에게 자발적인 행동 영역을 허락해 주어, 재산 소유의 자유와 사상의 자유를 행사하게 한다. 합리적인 국가는 모든 일—예컨대 개인의 자유 같은 일—을 참작한다. 국가는 신민의 생활을 **결정**하는 게 아니라, 다만 그것을 통제한다. 국가는 "예전에 우연히, 그리고 자의적으로 규제되었던 인민과 그 조직체의 조건 양상을 고도로 감시해야 한다. 그리해서 이 요소들이 국가의 우세한 활동을 방해하지 않도록 해야 한다. 국가는 모든 것들을 관할해야 하며, 이 목적을 위해서는 하위 기구의 권한과 특권을 박탈하지 말아야 한다."

고도의 감시 체제는 여러 가지 방법으로 생각될 수 있다. 그러나 그 원칙은 간단하다. 국가는 초월의 영역은 종교에 맡기고, 가시성의 영역, '현상들phénomènes'의 영역, 외관의 영역만을 확보한다. 소위 '자유주의적'이라고 불리는 그의 첫 번 저서에서 피히테는 교회와 국가와의 분리를, 가시성과 비가시성의 분할과 동격으로 보았다.

"국가의 지배는, 교회가 양심에 대해 행사하는 지배처럼 불분명한 것은 아니다. 국가는 가시적 세계 안에 나타나는 행동들을 통제한다. (⋯) 잘 정돈된 기계 안에서 톱니바퀴가 서로 잘 물려 돌아가는 것을 확인해야 하듯이, 국가는 자기가 명령한 행동 하나하나의 결과를 확인해야만 한다. (⋯) 종교라는 목발에 의지해서 걸을 수밖에 없는 국가는 허약한 국가이다."[21]

헤겔은 피히테가 국가의 감시에 대한 개념을 너무 기계적이고 경찰적으로 발전시켰다고 비난했다. 그 자신은 국가에 그리스 비극의 사례를 덧붙였다. 헤겔이 해석한 바에 의하면, 안티고네는 비록 그녀의 의도가 순수하다 할지라도 유죄이다. 왜냐하면 의도의 참모습은 행동인데, 행동은 그 결과와 함께 가시적 공간에서 전개되고, 고도의 감시 대상이기 때문이다. 안티고네는 (국가에 반역한) 오빠의 유해를 (국가에 복무하다가 죽은) 다른 오빠와 마찬가지로 명예롭게 장사지내기 위해 조상 대대의 전통을 상기시킨다. 이렇게 함으로써 그녀는 크레온 왕의 권위를 부정한다. 그녀는 이곳의 법에 저곳의 정치를 대립시킨다. 죽음의 평등이 삶의 불평등에 도전한다. 그녀는 음모를 꾸미고, 혈족과의 관계를 돈독히 하고, '당黨'을 하나 세우며, 왕의 아들을 꺼꾸러뜨린다. 그녀의 여성성은 '내부의 적'이 된다.[22]

소포클레스의 비극에 대한 헤겔의 독창적인 해석이다! 그는 안티고네와 크레온이 둘 다 법을 어겼다는 점에서 똑같이 유죄라고 하며, 그 둘을 대칭적인 관계로 묘사했다. 비극은 정치화되었다. 헤겔은 나폴레옹의 공식도 뒤집었다. 나폴레옹은 아마 기회가 있었다면 괴테에게 "현대적 비극은 곧 정치이다"라고 말했을 것이다. 철학자에게 있어서는 이미 고대의 비극은 현대의 정치이다. 안티고네가 국가의 중앙집권주의를 문제로 삼을 때 크레온은 사자死者의 장례에 대해 간섭하고, 그리해서 의견의 자유를 침해하게 된다. 근대국가의 공간에서 그 두 진영은 소멸되어야만 하는 것이다.

그리스의 평계를 대고, 고도의 감시 기능을 가진 국가는 상호 감시의 메커니즘을 증대시킨다.

현대의 모든 시민은 안티고네의 운명과 비슷하다. 그의 제스처는 정치적 공간에서만 해석되고, 그가 위치해 있는 지점은 언제나, 소멸 가능하고 중앙에 집중되어 있는 정부를 문제 삼게 된다. "죄가 없는 것은 돌멩이뿐이다." 행동의 범위는 그들을 벗어날 수 있고, 그렇더라도 그 행동 범위는 중앙과의 관계 속에서 여전히 중요할 것이며, 가시적으로 남아 있게 될 것이다—개인은, 언제나 그 일방적인 측면 때문에, 자신이 보는 것보다는 남에게 더 많은 것을 보여 준다.

다시 말해서, 혐의 받는 자들의 법은 그냥 지나칠 수 있을지언정 결코 폐기되지는 않는다. 헤겔이 극적으로 묘사한 자코뱅 공포정치의 드라마는 시민을 지혜로 인도한다. 언제나 재생산될 수 있다는 점에서 이 지혜는 차라리 영원한 교훈이다. 구체제에서 이성적 국가로 변모하는 과정이 바로 거기에서 이루어진다. "의심은 거대한 힘을 움켜쥐고 마침내 군주를 단두대로 인도한다." 이 순간부터 국가는 신민들의 자유에 호소해야 하며, 이성의 지배가 전진하면서 사상의 거장들도 자신들의 이성을 견고한 구조물로 세운다.

다음과 같은 명제가 단번에d'un coup 제시된다.

1) 감시할 만한 사람(안티고네는 자기가 의식하는 이상으로 이러한 역할을 했다. 각자는 자기감시를 회피하는 경향이 있다. 왜냐하면 자기감시는 국가를 언급하지 않으면서도 국가의 중앙부를 건드릴 수 있기 때문이다.)

2) 상호 감시(개인이 빠트릴 수 있는 것을 타인이 본다.)

3) 감시의 중심부(국가). 그것은 가시성의 공간(1과 2)일수도 있고,

판옵틱한 감옥의 기본적 구조를 형성하는 구심력求心力의 감시일
수도 있다.

자신들의 (이데올로기적) 감옥에 갇힌 수인囚人들(안티고네, 크레온)은
자신은 보지 못하면서(왜냐하면 그들은 자신들이 단 한 개의 측면만을 갖고
있다는 것을 알지 못하므로), 관객 혹은 작가의 눈에는 보인다. 거꾸로
중심부에서 국가는 남의 눈에 보이지 않으면서 자신은 본다.

이 공식이 분명한 악마성의 열쇠를 제공한다. 너무나 놀라운 것
이어서 마르크스는 그것을 헤겔적 국가를 비판하는 충격적 논쟁
점으로 삼았다. 헤겔은 자신의 합리적인 구조물 위에 상상할 수
있는 가장 비합리적인 존재를 올려놓았다. 그것은 자연의 우연으
로 선택된 세습 군주이며, 어느 때는 변태이거나, 허약한 정신이
거나, 편집광적이거나, 선천적인 백치이다. 그 예는 수없이 많으
며, 왕정 자체보다 더 성가신 존재이다. 헤겔은 문제점을 정확히
보았다. 그는 그러한 군주의 존재가 자신의 합리적 구조물의 허
약성을 나타내는 것이 아니라 반대로 우월성을 증명해 주는 것이
라고 지적하고, 국가가 완전하면 할수록 군주의 성격은 문제가 되
지 않는다고 결론지었다. "행정부는 관료들의 세계 위에 놓여 있
는데, 그 관료 세계의 정점에는 군주의 개인적 결정이 있다. (…) 그
러나 국가의 법이 완전무결하게 수립되고 조직이 짜임새 있게 규
정된 곳에서, 군주 개인에게 맡겨진 결정권이란 극히 사소한 것이
될 수밖에 없다."[23]

판옵틱 감옥 안에 있는 중앙감시소에 감시자가 있고 없고는 별
로 중요하지 않다. 그 감옥이 정확한 규칙에 따라(견고하게 수립된 법,
잘 짜여진 조직과 함께) 구축되었다면, 이것은 항상, 그리고 언제라도

영원히 감시한다는 느낌을 줄 것이다. 우리가 우리의 감시자를 뒤돌아 볼 수가 없고 또 중앙탑의 감시자들도 우리를 뒤돌아 볼 필요가 없다는 점에서 그러하다. 이 중앙의 감시인은 모든 부재를 요구할 권리가 있다. 건물이 그의 이러한 기능을 충분히 돕는다. 눈을 감건 뜨건 간에 그의 시선은 항상 죄수들의 목덜미를 짓누른다.[24]

헤겔은 왕국의 중심부에 **아무라도** 갖다 앉힌다. "왕은 다만 '그래'라는 말만 하면 되고, 'i'자 위의 점 정도만 고쳐주면 된다." 여기에는 아무런 실패가 없고, 부주의라든가 불가피한 비합리성이라든가 반동과의 공모도 없다. 천재적인 머리로 이 철학자는 합리성(規律)의 극치를 정의했다. 즉 가장 우둔한 백치를 머리에 앉히고, 감옥은 제 기능을 하고 있는 것이다.

모순은 없다. 헤겔은 우두머리를 "남에게는 보이지 않으면서 자신은 보는" 그러한 사람으로 정의했다. 마르크스가 모순을 하나 읽기는 했으나, 그는 거기서 근대국가를 보지는 못했다.

높은 곳

현존하는 국가에 교훈을 주고, 민중들에게는 근대적인 국가를 세우도록 가르친다고 주장했던 그들은 실상 모든 것을 국가로부터 배웠다.

세계문명사는 국가들의 역사이며, 국가들은 반드시 죽어 없어지는데, 다만 그 국가들은 서로서로 다른 국가의 품안에서 죽는다—세계의 운행 속에서 국가들은 고리 모양으로 한데 연결되어 서로서로 문화의 횃불을 이어 준다. 헤겔 식으로 말하면, 첫 번째

전수자가 되어 자기의 후계자 앞에서 사라진 것이야말로 페르시아의 역사적 특권이었다.

"중국과 인도는 남아(살아) 있으나, 페르시아는 그렇지 못하다. 이 경우 그리스로의 계승은 (…) 똑같이 외부적인 것이다. 그것은 주권의 이양이며, 이때부터 이런 현상은 끊임없이 되풀이될 것이다. 왜냐하면 그리스는 로마에게 자기 문화의 지배권을 건네주었으며, 로마는 또 게르만에 복속되었기 때문이다."[25] 전쟁과 죽음과 예속—국가들의 역사는 철학적으로 세계화했다.

역사의 교훈에 사회학의 실용적인 연구들이 합쳐졌다. 헤겔은 근대국가가 기능을 잘 발휘할 수 있도록 민중을 세 계급으로 나눴다. 그 첫 번째는 군인과 관료의 직책을 맡은 귀족이다. 이들은 개인적인 이해利害나 죽음 같은 것에 개의치 않고, 전쟁 시대건 평화 시대건 간에 국가의 공적 이해利害만을 수호한다. 마르크시스트들은 거기서 헤겔의 공상적 '이상주의'의 증거를 보았다. 좀 더 순진한 관찰자라면 거기서, 나중에 소련 및 여러 사회주의 국가들의 관료제도를 가리키는 '노멘클라투라nomenklatura'[공산국가의 권력 서열 리스트]의 교묘한, 그러나 너무 낙관적인 예시像示를 보았다고 생각할 수도 있다. 이 '귀족'은 모든 권한에 열려 있고, 시험에 의해 모집된다—나폴레옹의 '제국의 귀족' 혹은 프로이센의 개혁에서 착상을 얻은 이 귀족은 프랑스 행정부와 그 국가교육기구인 ENA[Ecole nationale d'administration, 프랑스 국립행정학교]를 예고하고 있다.

중간계급은 노동과 필요와 개인적 이해利害의 세계 속에서 활동하는 사람들이다. 그것은 부르주아 공민公民civile사회 전체이고, 생명의 안전을 보호받는 도시 주민이며, 다시 말해 부르주아, 장인匠人들, 직공 조합원들이다(당시에 노동자들은 그 누구도 독립적이지 않았다). 세 번째 계급인 농민들은 토지와 밀착해 있으므로 '먹을 것이 풍족했다'. 그러나 이 계급은 '자기의식'이 결여된 것으로 간주되었다(마르크스는 농민=야만인이라고 거듭 말했다). 자기 이외의 사회계층에게 일용의 빵을 공급하고, 대의를 위해서는 자신의 피도 바치는 농민은 헤겔적 의미에서 군대의 힘이 되고 국가를 결속시키는 요소가 된다. 그러나 그들에게 주어지는 말은 오로지 "죽어라, 그리고 입 닥치고 있어라"인 것인가.

역사와 사회에 대한 이 같은 판옵틱한 전망 속에서 국가는, 처음에 추악한 유대인의 것으로 표시했던 지배와 피지배의 관계를 이제는 자기 것으로 만들 수 있게 되었다. 모든 것을 지배하는 국가는 자신의 부르주아적 유대인성帷까지도 지배한다. 비록 헤겔이 프롤레타리아 독재를 창출해 내지는 않았다 해도, 국가에 대한 봉사를 새로운 관료 귀족과 독재적인 프롤레타리아로 정의한 것을 보면, 그에게서 프롤레타리아 독재의 기미를 느낄 수 있다.

누가 누구의 어깨 위에 올라가는가

우선 보기에 국가는 에베레스트 산인 것 같아 보인다. 그 꼭대기에 올라앉은 사상의 거장은 근대 지구의 넓이를 판단하고 그 깊이를 측량한다. 세계의 지붕은 사상가의 두뇌 밑에 있으며, 이 사상가의 머리는 그의 어깨 위에 올라가 근대국가의 플래카드와 곡괭이 자루를 더욱 더 높이 쳐들고 있다.

사상의 거장들은 비록 그들이 근대국가의 샌드위치맨이나 혹은 징병하사관이 되었다 할지라도, 근대국가를 발명해 낸 사람은 아니다. 그들은 그들의 불안한 공동空洞 속에서 앎과 권력, 전문가와 규율적 사회, 새로운 지식인과 새로운 국가 등을 유럽의 여러 혁명들을 본떠 새롭게 결합시키려 모색했다. 그러나 결코 그다지 '이상적'이지는 않게!

나는 생각한다, 그러므로 국가는 존재한다

젊은 유럽인의 내면의 드라마나 지적 이정표는 2세기 전부터 별로 변한 것이 없다. 헤겔은 지배의 사랑(유대인)과 사랑의 지배(때에 따라 그리스 식의 애국, 혹은 기독교적 사랑)의 대비 속에서 자기의 사상을 정립했다. 몇 년간 신경쇠약을 앓은 후 그는 마치 사르트르의 주인공처럼 자기 손을 더럽히는 법을 배웠다. 그래서 현실 참여와 자신의 '아름다운 영혼'(현실 순응적 자세)을 맞바꾸었다.

"생각하고 이해한다는 것, 그것은 지배한다는 것이다"[26]—이 적절하고도 새로운 표현들의 기초 위에서 그는 자신의 학문을 정립했다(그의 『대 논리학』에서 '개념'이라는 말을 지워 버리면, 이 책은 속이 텅 비게 될 것이다). 처음에 헤겔은 이 표현을 '유대인적'이라고 선언하며 두려움에 질려 물러섰다. 그런데 나중에 그는 거기에 익숙해졌다. 그리고 그 안의 유대인은 더 이상 '추상'의 공포를 분극分極화시키지 못하면서 결국 자신의 중요성도 잃었다. 근대국가는 자신의 부르주아적 추상화抽象化를 제거하지 못하지만, 좀 더 '추상적'인 국가를 통해 부르주아의 추상을 지배한다. 최고의 추상적인 공포를 모든 사람들의 머리 위에 드리우는 방법인데, 위험에 처한 조국이 죽음의 위기에 직면하고 있다는 공포감 같은 것이 바로 그것이다.

세계의 역사는 동방국가에서 생겨났다고 '노년'의 헤겔은 말했다. 그 동방국가들이란 도덕적인 자유는 부족하지만 '추상화抽象化가 최고의 법칙'인 곳이며–관료들이 세밀한 방법으로 계산을 하며 거대한 제국을 공고히 다지는 그러한 곳이다. 역사의 세계성의 인식은 '추상적으로' 보편적인 유대인의 종교에서 시작된 것도 아니고, 그리스 철학에서 시작된 것도 아니다–그것은 로마에 이르러서야 시작되었다. 헤겔은 이렇게 말했다. "세계 역사에서, 로마와 함께 비로소 정치가 추상적이며 보편적인 운명으로서 등장했다." 항상 숭앙받았던 그리스의 이상은 이제부터는 제국적이므로 보편적인 두 국가, 즉 페르시아와 로마 사이에 교묘하게 끼어들게 되었다.

세계의 흐름이 보편 지배의 흐름이 되기 위해, 이제 유대인에 대한 공포와 그리스에 대한 향수는 극복되었다.

"모든 것이 태어나고 소멸하는 것은 시간 속에서 이루어지는 것이 아니라, 시간 자체가 이러한 **생성**이요, 탄생이요, 소멸이요, 현존하는 **추상화**抽象化이다. 그것은 모든 것을 낳고, 자기 자신의 어린애들은 삼켜 버리는 크로노스Chronos(시간이자 사투르누스Saturnus)[그리스 신화에서 제우스 형제들의 아버지인 크로노스의 이름은 '시간'이라는 뜻이고, 로마 신화에서는 사투르누스가 되는데, 이름은 '씨를 뿌리는 자'라는 뜻이지만 제 자식들을 잡아먹는 측면이 강조된]이다."[27]

국가철학, 관료철학, 제국주의 철학은 다같이 "이해한다는 것은 지배한다는 것이다"라는 똑같은 밭에서 경작한다. 데카르트는 자신의 모든 형이상학적 여정을 단 하나의 공식으로 요약했다. 그것은 "나는 생각한다, 그러므로 신은 존재한다"라는 것이다. 지난 2세기 전부터 여러 완전한 국가들의 투사들이 나지막한 목소리로 뱉어 내는 말소리를 들어 보라. 그것은 "나는 생각한다, 그러므로 국가는 존재한다"라는 것이다. 우리 모두 잘 들어 보자.

유럽의 부랑배들

유대인의 개념은 유대인의 현실에 의해 설명된 것이 아니라, 개념의 필요성에 의해 설명되었다. 국가이성raison d'Etat이라는 것을 예로 들어 보자. 아브라함의 운명이라고 일컬어지는 이 지배의지는 근대국가의 법이 되었다. 신경쇠약에서 벗어난 후 개념과 현실과의 조화가 잘 이루어졌을 때, 헤겔은 보편적인 추상화를 세계사에 투사했는데, 이때 세계사는 추악한 것이 아니라 존경스러운 것이 되었다.

버클은 채워졌다. 유대인이 겨냥의 표적이 된 것은 내부의 적으로서였다. 이런 구도를 만들어 낸 독일의 지식인은 전혀 독창적인 것이 아니었다. 이미 과거에도 유대인들은 '조직'과 '배타심'으로 "국가 안의 국가"를 만들었다느니(도스토옙스키), 그들의 '비루함petitesse'이 술집이나 고리대금업에 잘 들어맞아 "인류 전체를 파산시키려는 구제불능의 도덕적 과오를 저질렀다"(역시 도스토옙스키)[28]는 등의 말이 있었다. 그들의 **비루함**은 국가의 의미를 절대적으로 무시하는 그들의 성향에서 잘 나타난다. 좌익 쪽에서 프루동은 두 가지의 주제를 결합시켰다.

"유대인에 관해 특히 강조된 몇 페이지들이 있다—유럽 전체에 걸친 프리메이슨의 비밀결사가 그것이다. 국가를 형성할 능력도 없고 자기 자신을 통제하지도 못하는 한 종족이, 다른 사람들을 착취하는 데는 아주 능통하다. 보헤미안이나 폴란드 이민자들, 그리스인, 여하튼 방랑하는 모든 사람들과 유사하다."

방랑하는 모든 사람들, 그것이 문제이다. 유대인의 망토 밑에서, 그들은 국경선을 넘어 국가를 벗어나려는, 그리해서 규율적인 사회를 뒤흔들어 놓는 소수민족 모두를 비난하고 있는 것이다. 유럽의 여러 국가들은 주변인간들을 배제하려고 애쓴다. 사상의 거장들은 숙청의 거장들에게 바통을 건네주었으며, 이들 숙청의 거장들은 나치의 유대인 수용소나 동성애 수용소, 혹은 소련의 수용소 안에 모든 일탈자들을 한데 섞는 작업을 했다. 자유주의적인 유럽은 좀 더 조용하게 동화와 표준화를 달성하려 했다. 그러나 문화적 집단학살이 육체적인 집단학살로 대치되었다.

그레구아르Grégoire 사제가 1775년부터 유대인의 해방을 호소했을 때, 그는 이 문제가 단순히 유대인의 문제만은 아니라는 것을 잘 알고 있었다. "프랑스는 800만의 신민을 그 안에 품고 있다. 그 중의 일부는 불분명한 단어들과 몇 개의 불완전한 숙어를 가지고 떠듬거리며 말할 수 있으나 그 나머지는 프랑스어를 완전히 모르고 있다." 당시 프랑스 인구의 3분의 1에 해당하는 이 말은 완전히 국가의 문제에 대한 언급인 것이다.

권리의 평등은 당연히 동화同化로 이어져야만 한다. 그러므로 "튜튼의, 히브리의, 랍비의 사투리들"은 제거되어야만 할 것이다.[29] 이것이 알사스 유대인들의 '방언'에 주어진 명칭이었다. 근대국가는 거기서 자신의 주적主敵을 명명했다. 즉 라인 강 건너편의 이방인, 가장 전통적인 전통(히브리적)과 종교가 그것이다(그런데 알사스의 유대인 랍비에 대한 경멸은 나중에 파리 사람들이 방데Vendée의 사제들을 경멸하게 될 역사적 사실의 전조였다고 할 수 있다).

근대국가는 베카신Bécassine, 유팽Youpin, 비코Bicot, 페데Pédé[각각 브르타뉴 여자, 유대인, 아랍인, 남성동성애자를 경멸적으로 이르는 말] 들을 사촌으로 취급했다. "왜냐하면 우리는 항상 죽음을 불러들이는 미끼새 앞에서 살고 있기 때문이다. 최소한 국가적인 소명을 갖고 있는 인간집단만이 존재의 권리를 인정받고 승인될 수 있다"(마리앵스트라스R. Marienstras).

정치인과 그의 타자

국가의 유대인이 전부 유대교도는 아니라 할지라도 신생국가들은 모든 교란적 요소들에게 가할 수 있는 조치를 유대인 전체에게 실험해 보는, 그러한 두드러진 경향을 갖고 있었다. 그 때문에 '그리스도를 죽인 민족'에 대한 뿌리 깊은 기독교인의 증오를 동원하기는 아주 쉬웠다. 여러 국가들이 쉽게 그런 경향을 띠었다고는 하지만, 점차 종교적 색채가 엷어져 가는 사회에서, 그리고 이미 오래전에 신이 죽었다고 생각하고 있는 사상가들 속에서, 또 유물론적이거나 이단적임을 자처하는 정치 경향 속에서, 점점 파국적으로 폭발해 가는 인종적 증오를 단지 종교적인 문제로만 설명한다는 것은 좀 무모한 일이다.

'국가 속의 국가'라는 유대인에 관한 공식은 실러Schiller에 의해 다시 거론되었고, 그는 반反 유대의 거대한 폭발 훨씬 이전에 이 공식을 잘 이용했다. 이 시인은 이집트의 유대인의 상황을 예로 들었다. 파라오의 제국 속에서 '천막 생활을 하고 있는' 이 방랑인들은, 도시 생활에 참가하지 않을 자유가 허용되어, 그들의 종족적인 자치권을 보존하고 있다는 것이다. 이 민족은 '모세의 소명'(실러의 책 제목[독일어 원제는 『이집트인 모세』], 이것은 유대인에 관한 공식을 고수하고 있는 사람들에게 있어서는 너무 민주적이며 친유대적으로 보일 것이다)이 효과를 발휘하게 될 때는, 스스로를 해방하기 위한 집단적인 행동도 할 준비가 되어 있을 것이다. 유대인적이라 함은, 모든 국가 외적 공동체, 중앙집권적 행정부의 통제를 벗어나는 모든 집단생활, 개인의 사생활과 공공 임무 사이의 양자택일에서 벗어나려 하는 모든 파괴의 가능성 등을 말한다. 그 하나의 지표가 있다.

> "어느 날 옛 도시를 가로지르다, 나는 긴 카프탄 코트를 입고, 검은 머리를 둥글게 틀어 올린 사람과 마주쳤다.
> '이 사람도 역시 유대인인가?' 하는 것이 내 첫 생각이었다.
> 린츠Linz의 주민들은 이런 모습을 하고 있지 않다. 나는 이 남자를 몰래, 그러나 주의 깊게 뜯어보았다. 그러나 이 이상한 얼굴을 관찰하고 그 특징 하나하나를 자세히 살펴보면 볼수록, 내 머릿속에서는 첫 번째의 의문이 다른 형태를 띠기 시작하는 것이다. 이 사람도 역시 독일인인가?"[30]

이것은 많은 것을 시사하는 이야기이다. 전에 히틀러는 반 유대주의를 이해하지 못했었다. 그 후 몇몇 팸플릿의 도움으로 그는 자신의 깃발을 만들었다. '긴 카프탄 코트를 입은' 사람이라는 말 속에서 그를 사로잡은 것이 있었다. 유대인인가? 아니다. 우선은 비非 독일인이다. 그가 조금만 손을 보면, 비인간이 될 수도 있다. 그때부터 그는 스스로 하나의 임무를 떠맡았다. 즉, 도처에서 유대인을 점찍어 내고, 동화된 자들을 다시 원점으로 되돌려 보내는 것이다. 왜냐하면 유대인의 진실은 결코 동화될 수 없는 이 긴 카프탄 코트 안에 있기 때문이다. 무엇에 동화되지 않는가? 종교에? 그 자신도 종교는 갖고 있지 않다. "이 사람은 또한 독일인인가?" 그렇게 검은 머리타래를 했는데? 민족-국가에 동화되지 않은 사람이다!

증오가 유대인에게 집중될 때, 그 유대인을 바라보는 자는 국가가 아니고 누구란 말인가? 그리해서 국가가 일석이조로 노리는 것은, 국가를 벗어나려는, 모든 방랑하는 가난뱅이들, 반국가적 전복의 가능성을 지닌 모든 사람들이 아니고 누구겠는가?

이데올로기적 곱셈

사상의 거장들은 인종차별주의 앞에서 무장을 해제한다. 그들은 기독교적 영향력 밑에 있는 것도 아니고(오늘날까지도 무신론이라는 혐의를 받고 있는 그들은, 자기들의 이론이 아닌 다른 도그마를 숭배하기에는 너무나 독립적인 사람들이다), 심리적 혹은 정신병리적 장애를 갖고 있는 것도 아니다(다소간 그렇지 않은 사람이 어디 있는가?). 모든 사람들이 사상의 출발점을 국가로 잡게 되었으므로, 그들도 국가가 자기 영토 안에서 행사하는 인종주의적 감시를 합법적이라고 생각하게 되었다. 유대인은 파괴해야 할 중심 타깃이 되었다. 영혼의 비루함으로 인해 국가의 개념을 갖지 못했기 때문이거나(헤겔은 유대인과 함께 흑인의 예속상태도 정당화했다. 왜냐하면 "오늘날 우리가 보는 바와 같이, 그리고 그들이 항상 그래 왔듯이, 그들의 천성적 조건은 어떤 발전이나 어떤 문화에도 적합하지 않기 때문이다"[31]), 또는, 국가 속의 국가로서 외국 첩자의 기능을 하기 때문이다.

이러한 국가인종주의는 19세기에 거의 일반적인 경향이었던 반
유대주의의 근거를 마련해 주었을 뿐만 아니라, 같은 시대에 폭발
된 인종주의적 대중운동에도 열쇠를 마련해 주었다. 1819년 "헤
프(HEP, 예루살렘은 몰락했다Hierosolyma est perdita)! 헤프!"를 외치며 유
대인을 쫓기 시작했던 독일 학생들은 민족주의 학생들이었다. 유
핀의 시체 위에, 그들은 교회가 아니라 국가를 세우려 했다. 이 현
상을 전통적인 종교적 반 유대주의 혹은 개인적인 병리적 현상이
라고 국한하여 설명하는 역사적 해석 방법은 모두 절름발이의 해
석이다. 근대국가의 출현과 인종주의의 부활이 시기적으로 일치
한다는 것은 언제나 입증된다.

1915년, 청년터키당원에 의한 아르메니아인들의 학살은, 이 문
제에 있어서 종교적인 변명이 얼마나 다양한가를 잘 보여 주는 것
이다. 변하지 않는 것은 오로지 국가에 대한 숭배뿐이다. 세속적
이고 민주주의적이고 민족주의적인 청년터키당원들은 옛 오스만
제국의 폐허 위에 근대국가를 하나 세우고 싶었다. 그런데 아르메
니아 사람들은 문화적으로 동화되지 않는 종족이었다. 그들은 글
을 깨우쳐 알고 있었다. 종교적 경제적으로 그들은 기독교인이고,
상업 부르주아 엘리트를 갖고 있었다. 비록 그들이 청년터키당원
들의 권력에 시비를 걸지는 않는다 하지만, 그들의 존재 자체가
고도의 감시라는 투명한 공간 속에서 불투명한 지대를 형성하고
있었다. 신중한 다른 유럽 국가들은 이러한 국가이성을 잘 이해했
다. 피에르 로티Pierre Loti는 프랑스에서 그것을 찬양했고, 레닌은
청년터키당과의 우의를 다짐했으며, 히틀러는 이 문제의 해결 방
법을 유대인 문제에 적용하겠다고 공공연히 선포했다.

모든 규칙에는 예외가 있는 법이다. 이탈리아 국민들이 그것을 보여 주었다. 그들의 파시스트 국가가 20년 동안이나 인종주의를 국가강령으로 삼았는데도 이탈리아 국민들은 반 유대주의를 거부했다. '게토'라는 말을 만들었고, 이 특정 지역 속에 유대인을 가두어 살게 했던 이탈리아에 '종교적인 뿌리'가 없는 것도 아니다. 그런데 유대인 부르주아의 존재에도 불구하고 이탈리아에서는 반 유대주의를 합리화하는, 소위 '경제적 대의'가 기능을 발휘하지 못했다. 유대인에 대한 이탈리아인의 태도는 국가에 대한 이탈리아인의 태도와 별로 다를 것이 없다. 반 유대 십자군에 열광하지는 않았지만, 이탈리아인들 역시 다른 유럽 국가와 마찬가지로 1914~1918년 전쟁 때 완전히 고삐가 풀려 있었다. 그 당시 그들은 노조를 선두로 하여 모두 소매를 걷어 붙일 것을 호소하는 좌익의 명령도 듣지 않았다.[32] 이탈리아인들은 참으로 **동원**하기 힘든 민족이다. 그들은 반 유대주의자가 아니며, 국가에 대한 숭배도 갖고 있지 않다. 한쪽이 다른 한쪽을 설명한다.

거기서 우리는 단순한 이념들이 합쳐져 **이데올로기**의 역할을 하고 있다는 것을 알 수 있다. 이 단순한 이념들이 20세기의 대량학살들에 자양분을 주고, 그 대량학살들에게 전달 장치, 공명기共鳴器, 혹은 합리화의 요소 역할을 했다는 것, 다시 말해서 바퀴에 기름을 치고, 제초기의 용수철을 팽팽하게 해 주는 역할을 했다는 것을 안다. 이데올로기가 없었다면 범죄는 맥베스Macbeth 정도의 것으로 열 손가락으로 헤아릴 수 있을 만큼의 숫자밖에는 없었을 것이다. 이데올로기 때문에 범죄는 수용소군도 정도의 숫자로 불어났다.

그 이데올로기의 지렛대가 국가권력이라는 것을 우리는 쉽게 확인할 수 있다. 모든 이데올로기들은 세계의 변형을 꾀하고 있고, 이 계획을 국가권력에 의해 이룩하려 한다. 사상의 거장들은, 국가에게 그들의 이성을 제공했다는 점에서 지배 이데올로기의 아버지들이다.

예나전투(1806)에서 승리한 나폴레옹(백마 탄 이)을 보고 헤겔(오른쪽 책 낀 이)은 "저기 세계정신이 지나간다"라고 외쳤다고 한다.

2
왜 나는 그토록 혁명적인가
우선 피히테

천민과 노예들이 대대적으로 일어나 봉기할 시간
이 도래했도다. 그 규모는 창대하고, 행동은 거칠
고, 시간은 참을성 있게 길어서, 폭동은 끊임없이
일어나고 번질 것이니.

— 니체, 『차라투스트라는 이렇게 말하였다』, 제3권

내 안에 들어 있는 세계정신을 나는 마치 친구의 손
처럼 잡아 본다. 잠에서 깨어났을 때, 나는 내 손을
정말로 꽉 잡았던 것 같은 느낌을 갖는다.

— 횔덜린, 『히페리온』

아무 곳으로도 인도하지 않는 거장들을 위한 변명

민중에게 좀 더 말을 잘해 주기 위해 조약돌을 씹었던 데모스테
네스[Demosthenes, 기원전 3세기 그리스의 정치가이자 웅변가]는 거장들을
열광시켰다. 모세는 민중을 약속된 땅으로 인도해 가는 안내자이
기 때문이 아니라, 사람들을 집합시켜 파라오의 이집트에서 벗어
나도록 했기 때문에 역시 그들을 열광시켰다. 그들은 이탈리아 군

195

대를 호령하는 나폴레옹에 대해서도 열광했다. "나는—세계정신
인—황제가 정찰을 위해 도시를 벗어나는 것을 보았다. 그런 인물
이, 말 위에 탄 채 한 곳에 집중하면서 세계에 뻗어 나가 온 세계를
지배하는 것을 보는 것은 실로 놀라운 느낌이다"(헤겔, 1806년 예나 전
투에서).[1]

열여덟 살쯤에는 그들은 학자나 철학자보다 예언자가 되기를
원했지만, 그들이 대중을 이끌기를 원한 것은 바로 이세상에서였
다. 그들이 죽은 지 100년이 지난 후, 사람들은 사변철학의 영광
이, 그리고 그 철학이 전달해 준 혁명의 불씨가 아주 꺼진 것이 아
니라 다만 잠깐 덮여 있었던 것이 아닌가 자문하게 되었다. 한 세
대에서 다음 세대로 이어지며(아테네 이래 철학자들이 대를 이어 계속되는
것은 똑같은 장소, 똑같은 역사 속에서이다!) 그들은 자꾸 새로 시작한다.
뷔히너[Georg Buchner, 1813~1837, 요절한 독일의 극작가, 대표작은 『당통의
죽음』]는 "성城에는 전쟁, 초가집에는 평화"라는 기독교-좌파의 삐
라를 뿌리고, 독창적인 연극을 창안한 뒤 23세에 죽었다. 그 다음
에는 청년독일당, 또 그 다음에는 드레스덴의 바리케이드 위에 올
라선 바그너와 바쿠닌Bakunin의 친구들, 그리고 자기가 사는 외진
구석에서 '나는 다이너마이트다'라는 것을 알았던 니체가 이어졌
다. 자기가 사는 외진 구석이라고? 그건 세계다. "과거와 미래 사
이를 마치 무거운 구름처럼 지나가는."

모든 사람이 사상의 거장이 될 수는 없다. 횔더를린도 그 범주에
서 벗어나고, 뷔히너와 하이네, 그리고 다른 사람들도 그렇다. 모
든 사람들이 세계의 황제를 경탄의 눈으로 바라보지는 않았다. 그
들은 다른 것에서 경탄의 감정을 맛보았다. 그러나 그들은 모두,
바라보고 느낀다는 점에서는 같았다. 황제는 죽은 자와 죽어 가는

자들의 유혈이 낭자한 전쟁터에서 말 위에 앉아 있다. 자신의 몸을 움직이면 전 세계가 흔들리는 그러한 개인들이 있다. 그리고 그들은 군단을 하나 조직할 만큼 수가 많다. 20세기의 개인 숭배라는 현대적 예식을 위해 뿌려진 수 톤의 향수는 얼마나 많은 것들을 덮어 주고 있는가. 그들의 눈에는 나폴레옹에 대한 헤겔의 경탄이 놀라운 지성과 절도와 명석성으로 보이는 것이다.

"혁명 덕분에 프랑스 국민은 성년의 인간정신이 겪어 온 수많은 제도들에서 해방되었을 뿐만 아니라 (…) 개인들도 일상생활의 타성과 죽음의 공포에서 벗어나게 되었다. 상황의 변화는 삶의 일상성으로부터 모든 견고성을 박탈했기 때문이다."

그들의 방법에 비교해 볼 때 우리의 사유방법은 좀 더 간결하다. 1976년에, 별로 도전을 받지 않았던 프랑스 마르크시즘은 한 우등생으로 하여금 새롭고도 떠들썩한 진실을 발설하도록 했다. 그는 사회주의국가의 강제수용소에서 죽은 수백만 명에 의해 제기된 문제에 대해 마르크스의 이론을 개진하는 것이 옳다고 했다. 이때까지는 마르크스의 영광만을 노래했고, "과학이론의 바다 속에 역사라는 대륙"을 떠오르게 했으며, **우리** 역사의 수용소군도에 대해서는 아직 한 마디도 안 하고 있는 이 '고통 받는 육신'에 대해 우리는 그저 "안됐군!"이라고 비탄의 탄성을 지를 수밖에. 사상가들이 굳이 자기 시대의 역사를 생각할 필요가 없다고 말하는 자들에게 들려줄 말이 하나 있다. 즉 이론이 **노동운동사**만 찬미하고, 죽음의 수용소로 호송되는 실제의 노동자, 농민, 지식인 들에 대해 침묵을 지킨다 해도, 그 이론은 여전히 실제의 역사를 환기한다는 사실이다. 왜냐하면 그것은 주체부의 이론이 아니라, 단순히 크렘린에서 전 세계로 보내는 청원 캠페인의 이론이기 때문이다. 소위

"수많은 사람들의 손을 모아 냉전의 지평선에서 재앙의 그림자를 물러나게 하는 고통스럽고도 긴 투쟁"(알튀세르)이다. 이미지의 아름다움은 사상의 고양에 정비례한다. 마르크스주의 '철학자'는 여기서 핵무기 반대 서명—스톡홀름선언—을 환기하고 있다. 그런데 이 서명은, 소련이 이 분야에서 열세를 보이고 있는 상황에서 전 세계에 던져진 호소라는 것에 주의할 필요가 있다. 정치가 빈약한 이 시대에 수용소군도의 수감자들의 수는 100만은 더 늘었을 것이다. 물론 사소한 일이다. 그러나 만일 19세기에 이런 일이 일어났다면 마르크스를 포함하여 독일의 그 어떤 사상가나 '노동운동'도 가만히 있지 않았을 것이다.

만일 "구체적 상황의 구체적 분석이 마르크시즘의 생생한 정신"(레닌)이라면, 위에서 말한 구체적인 분석이야말로 자신의 생생한 정신을 보여 주는 것 아닌가. 이론에 강한, 섬세한 정치가인 레닌은 헤겔의 '절대적인 착란'을 진단하기 위해 자기의 마르크스주의 지식을 동원했다! 그런데 이 교훈은 그것을 듣고 회개하는 한 진지한 사람—대학사회와 정치계에서 가장 우수한 사람—에 의해 집행되고 있다.

—여기 장미가 있다. 여기서 그대 춤추라(헤겔). 여기서 사람들은 당신을 꺾는다. 진흙에서 파냈건 피 속에서 파냈건, 그리고 종이 꽃이건 수사학에 불과한 꽃이건 간에, 현실은 무슨 수를 쓰더라도 이 꽃들을 우리 손안에 놓아 줄 것이다.

지난 세기의 거장들로부터 오늘날의 소小 거장들은 꽃다발을 만드는 기술밖에는 배우지 못했다. 내용물이 아니라 방법만을 배운 것이다. 모든 것을 거장들로부터 배웠는데, 다만 이제는 머리를 드러내기 시작하는 괴물의 면상을 자세히 뜯어보는 용기만은 제외되었다. "증인 앞에서의 용기가 아니라, 증인으로 내세울 신이 더 이상 없으므로 고독한 독수리의 용기이다"(니체). 우리는 창백한 그들의 입술에서 가장 악마적인 진리, 즉 "생각한다는 것은 지배하는 것이다"라는 악마의 진리를 간파해야만 할 것이다.

물론

19세기 내내 독일 사상은 프랑스혁명을 생각했다. 따라서 그 사상은 철학이 아니라 과학이 되고 말았다. 혁명의 과학이다. "헤겔 철학은 혁명의 대수학이다"라고 러시아의 혁명가 게르첸[Alexandr Ivanovich Gertsen, 1812~1870, 러시아의 사상가, 소설가]은 말했다. 80년 후 게르첸의 한 충실한 독자(레닌)는 마르크시즘을 정의하기 위해 이 공식을 차용했다.

(1960년대 파리의 윌름 가街 고등사범 근처에서 하나의 발견이 이루어졌다. 거기서 누군가가 "글자 그대로 전대미문前代未聞의 현실에 대한 사유를 시도했다." 그것은 선례가 없으므로 '전대미문'인데, "혁명이론으로서의 마르크스주의 이론, 혁명과학으로서의 마르크스주의 과학"(루이 알튀세르)[2]이 바로 그것이었다. '전대미문의inouï'라는 형용사를 강조하는 것은 '결코 범상하지 않은' 노력이 수행되었다는 것을 말하려는 것 같다. 달리 말하면 그렇게 많은 것을 청취한 전대미문의 큰 귀耳를 발견했다고 할 수도 있겠다. 이 단어가 가진 약간 향토적인 지방색을 감안하더라도 이 형용사는 정확하게 선택된 말이라고 할 수 없다. '이 전대미문의 현실'이 19세기의 독일을 보통보다 훨씬 더 나쁘게 만들어 주었다. 마르크시스트건 아니건 간에 유례 없는 '대수학', … '혁명의' 대수학을 자처하는 이론이나 과학이 도대체 무엇이란 말인가?)

1973년에 전대미문이라고 선언되었던 과학과 혁명의 결합(이것은 우리의 과학이라는 관념 안에 결정적인 어떤 것을 흔들어 놓았다)을, 피히테는 이미 초기 철학에서 맞닥뜨렸다. 1774년에 그 조우는 '결정적'이었다. 1973년이 아니다.

"이 나라가 인류를 물질적 예속에서 해방시켜 준 것과 꼭 마찬가지로 나의 체계는 이 나라를 사물 자체의 속박에서부터, 그리고 외부의 영향이라는 속박에서부터 해방시켰다. 내 체계의 제1원칙은 인간을 독립적인 존재로 만드는 것이다. 활력이 넘치는 프랑스 민족이 정치적 자유를 쟁취했던 시기에 과학의 학설이 태어났다. (…) 내가 좀 더 고양될 수 있었던 것은 프랑스 민족의 가치 덕분이다."[3]

프랑스혁명 때부터 사람들은 더 이상 지식savoir을 좋아하지 않고, 그저 단지 알기만on sait 했다. 철학자이기보다는 차라리 과학자였다. 헤겔은 그의 최초의 대작—『정신현상학』—서문 셋째 페이지부터 이 말(Philo-sophie, 지혜—혹은 과학 등등—에 대한 사랑이라고)을 풀이하면서, 그의 과학이, 자신이 조심스럽게 '우리시대'라고 이름 붙인 프랑스의 사건들로부터 시작되고 있음을 밝혔다. "우리시대가 철학을 과학의 위치로 올려놓기에 유리한 시기라는 것을 증명할 수 있다면, 이 목표의 필연성을 자명한 것으로 증명하면서 동시에 완전하게 실현시키고 있는 우리의 시도들도 정당화될 것이다."[4]

예전에 철학자들이 제기했던 문제에 답을 줄 수 있는 과학이 앞으로 생겨날 것이라는 가설이 성립된다. 이 가설을 좀 더 발전시켜 보면, 우리시대는 혁명의 시대이며, 그것도 '다른 것과 비슷한' 혁명이 아니라, 가장 본질적인 혁명이라는 것이다. 여기서 우리는 지난 2세기 동안 혁명적 지식인들의 모든 사상이 그 언저리를 맴돌고 있는 한 지점을 확인할 수 있다. 열광의 축軸인 동시에 맹목의 축이며, 인민혁명운동과 과학이론의 '융합점'이고, 사람들을 인도하는 작은 수장首長의 요구와 이론가의 주장들이 마구 섞이는 지점이기도 하다. 2세기의 나이를 먹은 이 발견은 별로 늙지 않았다. 아직도 그것을 '전대미문'인 것으로 발견할 수 있으니 말이다.

1800년부터 사상의 거장들은 서로 횃불을 이어받았다. 피히테에게 있어서 마지막 철학자는 칸트다. 칸트 이후, 그리고 칸트와 함께 과학이 시작되었다. 헤겔에게 있어서 마지막 철학자는 피히테였다. 마르크스에게 있어서는 헤겔이 마지막 철학자였다. 그러나 철학자들의 만성절萬聖節에 사람들이 노래하는 것은 언제나 노엘이다.

"만일 그대의 야심찬 일이 실패했다면, 그건 당신이 그만큼 부족하다는 이야기 아닌가? 그리고 당신이 실패했다는 것은 그만큼 인간이 실패했다는 이야기 아닌가? 인간이 실패했다는 것, 그게 무슨 대수로운 일인가? 전진하라! 비범한 것일수록 성공하지 못한다. 그대, 초인들이여, 그대들은 실패하는 데 비범한 능력이 있는 진품珍品이 아닌가? 반쯤 깨진 그대들이 반쯤 부족하고 반쯤 실패한다는 것 자체가 경이로운 불가사의 아닌가? 그대의 안에서 움직이며 부딪치는 것, 그것은 바로 인간의 **미래**가 아닐까?"(『차라투스트라는 이렇게 말하였다』)

과거를 청산하는 봉기에 등을 기대고, 현재를 지배하는 지식으로 무장한 후, 미래의 계획을 수립하고 있는 사람들은 서로 서로 앞질러 베이징에까지 이르러, 각자 앞선 진리를 제시하고, 모두가 후계자를 예고한다. 그래서 니체는 차라투스트라를 대변하고, 차라투스트라는 초인을 대변하며, 초인은 영원회귀를 선언하면서 자신을 초월한다. '전진하라!' 그들이야말로 서구 이성의 발할라 [Valhalla, 스칸디나비아 신화의 신들의 궁전. '전사자들의 극락'이라는 뜻]에 거대한 유리집을 세우는 사람들이다. 그 유리집 안에서 가장 과격한 혁명과 가장 결정적인 과학이 서로 대응한다.

코페르니쿠스의 모험

비록 그들의 정신적 원자폭탄의 구성 재료인 '혁명'과 '과학'을 비슷한 비율로 보지는 않았지만, 혁명을 관리해야 한다는 주장은 모든 사상의 거장들이 한결같았다.

현실에서의 프랑스혁명과 사상에서의 독일혁명과의 만남은 '코페르니쿠스적 전환'(칸트의 말인데, 이에 관한 그의 최종적 이념은 이미 1789년 전에 형성되었다)이라는 말로 경축되었다. 코페르니쿠스의 이름으로 칸트는, 근대의 전환기에 물질세계의 수학화 작업을 통해 과학의 영역을 재분배한 사람들(코페르니쿠스, 갈릴레오, 데카르트, 뉴턴) 모두를 지칭했다. 그는 거기서, 소위 '회의론'(영국의 경험론)과 '독단주의'(신에 근거를 둔 이성)에서 자신이 빠져나올 수 있도록 허용한 사건을 정확히 지적하고 있다. 그것은 연약한 범선을 가지고 스킬라 바위[Scylla, 시칠리아와 이탈리아 본토 사이 메시나해협에 있는 바위. 그 밑의 소용돌이가 카리브디스이다] 밑의 카리브디스 소용돌이를 지나는 것과 같은데, 그 연약한 범선은 말하자면 (과학적으로) 인식하는 이성의 **자율성**, (도덕적으로) 자신을 형성하는 의지, (미적으로 판단하는) 예술 등으로 되어 있다. 아무것에도 예속되어 있지 않고, 스스로 고

유한 법을 마련해 주는 이성은 자신의 자-율auto-nomie 속에서 어떻게 기능하는가를 밝히는 것이 칸트의 목적이었다. 다른 모든 대사상가들의 위대한 스타일이기도 했다. "내부의 카오스를 스스로 통제하고, 자신의 카오스가 형태를 갖도록 강제하며, 단순하고 명백하게, 그리고 수학적으로 행동하고 스스로 법을 만드는 것, (…) 이 모든 기술들은 위대한 스타일의 야망을 잘 알고 있다"(니체).

코페르니쿠스적 과학은 물질세계의 통제가 가능함을 증명했다. 프랑스혁명은 가장 뿌리 깊은 전통과 가장 견고한 편견들을 뒤흔들어 놓았다. "모든 허구는 사실 앞에서 빛이 바래고, 모든 광기는 이성 앞에서 무릎을 꿇는다"(로베스피에르).

프랑스혁명은 사회 및 정치 세계의 통제를 일상적인 과제로 삼았다. 이 상황은 독일에서도 아주 흡사했다. 젊은 피히테는 존경하는 스승 칸트에게, 칸트가 자연과학에 대해서 이루어 놓은 것을 자기는 정치학에서 이루고 싶다고 아주 겸손하게 (완곡하게) 이야기했다. 즉 이 영역에서 이성의 힘의 범위를 (공격적으로) 한정한 것이다. 늙은 철학자는, 그가 재정적으로는 도와주지만 철학적인 문제에서는 전혀 지지하지 않았던, 머리 좋은 제자에게 아주 친절했다. 그래도 그는 피히테의 비교가 균형이 좀 맞지 않는 것으로 생각했을 것이다. 마치 거대한 표류 끝에 대륙들이 서로 맞붙듯, 예전에 예술, 운명, 역사, 종교, 섹스, 영웅주의, 사상, 삶과 죽음에 불과했던 모든 것이 인간과학—너무나 인간적인 과학—으로 병합되는 것을 아마 그는 순간적으로 직감했을 것이다. 또는 1970년에 이르러서도 파리에서 '전대미문'이라고 했던, 그것에 대해, 쾨니히스베르크—칼리닌그라드의 이 노인[칸트가 살던 쾨니히스베르크는 지금 러시아의 칼리닌그라드가 되었다]은 아마도 전혀 이해하지 못했을지도 모른다. 그것은 마치 구름처럼, 뇌우처럼, 미래를 그 안에 품고 있는 '코페르니쿠스적 전환'이라는 슬로건의 가장 교묘한 모호성이다.

칸트의 철학과 자연과학과의 관계는 처음에는 명백했다. 역사적으로 과학은 비판철학에서 멀리 떨어져 있었다. 과학은 수세기에 걸쳐 형성되었고, 그것을 측정하려는 사상가에게 있어서는 그저 단순한 하나의 사실이었다. 칸트와 코페르니쿠스는 별개의 인물이었다. 그런데 독일의 이성과 프랑스대혁명이 대면하는 장면에서 코페르니쿠스는 어디에 있는가?

오늘날까지도 논란이 되고 있는 숨바꼭질놀음이 그때부터 시작됐다. 어느 때는 코페르니쿠스가 혁명 속에 몸을 감춘다. 그것은 대중이 "땅에 머리를 박은 채 걷고", 정치가 도처에서 "지휘관의 자리에 있는"(마오쩌둥) 그러한 이성의 역사적 순간이다. 또 어느 때는 대중을 휘어잡는 유물론적 세력이 되기 전에 외부의 지식에서 그의 모습이 발견된다. "그리하여 프롤레타리아가 철학에서 정신적인 무기를 발견하고, 사유의 섬광이 순진한 인민의 영역으로 깊숙이 스며들 때" 사람들은 그것을 보게 될 것이다(마르크스).[5] 어느 때는 코페르니쿠스가 현실을 혁명적으로 바꾸는 과학 안에 머물러 있을 것이다. 인민들은 미국 전문가들이 생각하는 '도약take-off'을 하도록 소환되거나, 아니면 소련 전문가들이 생각하는 기술 및 과학 혁명을 하도록 소환될 것이다. 또 어느 때는 코페르니쿠스가 완전히 혁명 속으로 들어가기도 한다. 예를 들면 1848년의 혁명 같은 것이다. "사회혁명의 이해利害가 농축되어 있는 한 계급이 봉기했을 때 이 계급은 자신의 상황 속에서 혁명활동의 내용과 재료를 곧 발견하게 된다. (…) 그래서 이 계급은 자기 임무를 밝혀 줄

그 어떤 이론도 찾을 필요가 없다"(마르크스).[6]

또, 코페르니쿠스는 정밀한 인문학, 예를 들면 사회학이나 정치경제학, 혹은 과학 방법론 '일반'이나 자연의 변증법에 들어와 숨기도 한다. 가끔은 이론적 실천의 이론, 옛 러시아의 '인식형이상학' 혹은 새로운 프랑스의 인식론 속에 들어와 숨기도 하는데, 그것은 학문의 대상에서가 아니라 학자의 성향에서 그러하다. 또 한편으로는 모든 가능한 과학을 조용히 예고하는 선행先行의 전제이기도 하다. 그러니까 비판이론으로 추월된 비판이론이다. 또는 거의 언제나 앞 시대의 다소 현학적인 다양한 선택들을 다소 불규칙하게 혼합한 것이기도 하다. 또 가끔은 다른 학자들의 명성에 흠집을 내면서 자신의 명성을 세운 학자의 선택에 어떤 결점이 있는지에 대한 '과학적인' 분석이기도 하다. 또는 이때까지 관계없던 전공분야가 책임을 떠맡는 것이기도 한데, 이 책임의 이행을 보장해 주는 사람은 아무도 없다. 왜냐하면 그것은 어디까지나 약속이므로. 결국 '~주의'니 '~학'이니 '~적'이니 하는 현학적 꼬리표를 붙이지 않는다면 이 모델들은 심리, 기호記號, 지형, 지리, 천문, 성性, 민족, 성격 등에 대한 문자학文字學이며 모든 종류의 분석이고… 논리이다.

비관적인 사람들의 생각과는 달리, 어려움은 과학과 혁명의 불가능한 조우에서 생기는 것이 아니다. 그것은 어디서나 일어날 수 있는 만남이며, 유출이며, 상호 약속이다. 우리에게 좀 지나치게 사로잡혀 있는 코페르니쿠스는 자신의 무모한 머리를 어디에 부딪쳐야 할지 더 이상 알지 못한다. 그가 과학에서도 혁명에서도 조용히 있지 못하는 것은 결국 그가 자신을 드러내는 곳에서 그가 존재하고 있다는 선언이다. 대학이나 기업체, 단체 혹은 국가에서는 대체로 해결이 유보되었다. 그 해결책이 여의치 않을 때, 혹은 되도록 회고적으로 보려 할 경우에 그것은 '개인 숭배'라는 이름이 붙는다. 모든 사람들이 스탈린처럼 '과학의 지휘자'를 자처하는 것은 아니다. 새로운 스타일의 코페르니쿠스 평민들에게 있어서 과학과 혁명의 필연적인 만남은 우편과 통신에 의해 이루어진다.

새로운 만유universelle 인력과 대학universitaire 인력引力

사회학, 철학, 인식론 중에서 어떤 기관차가 인문학을 이끄는가 하는 것은 별로 중요하지 않다. 왜냐하면 지식 순환의 일반적인 방식은 처음에 새로운 '코페르니쿠스적 전환'으로 여겨졌던 통제 계획을 상수常數로 인정하기 때문이다. 이 단일한 주제 위에서 과학과 혁명을 결합시키는 방법은 1천 1개 정도만큼이나 많다.

"지구에서 바라보는 행성들은 어느 때는 뒤로 가고, 어느 때는 정지하며, 또 어느 때는 앞으로 간다. 그러나 시점을 태양에 고정시키면(이것은 이성만이 할 수 있는 작업이지만) 행성들은 코페르니쿠스의 가설에 따라 규칙적인 운행을 한다. (…) 그러나—이것이 바로 불행한 것인데—우리는 자유스러운 행동을 예측하는 문제에 있어서는 이런 관점을 취할 수가 없다. 왜냐하면 그것은 인간의 지혜를 넘어서는 섭리Providence의 시점이기 때문이다."[7]

그것이 바로 칸트의 견해이며 '불행'이다. 그의 뒤 세대들은—행복하게도!—관점이 혁명에 고정될 수 있다는 것을 발견했다. 이제부터 이성은 혁명이라는 이 인류의 태양 주위에서 모든 것들을 공전시킬 것이다.

명석함은 약간 부족하지만 그래도 매혹적인 해방 의지로부터 생명을 부여받은 새로운 인문학들은 객관성의 높은 자리에서 아래를 내려다보며 철학의 '주관성'을 부정한다. 과거 어느 날엔가 철학은 이 인문학들에게, 비록 생명은 아니라 하더라도 최소한 삶의 희망을 주었는데 말이다. 여러 철학개론들이 말하고 있는 것과는 달리, 코페르니쿠스적 전환이란 인식주체 주변에 대상들을 공전시키는 것이 아니다. 이성의 혁명인 이 전환은, 최소한 두 번, 주체−주관성, '지각판단'(피히테), 경험적 의견(헤겔), 자발성, 즉시성 등을 죽였다─별의 운행을 과학적으로 측정하는 것은 전혀 지구의 관점에서가 아니라, 태양에서의 관점인 것이다!

상식적인 논쟁인 코페르니쿠스적 전환은 신학적인 초超세계의 문제에 있어서도 역시 상식적이다. 미래 인문학의 요람은 그 꼭대기나 밑바닥이나 다같이 세심하게 보호될 것이다. 어리석은 백성들에게 '밖으로부터' 주어진 계몽은 과학과는 아무 상관이 없다. 과학이 지배하는 곳에서만 과학은 추구된다. 거기서 코페르니쿠스적 전환은 인식주체의 둘레에 사물들을 공전시키는 게 아니라, 철학하는 주체를 공전시키고 있다고 피히테는 강조한다. '신에게서 불을 훔치는' 프로메테우스를 자신의 철학적 영웅으로 내세운 마르크스는 이미 자기 스스로 불을 지폈던 피히테의 현명한 방법을 뒤따르고 있는 것이다.

헤겔은 "주체로서 … 진실을 포착하고 표현한다는 이 기본적 사실에 모든 것이 달려 있다"고 조심스럽게 말했다. 그러나 신이 아니면서 마치 신처럼 그 주위로 모든 것이 공전하는, 그리고 아리스토텔레스의 '부동不動의 원동자原動者moteur immobile'와도 같은 헤겔의 주체를 많은 객관주의자, 유물론자, 혹은 인식론자 들이 정기적으로 공격했다. 끊임없이 되풀이되는 이 반사작용을 주의 깊게 따라가다 보면, 자신이 창안한 '주체 없는' 과학적 방법을 부각시키기 위해 노심초사했던 알튀세르의 노력을 많이 절약할 수도 있을 것 같다. 그는 자신의 방법과 대립되는 '주관주의' 혹은 종교성을 시커멓게 지우기 위해 그렇게나 많은 양의 잉크를 낭비했으니 말이다. 헤겔이 아리스토텔레스의 소위 종교적 목적론을 하나도 희생시키지 않은 것과 마찬가지로, 또 한 사람의 코페르니쿠스적 학자도, 또 다른 부동의 동기인 주체─태양 주위로 별들이 공전한다고 보면서, 역시 아리스토텔레스의 목적론을 전혀 희생시키지 않았다. 헤겔은 자기 이론의 출처를 알고, 또 그것을 밝히는 꼼꼼함이 있었는데, 그의 뒤를 이은 인식론자들은 그것을 모르기 때문에 더욱 더 그를 용서하지 않는다. 계급투쟁을 역사의 동인動因이라고 지칭함으로써 마르크스는 자신의 아류들이 자기 선배들을 압박하기 위해 동원했던 모든 허물을 뒤집어썼다. 이 문제들과 무관한 전공자로서 모든 것에 공감할 준비가 되어 있는 하찮은 연구자인 나는 단 하나의 문제에 노출되어 있다. 단 하나지만 그것으로 충분한 그런 문제이다. 그것은, 인문학이라는 자동차를 타고 가는 여행자로서, 그가 아무리 하찮은 사람이라 할지라도, 그리고 그 자동차가 아무리 자─동automobile이라 할지라도, 비록 해답을 모를망정, 그 모터動因의 문제를 제기하지 않을 수 없다는 사실이다. 애초에 프랑스대혁명 주위에서 스스로 움직이기自動 시작했던 인문학은, 그것들의 계속적인 주장이 왜 그처럼 빙글빙글 맴도는 인상만을 주는지를 설명할 수 있을 것이다.

물론 '사실과 법'을 수립하려는, 다시 말해 피히테의 말처럼 코페르니쿠스적 전환의 종착점에 와 있는 현대 연구자에게 있어서 역사는 오래된 것이다. 자연적 필연성의 법칙과 비슷한 법으로 규정되어 있는 인간관계를 보라. 사람들은 그 필연성을 너무 기계적으로 보는 것이 아닌가? 누구도 그 문제를 헤겔만큼 **교묘하게 은폐**할 수는 없을 것이다.[8]

방법론이 수없이 많이 쌓여도 모르는 것은 항상 새롭게 있다. 그리고 피히테의 또 하나의 계명이 있다. "일단 올라간 사람은 사다리 같은 것에 관심을 갖지 않는다."

교수들을 위해서는 괄호를 치는 것이

소위 인문학이라 하는 것은 망각을 보완하기 위해서 생겨난 것이 아니다. 사람들은 세심하게 자연을 공부했고, 그러고 나서 다른 것이 존재한다는 것을 깨닫게 되었다. 드디어 어떤 교육기관은 '문학 및 인문학과'이라는 이름까지 얻게 되었다. 이보다 더 이국적인 명칭인들 왜 안 나오겠는가. 지식은 이미 혁명 전에 만유인력의 이론을 세웠을 뿐만 아니라 종種을 분류하고, 문법을 세웠으며, 부富의 순환을 고찰했다. 이렇게 촘촘히 짜여진 직물 속에서 프랑스혁명에 대한 참조는 다만 몇 개의 새로운 과목을 덧붙인 듯하다. 프랑스에서는 역사학만이 아니라 사회학 그리고 그 아들과 손자들이 모두 일직선으로 1789년 사건에 대한 고찰을 통해 이루어졌다(앙리 드 생시몽Henri de Saint-Simon, 오귀스트 콩트Auguste Comte). 독일에는 그렇게 명확한 계보가 없다. '문화학'이 대혁명과 관계를 갖거나 또는 거리감을 갖게 된 것은 모두 철학을 통해서이다. 독일 사회학이 귀족문학을 제압했을 때 19세기는 막을 내렸다. 아무도 그 과정을 의식하지 못했는데, 그 정도로 그것은 자동적으로 움직였다. '경제 메커니즘', 혹은 젊은 부르주아지의 '혁명정신' 같은 마르크스의 교훈과는 반대로 막스 베버가 자본주의의 기원을 종교적인 요소로 보았을 때[『프로테스탄트 윤리와 자본주의 정신』] 그는, 어느 때는 1789년에, 어느 때는 종교개혁에서 현대 이성의 태양을 보았던 헤겔의 이론을 거의 문화적 자동현상으로 되풀이하고 있는 것이다. 대학사회에서는 지나간 혁명에 대한 철학적 고찰이 단순히 몇 개의 새로운 과목이 생겨나는 것으로 귀결될 뿐이다.

혁명이 과학 속에 들어가는 것은 덧붙임이 아니라 찢어냄과 같다. 혁명은 옛날의 기능을 재분배하고, 거기에 또 다른 기능들을 덧붙여 그 옛날의 기능들에 다시 중심을 잡아 준다. 혁명은 지식의 직물을 조금 찢어내고, 자연, 문화? 사회? 문명? 정신? 인간? …과학들 사이에 마치 대륙 같은 커다란 웅덩이를 판다. 이렇게 분리하면서 혁명은 과학의 통합을 수행한다. 혁명이 그렇게 굉장하고 새로운 물줄기를 흡수하지 않았다면 우리는 과학의 통합에 그토록 많은 글을 쓸 필요가 없었을 것이다.

앎의 영역에서 이처럼 인간과 자연이 대립되는 현상을 설명하기 위해 곧장 '신학'의 영향으로 거슬러 올라가는 것은 아무런 도움도 되지 못할 것이다. 신학이 대학을 지배하던 시절에도 소위 신학은 아무런 영향력이 없었다. 신학에 일체의 앎이 전달되지 않는 순간, 신학은 모든 앎을 재단했다.

그들 속에 내포된 신학이 무엇이든 간에 서구의 대학들은 지난 2세기 전부터 물질과학과 정신과학, 자연과학과 인간과학을 병행시켜 발전시키는 데 주력했다. 이 과학들은 모두, 대혁명을 과학적 궤도에 진입시킨 '코페르니쿠스적 전환'의 장場에 올라갔다. 이

때부터 두 가지의 지배 기획이 한데 뒤섞이게 되었다. 데카르트는 수학의 능력이 있는 인간이 "자연의 소유자이며 지배자"라고 우리를 설득했다. 그런데 새로운 앎에 의하면, 혁명의 능력을 가진 인간이 사회의 소유자이며 지배자가 된다. 인문과학의 열렬하고 교조적인 논쟁, 다시 말해서 '당의 입장'은 이와 같은 지배와 소유의 논쟁이 아니고 무엇이겠는가?

"종교는 움직이지 않는 인간의 주위에서 움직이지 않고 있는 환상의 태양에 불과하다"라고 젊은 마르크스는 새로운 선회 방식을 예찬했다.

혁명의 영원한 3단계

"이성이 세계를 지배한다고 처음으로 말한 사람은 아낙사고라스[Anaxagoras, 기원전 5세기 그리스의 자연철학자]였다. 그러나 사유가 정신적 현실을 지배해야 한다고 인간이 깨닫게 된 것은 바로 지금부터이다."[9]

이처럼 프랑스혁명의 '장엄한 일출日出'을 예찬하며, 헤겔은 그를 숨겨진 혁명가로 존경하는 사람에게나, 그를 배반자로 비난하는 사람에게서 똑같이 벗어날 수 있는 교묘한 반어법으로 그 일출을 단순한 커튼의 열어젖힘으로 변형시켰다. 아낙사고라스는 그의 약속을 지키지 않았기 때문이다.

"아낙사고라스의 저술을 열심히 읽고 나는 얼마나 실망했던가! 이성 대신에 그는 공기, 에테르, 물, 그 외 이 비슷하게 당혹스러운 수많은 것들의 작용을 개입시키고 있었으니 말이다!" 소크라테스는 헤겔이 인용한 『파이돈』에서 이와 같이 말했다. 실망시키고 당혹하게 만든 것은 프랑스혁명도 마찬가지였다. 그것은 이성의 새벽이지 "스스로 사유하고, 스스로에게 적합한" 그런 정오正午는 아니었다(발레리Valéry).

　이와 같이 프랑스혁명 앞에서 뒤로 물러서는 정신적 자세는 후퇴가 아니다. 오히려 혁명을 불완전하고 허약한 것으로 제시하면서 사상의 거장들은 지배적인 위치를 획득하였다. 그리고 아직도 그 위치를 간직하고 있다. 혁명의 본보기를 더욱 높이 쳐들수록, 그들의 교훈과 처방은 더욱 강력해진다. 그들이 제2의 혁명을 호소하고 있는지, 또는 혁명의 방황을 피하게 해 줄 안정을 호소하고 있는지, 혹은 반反 혁명을 준비하고 있는지는 확실치 않다. 다만, 혁명이 태양을 높이 떠올리는 운동이라면, 그 태양은 바로 혁명들에게 규율을 주는 과학일 것이다. 다시 말해 그 거장들의 공동 강령일 것이다.

　혁명의 교훈들은 혁명의 이념을 단숨에 3단계로 분리시킨다. 이것은 정당화할 수 없는 학살에 만족하지 못하는 모든 혁명가들과 반혁명가들이 찬양하는 이념이다.

1. 이데올로기의 준비

　사람들이 인정을 하건 안 하건 간에, 혁명은 사상의 유효성을 입증해 준다. 세계를 지배하기 전에, 이성은 우선 이 세계를 혼란에 빠뜨린다. "당대의 정신 속에서 보이지 않는 비밀의 혁명이 먼저 일어난 후에야 우리 눈에 명백히 드러나는 모든 중요한 혁명들이 일어났다." 예수에 주어진 법칙이며(헤겔),[10] 다음에는 사회주의에 원용하기 위해 초기 기독교인들의 예에서 끌어낸 법칙이다(엥겔

ㅅ). 1789년 전에 이미 발견된 것으로 "사람들은 프랑스혁명이 철학에서 나왔다고 했다. 그리고 철학이란 이 세상의 지혜를 뜻한다고 했는데, 과히 틀린 말도 아니다."

18세기 내내 '철학자들'은 18세기를 마감할 혁명을 계획했는가? 이 가설은 성실한 역사학자들에게 상당히 호소력이 있는 듯했다. 이미 2세기 전부터 우리는 화공병火工兵같이 조심스럽게 우리의 사상을 여기저기 들고 다니며, 그 다이너마이트 덩어리를 놓을 자리를 염탐하고 있는 것이다. "하나의 정치권력을 타도하기 위해서는, 항상 여론을 먼저 준비해야 하며, 이데올로기적 작업을 해야만 한다"(마오쩌둥). (혁명 때마다 언급되는 사실이지만) 여론을 준비하는 임무를 맡은 '사람들'은 가장 처음으로 기습을 받고, 북풍이 몰아치면 헐벗은 채로 남아 있었음에도 불구하고, 옛날에 대한 환상은 집요하다. 계몽주의적 전제군주의 고문들이었던 볼테르, 디드로, 그리고 루소까지도 그들의 계획표에 1789년을 집어넣지는 않았다. 레닌도 마찬가지로 (적어도 17일 이전에는) 10월 17일을 예정표에 넣지 않았다. 그런데 마오쩌둥은 거지들과 손을 잡고 농촌에서 혁명을 일으켰다는 사실만 제외하고는 모든 도움을 마르크시즘으로부터 받았다. 그에게는 낯선 길표지판과 굶주린 농민들에 의해 껍질이 벗겨진 나무들만 있으면 되었다. 그리하여 전통사회에서 공산주의혁명을 일으키는 일이 그 후 비일비재하게 일어났다.

2. 테러리즘과 극단으로의 상승

머리 좋은 사람들의 재기발랄함은 반드시 죽어 없어지기 마련이다. 그것은 몰락한 '구체제'에만 적용되는 이야기가 아니라 모든 머리 좋은 사람들에게 적용되는 이야기이다. 서로서로 뒤바뀌는 것—그것이 의심을 가진 자들의 법칙이다. 각자는 자기 머릿속에 사상의 다이너마이트를 운반하고 있으며, 프랑스혁명에서 그 머리들을 "마치 파뿌리처럼" 베어 버린 것을 이해할 수도 있다고 헤겔은 1793년의 단두대 처형자를 위한 추도사에서 썼다.

이 두 번째의 단계는, 모든 사상의 거장들이, 목숨을 건 투쟁을 이론화했을 때 마음속에 품고 있던 생각이다. 그것은 헤겔처럼 의식의 투쟁일 수도 있고, 마르크스처럼 소외와 계급투쟁일 수도 있고, 니체처럼[11] 일반적인 허무주의와 원한의 시대일 수도 있다. 그 모든 경우에 있어서, 사상가는 이 투쟁의 한가운데서 승리하는 것이 아니라 이 투쟁에서 승리하여 자기 자신의 새로운 질서를 세우는 것이다.

3. 혁명을 끝마칠 줄 알아야 한다

"강물은 다시 제자리를 찾았다"(트로츠키)는 말과 안정이라는 말이 중요하다. 헤겔은 (나폴레옹을 생각하며) 이 안정의 기본적인 주제를 재검토했다. 외부의 위협에 대항하여 내부를 통일하고, 폭풍우를 가라앉히고 민간의 평화를 수립하며, 사회를 그 기능과 권한과 부富에 따라 재분할하는 것, 이것이 안정이다. 그것은 헤겔적 '이성Raison'의 대과업이다. 그것은 전쟁이며, 경제에 대한 정치의 지배이며, 질서이며, 다중多衆의 교육이다.[12]

마지막 두 단계 사이의 관계는 첫 번째와 두 번째 사이의 관계보다 더욱 밀접하다. 목숨을 건 투쟁은 이제 그쳐야만 한다. 마오쩌둥의 문화대혁명이 아무리 급진주의를 표방했다 하더라도 그 모든 대중 동원에는 정상화正常化가 예고되고 있다. "전쟁과 천재지변에 대비하여 준비할 것, 그리고 모든 것을 인민에게 유리하도록 할 것"(마오쩌둥), 이것은 벌써, 목숨을 건 투쟁의 타격에 의해 움푹 팬 심연을 메우기 위해 국가가 흔히 동원하는 기본적 기능이다. 이데올로기의 전능성이 결국은 필연적으로, 혁명의 제3단계인 5집정관정부[프랑스대혁명 후 1795~1799년 사이의 정부], 나폴레옹 제정, 또는 신경제정책NEP 등에 이르고 만다는 것을 혁명의 초기에는 누가 생각할 수 있었을까. 말로A. Malraux는 이 도식을 스페인혁명에서 그려 보인다. 그것은 희망이며, 묵시록이며, 묵시록의 조직이다(경우에 따라서 그것은 공산당의 명령이기도하고, 또 마드리드에 있는 소련 경찰의 명령이기도 하다).

그러므로 혁명의 역사란, 자신의 교양을 높이고(제1단계), 불안감 속에서 자신을 교육하여(제2단계), 자율규제를 하는(제3단계) 대중의 역사라고 말할 수 있다. 또 혹은 국가 쪽에서 보면 자기의 옛 체제를 잃고(1), 위기 속에서 사라지며(2), 그 위기의 심연의 깊이만큼이니 더욱 합리적이고 더욱 견고한 것이 되어 위로 튀어 올라오는(3) 일리아스적 국가라고 할 수도 있다. 또는 지식인의 측면에서 본다면, 자유주의적, 무정부주의적으로 생각하다가(1, '정신의 동물적 지배'), 유혈이 낭자한 무정부가 되고(2), 그 고통으로 말미암아 그들의 진정한 이성과 질서의 원칙을 발견하게 되는(3) 오디세이아와도 같다. 아니면, 우익 관념론자의 탈선(1)을 좌익 모험주의자의 탈선에 의해 교정하여(2), 최종적으로 좌우익의 권위를 똑같이 보존시키는 것이다. 또 한편으로는 모든 것이 허락된다고 믿는 젊은 세대의 낭패가(1) 좋지 않은 결과를 내고(2), 종말에 이른다(3)는 것이다.

언제나 과학의 심연을 잘 끝마치기 위해, 그리고 트로츠키처럼 '혁명사의 어떤 장章에서' 총살을 할 것인가 혹은 총살당할 것인가를 알기 위해 눈을 크게 뜨고 정신 차려 보아야 하는 것이 바로 이 심연의 과학이다.

더 이상 태양에서 벗어나지 못한다

데카르트가 페이지를 넘겼던 이 세계라는 커다란 책은, 존경을 받은 만큼 많이 찢겨 나간 혁명 결산서가 되고 말았다.

"전쟁과 마찬가지로 혁명도 기꺼이 하는 것은 아니다. 그 차이점이란, 전쟁에서는 결정적인 역할을 강제로 떠맡는데, 혁명에서는 상황의 강제 이외에 아무런 강제도 없다는 것이다."[13] 유배지에서 실의에 잠겨 이런 공리公理를 제시했던 트로츠키도 순진한 낙관주의자는 아니었으며, 여전히 과학적인 혁명가였다. 비판적이었던 그는, 교육받지 못하고 낙후한 농민의 나라 러시아의 혁명에서 스탈린을 항상 '상황circonstance'으로 보았다. 순진하게 숙명론적이고 기계적인 믿음을 비난할 여지는 없다. 트로츠키는 상황에 따라서는 역사가 후진할 수도 있다는 가설을 발설하기도 했다. "혁명의 필름은 거꾸로 돌아간다. 그리하여 케렌스키[Aleksandr Kerensky, 러시아의 정치가. 1917년 볼셰비키혁명 직전에 총리 겸 총사령관이 되었다가 혁명 때 망명]의 역할이 시작되는 곳에서 스탈린의 역할이 끝난다."[14] 요컨대 그는 모든 것이 (중국 공산주의자들이 말했듯이) '자본주의의 회복'으로 결말지어질 수도 있다고 생각했다.

뒤로 돌리건 앞으로 돌리건 필름은 여전히 필름이며, 우리는 여전히 혁명의 교육학 안에 들어 있다. 한쪽에는 대중이, 또 한쪽에는 상황이 있다. 이들은 서로 상대편을 변형시키며 상호 교육을 행한다. 후진한다는 것도 우리가 왔던 발자취를 두 번 밟는다는 뜻이며, 우리가 들어왔던 혁명을 통해 나간다는 뜻이다. 일단 안에 들어서기만 하면 혁명적으로 전진을 하든가, 아니면 필름을 거꾸로 돌리기만 할 뿐이다. 혁명가가 피바다로 끝나는 일련의 사건들에 집착하는 것은 숙명적이라기보다는 합리적이다. 혁명의 투사가 모든 강제성을 상황이라고 생각한다면 그는 혁명 노선이 아무리 살육적이라 하더라도 당연히 그 노선에 반대하지 않을 것이다. "혁명에는 상황의 강제성 이외에 아무런 강제성이 없다"는 것을 인정할 때 그는 혁명적 상황임을 자처하는 강제성 앞에서 무장해제된 것이나 다름없다. 처음부터 가능성이 배제되었던 전쟁을 선포할 능력이 없으므로 그는, 혁명을 좀 서투르게 진전시키는 군주에 조언하는 한 (운수 나쁜) 고문顧問이 되어 비판하는 것에 만족할 수밖에 없다.

유명한 '상황들'은 아직 제거되지 않은 과거를 증언해 줄 것이다. 1920년부터 레닌과 트로츠키와 스탈린 그리고 현대의 공산주의자들까지도 발육부진(특히 대중의)에 의한 혁명의 불행을 설명한다. 더 이상 우리가 모르고 지낼 수 없을 정도로 권력투쟁이 격렬해질 때, 이 투쟁은, 옛것l'ancien과 새것le nouveau의 투쟁, 과거를 복원하려는 사람과 미래를 세우려는 사람과의 투쟁, 다시 말해서 필름을 '바로 돌리기'를 주장하는 사람과 '거꾸로 돌리기'를 지지하는 사람 사이의 투쟁으로 검토되고 교정된다—여기서 미래와 과거를 결합하는 매개는 오로지 '대중의 경험'인데, 이 결정적 시나리오에 대해서는 그들 모두가 일치하고 있다.

그러므로 모든 혁명은 인민주권을 통합하는 과정으로 간주된다. 이 과정 속에서 대중은 자기들 상호간, 혹은 상황하고만 대결하게 되며, '세계의 힘 있는 자들'에 대한 오래된 항쟁은 괄호 속에 넣어 버린다. 이렇게 되면 혁명진영 안에는 피교육자와 교육자, 혹은 교육자와 피교육자만 있을 뿐, 적대적인 강제성은 하나도 없게 된다. 결국 모든 혁명이론은 혁명진영의 내부에서건 외부에서건 정식 권력과 실제적인 강제 사이를 분리하는 경계선이 마치 만리장성과도 같이 견고하다는 것을 전제로 한다. 좋은 권력과 나쁜 권력의 경계선을 구획짓는 1천 1개의 방법에 대해 사람들이 논의하는 것을 보면 이 명제는 긍정이 된다. 세계의 역사는 "둘로 쪼개져 있다"(마오). 그리고 이 쪼개진 틈새 사이에서 발견할 수 있는 것이 역사과학이다.

근본적으로 대중을 자기들끼리 대결시킴으로써 혁명은 통합을 위한 체험교육으로서 가치가 있을 것이다. 자신들에게 근본적으로 중요한 문제가 무엇인가 하는 것에 대해 인민은 (사제의 역할을 하는 당이나 혹은 악랄한 관료에게) 결코 속지 않을 것이다. 왜냐하면 인민은 **자신들을 속이기** 때문이라고 (이미 트로츠키 전에) 헤겔이 말했다. 그는 프랑스대혁명의 경험에 정통했던 것이다. 혁명의 제1단계에서 인민은 자기들로부터 나오지 않는 모든 권력(구체제)에서 해방된다. 제2단계에서는 그것에 대적하고, 제3단계에서는 상황의 깊이와 무게를 고려한 새로운 질서를 세운다. 그러므로 혁명이란 대중이 그들 '스스로 경험'을 쌓는, 교육자 없는 교육이라고 할 수 있다. 이 교육에서는 그 어떤 교육자도 경험적 장치를 마련해 주지 않았으며, 학생들에게 자연스럽게 보이는 상황을 조직해 주지도 않았다. 마치 루소의 『에밀』 혹은 마리보Marivaux의 『논쟁』 속에서와 마찬가지로 뒤에 감추어진 스승밖에는 없다. 그런데 이 마지막 가설은 혁명적 경험 속에 과학을 탄생시킨 사상가들에 의해 배제되었다. 그들의 과학도 성 자크[Saint-Jacques, 가리비scallop의 속칭]의 조가비 속에서 태어난 비너스만큼이나 순결했다.

모든 인간과학의 실험실에서 그렇듯이, 실험을 하는 스승은 자기 가설을 증명해 주는 실험에 자기가 속해 있지 않다고 주장한다. "혁명의 기본적인 정치적 과정은 정확히 다음과 같은 절차를 밟는다. 우선 한 계급이 사회적 위기에 의해 제기된 문제점을 정확히 인식하고, 그다음에 대중이 점진적인 방식에 따라 적극적으로 방향을 설정한다. 언제나 좀 더 과격한 당으로 대체됨으로써 견고해지는 대중의 추진력은 객관적 장애에 부딪치지 않는 한 점점 더 강렬해진다. 바로 이때 실망이 들어서고, 반동이 시작된다. (…) 적어도 옛날 혁명들의 도식은 이러했다"(트로츠키).

새로운 혁명도 옛날 것과 별로 다르지 않다. 몇 년 후 트로츠키의 설명 방식에서 그것을 알 수 있다. 그는, 손상되고 '배반당해도' 혁명은 여전히 혁명이며, 실패했건 승리했건 거기에 교훈만 있으면 된다고 했다. 2세기 전부터 사유된 교훈적인 혁명은 하찮은 인간들에게 주어진 모든 교훈들의 기하학적 장소가 아닐까? 사물을 교육하기 위한 것인가? 거장을 교육하기 위한 것이다!

수학자보다 더 엄밀한

현대 사상은 혁명을 과학적 경험으로 생각한다. 따라서 혁명은 근본적으로 유토피아주의라느니, 숙명론이라느니, 천년왕국Millenium설이라느니 하는 공격에서 벗어나게 되었다. 이런 논리들은 모두 혁명의 태만을 공격하는 것이었다. 이것은 또한 어떤 구체적 혁명을 지지할 것인지의 정치적 문제도 교묘히 피하게 해 주었다. 과학적 경험은, 그것이 아무리 성공했다 할지라도 결코 최고의 것은 되지 못한다. 그리고 실패한다 해도 그것은 여전히 과학적이며, 교훈이 풍부하다—"실패에 실패를 거듭하여 최종적인 승리를 거둔다." 마오쩌둥은 이 최종의 시기를 '수천 년' 후로 잡았다. 수천 년 후라면, 그것은 아무 곳에도 없다는 이야기가 된다. 사상의 거장들이 상호간에 반대의견을 제시하며 아무리 신랄하게 서로를 공격한다 해도, 그들은 과학적 경험의 이론화라는 공통의 지점 위에 있는 것이다.

혁명이 **과학적 경험**이라는 것은 우선, 혁명이 현실 사태 안에 과학을 도입한 것으로 여겨졌기 때문이다. 그 과학이란 자연의 과학이 아니라, 인간의 과학이다. '계몽주의'는 구체제의 권위, 전통, 환경과 한 인민이 맺고 있던 자연스러운 관계를 깨뜨림으로써 대혁명을 준비했다(헤겔). 사회주의의 과학은 자발성과 단절했다. 과학은 외부로부터 온다(레닌). 혁명은 이 기세로 달려서, 과거를 '먼지'로 만들어 버린다(레닌). 혁명은 네 가지의 구악舊惡을 뽑아낸다. 즉 구식 사상, 구식 문화, 구식 풍습, 구식 습관이 그것이다(마오쩌둥).

헤겔에서 마오쩌둥에 이르기까지 '이데올로기적 준비'는, '반동적' 이데올로기를 '혁명적' 이데올로기로 대치시키는 것 이상의 역할을 할 때만 혁명의 제1단계로 간주된다. 과거의 이데올로기를 파괴하는 것은 '나쁜' 도덕 대신에 '좋은' 도덕을 쏟아 붓는다는 의미가 전혀 아니다. 사람들은 옛날의 도덕으로 옛날의 토관土管을 깨뜨리는 것이다. 옛날이야기, 전설, 연극, 가족 같은 것들이 파괴되어 산산조각이 나거나 아니면 조용히 박물관에 넣어진다. 이 떠오르는 태양은 "인간을 가장 깊은 곳에서 부터 개조해야만 한다"(마오쩌둥)—그리고 인간에게 새로운 깊이를 만들어 주어야 한다. "파괴하지 않고는 건설할 수 없다. 파괴하는 것, 그것은 비판하는 것이며, 혁명하는 것이다. 파괴하기 위해서는 이치를 따져야 하며, 이치를 따진다는 것은 건설하는 것이다. 그래서 우선 파괴해야 한다. 파괴는 건설을 내포하고 있기 때문이다"(마오쩌둥).

혁명가들은 옛날의 도덕을 새로운 도덕으로가 아니라 하나의 과학으로 대체했다. 헤겔의 '계몽주의'가 그것이며, 마오쩌둥이 망원경이며 동시에 현미경이라고 한 '마르크스레닌주의'가 바로 그것이다. 이 과학은 새로운 도덕을 유포시키는 것을 포함하여 모든 능력을 갖게 될 것이다. 거기서부터 도덕의 수레를 과학의 소 앞에 끌어다 놓는 외부관찰자의 오류가 시작된다.

옛것에의 집착을 망치로 때려 부수고, 훤히 트인 새로운 심연 속에 과학을 심으면서 혁명은 미래의 인간을 앎의 보편성 속으로 인도한다. 이때 혁명은 혁명가의 머릿속에 일반적이며 독선적인 이론들을 쑤셔 넣는 것이 아니라 과학적인 행동을 끌어냄으로써, 다시 말해 그를 '혁명의 화살이며 과녁'으로 변형시킴(린뱌오林彪)으로써 그렇게 한다. 이로써 인간은 과학적 경험으로 구축된 역사의 주체이며 객체가 된다. 모스크바의 재판정에 선 부하린Bukharin은 "너는 죄가 있는가?" 하는 질문에 "그렇다"라고 답했다. 이때 그는 과녁으로서, 객체로서 대답한 것이다. 그러나 "너는 무죄인가?"라는 질문에 "그렇고말고!"라고 답했다. 나는 화살이고, 주체이고, 검사이며, 학자다. "한 번도 들어 본 적 없는 자기의식이며, 개인으로서가 아니라 인류로서 자신을 의식하고 있는 것이다"(니체).

과학이라는 새로운 태양은 공포와 목숨을 건 투쟁의 제2단계가 예견될 때 이미 지평선 위 높은 곳에서 빛나고 있다. 혁명은 여러 모로 노쇠한 구체제의 역사적 문제만을 해결하는 것이 아니라 "역사를 둘로 쪼갠다". 과학을 도입하면서 혁명은 시간의 먼지만을 쓸어 버리는 것이 아니라 건설하기 좋도록 모든 것을 싹 쓸어 버린다. 헤겔의 걸작 『정신현상학』의 마지막 페이지들은 이 책이 재건하고자 하는 정신의 **왕국**, **세계제국**, **조직** 같은 말들 위에서 정신의 위대한 모험을 끝맺는다.

모든 헤겔적 의식은 "타자의 죽음을 원한다." 성격이 나빠서가 아니다. 그렇다고 자기가 선을 도맡아 행하겠다고 원할 정도로 너무 좋은 성격도 물론 아니다. 단순히 타인을 '바라보기' 때문만도 아니다. 흐린 하늘의 매력을 지닌 축축한 시선도 있다. 또 타자를 직접 사물로 변형시키기 때문만도 아니다. 왜냐하면 모순은 고집 센 사람의 눈에 잘 띄기 때문이다. 사람은 돌을 고문하는 데 재미를 느낄 수는 없다. 사람들은 '중요한' 정보를 얻기 위해서 고문한다고 장군들은 말한다. 남으로부터 자기의 진실을 얻기를 좋아한다. 목숨을 건 투쟁의 지평선에는 항상 어떤 진리의 관념이 있다. 의식들은 투기장에 들어오고, 서로를 도자기로 만든 개처럼 바라보지는 않는다. 각자는 자기가 '객체'로서 간주하는 타자에 대해 스스로 '주체'가 되기를 원한다. 그러나 이 주체와 객체란, 과학적 경험의 주체 혹은 객체가 아니고 무엇이겠는가? 그 경험 안에서 세계의 지배가 결정된다. 모든 투쟁은 도박을 전제로 하며, 최종의 내기로는 죽음을 생각하고 있다. 그런데 세계를 지배하는 이 과학보다 더 높은 것이 무엇이겠는가? "정신은 자기 자신에 대한 절대적 확신 속에서 모든 사실, 모든 효력을 통제하며, 또는 이 모든 것을 폐기하여, 한번 이루어진 것은 다시 이루어지지 못하도록 만들 수도 있다"(헤겔).[15]

스탈린은 자기가 현재 암살한 사람들을 과거에서 떼어내기 위해 역사적 사진을 찢었다. 사람들은 그의 끌, 피켈, 그리고 별로 '과학적'이지 못한 청부살인자들을 조롱할 것이다. 적수나 같은 편이나 또 '과학의 제일인자'인 자기 자신까지도 이 변증법적 지식을 인정한다는 점에서 이 작은 연장들은 매우 유효한 것임이 판명되었다. 그러나 그 유효성을 망각할 위험이 있음에도 불구하고 역사를 정확히 둘로 쪼개는 이 변증법적 지식은 그 주창자에게 "한번 이루어진 것은 다시 이루어지지 않도록" 다시 한 번 경고했다. 이미 이루어진 것이란 끌과 총알의 도움으로 된 것이다. 개들은 권력에서 과학의 냄새를 맡기 시작하고부터는 더 이상 도자기 인형이 아니다.

혁명과학은 항상 양다리를 걸치고 있다. 이 과학은 혁명가를 하나의 이론으로 무장시켜 주고("진실이기 때문에 전능하다", 레닌), 학자들을 혁명으로 무장시켜 준다. 이 과학 없이도 혁명가는 소소한 혁명을 할 수 있겠지만, 결코 진짜 혁명은 하지 못할 것이며, 학자들은 아마도 이 사건들을 역사적 사건으로 생각하겠지만, 역사가 이 사건에서부터 인민의 역사, 정신의 역사, 민주주의의 역사, 계급의 역사로 되는 그러한 경험을 하지는 못할 것이다. 혁명과학은 자연의 '코페르니쿠스적' 수학화와 비슷한 역할을 하고 있는데, 혁명이 과학에, 또 과학이 혁명에 소속되는 이중의 소속관계를 내포한다(그 상호간의 속격génitif은 객체인 동시에 주체이다). 사상의 거장들은 수학자보다도 더 엄밀하다. 왜냐하면 그들이 우리에게 이해시키려는 역사 속에서 경험을 지배하는 조건은 동시에 지배를 경험하는 조건이기 때문이다.

지배한다는 것은 지배할 줄 안다는 것과 같은 말이고, 지배자는 지배할 줄 아는 사람이다. 과학적 계몽사상은 미래의 시민으로 하여금 현재의 자기 주변(헤겔은 이것을 '자연'이라고 했고, 마오쩌둥은 이것은 '네 가지 구악'이라고 했다)에서 탈피하도록 함으로써 혁명을 준비한다. 과학적 계몽은 미래의 시민을 투쟁 속에 밀어 넣는데, 이 투쟁은 세계의 엄격한 통제를 목적으로 고정시킴에 따라 치명적인 것이 된다. 세상을 지배할 줄 아는 자에게는 모든 것이 돌아가고, 그 지배를 당하는 자에게는 아무것도 안 돌아간다. 이 과학의 지평선에서 만남은 투쟁이 되고, 투쟁은 이판사판의 전투가 된다. 철학적이고 과학적인 고상한 편지를 현대의 실천적 권력에 전달해 주면서, 사상의 거장들은 이 '코페르니쿠스적 전환'의 치명적인 결과를 명백하게 지시했다. 과학적인 그러므로 치명적인 권력 투쟁은 사방에 자신의 종양을 전이시킨다. 헤겔은 공포를 정치적인 것으로만(1793년의 상황) 보지 않았고, 지배의 과학이 작동되는 곳에는 어디나 공포가 있다고 했다('해방된' 이념가들 사이에서, 이것은 '정신의 동물적인 지배'를 낳는다). 다시 말해서 감각, 지각, 오성 등 전통 철학이 인간이라는 영원한 개념을 규정하기 위해 사용했던 모든 능력을 동원하여 주인과 노예의 투쟁을 사유할 것을 주장한 사람에게 있어서 공포는 도처에 존재하는 어떤 것이다.

지배자는 무엇을 아는가? 지배한다는 것, 그것은 아는 것이다. 안다는 것, 그것은 지배하는 것이다. 하나의 원圓이다. 이 원들은 악순환의 원이다. 사유는 이 악에서 벗어나야 하며, 그 빠져나올 구멍은 얼마든지 있다. 지배자들은 강철과 레일의 지배자이며,

무기 상인이고, 버터를 사들여 매점매석하는 자이다. 그들은 돈과 경찰로 통치한다. 최종적인 투쟁에서 '우리'는 그들로부터 돈과 경찰을 탈취할 것이다. 모든 프랑스인의 대통령이며 프롤레타리아 독재자인 '우리'는 통치자가 될 것이다. 그런데 '우리'란 누구인가? 근대적 지배 원칙은 "주인의 원리이지 노예의 원리가 아니다"라고 헤겔은 말했다. 모든 사람을 우리라고 말하고, 그렇게 하지 않으면 대포와 버터 같은 자본을 축적하기가 매우 어려울 그러한 지배자 말이다. 나는 각자를 위하여 (자본을) 축적한다. 나는 모든 사람을 위해 '우리'라는 말을 쓴다. '우리'란 누구인가? 나는 모든 사람들을 위해 우리라고 말한다, 라고 말하는 우리들이다. 또 하나의 원이다. 사람들은 이 원을 국유화할 수 있다. 국가는 나를 위해 '나'라고 말한다. 혹은 그것을 세계화할 수도 있다. 국제시장은 '너' 대신에 '나'라는 말을 쓴다. 지배한다는 것, 그것은 국유화하는 것인가? 오래전부터 국유화는 지배를 뜻하게 됐다! 브르타뉴 저지대 사람들, 프로방스 고지대 사람들, 이주 노동자들, 1차대전 당시의 프랑스 군인들이 이것을 증명하고 있다. 원이 둥글게 닫히지 않는 것은 그것이 악하기[악순환] 때문이 아니다.

지배자는 아는 사람이다. 그러나 그는 무엇을 아는가? 아마 아무것도 모를지도 모른다. 그 정도로 원은 찌그러져 있다. 수많은 강철과 산더미 같은 버터와 많은 꾸러미의 주식을 느긋하게 점검하는 데서 훨씬 안정감을 느끼는 사람들의 겁먹은 눈초리를 재빨리 외면해 보았자 소용없다. 거기서 사람들은 지배자 권력의 견고함과 '실질적인 기초'를 어루만진다. 지배자는 끊임없이 계승되며, 이 단단한 현실을 서로 달려들어 빼앗거나 혹은 서로 물려준다. 강철은 녹이 슬고, 버터는 썩고, 종이[채권]는 타거나 그 액면가가 달라진다 해도, 지배자는 항상 그대로 있다. 지배자의 지식이 아무것도 아니라 하더라도, 그렇다고 해서 그의 권력의 '실질적인 réel' 기반이 어떻게 되는 것은 아니다. '관념론자' 헤겔보다 '유물론자' 마르크스가 그것을 증명한다. 그는 착취라는 사회적 관계를 사물 간의 관계로 생각지 말 것을 부탁한다. 지배하는 것은 아는 것이고, 아는 것은 지배하는 것이다. 사람들은 둥근 원을 그리며 빙글빙글 돈다. 그러나 이 둥근 원은 지배자의 주위를 돌고 있으며, 지배자는 또 권력의 주위를 돌고 있다. 결국 모든 것이 권력 주위를 돌고 있는 것 같다. 이 권력이 한 사람에게 자신의 옷을 조금 입혀 주거나, 혹은 그의 몸속에 들어가 잠시 살고 있다 하더라도, 그 사람은 별것이 아니다. "왜냐하면 유한한 임금의 관자놀이를 두르고 있는 왕관의 테 속에도 죽음은 깃들어 있기 때문이다. 거기서 어릿광대가 높은 자리에 앉아 왕의 권력을 조롱하고, 그의 화려함을 비웃으며, 스스로 왕이 되어 섬뜩한 대사를 하나 속삭임으로써 그를 무서움에 떨게 하고, 눈길 한 번에 그를 죽게 하기 때문이다"(셰익스피어, 『리처드 3세』).

불안한 지배자

지배자는 악순환의 넓이를 측량하는 자기 고유의 방법을 갖고 있다. 그는 그 안에 다른 모든 방법을 포함시킨다. 아무것도 알지 못하는 그 고유의 방법 중의 하나는, 그가 '아무것도 아닌 것'을 안다는 것이다. "아무것도 원하지 않기보다는, 아무것도 아닌 것을 원하는 것이 차라리 낫다"고 니체는 창조자로서의 지배자, 혹은 돌을 깎고 조각하는 망치로서의 지배자를 정의할 때 말했다(아무것도 원치 않고 묵묵히 감수하기만 하는 노예의 '소극적' 허무주의와 '적극적인' 허무주의를 대비시킨 것이다). 아무것도 모르는 것보다는 '아무것도 아닌 것'을 아는 편이 역시 주인과 노예와의 헤겔적 '투쟁'을 종결지을 것이다.

지식은 목숨을 건 투쟁을 창설할 뿐만 아니라, 그 해결도 갖고 있다. 주인은 투쟁 끝에 죽을 각오가 되어 있는 사람이고, 노예는 너무나 생명에 집착한 나머지 몸을 굽혀 복종하는 사람이다. 이어서 우화가 시작된다. 권력을 잡은 '인민의 아들'이 고된 노동의 일과를 끝마친 노동자의 아이들에게 들려주는 우화이다. 즉, 남의 노동의 과실을 향유하는 주인은 바보가 되어, 노예의 노예가 되는데, 한편 노예는 이 세계에 인간적인 형태를 주며, 세계를 형성함과 동시에 자기 자신을 형성하고, 자연을 순치함과 동시에 자기 자신을 통제하여 이제 더 이상 주인을 무서워하거나 또는 그를 꺼꾸러뜨리는 것을 무서워하지 않게 된다는 것이다. 마르크스를 포함하여 그 어떤 사상의 거장도, 이처럼 지하철, 일, 잠으로 이어지는 대도시 근로자들의 단조로운 생활 속에서 세계사를 요약할 만큼의 대담성은 갖지 못했다―과감성은 오로지 열광적인 연구자들의 몫이었다.

이 위대한 사상가는 매우 보수적인 전설을 아주 명료한 용어로 단칼에 날려 버렸다. 노예의 단순한 노동은 틀림없이 하나의 인식을 함축하는데, 헤겔은 이것을 '우둔함' 혹은 '노예 근성'이라고 불렀고, 마르크스는 '직업의 백치성'이라고 규정했다. 노예에 관한 특정 지식들은 특정 노예에 관한 지식들이며, 헤겔적으로 말하자면 매번 특정의 노예상태가 되는 특정 노예의 지식이다. 노예는 주인의 관점을 채택하지 않고는 일반적인 인식, 다시 말해서 주인의 인식에는 결코 도달하지 못한다―노예는 오로지 주인의 문을 통해야만 노예상태를 벗어날 수 있다.[16]

노예는 자기를 억압하는 폭력을 자기를 해방시키는 폭력으로 전도시킴으로써 주인을 폭력적으로 거꾸러뜨릴 수 있단 말인가? 이 주제를 탐색한 사르트르에 의하면, 혁명적 폭력조직은 자기들이 처음에 벗어나려 했던 지배―예속의 관계 속으로 다시 들어간다는 것이다―하나의 용해 그룹이 상황을 통제하려 할 때는 언제나 위와 같은 구조화가 이루어진다. 이렇게 우리는 자코뱅의 공포정치에 대한 헤겔 수준의 분석에 아직 머물고 있다. 시발점으로 되돌아온 것인가?

노동에 의한 해방의 가능성은 배제되었다. 노예를 조종하는 것은 노동의 능력 밖이다. 단편적인 **명령만 받으며** 노동하는 개별 노동자들은 그 노동의 과실, 목적, 의도로부터 소외되어 있다. "노예가 하는 것, 그것은 정확히 주인의 조작에 의한 것이다." 마르크스는 이것을 좀 더 발전시켜, 착취라는 현대적 조건 속에서 교환가치를 생산해 내는 (예를 들면 재단사 같은 사람의) 노동을 **추상적**이라고 말했다. "이 가치를 그는 재단사의 노동으로써 생산하는 것이 아니라, 추상적인 일반노동으로써 생산한다. 이 재단사는 자기의 바늘로 꿰매지 않은 사회적 직물의 한 부분이다."[17] 착취적 주인의 추상적이고 보편적인 바늘만이 사회라는 직물을 꿰맨다. 노예의 노동이 '고집 세고' 우둔한 노예를 만들어 낸다.

노동의 노예상태는 노예가 아니고 주인을 해방시켜 준다! 실제의 역사를 예로 들며 헤겔은 노예상태의 '점진적인' 철폐를 그 '갑작스러운 폐기'보다 '좀 더 적당하고 옳은 것'으로 판단했다. 틀림없이 노예상태는 부당하다. "왜냐하면 인간의 존재란 자유이기 때문이다." 그러나… "그러나 자유를 위해서는 인간의 존재가 우선 성숙되어야 한다." 그러므로 노예상태는 자유를 향한 성숙의 원칙임이 판명되었다. 봉건적 예속상태나 종교재판의 '철제 손잡이들'이 모두 니체의 『도덕의 계보학』을 예고해 주고 있다. "인류는 예속상태에서 해방되는 것이 아니라, 예속상태에 의해 해방된다"(강조 원문).[18] 이와 같은 규율의 옹호는 과거의 사실을 설명해 줄 수 있을까? 이 특수한 설명방법을 자세히 관찰해 보아야 할 것이다. 또 혹은 이 방법은 미래를 계획해 주는가? 과학은 뒤에서 상상하고 앞에서 예견하기 위해 두 개의 저울추, 두 개의 척도로 판단을 내리는가?

노예의 노동 덕분에 야만적인 주인은 교양 있는 주인 앞에서 다소곳이 자리를 양보한다. 야만적인 주인은 실컷 향유하고 동물적으로 포식하며, '노예의 노예'가 된다. 교양 있는 주인은 "자기가 노예에게 행하는 것을 자기 자신에게 행한다." 그는 노예가 특수 속에서 완강하게 행하는 것을 보편 속에서 행한다. 노예가 '특수한 불안 속에서' **노동**하는 동안, 주인은 이 불안(보편적인 붕괴 일반)을 **배양**한다. 지배-예속 관계에서 맨 처음으로 벗어나는 사람은 바로 이 교양 있는 주인이다(금욕주의적인 면에서 그렇다고 헤겔은 확언했다―철학의 이와 같은 환상적인 해석은 주인-노예 관계의 궁지가 높은 곳에서만 해결된다고 징후적인 설명을 하고 있어 흥미롭다. 긴 안목으로 생각하는 것은 주인이며, 이것을 계속 밀고 나가려면 노예는 자기 자신을 자제하며, 주인을 모방해야만 할 것이다).

노예는 주인을 거꾸러뜨리는 것이 아니라, 주인이 됨으로써 노예상태에서 벗어난다. 노예는 그들을 지배하는 사람에게 합세하고, 그들의 불안을 함께함으로써 그들과 공동체가 된다. "절대적인 공포 속에 몸을 담가야"만 한다. 이것 혹은 저것, 실로 자기 목숨까지 잃을지도 모른다는 '특수한 불안감'을 극복해야만 한다. 그의 노동을 해방의 도구로 예찬할 것이 아니라 '부스러기'로 보아야 할 것이다. "모든 자연적 의식의 내용물이 흔들리지 않을 때 (…) 그 고유한 의미는 단지 고집이며, 아직도 예속의 한가운데에 있는 자유이다."

주인이 되기 위해서 노예는 자기 생명과도 같은 노동을 잃어야만 한다. 그는 들어온 길을 통해 노예상태의 밖으로 나간다. 그는 "자기 자신에게서 모든 직접적인 존재를 뽑아 버리기를" 거부했었다. 그는 너무 삶에 집착한 나머지 목숨을 건 투쟁을 중단했었다. 시민이 된 후 그는 군인이 될 수도 있고 극단을 지향할 수도 있고 '절대적인 추상抽象의 운동'을 완수할 수도 있고 '죽음을 무릅쓰고 최종적인 시험'을 수행할 수도 있다는 것을, 다시 말해 조국을 위해 죽을 수도 있다는 것을 스스로 증명했다. 이제부터 그도 잘 알게 된 것이다.

노예에게 있어서 "주인에 대한 두려움은 지혜의 시작이다." 이 말이 가정하는 것은 무엇인가? 노동에 의한 해방인가? 아니다. 주인 타도인가? 이 역시 아니다! 이성적인 국가에서 지혜의 극치는, 아무도 노예가 아니며, 모든 사람은 단 하나의 주인, 즉 **절대적 지배자인 죽음**만을 섬기고 있다는 것을 아는 것이다. 아무것도 아닌 것을 알고 있으며 원하고 있다는 것은 곧 죽음을 알고 원한다는 것이다.

지배, 다시 말해 죽음을 알고, 또 그것을 원하는 사람은 주인이
다. 이 방정식은 어디서 온 것인가?

얼핏 보기에 그것은 단순한 확인에서 시작된다. 사물을 통제하
기 위해서는 그 사물들을 객관적으로 보는 것이 필요하다. "소멸,
즉 종말의 소실은 실현될 수도 있고 안 될 수도 있는 단순한 가능
성이 아니다. 유한한 사물의 성질 속에는 이미 그들의 소멸의 씨
가 들어 있다. 그것들의 탄생 시간은 그것들의 죽음의 시간과 똑
같다."

통제는 살아 있는 것을 다룰 때에도 그것을 죽음이라는 종말에서
부터 다룬다는 점에서 객관적인 것이 된다. 해부학 강의는 시체를
가지고 이루어지며, 19세기의 모든 의술은 유리 속의 신체, 즉 시체
를 연구함으로써 과학적이라는 명칭을 얻게 되었다(푸코, 『임상의학의
탄생』). 존재를 그들의 죽음에서부터 측량함으로써, 헤겔은 단순한
확인 이상의 작업을 했다. 그가 발설한 통제의 기획에서부터 소위
'인간'에 대한 과학 및 기술이 근대사회에 끼어들기 시작했다.

우리가 유한적인mortel 존재라는 관념은 새로운 것이 아니며, 자
신의 인생을 인생보다 더 오래 사는 어떤 '사물' 속에 기입해 넣음
으로써, 그것을 운명으로 변형시키려는 의지 또한 독창적인 것은
아니다. 인생보다 더 오래 사는 어떤 사물이란 조국, 종교, 예술,
철학 혹은 단순히 가족이나 그 밖의 것 등등이다. 전통적으로 영
원성의 모습을 띤 이 '사물들'을 사람들은 통제할 수 없으며, 만질
수만 있을 뿐 포옹할 수 없으며, 포옹한다 해도 꽉 껴안을 수는 없
으며, 꽉 껴안는다 해도 그것의 생명을 끊을 수는 없다. 조국은 가

족관계를 깨뜨릴 수 있으며, 철학자는 무례하게 조국에 대한 존경을 깨뜨릴 수 있으며(소크라테스), 철학자는 또 예술과 함께 도망치고, 종교를 예속시킬 수도 있다(플라톤). 그러나 여전히 윤곽을 잡을 수 없는 '어떤 것'이 있다. 그것은 철학자가 결코 소유할 수 없으나 철학자를 사로잡고 있는 진리이며, 철학하는 어리석음 바로 그 자체이다.

얼핏 보기에 헤겔은 다른 사람보다 조금도 더 진전한 것 같지 않다. 그것이 그 특유의 방법이다. 그는 종교 속에서 예술을 '극복하고', 절대적인 지식 속에서 종교를 극복한다. 사상의 거장들의 싸움은 자신의 것을 더 높은 곳에 올려놓기 위해 이웃의 최종적인 '사물'에 다리를 걸어 넘어뜨리는 작업인가? 헤겔은 '진리'를 말했고, 니체는 '진리로 배가 터지지 않기 위해' '예술'을 내세웠다. 그리고 마르크스는? 그것은 아마도, 혁명의 불길만이 끓게 할 수 있는 미래의 냄비 속에서 '생산자 연합'을 실현시켜 줄 '선善'일 것이다. 여기서 옛날 사상가들과 현대 사상가들 사이에 느낄 수 없는 차이가 새겨지면서 서로 넘어설 수 없는 경계선을 이룬다. 자본을 알고 『자본론』을 쓰기 위해서는 미래의 냄비가 끓을 필요도 없다고 마르크스는 말했다. 예술은 그러나…, 하고 니체가 경고했다. 그것은 단지 죽음이나 종말에서 벗어나기 위해서가 아니고, "라파엘로의 마돈나의 시선에서 온전한 복음을 확실하게" 발견하기 위해서도 아니다. 아름다움은 너무 깊어서 차라리 '피상적'이다. 비가시성과 영원의 문을 열어 주는 것이 아니라 그것은 우리를 땅으로 되돌려 준다. "힘이 스스로 관대하게 되어 가시성을 너그럽게 응대할 때, 나는 이 아름다움을 친절이라고 부른다." 더 이상 통제할 수 없는 것('진', '선', '미')을 온갖 통제로 내리누르기보다는, 아름다움과 힘 속에, 그리고 사람들이 스스로 통제하지 못한다고 생각하는 것 속에 통제의 최고의 힘이 있다는 것을 이 사상가는 우리에게 보여 준다.

우리가 사물들을 통제하는 것은 그것들의 죽음의 측면에서이다. 그렇다면 모든 것을 지배하기 위해서는 영원불멸의 무한한 사물들과 결별하고, 다른 것들과 마찬가지로 이것들에게도 '절대적인 지배자', 즉 죽음을 부과하는 것이 좋을 것이다. 헤겔적인 지양은 어느 지점의 확고한 구체성에 도달하기 위해 부정否定하는 것이 아니다. "유한한 것은 소멸하며 사라진다." 이 거장은 이러한 절망을 위로하는 것이 아니라, 이 절망을 절망한다. "소멸, 무無 같은 것은 최종적인 종말이 아니라, 그것들 역시 소멸되고 사라져 버린다."[19] 최종의 종말이란 무엇인가? 헤겔이 역사를 역사의 종말에서부터 생각했다고 늘상 그를 비난했던(그는 아마도 좀 오만하게 그 부분에 자리를 잡았을 것이다) 주석가들은 결코 이 종말의 위치를 확정하지 못했다. 그것은 프로이센 국가인가? 헤겔이 인용한 나폴레옹의 말처럼 유럽을 '너무 좁은 의미로' 이어받은 북아메리카인가? 혹은 슬라브 제국인 러시아인가? 헤겔이 생각하기에 러시아는 나폴레옹을 격파하면서 자신의 최후의 말[유언]을 한 게 아니라 최초의 운을 뗀 것이다. 역사의 종말이란, 역사는 계속해서 끝나고 있다는 의미이다. 그것은 카운트다운 속에서 자신을 유지하고 있다—만일 우리가 의지하는 사물들이 아무런 놀라움도 실망감도 안겨 주지 않고, 살아 있으면서 이미 죽은 것처럼 자신을 통제하고, 그것들의 출생신고가 사망증명서와 똑같은 가치가 있는 것이라면, 세월이 어떻게 끝나는가를 알기 위해 최후의 심판에 참석할 필요조차 없다.

인생은 탄생의 시간도 죽음의 시간도 아니므로, 그 두 개의 시간 사이에 끼는 방법은 수없이 많다. 즉 쾌활한 사람이 될 수도 슬픈 사람이 될 수도 있고, 건망증이 심한 사람, 친절한 사람, 또는 세심하게 모른 척하는 사람 등으로 될 수도 있다. 민족학자와 민속학자들도 수많은 방법을 발견하며, 작가들은 밤에 채집하고, 조각가들은 눈雪 속에서 읽는다. 그런데 사상의 거장들은 그것을 단 세 가지밖에 모른다. 그것들은 모두 탄생의 시간과 죽음의 시간을 한데 겹쳐 놓는다. 자기가 죽을 것이라는 것을 인정치 않고 태어나는 사람의 방식도 있다. 헤겔은 이들을 동물과 같다고 했으며, 그들은 '나'라고 말하는 대신 '내 가족', '나의 땅', '나의 하느님' 등을 말하는 자라고 했다. 이러한 무의식, 즉 헤겔 식으로 말하면 자기의식이 없고, 마르크스 식으로 말하면 '야만적인' 이 '물질성'을 구현하고 있는 사람이 바로 농민들이다. 이미 죽음의 순간을 살고 있는 사람의 방식도 있다. 모든 위험을 무릅쓸 각오가 되어 있는 군인, 자신의 사생활을 공공봉사에 바치는 정치인(혹은 모든 공무원들), 그리고 나라나 좀 더 높은 이념에 자신들의 인격을 송두리째 바쳐 그것으로 그들의 사회적 신분을 삼은 모든 사람들이 바로 그들이다. 그들은 조국의 수호자이며, 질서와 인민의 대표자이며, 또 지배자가 입을 갑옷에 맞추어 움직이는 직업적 혁명가이다.

농부와 정치인 사이에, 그리고 죽음을 모른다는 구실 때문에 낮은 지위를 차지한 사람과, 전쟁, 혁명, 핵전쟁의 묵시록, 석유 파동 같은 '최고의' 위험과 직면한다는 핑계로 정상을 차지하고 있는 사람들, 이 한중간에 있는 사람들이 바로 현대사회 특유의 존재인 중간존재이다. 다름 아닌 부르주아와 노동자들인데, 이 둘은 어느 때는 결합되고(헤겔), 어느 때는 분리되는(마르크스) 한 쌍이다. 그들은 태어나거나 죽는 데 그들의 시간을 보내는 것이 아니라 현대적 의미의 노동을 하는 데 그들의 시간을 보낸다. "노동은 기본적 필요도 충족시키지 못하며 고통스럽게 살고 있는 노동자를 완전히 죽이는 행위이다."

완전히 죽이는 행위로서의 현대적 노동은 자연을 지배한다. 전통적으로 노동자들이 농경생활에서 얻었던 것을, 이제는 제조되고, 조작 가능하고, '인간적인', 다시 말해서 '자연적'이 아닌 제2의 세계를 주인으로부터 얻어낸다―농부의 노동은 덜 창조적이고 더욱 예속적인 것으로 간주된다. 이런 편견은 19세기에만 있었던 것이 아니었다. 그러나 한편으로, 노동은 주인의 행위가 아니다. 왜냐하면 사람은 노동과 향유를 동시에 할 수는 없기 때문이다―그것은 분할에 의해서만 완수되는, 억눌리고 억압된 행위이다. 즉 생산자의 손에서 벗어나는 생산품과 생산과의 분할, 육체노동자와 지식인의 분할, 그리고 하나의 임무가 전제로 하는 구체적인 기술과 사람들이 거기에 매기는 추상적이고 화폐적인 가치 사이의 분할 등이다. 이처럼 죽은 노동과 산 노동, 개인적 노동과 사회적 노동, 구체적 노동과 추상적인 노동의 대립을 사람들이 찬양하건 통탄하건 간에(모든 사상의 거장들은 이 두 가지를 동시에 하거나 혹은 연속적으로 했다), 이러한 분리를 작동시키는 힘 안에 이미 현대적 노동의 기막힌 효율성이 있다는 것을 그들은 언제나 지적한다.

노동은 "지연된 죽음"(헤겔)이다.[20] 잘 훈련된 노동자들은 매일아침 일을 시작하기 위해 "자기의 운명을 죽여야" 하며 부르주아는 살기 위해 부를 축적하는 것이 아니라 부를 축적하기 위해 산다.

그러므로 이 세계의 순치는 교훈적인 이론이나 좋은 감정으로 이루어지는 것이 아니고, 어떤 초세계적인 진리의 빛을 땅에 비추는 방법으로 이루어지는 것도 아니라는 것을 노동자−주인이라는 쌍이 **증명**해 주고 있다. 니체와 마찬가지로 헤겔과 마르크스는 노동 안에 들어 있는 현대적 지배의 효능을 보여 준다. 그것은 '추상'의 힘이요, '죽음을 내포하고 있는 삶'의 힘, 또는 규율의 힘이다. 주인은 죽음과 대결하기 때문에 주인이라면, 현대의 노동은 만성절의 국화꽃처럼이나 덧없는 경건한 진리가 아니라, 빵 값을 벌고 이 세계를 개조시키는 좀 더 일상적이고 효율적인 방법이다. 이렇게 해서 노동자는 생명을 서서히 잃어 가고, 다른 계급들은 그가 생명을 잃어버린다는 사실 이외에 아무것도 모르고 있음에 틀림없다.

진실을 말해 보자면, 사상의 거장들에 의해 구축된 지배계획 속에서 노동자−주인 쌍의 위치는 아주 이론적이다. 사회에는 다른 수많은 계급이 있다. 노동자도 지주도 사람들이 그들에게 떠맡긴 높은 역할을 자발적으로 감당할 만한 능력이 있는 것은 아니다−그들은 권력이 뭔지도 모르는 채 권력을 구현하고 있는데, 일단의 이론가들이 '외부로부터' 이들에게 와서 그것을 가르쳐줄 필요성이 바로 여기서 생긴다. 현재의 국가는 주인들을 교육시키고, 미래의 국가, 즉 당黨은 미래의 주인들을 선택할 것이다─한편 사상의 거장들은 대중에게서 교육을 받으며, 다시 말해서 대중이 간직하고 있는 비밀에 의해 교육받으며, 교육자들을 교육시킬 것이다. 대중이 간직하고 있는 비밀이란 '생산'이며, 대중이 그것을 간직하고는 있지만, 그것을 알아보는 것은 오직 사상가들일 뿐이다. 단 하나의 지식을 지칭하는 데 국가과학, 혁명과학, 노동과학의 세 가지 서로 다른 버전의 과학이 있다. 그것은 "덫에 걸렸다"고 소리 지름으로써 끝에서부터 새로 시작할 줄 아는 위부[Ubu: 알프레드 자리Alfred Jarry의 희곡에 나오는, 희화화된 뚱뚱한 왕] 지도자의 과학이다. "유한자有限者는 자기 부정에 의해 소멸하면서 진정한 자기에 도달하고, 스스로와 충돌하면서 다시 자기 자신에게 복귀한다."[21]

설득에서 만류까지

미국의 전략가들은, 마치 당구의 자살 쿠션처럼, 열핵무기를 가지고 새로운 질서의 원칙을 세울 수 있다고 생각했다. '2차 타격'의 능력이 있는, 다시 말해 치명적인 공격을 받은 후에도 상대방을 반격할 수 있는 세계 양대 슈퍼파워[미국과 소련]는 다소 수상쩍은 공동 이해利害를 놓고 더 이상 서로 화해할 필요가 없었다. 그들의 가장 이기적인 이해야말로 그들의 최고의 공동 이해가 되었기 때문이다. 둘이 다 죽거나 혹은 함께 사는 것이다. 그것이 문제다. 전략가들이 덧붙인 하나의 문제는, 모든 분쟁(아무리 국지적인 것이라 하더라도, 약소국들을 매개로 하여 양 강대국이 대결할 수밖에 없게 된다)이 결국에 가서는 최종의 재난에 불을 붙일 위험성이 있다는 것이다. 이 위험이 그렇게 확실한 것은 아니라 하더라도 두 강국은, 상호 교대의 개입에 의해, 폭력을 '에스컬레이트'하며, 극히 사소한 분쟁을 묵시록으로까지 발전시킬 수 있는 것이다. 질서냐 혼돈이냐, 평화냐 세계의 종말이냐 같은 양자택일은 모든 지역분쟁 속에 들어 있으며, 이 지역분쟁은 최고의 위협이라는 그늘 속에서 중층적으로 고착되거나 또는 완화된다. 사람들은 '억지력'의 왕국 속에서 초강대국의 후견인들이 우리 모두를 위해 평화를 수립해 줄 것이라는, '열려라 참깨' 식의 생각을 갖고 있는 것이 아닐까?

예전에는 설교, 추론 혹은 정경正經, canon에 의해 서로 상대방에게 설명했다. 그리고 선택된 도구에 따라서, 가장 강력한 것이 이겼다. 오늘날, 사람들은 더 이상 설명할 것이 없다. 아무것도 아닌 하찮은 것을 설명하는 것으로 족하다. 그것은 "계속하면 큰 재앙으로 곧장 달리게 될 것이다. 멈추어지지 않으면 재난이 올 것이다"라는 것이다. 예전에 사람들은 결정을 내리기 위해, 설득하고 서로 긍정적인 논쟁―정신적으로 혹은 육체적으로, 난폭하게, 혹은 꾀를 써서―을 주고받았다. 오늘날에는 포기하게 만드는 데에만 만족한다. 사람들은 서로 부정적인 논쟁만을 주고받는다. 어떤 사람들이 죽음의 위협에 대해 좀 더 예외적인 조작 방법을 알고 있다 하더라도 역시 모든 사람들은 죽음 앞에서 평등하다.

상호 공포에서 생겨나는 이 질서는 핵무기 발명 이전에 이미 서구문화 속에 들어 있었다. 혁명의 전조가 보일 때부터 사상의 거장들의 설득의 시대는 막을 내렸다. '이데올로기를 준비'하고 있던, 아직 '조용한' 혁명의 첫째 단계는 환경과의 모든 '자연적인' 관계를 끊고, 결정적인 출발을 했다. 이 단절이 좀 더 깊숙이 이루어질수록 설득의 시대(관습의 '도덕성', '실증적 종교', '인간 대 인간의 관계' 등의 시대)는 좀 더 빨리 막을 내린다. 코페르니쿠스적 단절의 순간이 종교개혁에서부터(헤겔), 혹은 자본주의 초기에(마르크스), 또는 코페르니쿠스 자신에 의해 해석되었다고 하는 것은 별로 중요하지 않다. "코페르니쿠스 이래 인간은 경사의 내리막길을 구르게 된 것 같다―인간은 중심에서 멀어지면서 더욱더 빠르게 굴렀다. 그는 어디를 향해 달려가는가? 무無를 향하여? 그의 몸 여기저기로 스며드는 무無의 감정을 향하여?"(니체 『선악의 저편』). 땅에는 사람이 살고 있으며, 그들은 이미 억지의 방식으로 지배되고 있다는 외교적 흥정을 폭탄은 아직 조정하지 못하고 있다.

처음에 자연은 사람들이 게걸스럽게 먹어 치우는 어떤 것이었다. "분리의 감정은 욕구이며, 분리로 인해서 제거되는 감정은 쾌락이다"(헤겔).[22] 욕망은 탐욕하는 능동성이고, 쾌락은 탐욕의 과정이다. 포식이 결코 중단되지 않는다는 것은 포식 자체를 먹어 치우는 것이 좀 더 자연스럽기 때문이다. 동물에서 출발하여 정신으로 나아간다는 것은 탐욕의 탐욕에 다름 아니다. 포식한 타자는 당신의 시선 안에 배고픔의 불꽃을 점화시킬 것이고, 또 그 반대현상도 일어난다. 노동은 족쇄가 채워지고, 억제되고, 짓밟힌 쾌락이다. 그것은 타자 즉 주인에 의해 집어삼켜진 쾌락이다. 문화는 자기 통제이고, 스스로를 집어삼키는 행위이며, 특수에서 보편으로 가는 과정이고, 이념을 위한 자기 생명의 희생이다. 국가, 예술, 종교 혹은 지식에서 시민, 예술가, 신자 혹은 철학자는 "인정받는 것과 말살된다는 것이 정확히 같은 이야기"라는 것을 용인한다.

핵무기에 관해 사람들이 이야기할 수 있는 미묘하고 깊이 있고 결정적이고 꼼꼼한 말들은 이미 한 세기 전에 발설되었다—다시 말하면 그건 더 이상 대수로운 일이 아니라는 이야기다. 핵전쟁의 전략가들은 그러나 과학—철학—역사—묵시록적 분야에서 사용할 화약은 아직 발견하지 못했다. 헤겔은 이미 현대적인 전쟁을 소개했다. "이 전쟁은 가문들 간의 전쟁이 아니라 인민들 간의 전쟁일 것이며, 결국에 가서는 증오조차 모든 인격적 요소에서 벗어나 아무런 구별도 없는 미분화未分化의 상태가 될 것이다. 죽음은 나올 때도 보편에서 나왔듯이 들어갈 때도 역시 보편 속으로 들어

갈 것이며, 분노를 수반하지도 않을 것이다. 분노의 감정은 가끔 생기기는 하지만 곧 스러져 없어져 버린다. 화기火器는 미분화의 비인격적인 일반적 죽음을 발명해 냈다."

'가문'을 나라로, '인민'을 초강대국으로 놓아 보라. 그러면 전략 연구비의 상당한 부분을 절약하여, 초강대국들의 담론의 본질을 싼 값으로 만들어 낼 수 있을 것이다. '가문'의 차원으로 전환된 국가들은 강대국들의 통치권에 거역하는 모든 의지를 구식이고 낡은 것으로 만들어 버린다. 척도만 달라졌을 뿐 논쟁은 변하지 않았다. '미분화된 비인격적인 일반적 죽음'은 이제부터는 '국가의 명예'를 추진하는 게 아니라, 서쪽의 '자유진영'과 동쪽의 '평화진영'이라는 규칙을 추진한다. 대포를 쏘건 미사일을 쏘건, 최종 단계의 논쟁은 항상 '죽음의 수단을 쓰는 증명'에 머문다.

논쟁의 정치적 성격이 무엇이든 간에, 우리가 쉽게 확인할 수 있는 것은, 예를 들어 베트남에서의 미국의 패배 같은, 한 상황에 대한 정보나 작전의 효율성이 새로운 전략가들의 논쟁에 아무런 힘도 보태지 못한다는 점이다. 억지력의 이론들은 널리 확산되었고, 전면적으로 받아들여지고 있다. 왜냐하면 이 이론들은, 그것들이 빌린 무기보다 덜 새로운 것이기 때문이다. 질서가 힘에 의존한다는 것은 매우 시대에 뒤떨어진 진리이다. 힘은 파괴적이며 억지의 기능을 가질 때만 설득력이 있고 강제력이 있다는 견해가 현대 사상의 정원 속에서 세심하게 재배되기 위해서는 펜타곤의 전문가들을 기다릴 필요도 없었다. "가장 높은 정신력과, 가장 풍요로운 인생의 이상인 허무주의는 가끔 파괴적이고 가끔 반어적이다." 펜타곤의 전문가들에게는 너무나 잘 들어맞는 견해이다. 그들은 자신들이 어떤 존재인지를 알기 위해 오래도록 니체 같은 사람이 나오기를 기다릴 것이다.

마지막 결투

억지抑止하는 불신, 사소한 것에서부터 이해해야 한다. 왜냐하면 모든 사람은 무엇이든지, 비록 최악의 것이라 할지라도 할 수 있는 능력을 갖고 있기 때문이다. 억지하는 지배, 모든 것을 이해해야 한다. 왜냐하면 모든 것이 일어날 수 있으므로, 그리고 특히 묵시록이 실현될 것이기 때문이다. 억지력의 질서는 좀 더 높은, 긍정적인 질서(옛날에는 이 질서가 모든 사람들의 신념을 이끈다고 생각했다)에 무정부상태를 예속시키지 않는다. 이 질서는 상위의 무정부주의의 이름으로, 하위의 무정부주의를 예속시킨다. 그 가치의 척도는 더욱더 헤아릴 길 없는 심연들을 하나씩 하나씩 쌓아올린다. 질서는 지옥의 제1원圈을 지배한다. 왜냐하면 그것은 좀 더 무서운 제2의 원 속에 끼어 있기 때문이다. "내부적으로 분열된 국가는, 외부의 전쟁에 의해 내부의 평화를 쟁취한다"(헤겔).[23]

현대국가는 도시와 농촌 간의 모순, 노동자와 주인 사이의 모순, 부자와 가난한 자의 모순 등을 제거한 것이 아니라, 다만 그 모순들을 좀 더 직접적이며 치명적인 다른 모순들에 예속시켰을 뿐이다. 그것은 '포위당한 성채'(스탈린)를 세우거나, '위험 일보 직전의 정치'(미국)를 실천하거나, 천재지변과 똑같은 수준의 세계대전을 준비하거나(마오쩌둥), 또는 '보주산맥[Vosges: 프랑스와 독일 접경인 알자스로렌 지방에 걸친 산지]의 푸른 능선' 위에 국민을 일렬로 세우거나, 혹은 기본적 욕구라는 '생명공간' 위에 국민을 고정시키는 것, 다시 말해 헤겔이 예언적으로 '전쟁의 도덕적 요소'라고 말한 것을 발전시킴으로써 실현되었다.

인간은 처음에 자유에서부터 출발하여 점차 사회화시키는 것이 좋다고, 혁명의 첫 번 증인인 피히테가 말했다. 헤겔은 한걸음 더 나아가 "유기체의 원칙은 자유이다. 정부 자체도 지배의 대상이다"[24]라고 말했다. '유기체'라는 말은 인간이 사물처럼, 혹은 동물처럼 분류될 수 없다는 것을 강조한다. 그리고 피히테의 합리주의적 원칙을 좀 더 세련화시키는 것이 적당하다는 것을 뜻한다. 결투의 전사戰士는 거기서 사변思辨의 훈장을 받는다. 사람들 상호간에 테러리스트적 교제를 유지시켜 주는 순수한 자유들은, 무엇을 위하여가 아니라, 무엇에 반反하여 동원되고 정돈된다. 국가는 국가에 대적하고, 계급은 계급에 대적하며, 당은 당에 대적한다. 현대 세계 전체가 2원적인 대칭관계로 고정되어 있음에 틀림없다.

유럽에서는 혁명까지도 거울의 원칙에 의해 이론화되었다. 1848년 6월의 '프롤레타리아' 봉기를 해설하면서 엥겔스는 파리 사람들의 전략적인 수완을 찬양했고, 그때의 놀랄 만한 일들을 규율의 힘으로 설명했다. "이것은 전국의 작업장에서 노동자들이 이미 거의 군사적으로 조직되었다는 것을 모른다면 설명하기 곤란한 것이다. (…) 너무나 잘 조직이 되어서, 그들은 산업적인 그들의 조직을 그대로 군사행동의 영역에 옮겨 놓기만 하면 되었다."[25]

나중에 레닌은 보편적 규율은 언제나 에스컬레이트되는 경향이 있다고 하면서 '공장의 규율'이 노동계급의 조직 역량의 토대라고 말했다. "당은 그것이 타도하려는 국가보다 더 독재적이어야 하며, 모든 비밀경찰보다 더 비밀스러워야 하고, 적의 군대보다 더 군사화되어 있어야 하며, 모든 기존의 서열보다 더욱 서열화되어야 한다." 자기가 타도하려 하는 권력을 모방하는 데 모든 노력을 기울이는 사람은 자기 자리에 희화적인 분신이 하나 세워지는 것을 보고도 별로 놀라지 말아야 할 것이다.

혁명의 과학? 국가의 과학? 조직의 과학? 억지의 전략? 그리고 동시에 인간과학의 모든 ~설logies, ~론gogies, ~요법thérapies이 열린다. 이 위대한 계획을 니체는 간결하게 "전쟁을 위한, 혹은 전쟁에 의한 인류의 교육"이라고 요약했다.

근대혁명들에서 파생하는 질서를 사유의 목적으로 삼은 거장들은 이 혁명에 대해 다양한 정치적 견해들을 갖고 있는 것 같다. 그러나 헤겔 이래 이들은 모두 혁명을 종식시켜야 할 필요성을 느끼고 그 방법을 제시한 사람에게 커다란 존경심을 표해 왔다. "역사상 전례 없는 호전적인 시대가 앞으로 수세기 동안 이어질 것이라고 우리가 예상하는 것은, 다시 말해 **전쟁의 고전시대**, 즉 (그 규율이나 수단에 있어서) 가장 규모가 크고 숙련된 민중전쟁의 시대에 돌입할 것이라고 예상하는 것은 (온 인민의 '박애fraternité' 정신이 분출했던 프랑스혁명 때문이 아니라) 바로 나폴레옹 때문이다. 미래의 천년왕국론자들은 아마 이 시기를 완전함의 한 조각이라고 선망과 존경의 마음으로 회고할 것이다"(니체).

그러나 이 완전함의 한 조각을 미래의 천년왕국론자들은 선망을 갖거나 혹은 선망 없이 바라보지 않을 것이다. 왜냐하면 뒤를 회고해 볼 사람이 아예 아무도 없기 때문이다. 그렇다 해도, 성취되고 있는 한 계획 또는 과학적 실천의 수단을 간직하고 있는 한 전망이 말해 주는 명백한 메시지를 우리는 아무런 선망이나 존경 없이 그저 있는 그대로 부각시킬 수는 있다.

프랑스대혁명 4년차인 1792년부터 공식 사용된 단두대 '기요틴'. 기요틴은 이 기계를 고안한 의사의 이름. 기요틴 자신도 기요틴에서 처형되었다.

3
왜 나는 그토록 박식한가
헤겔과 그 추종자들

가장 중요한 점은 선생이 권위로 가득 차 있고, 학생들로부터 얼마간의 거리를 두고 있다는 사실이다. …

그러므로 나는 교실 문에서 가장 멀리 떨어진 곳에 앉아 있다. (닫힌) 문 밖에는 사환이 앉아 있고, (역시 닫혀 있는) 복도의 문 밖에는 사환보가 앉아 있다. 그리고 그 너머 마당에 학생이 앉아 있다.

우리는 서로 소리를 지르며 질문을 주고받는다. 대답도 같은 방식으로 내게 전달된다. …

선　　　생　2 곱하기 2는 몇이지?

사　　　환　일하지 않는 달은 언제지?

사　　　환　보나병 환자들은 어떻게 지내지?

부사환보　계란 500개는 얼마지?

학　　　생　(자신 없이) 반 기니demi-guinée인가!

부사환보　우리 형 온다!

사 환 보　르네 온다!

사　　　환　너 바보구나!

―L. 캐럴, 헨리에트와 에드윈 도지슨에게 쓴 편지

혁명과 혁명과학 사이의 숨바꼭질은 2세기 전부터 계속되어 왔다. 마치 마르크스가 파리코뮌에 대해서 그랬던 것처럼 나도, 과학은 슬쩍 건너뛰고 혁명에서 모든 것을 배웠다. 혁명에서는 모든 것을 배울 수 있다고 마르크스-엥겔스의 40권의 책은 암시하고 있다. 이 책들은 헤겔의 『논리학』(단 두 권이지만 서구사상사 전체를 호출하고 있으며, 도서관들의 긴 서가를 차지하고 있다)을 읽지 못한 사람에게는 이해하기 어려운 것이라고 레닌은 (또 다른 45권의 책에서) 말하고 있다.

1789년의 혁명과 함께 "하늘이 땅에 내려왔다"(헤겔). 모든 사상의 거장들은 여기에서 자기의 몫을 치렀다. 마르크스는 신에게서 불을 훔친 프로메테우스를 자기 철학의 주인공으로 삼았다. 방법에 있어서 별로 '혁명가적'이 아닌 니체도 역시 이 지평선에서 벗어나지 못했다. 그는, 바그너가 독일 국민에게 새로운 그리스 비극의 기회를 주었다고 말함으로써 프랑스혁명을 이중으로 암시했다. 우선 직접적으로, 바그너는 1848년 독일혁명에 적극적으로 가담한 후 그의 귀족적인 오페라 무대 위에 바리케이드를 설치하기로 결심했다(그는 그것을 『예술과 혁명』에서 밝히고 있다). 횔덜린과 헤겔 이후 진정한 프랑스혁명과 만나고자 하는 독일 지식인들은 간접적으로 모두 관념적인 그리스를 지향했다. 프랑스의 떠들썩한 소란에서 등을 돌린 『비극의 탄생』은 사상의 거장들의 영원한 질문에 답을 주고 있다. 즉 "파리 사람들이 시작만 해 놓은 것을 독일인들이 어떻게 멋지게 끝낼 수 있을까?"라는 질문이다.

이 질문은 20세기 마르크스주의의 위대한 지도자들이 행했던 놀라운 이론적인 곡예를 통해 세계적인 것이 되었다. '프롤레타리아 혁명'이 자연스럽게 '부르주아 혁명'의 뒤를 잇고, 10월혁명은 2월혁명의 뒤를 이었는데, 정통 마르크스주의자들이 보기에 이것은 전혀 자연스럽지 않았다. 그들은 부르주아지의 시대를 날짜가 아니라 세기世紀로 산정하는 데 익숙해 있었기 때문이다. 레닌은 그들에게 예외가 규칙을 견고하게 만들어 준다고 설명했다. 그리고 러시아는 마르크스적 추론이 아니라 유럽의 질서라는 관점에서 볼 때 '가장 허약한 사슬의 고리'라고 했다. 그에 이어서 마오쩌둥도 예외를 세기의 규칙으로 삼았다. 그는 우리 시대의 '새로운 민주혁명'은 부르주아 혁명이나 프롤레타리아 혁명을 똑같은 과정 속에 분출시킨다고 선언했다. 이렇게 해서 이론은 현실의 전개에 자기 고유의 현실성을 부여했다. 베이징이 갑작스럽게 파리의 시간대에 놓였다면 그것은, 오래전부터 과학이 유일하고 동일한 단 하나의 혁명만을 해석하고 있었기 때문이 아닐까?

"그것은 장엄한 일출이었다. 모든 사유하는 존재는 이 시대를 찬양했다. 숭고한 감정이 그 시대를 지배했고, 정신의 열광이 온 세계를 전율케 했다"(헤겔).[1]

세계의 시계

아첨꾼은 그 아첨을 듣는 사람을 희생시켜 자기 생명을 유지한다. 혁명이 좀 더 '위대'할수록, 그 위대성을 말하는 과학은 좀 더 거대해질 것이다. 혁명가에게 그가 하고 있는 혁명이 수많은 비슷한 혁명 중의 하나가 아니고, 유일한 오직 하나만의 혁명을 하고 있다고 말해 주는 이론보다 더 설득력이 있는 이론이 어디 있을까? 모든 예술가들이 그저 하나의 걸작이 아니라 **최고 유일**의 걸작을 만들고 싶어 하는 것과 꼭 마찬가지로, 모든 혁명가들은 자신이 하는 혁명이 유일한 것이라고 스스로 믿고 있다. 걸작의 학문은 아카데미즘을 낳는다. 혁명과학은 무엇을 낳는가?

자코뱅당원들은 그 손에 장자크 루소의 작품들을 들고 있었다. 이 작품들은 그들의 행동을 보편적인 것으로 만들었으며, 당시 파리의 하루하루는 자유세계 기원 원년의 자리를 매일같이 갈아치웠다. 19세기에는 프랑스 역사가들이 바통을 이어받았다. 그들은 혁명을 찬양하거나 비판하면서, 이것을 세계적인 사건으로 만들었다. 프랑스는 그 후 오랫동안 사상의 거장들의 영향권 밖에 놓여 있었다. 마르크시즘과 마찬가지로 헤겔의 모습도 이 나라에서는 발견할 수가 없었다고 사르트르는 말했다. 자리가 배정되었기 때문이다. 독일 철학자들의 작업은 프랑스에서는 역사가들이 담당했다. 라인 강의 이쪽에서는 역사가 되었고, 저쪽에서는 철학이 되었다. 1789년의 사건을 놓고 강의 양안兩岸에서 사람들은 서로 다른 세계의 시계를 제조했다.

이 까다로운 작업에는 순수한 것이라고는 없다. 혁명의 거대한 역사는 명백하게 그때그때의 프랑스의 커다란 정치적 흐름과 밀착해 있다. 급진주의자들은 미슐레Michelet처럼 당통Danton주의자가 되었고, 역사가 마티에A. Mathiez는 로베스피에르를 훌륭한 레닌주의자로 복원시켰다. 마찬가지로 독일의 사상가들도 혁명에 대한 추론을 제로에서부터 시작했다. 그들은 '고미술학자'로서가 아니라 '미래의 건축가'의 입장에서 고찰했으며, 새로운 국가의 계획을 수립했다. 혁명에 주석을 붙인다는 구실 아래 그들은 대중통치의 방법론을 구축했다. 니체와 함께 혹은 니체보다 먼저 그들은 역사 공부의 '효용성'을 깨달았던 것이다. "아직 생명을 갖고 있는 과거를 십분 이용할 것."[2]

천민La plèbe

권위는 저절로 생기지 않는다. 지배자와 피지배자의 구별은 자연적인 여건으로 되는 것이 아니며, 영원한 것도 아니다. 과거 세기들의 경험을 중시하는 모든 보수주의자들에게 피히테는 혁명을 제시했다. "국가는 우리의 그 누구에게도 자신을 동의해 달라고 요구한 적이 없다. 하지만 국가는 그렇게 했어야만 한다."[3]

피히테가 처음으로 돌을 집어 들었으며, 그 후에 사상의 거장들이 이 돌을 릴레이 식으로 전달했다. 피히테는 이 돌을 더할 수 없이 정확하게 묘사했다. "공동체는 강제의 권리를 직접 자기 자신에게 행사하지 못한다. (…) 그러므로 이 권리의 실천을 다른 인격체에게 위임해야 하는데, 이 단절을 통해 공동체는 인민peulpe(천민Plebs)이 된다."

천민이라는 말이 독일에서는 나쁜 의미로 쓰이고 있다는 것을 모르지 않았던 피히테였지만, 권력에서(혹은 군주에서, 혹은 통치자에게서) 분리된 인민을 특별히 지칭하기 위해서는 이 말을 사용하는 것이 필요하다고 판단했다. 그리하여 지배받는 모든 사람을 인민-천민으로 지칭했다. 그는 마키아벨리가 이 말을 사용했던 것을 잘 알고 있었다.

국가의 첫 번째 임무는 천민에게, 그들이 지배받고 있다는 사실을 설득시켜야 하며, (국가의 권력을 위임받아) 그들 스스로가 자신들을 지배한다는 사실을 받아들이도록 해야 한다. 국가는 물리적 강제와 폭력의 수행을 독점함으로써 근대적이 되고, 인민의 이익을 지키는 유일한 수호자가 된다. 이 인민들의 눈에 자신의 존재를 '과학적으로' 합리화시킬 수 있을 때 국가는 **이성적인** 것이 된다. "국민의 특정한 한 파를 지칭하는 한에 있어서의 인민은 자신이 원하는 것이 무엇인지 알지 못하는 한 부분의 사람들을 뜻한다"(헤겔).[4] 힘의 독점은 앎의 독점으로 인해서 이중의 독점이 된다.

그런데 인민이 국가에 대해서 아무것도 알려고 하지 않는다면? 그럴 때 인민은 헤겔의 천민이 된다. 피히테와 달리 헤겔은 천민을 인민과 구별했다. "정부에게 나쁜 의지가 있다고 생각하는 것은 부정적인 관점이며, 천민적인 견해이다." 상급자에 대한 신뢰는 인민적populaire이며, 그것에 대한 의심은 천민적plébéien이다. 헤겔은, 지배당하지 않으려는 인민의 한 부분을 천민이라고 불렀다. "만일 하나의 거대한 대중이 정상적인 사회구성원에게 필요한 최저생활비 이하로 떨어져, 권리의 관념이나 합법성의 정신을 잃고 자기 고유의 노동이나 행위로 존재한다는 명예심마저 잃었을 때, 거기에 천민이 형성된다."[5]

노년의 헤겔은 그의 제자들에게 좀 더 분명하게 설명했다. 즉 부르주아 사회의 경제적 빈곤상태가 하층천민plèbe-populace의 객관적인 조건을 형성한다고 했다. 그리고 그것을 보완하는 주관적인 조건은 정신상태의 문제라고 말했다. "가난 그 자체는 사람을 하층천민으로 만들지 않는다. 가난과 결부된 정신상태, 즉 부자·사회·정부 등에 대한 내면적인 반항에 의해 천민이 결정된다. 그렇게 우연히 정해진 인간은 마치 나폴리의 부랑자들lazzaroni이 그러했듯이 자기 일을 게을리하고 경박하게 된다."

영국의 노동자들은 비록 가난하지만 항상 그들의 정부와 좋은 습속을 존중한다. 나폴리의 천민과는 반대로 헤겔은 영국의 노동자들을 천민의 범주 속에 넣지 않는다. 오늘날의 히피 노동자들에 대해서는 더 이상 말할 것이 없다.

피히테는 이 문제를 시발점으로 다루었다. 천민에 의해 국가는 정통성을 획득한다는 것이다. "나는 완전한 자유 속에서 복종해야만 한다." 헤겔에게 있어서도 마찬가지였다. 근대국가는 자유로운 신민, 즉 인민에 의해서 이해되고 받아들여질 때만 이성적으로 된다. 그는 이 문제를 해결된 것으로 간주하고 종착점으로 다루었다. "하층천민은 모든 반란의 바람을 받기 쉬운, 동화되지 않은 나머지들이다." 이 **나머지**가 소수일 때, 그것은 경찰의 문제이다. 그것이 수적으로 혹은 이념적으로 다수가 될 때, 그것이 혁명이다.

인민과 하층민 사이에 샌드위치가 된 천민의 개념은 그리해서 혁명을 연구하는 사상의 거장들의 제일 어려운 문제가 되었다. 천민과 국가 간의 관계를 공고히 하는 것, 그것이 그들 모두의 목표였다. 니체의 한 메모 초고는 다음과 같이 노골적으로 그것을 공식화한다.[6]

천민과 노예들의 대반란:
— 더 이상 성자나 혹은 큰 덕성을 가진 사람들(예컨대 예수나 루터)을 믿지 않는 비천한 사람들
— 더 이상 지배계급의 우월성을 믿지 않는 부르주아들(거기에서 혁명이 생김)
— 더 이상 철학자를 믿지 않는 과학의 하수인들

—더 이상 남자의 우월성을 믿지 않는 여자들

다른 대 사상가들이 모호한 언어로 암시하는 것을 니체는 그의 버릇대로, 단도직입적으로 발설했다. 즉 하늘은 더 이상 땅을 지배하지 못하고, 부르주아 민간사회는 시장의 무정부상태에 사로잡혀 있으며, 이념 또한 무정부주의적이라고 했다. 이러한 조건 속에서 어떻게 천민을 지배할 수 있단 말인가?

문맹 퇴치 전략

어린애나 광인이 아닌 다음에야 글자를 배우기를 거부하는 사람은 없다. 그것을 거부한다면 수용소에 갇혀야 할 사람으로 분류될 것이다. 조용한 시기에는 문자를 깨우친 사람이 문명의 일꾼이 되고, 유럽전쟁 혹은 세계전쟁에서 쾌활한 보병이 되며, 열대지방 프롤레타리아 혁명에서 용감한 전사戰士가 된다. 힘든 상황 속에서는 혁명이 문화의 목욕물과 피의 바다가 합쳐진 홍수로 끝을 맺는다. 먹을 것을 얻기 위해 도시가 시골을 훈련시키려 할 때, 도시의 군대가 지른 불은 빛[lumière. 흔히 '계몽'의 은유로 쓰인다]으로 간주되고, 농민의 항거는 어둠[obscurantisme. 암흑기. 몽매주의의 은유]의 밤으로 간주된다—1793년의 방데 사람들, 멕시코혁명의 크리스테로스[Cristeros. '기독교인'이라는 뜻의 스페인어. 1910~17년 멕시코혁명 성공 후 정부가 세속주의 및 반反가톨릭 정책을 펴자 크리스테로들이 1926~29년 봉기를 일으켰다], 북北포르투갈 농민들과 같은 혁명의 동지들이 처음에 반항한 것은 새로운 도시적 질서나 국가적 질서가 아니라 문화에 대해서였다.

도시와 국가 기구를 장악한 후 러시아의 볼셰비키 당원들은, 농민이 90퍼센트를 차지하는 제국 속에서 자신들이 고립되어 있다는 것을 발견했다. 혁명과학의 뗏목은 어림짐작으로 '소농민들의 대양'을 향해했으며, 매년 봄만 되면 천민, 농민, 노동자의 반역 행렬을 이끌었다. 그들이 농민으로만 구성되어 있으면 페르토그라드이고, 혼합되어 있으면 크론슈타트였다. 레닌에 의해 창안된 해결 방법은 단 하나의 슬로건으로 요약되었는데, 그것은 몇 개의 간단한 조치를 포함하는 '문화혁명'이었다. 즉 모든 국민이 글자를 깨우쳐야 하며, 초등교육이 시골까지 침투해 들어가야 한다는 것이었다. 그렇게 되면 시골도 문화적, 경제적 순환교류에 의해 중앙의 권력과 연결될 것이라고 했다. "더 나은 것이나 못한 것이나 똑같다"라고 레닌은 마지막 글(1923년 3월)의 표제를 붙였다. 그는 온건한 듯이 보이는 이 조치들이 모든 혁명전략의 기본요소라고 강조했다. "진정 위대한 혁명은 모두 이와 같은 요소에 기초를 두고 있다고 나는 생각한다. 왜냐하면 혁명이란 새것을 향한 추상적인 경향과 옛것과의 모순에서 생겨나는 것이기 때문이다. 새롭다는 것은 더 이상 과거의 씨알 하나라도 품지 않고 있는 것을 말한다."[7]

'겸손한' 문자정책과 거대한 출발계획("러시아 땅에서 모든 해로운 벌레들을 쓸어내 버릴 것", 레닌, 1918년 1월) 사이에는 아무런 심연도 없다. 청소작업의 전략은 (이론에서) 세련되고, (실천에서) 완성된다. 그 모든 것은 단 하나의 목표, 즉 과거의 마지막 씨알 하나라도 없애 버린다는 목표를 겨냥하고 있다.

문자를 가르치는 것은 결코, 읽고 셈하는 단순한 교육이 아니다.

그것은 말하고 행동하는 것을 다시 배워 주는 것이며, 다시 말해, 국가가 가르칠 만하지 않은 것은 잊어버리도록 만드는 것이다. 이 지구상의 모든 피식민지인들이 너무나 너무나 잘 알고 있는 문제이다.

혁명을 잘 마무리할 줄 알아야 하며 새로운 질서를 불어넣어야 한다. 이 새로운 질서가 혁명적 급진주의(과거의 씨알 하나라도 없게)에서부터 천민 반란을 근절시키는 새로운 방법을 만들어 낼 것이다(모든 반항은 반항의 과거 속에 뿌리박고 있다. 그것을 뿌리에서부터 공격하는 것은 그 어두운 과거, 즉 몽매주의자를 그에게서 뽑아내는 것이다). **혁명은 교육학으로 마무리된다!**

프랑스혁명 이후 이성적인 국가가 생겨났다고 믿은 피히테는 초보자의 순진함으로 그의 새로운 과학의 계획을 펼쳐 보였다. "과학의 원칙은 긍정적인 효용성을 갖고 있다. 그것은 넓은 의미에서 교육적이다. 이 원칙은 인간을 그 전체로서 파악할 것을 가르치는 것이므로, 인간 내부에, 도덕적 감정, 종교적 감정을 형성해 주는 방법과, 좀 더 보편적인 인간으로 만들어 주는 방법을 제시해 준다."[8]

새로운 국가는 새로운 인간을 원한다. 그것은 가장 '넓은 의미에서' 교육이 우리에게 약속해 주는 것이다. 이 용어는 인간의 육신을 개조하는 커다란 사업의 용어가 되었다. 감정을 **생산**하고, 인간을 **조립**—형성—하고, 전체성으로 **파악**한다는 것이다. 다음 세기는 교육자의 세기가 될 것이다. 스탈린은 그들을 '영혼의 기술자'라고 불렀다. 그는 죽었다. 그러나 그 교육자들은 죽지 않았다.

"오리엔트는 한 **사람**만이 자유롭다는 것을 예전에도 알았고 지금도 알고 있다. 그리스–로마 세계는 **몇몇 사람**이 자유롭다는 것을 알고 있다. 그리고 게르만의 세계는 **모든 사람**이 자유롭다는 것을 알고 있다. 역사의 제일 첫 번 형태가 전제정치이고, 두 번째가 민주주의이며, 세 번째가 군주정치였던 이유가 바로 그것이다."

헤겔의 이와 같은 명백한 역설은 다음과 같은 혁명의 일반적 교훈을 요약하고 있다. 즉, **모든 사람**이 자유로우므로, 그들은 집단과 구별되는 특정의 조직체, 다시 말해 이성적인 국가에게 강제권을 위임한다는 것이다. 헤겔이 말하는 '군주정치'란 지배자와 피지배자 사이에 단절이 있다는 것을 분명하게 인정하는 것이다. 이것은 한 사람의 전제정치를 의미하지는 않는다. 헤겔이 만일 우리 시대에 되살아난다면, 그는 아마도 '군주정치'를 좀 더 요즘에 유행되는 말로 바꾸어 놓을 것이다. 즉 권력의 사유화, 대통령제, 개인숭배, …. "군주정치에는 (…) 단 하나의 주인만이 있고, 노예는 하나도 없다"고 이 대 사상가는 덧붙였다. 그렇게 함으로써 그는 현대 통치이론의 열쇠를 던져 주었다. 그 누구도 노예가 아니다. 왜냐하면 주인의 눈이 모든 사람의 머릿속에 있기 때문이다. 모든 수인囚人들은 영원한 감시의 상태 속에서 서로를 바라본다. 그는 그 자신의 감시자이며, 8억의 중국인은 8억의 마오쩌둥이 된다.

신민들을 교육시키고 모든 사람을 국민으로 만든다는 구실 아래, 그들은 각자의 머릿속에 국가의 눈을 집어넣었다. 혁명은 정부들의 생명이 유한有限한 것임을 폭로하며, 플라톤 식의 철학자들은 더 이상 임금이 될 것을 요구하지 않는다. 겸손한 그들은 인민과 국가 사이에, 다시 말해서 그 둘의 위에 자리 잡으려 한다—그들은 철인哲人 왕에서 학자 이론가로 옮아갔다. 그리고 이 학자는 "높은 자리에서 인류 전체의 효과적인 진보를 감시하는" 임무를 띠게 된다(피히테,『학자의 운명』).[10]

피히테의 '높은 자리'란 레닌의 '외부'와 같은 의미이다. 레닌은 이 외부에서부터 노동계급에게 과학을 가져다주어야 한다고 주장했다. '학자'는 (직업적 혁명가와 마찬가지로) '인류의 교육자'임을 자처한다. 좀 더 비슷한 것은 이 사상가들이, 가까이서나 멀리서나 국가를 단순히 과학적으로 운영하는 것만을 원하지 않는다는 것이다. 그들은 국가를 그 자체의 죽음으로 인도하려 한다. 피히테는 가장 독선적이고 국수주의적이던 시기에도, 마치 레닌이 권력을 잡기 전에 그랬던 것처럼, 국가의 최종적인 소멸을 주장했다. 이러한 종말의 무정부주의는 훌륭한 교육이 승리했음을 나타내 주는 것이다. 모든 국민은 고도의 감시라는 사회적 이상을 실현시키면서 자율적으로 자기관리를 할 것이다—감시인 없는 감옥이다.

"인간의 기질과 욕구에 대한 지식"을 갖는 것으로 족하며, "이 기질과 욕구들을 발전시키고 충족시킬 과학"으로 그 지식을 무장하기만 하면 된다—그 나머지는 다만 국가교육의 문제일 뿐이다.

학자의 소명은? 문자의 힘, 플러스 전력화電力化 사업이다.

사상의 거장들은 격렬하게 서로 논박하고, 자기의 선조들이 말한 소위 '반품처리된 인간들'을 각자 자기 나름대로 발견하고, 자기가 승리했다고 외친다. 이 '나머지 사람들'이 새롭게 동원의 대상이 된 대중masses이다.

헤겔은 그의 이성국가의 주변에 '천민'을 정착시켰으며, 이 천민이 빈곤과 반항의식을 가졌다는 점에서 조심스럽게 인민과 구별했다. 거기서부터 마르크스의 비판이 시작된다. 그는 "부르주아 사회 안에 있으면서 부르주아계급으로 분류할 수 없는 계급, 모든 계급들의 해체 (…) 한마디로 인간의 전면적인 상실을 의미하는 계급, 그러니까 인간의 전체적인 승리가 없이는 개인의 승리가 있을 수 없는 그러한 계급이 근본적인 망網 속에서 형성되고 있음"을 자신의 준거로 삼았다. 그리고 "사회의 해체를 의미하는 특정 계급은 프롤레타리아다"라고 말했다.

그렇게 해서 사상의 거장들은 천민 문제에서 서로를 지양해 갔다. 그들은 국가의 기초를 이루는 '인민'의 개념을 넓혔다. 그러나 그들 모두가 똑같은 식으로 이 말을 사용하지 않았다는 것을 유념해야 할 것이다. 마르크스로 말할 것 같으면, 헤겔적 의미의 인민과 같은 좋은 노동계급을, 헤겔적 의미의 천민의 재판再版인 나쁜 상민常民, mauvaise racaille, 즉 룸펜−프롤레타리아와 구분했다. 바쿠닌은 마르크스에게 비난의 화살을 돌려 "이 거대한 민중적 상민canaille populaire이야말로 부르주아 문명에 물들지 않고 자기 가슴속에, 그리고 정열 속에 (…) 모든 미래 사회주의의 싹을 간직하고 있는 계급"이라고 주장했다.

바쿠닌도 부르주아지에게 팔린 '노동귀족'을 레닌과 비슷한 논조로 비난했다. 그의 이러한 비난은 제3세계주의자들과 '급진주의' 시대의 중국 공산당이 '선진국' 프롤레타리아를 싸잡아 비난하던 것과 같은 성질의 비난이었다.

각기 다른 지도자들이 각기 다른 대중에 대해 이야기한다. 즉 '해체' 혹은 '자아의 완전한 상실' 등이 그것이다. "부르주아 문명에 일체 물들지 않은 순결한" 대중이란 바로 이 처녀성 때문에 가치가 있는 것이다. 그 대중은 대 사상가가 자유롭게 자기의 시詩를 써 넣을 하얀 종잇장이며, 국가가 자유롭게 이성적인 기초를 다질 황무지이다.

근본계급classe radicale은 뿌리가 없는 계급이라고 정의할 수 있다. 이 계급은 그 외관상의 전면적인 해체에 의해 해결 방법을 약속한다. 만일 이 계급이 우리를 재교육해야만 한다면, 그것은 대 사상가가 말했듯이 교육이 전적으로 실패했기 때문이 아닐까?

점점 더 근본적으로 되어 간다고 여겨지는, 다시 말해 순결과 침묵의 존재로 여겨지는 대중을 불러 모음으로써 대 사상가는 자기의 환상적인 복화술의 연극을 완성시킨다. 우리의 숨을 끊어 놓기 전에 그는 대중의 말을 우선 끊어 놓았다. 그러나 그 대중은 그가 생각하듯이 그렇게 꿀 먹은 벙어리처럼 입을 봉하고만 있지는 않을 것이다.

헤겔 이후 수많은 세대가 헤겔에게서 좌익사상을 이끌어 내려고 애썼다. 특히 프로이센의 소위 '어용 철학자'의 우익체제에 대립되는 혁명적 방법을 끌어내려 애썼다. 그 시대는 시각적 환상 속에서 살았다. 헤겔만이 좌·우익의 특징을 모두 갖추었다. 독일의 시인이며 유대인인 하이네는 말년에 그 사실을 언급했다. 병들고 냉소적으로 된 이 시인은 좌익적 성향의 헤겔주의자인 옛 친구들, 즉 포이어바흐, 루게[Arnold Ruge, 1802~1880, 독일의 청년헤겔파 철학자, 정치사상가], 마르크스, 바우어[Otto Bauer, 1881~1938, 오스트리아의 사회주의자] 등에게 '발 없는' 박사[바로 뒤에 나오는 이브의 뱀처럼 감언이설로 사람을 현혹시키는 사람]의 역사책을 다시 읽으라고 충고했다.[11] 예나전투가 일어나기 이미 6천 년 전에 이 '발 없는' 박사가 성서의 나무 주위를 휘감아 돌며 모든 헤겔적인 약속을 속삭이는 동안, 이브는 지혜의 나무 그늘에서 혀를 입술에 댄 채 그 말을 듣고 있었다.

헤겔은 "18세기의 종교와 이론이 가졌던 강력한 영향력을 철학적으로 해석하는 방법을 극복했으며" 그렇게 해서 "마르크스가 서구의 사상을 혁명화하는 데 필요한 결정적인 과정"을 마련해 주었다[12]고 말한 마르쿠제의 말은 옳다. 그러나 (마르크스와 마찬가지로) 헤겔이 이처럼 구시대의 방법을 극복할 수 있었던 것은 "하늘을 땅에 내려놓은" 프랑스혁명에서 힌트를 얻었기 때문이다. 특히 앎과 권력, 그리고 인민의 자유와 국가의 이성을 연결시키는 대 사상가들의 방법에서 힌트를 얻었다.

그러나 마르쿠제가 덧붙였던 것과는 반대로 노년의 헤겔은 "인민은 자신이 원하는 바를 알지 못하는, 국가의 한 부분"[13]이라고 결론지음으로써 '자신의 고매한 철학사상'을 배반하지 않았다. 젊은 날의 헤겔에게 있어서 하나의 인민은 국가를 가지고 있을 때만 인민이었다—그렇지 않을 경우, 마치 독일의 주민처럼 그것은 하나의 '다수multitude'에 불과한 것이 되고 만다(맹게Menge). 그리고 마르크스가 부르주아 체제의 양극단을 차지하는 계급으로서 두 개의 커다란 계급만을 구분한 것은, 그가 다른 계급이 존재한다는 것을 몰랐기 때문이 아니라, 이 두 계급만이 국가 장악의 권력을 쟁취하기 위해 싸울 능력이 있다고 생각했기 때문이다.

한쪽에는 인민, 그리고 다른 한쪽에는 국가를 쟁취할 능력이 있는 계급—그 외에는 아무것도 아니다. 젊었건 늙었건, 좌익이건 우익이건 모든 사상의 거장들에게 있어서 이 양자택일은 똑같은 의미를 갖는다. 다시 말하면 (현재의 혹은 미래의) 국가 외부에서는 자신이 원하는 것을 아예 알 수 없게 된다는 말이다. 이런 점에서 우리 모두는 헤겔주의자가 되는 것이며, 마르쿠제의 싸움은 대상이 없어진다.

우익은 이성적인 사회를 '위에서부터' 세우려 하고, 좌익은 그것을 '밑에서부터' 세우려 한다고 사람들은 말할 것이다. 그런데 사상의 거장들은 밑에서 시작하는 것도 아니고 위에서 시작하는 것도 아니며, 그들 자신과 그들의 과학에서부터 시작한다. 그들이 유일하게 기대하는 것은 자신의 이론이 경청되는 것이다. 이것은 위로는 이성적 국가(현존하건 혹은 앞으로 수립될 것이건 간에)를 전제로 하며, 밑으로는 교육시킬 수 있는, 다시 말해서 순결한 하나의 천민을 전제로 한다.

국가가 없으면 인민은 "그 자신이 원하는 바를 알지 못한다"(헤겔)고 말하는 것은, 천민을 어린애 혹은 정신병자와 같은, 사회적으로 규정된 지위 속에 몰아넣는 것이다. 국가가 모든 반대자를 '소련에서처럼' 정신병자로 취급하여 한데 가두는 것을 주저하지 않을 때, 거기에는 하나의 구실이 있다. 즉, 다 큰 어린애인 인민은 아무리 교육을 받아도 지나침이 없다는 것이다.

교육의 방법에 있어서는 사상가들마다 생각이 다르다. 너무 일찍 레닌주의자였던 피히테에게 있어서, 강제적 무기창고를 가진 국가는 '교육기관'으로 이해되어야만 했다. 자유의 길은 강제성의 철조망으로 둘러쳐질 것이다. 왜냐하면 "정부의 계획과 교육 플랜은 유일하고 동일한 것이기 때문이다."[14] 헤겔은 피히테적인 교육의 이와 같이 기계적이며 행정적인 측면을 비판했다. 그는 좀 더 전략적인 방법, 즉 마오쩌둥 식 투쟁에 의한 교육방법을 제시했다. 니체는 모든 사람이 합의한 교육목표가 **훈련**과 **선택**이라면 그 방법은 무엇이라도 좋다고 말했다.

교육시킨다는 것(복합적인 방법의 지지자인 헤겔은 말했다), 그것은 우선 말하기를 가르치는 것이다. 거기에, 국가에 대한 은밀한 관계가 있다. 왜냐하면 "야만인들은 그들이 원하는 것을 알지 못하며", 문명을 박탈당했기 때문이다. 언어가 이미 국가이성을 내포하고 있는 것이라면, 그것은 권력의 기구로 간주된다. "아담이 짐승들을 통제하기 위해 제일 처음으로 한 것은, 그것들에게 이름을 붙여 준 것이다." 명명한다는 것은 그것을 소유한다는 의미이며, 그것에 '정신'을 부여한다는 의미이다. 교육이란 처음에는 사물과 짐승을 길들이는 기술 습득에서부터 시작되었다. 그것이 인간관계로 옮아가면서, 이 지배기술의 습득은 지배권의 투쟁이 되었다.

아이의 진실은 '부모의 죽음'이다. 헤겔의 말들은 자주 프로이트와 정신분석학을 예고하는 것으로 간주된다. 헤겔이 구상한 교육적 투쟁에서 **모종의 정신분석**을 발견할 수 있을지 생각해 보았다면 큰 도움이 되었을 것이다. 그것은 제로섬 게임이다. 한 사람이 이기는 데서 딴 사람은 잃는다. 그것은 폐쇄된 집안에서 부모와 자식 간에 일어나는 것과 같은, 극히 제한된 노름이다. 처음에 어린아이는 아무것도 아니었으며, 부모가 전부였다. "어린아이의 무기물적inorganiqeu 성질을 부모는 다 알고 있다." 그런데 마지막에 가서는 어린아이가 전부가 된다. 다시 말해서, 이제는 곧 사라져 버려야 할 일 밖에는 남지 않은 부모의 모든 것을 갖게 되었다. "부모는 자신들이 어린아이에게 준 것을 스스로 잃으며, 그 상실 속에서 죽는다. 결국 부모가 어린아이에게 준 것은 그들 자신의 의식意識이다."[15]

헤겔은 여기서 프로이트를 만나는 것이 아니라, 마오쩌둥을 만난다. 그는 권력투쟁이 어떻게 해서 권력 보존의 가장 좋은 수단이 되는가를 보여 준다. 헤겔적 의미의 교육은, 하나의 권력이 변함없이 다음 세대로 이어진다는 단순한 전달 기능에 귀착된다. 부모는 아이들의 속에서 죽는다. 그러나 그것은, 투쟁의 불길 속에서 그들 '고유의 의식'을 전달하고 나서이다─가족 안의 모든 사람들은 죽지만, 가족은 죽지 않는다. 특정의 왕은 죽지만, 왕은 영원하다.

비록 모순으로 가득 차 있다 해도 완전히 보수적인 이 교육적 모델은 어떤 계급투쟁이나 전쟁이나 혁명 앞에서도 두려워 물러남이 없이 국가는 국가로 영원히 남아 있고 천민은 천민으로 영원히 남아 있다는 것을 잘 보여 준다.

밤에서 밤으로

절대적인 교육자에게 있어서는 어린애와 천민은 똑같이, 거기에 사람들을 자유롭게 이주시킬 수 있는 처녀지이다. 정복자의 앞을 가로막는 것은 아무것도 없으며, 거기엔 아무런 문명의 자취도 없다. 권위와의 관계가 없으면 (천민과 마찬가지로) 어린아이는 자기가 원하는 것을 알지 못한다. 애초에 자기가 아무것도 아닌 존재라는 것을 착실히 배우기만 하면, 그는 무엇이든지 될 수 있다. 어린아이와 부모 사이의 게임, 천민과 국가 사이의 게임을 종식시키고, 순수하며 단호한 권력에 의해 권력을 재생산하기 위해서는 모든 문제가 제로에서부터 시작되어야 한다.

태초에 백지가 있었다. 혹은 하얗게 지워진 페이지인가? 혹은 글자를 긁어낸 양피지인가?

교육자가 어린아이에게 어린아이 행세를 할 것을 요구할 때 그는 아이에게, 새로운 영혼을 받아들이기 위해 머릿속을 깨끗이 비워 놓으라고 위협한다. "어린이 교육은, 그 자신의 의식과 전혀 다른 남의 의식이 그 아이 고유의 의식이 되었을 때 성공한 것이다." 어린아이는 사람들이 그에게 제시하는 의식과는 전혀 '다른 어떤 것'이다. 그를 교육시킨다는 것은 그로 하여금 이러한 사실을 잊어버리도록 만드는 것이다. 이 '타자'는 교육자의 눈 속에서 자기 것과 비슷한 밤nuit을 발견하려고 애를 쓰기도 할 것이다―그러나 망각은 결정적일수록 좋다. 교육의 빛은 밤을 몰아내고, 밤을 태우고, 밤을 소진시킨다. 그 타고 남은 재를 뒤적거리는 데 만족하기 이전의 헤겔은 이 밤에 대해서 이렇게 말했다. "사람은 이러한 밤이며, 이러한 단순성 속에서 모든 것을 포함하고 있는 텅 빈 무無이다. … 여기서 갑자기 피투성이의 머리가 떠오르는가 하면, 저기에서는 또 새하얀 헛것이 나타난다. 그리고 그것들은 갑작스럽게 모두 사라져 버린다. 한 사람의 눈을 들여다 볼 때 우리가 알아보는 것이 바로 이 밤이다. 무섭게 변하는 이 밤 속에 사람들은 자신의 시선을 빠트린다. 이것이 바로 우리들에게 제시되는 세계의 밤이다."[16]

헤겔은 인간의 교육 발달의 첫 새벽에 이 밤이 있다고 지적했다. 그는 인간의 교육 발달을 "의식의 경험", 변증법 혹은 정신현상학이라고 불렀다. 밤은 미리 존재하는 것이며, 출발점이다. 그러나 그 밤이 갖고 있는 깊이로 보아 그것을 단순히 하나의 점으로 환원시키기는 힘들다. 비록 나중에 되돌아보면 출발점이지만, 그것은 어둠이 내리깔리고 새까만 고양이밖에 없는 어느 한밤의 막다른 골목이다. 이 제2의 밤, 즉 먹물의 밤을 그는 첫 번째의 밤에 부착시켜 놓았다. 마치 거기에 떨리는 손으로 쓰인 필적을 지우려는 것처럼.

교육은 살인행위이다. 사람들은 말하기 시작한다. 기원의 밤에 대해서는 아무것도 말할 것이 없고, 고양이를 그린 회색 그림 속에서 존재와 무는 똑같은 것이라고 말하면서. 이렇게 말하는 것은 벌써 그 밤 이외의 다른 것을 발설한 것이다. 그리고 밤에서부터 빠져나온 것이다—이와 같은 앞을 향한 질주는 의식의 경험 속에서 진보라는 이름을 갖는다. 이 진보의 서사시는 변증법적 생성이 된다. 교육이 당신을 되돌려 놓는 곳에서 당신이 되돌아서지만 않는다면, 내일 당신은 인간이 될 것이고, 자유롭게 될 것이다. "절대적인 자유란 자기의 특수성의 순간, 즉 자신을 결정짓는 첫 행위와 첫 번째 타아他我, altérité의 순간을 자유롭게 떨쳐 버리기로 결심하는 순간이다. 다시 말해 자신을 반영하는 직접적인 관념을 떨쳐 버리고 자기 자신의 천성도 떨쳐 버리기로 결심하는 순간이다."[17]

대 사상가들의 국가 안에는 하나의 주인만이 있으며, 노예는 없다. 왜냐하면 모든 신민들이 좋은 교육을 받았기 때문이다. 가장 절대적인 자유란 자기 자신을 떨쳐 버리는 것이므로, 모든 신민들은 주인과 함께 혹은 주인처럼, 아니 좀 더 정확히 말하면 주인이 그들 속에 들어앉아 생각하게 된다. 그리해서 그들은, 자신을 노예처럼 느끼게 하여 반항의 마음을 유발시키는 그 고유한 밤을 떨쳐 버리려 애쓴다. 헤겔은 세뇌의 기원 원년 사람이다.

당신의 배船들을 태워 버리라!

"문제들을 테이블 위에 올려놓고 정식으로 논의하라. 뒤에서 비난하지 말라."

마오쩌둥은 대중의 의식 속에서나 혹은 관료제도의 막 뒤에 아무것도 숨겨진 것이 없게 하기 위해 이와 같은 대중 캠페인을 벌였다. 모순이 백일하에 드러나고, 목들이 떨어졌으며, 제도가 약간 바뀌었다. 그러나 동시에 고도의 감시가 승리를 거두었고, 가시성이 강화되었으며, 중앙은 침공을 받지 않은 채 안전하게 남았고, 주석(헤겔이 군주라고 부른)이라는 인물 속에 육화되었다. 마오쩌둥이건 누구건, 하나의 이름에는 하나의 자리만 있을 뿐이다. 즉 이런 조작에 의해 한층 더 공고하게 된 감시원의 자리이다.

중국의 '문화혁명'은 결국, 헤겔적 교육의 도식을 재생시킨 것이다. 벽보, 불만의 토로, 항거, 혹은 사건 등의 방법을 통해 인민은 **마음을 비우라는** 호소를 받는다. 모든 문제를 테이블 위에 올려놓은 후, 인민은 마치 헤겔의 어린아이처럼 공손히 한 교육자 앞에 나선다. 이 교육자는 모든 정보와 사상, 강령의 해석(선택된 인용문들의 유포), 권력 메커니즘에 대한 이해(어떤 지도자가 10년 전에 반역했다든가…) 등등을 전달하는 모든 수단들(인쇄된 신문, 라디오, TV)을 독점하고 있다. 각자는 자기의 자루를 깨끗이 비워 놓고, "속이 텅 빈 천민, 혹은 어린아이"가 되며, 교육자는 헤겔이 '부모의 지식'이라고 명명했던 지식으로 무장된다. 한편 중국 공산당은 자기의 지식-권력을 '마르크스레닌주의'로 이름 붙였다.

이 권력투쟁은 엘리트들의 도태와 갱신을 가능하게 한다. 프레임의 경계선은 춤을 추고, 구획의 원칙은 구체성이 없다. 권력쟁취를 위해 투쟁하는 사람은 누구나 그 원칙을 무시하거나, 확인하거나, 간직한다. 어린아이는 부모의 죽음이지만, 이 죽음은 그 어린이가 부모가 됨으로써만 성취된다. 국가와 당은 마오쩌둥이 신진대사에 비교했던 투쟁에 의해 항상 생명을 보존한다. "프롤레타리아 정당은 항상 역동성이 가득 넘치기 위해서는 변질된 부분을 버리고, 새로운 것을 흡수해야만 한다. 찌꺼기의 폐기와 새로운 피의 흡수 없이 당은 역동성을 가질 수 없다."

이 방법은 폐쇄된 장소에서 전개될 때만 유효하다. 천민은 자기들의 배船를 불사르라는 요구를 받는다. 모든 것을 정복해야만 하므로 아무것도 보존할 필요가 없다. 그들은 과거를 송두리째 뿌리 뽑고 사적인 대화들을 대중 앞에 펼쳐 놓는다. 수세기 동안 윗사람들에게 대항하기 위해 파 놓은 긴 지하회랑은 투쟁─비판─개혁이라는 무거운 불도저로 파헤쳐 햇빛 속에 드러내 놓아야만 한다. "만일 문제가 있는데 그것을 논쟁의 의제로 삼지 않는다면 그것은 오랫동안 해결이 되지 않을 것이고, 고통스럽게 몇 년을 더 끌게 될 것이다"(마오쩌둥). 프롤레타리아가 "자기 권력을 전체적으로 행사하도록" 요구되는 이 순간에, 권력투쟁의 H아워까지 질질 끌 필요는 없다. 전장에 울타리를 둘러침으로써 모든 것이 해결되었다. 국가와 당은 천민의 후방을 봉쇄했다.

중국의 고전극 레퍼토리에는 약 3천 개의 대목이 있다. 인민은 거기서 권력자의 연극을 무대 위에 올리고, 그것을 바라보며, 그 권력자들을 선망하고 조롱했다. 문화혁명이 끝나 갈 무렵, 그것은 단 세 개가 남았으며, 모두 하나같이 교훈적인 것이다. 제로에서부터 시작되는 교훈이다. 납작한 평면이 되어 버린 이 연극에서, 중국인들은 제왕과 총희寵姬, 양갓집 규수와 서생만을 없애 버린 것이 아니라, 권력자에 대한 유쾌하고 오래된 반항까지 하루아침에 제거해 버렸다.

클라우제비츠[Karl Clausewitz, 1780~1831. 『전쟁론』을 쓴 독일 군인, 전쟁 평론가]를 본받아 마오쩌둥은, 전쟁 중인 한 인민이 어떻게 경제적, 물질적으로 훨씬 우세한 상대편을 이길 수 있는지를 잘 분석해 놓았다. 즉 자기 땅에서 방어전을 벌이는 인민은 지구전에 돌입하여, 멀리까지 후퇴하고, 침략자가 중앙부와 도시를 정복하도록 내버려 둔 후, 이어서 시골에서부터 인해人海를 밀고 내려가 적군을 포위한다. 그러나 인민전쟁의 도식과는 반대로 권력투쟁의 시나리오는 중심부에서 전투를 시작하여, 영구적인 진지를 갖추고 있는 이 중심부를 포위한다('사령부에 대한 발포'). 특히 인민들로 하여금 결사항쟁을 하게 하기 위해 정치적, 문화적, 도덕적 항거의 근거를 포기하게 함으로써 모든 전략적 후퇴의 가능성을 차단해야 한다. '천 년 동안' 계속된 이런 종류의 '문화혁명'은 이처럼 미리 조작된 노름이라는 점에서 아무것도 변화시킬 수 없을 것이다. 왜냐하면 국가기구가 '문화혁명'을 시작하고 개입하는 모든 특권을 가지고 있기 때문이다. 장기화된 전쟁에서 인민이 갖는 특권이란, '결정적인 전투'를 자꾸만 뒤로 늦추는 것뿐이다. 이렇게 함으로써, 그동안에 대중을 심층부까지 동원시킬 수 있고, 또 적을 기진맥진하게 만들 수 있는 것이다. 모든 것을 테이블 위에 올려놓는다는 기만적인 구실 아래 권력투쟁은, 인민이라는 이 최고의 전략적 자원을 다이너마이트로 폭발시키려 애쓴다.

마음을 마음의 묘지로 만들기

마치 천민이 내부의 밤에 작별을 고하고 국가이성 속에 들어가듯이, 어린아이는 가족의 질서 속에 들어간다. 이성의 목소리는 빈 공간에서 더욱 잘 울린다. 가정교육, 도덕교육 혹은 정치교육은, 최초의 배제가 최종적인 것임을, 다시 말해 끊임없이 다시 되풀이될 수 있음을 공리로 내세운다. 시민은 사생활을 버리고, 혁명가는 모든 '감정'을 억제하며, 지진이 났을 때 중국의 훌륭한 마오이스트는 자기 아이들보다 오히려 그 현縣을 책임진 공산주의자를 구조한다. 왜냐하면 "공산주의자는 항상 공산주의운동 전체의 이해利害를 대변하고 있기 때문이다"(마르크스, 『공산당선언』).

교육은 모든 사람을 그의 밤에서부터 나와 국가이성이라는 태양빛을 쪼이도록 한다. 그것은 플라톤의 『국가』에서부터 유래하는 이야기이다. 그러나 피교육자가 밤으로부터 나오는 것이 아니라 스스로 자신의 밤을 내쫓는다는 점에서, 그리고 이 제로의 순간에 교육은 자기 환자의 움푹 팬 의식의 뼈 위에 살을 입히는 것에 불과하다는 점에서, 이 내면의 공동화空洞化는 지극히 현대적이다. 물론 인간은 본능을 갖고 있으며, 이해利害와 목표를 갖고 있다. 그리고 이 목표에 따라서 사람들은 세계와 또는 타자와 관계를 맺는다. 그리하여 "외부의 존재는 내부에 뿌리박고 있다." 헤겔은 덧붙여 말한다. "그러나 자기 내부에 파고들어가 있는 이 뿌리 역시 그 존재의 일부분임에 틀림없다. 그것을 마음에서부터 뽑아내는 것은 가능하다. 추상抽象의 힘이라고 정의되는 그의 의지, 그의 자유는 인간의 마음을 마음의 묘지로 만들 수 있다."[18]

마음이 묘지가 되고 나면, 어린아이는 부모가 될 꿈만을 꾸며, 전사戰士는 권력만을 꿈꾸고, 지식인은 대 사상가가 되며, 천민은 국가를 생각한다.

이 이론은 그 이론 자체를 제외한 모든 '나머지' 것을 감각이니, 주관주의니, 무질서니, 밤이니 하는 나쁜 의미의 어휘로 지칭할 때 그 절정을 경축한다. 하기는 재기발랄한 이론이라고는 없이, 단단하고 구체적이고 진지한 일에만 집착하고 있는, 다시 말해 이 이론이 허용해 주는 유일한 장난감에만 집착하는 실용적 인간의 머릿속에서가 아니라면 어디에서 이 이론이 그 승리의 개가를 부를 수 있단 말인가? 사상의 거장들이 세워 놓은 무덤의 밤 속에서 포실리페[Pausilippe, 이탈리아 나폴리의 바닷가 근교 주택가]와 이탈리아 바다는 클럽메드에 의해 실용적인 인간에게 되돌려질 것이며, 혁명은 전력화電力化사업과 중앙위원회의 권력에 의해 실용적인 것이 될 것이다. 사람들은 꿈 꿀 권리가 있다고 레닌은 말했다. 다만, '진지하게' 꿈을 꾸어야 하는 것이다.

차가운 방

사상의 거장들은 아무런 부주의의 잘못도 없다. 그들의 과학은 살리면서 그 이론을 격하시키기 위해 그들의 소위 '망각'을 원용援用해 보았자 쓸데없다. 교육자가 그의 어린애와 천민에게 안겨준 하얀 밤은 비밀이 없는 밤이다. 헤겔이 거부하는 것(존재, 물질, 감정, 민주주의) 속에 뭔가가 숨겨져 있다는 생각에서 탈피하자. 모든 것을 보존하기 위해 우리(좌파 마르크스주의자인건, 실존주의적 헤겔주의자 이건)의 도움만을 기다리고 있는 사소한 것들이다. 한번 비틀린 것은, 비틀고 뽑아 내는 것밖에 모르는 이론 속에서는 다시 펴지지 않는다.

사상가가 자신의 교육과정에서 몰아내 버린 밤, 이성의 꿈속에 아직 갇히지 않은 밤, 이렇게 연결된 이미지들은 가족과 국가의 밖에서 말하고 생각할 것을 제시한다—헤겔은 이에 대해 더 이상 말하지 않을 것이다. 이 밤은 스스로를 교육하는 의식의 긴 길을 두 배로 만들어 준다. 이것은 자기의식이 되거나, 끊임없이 자신의 밤의 분신(헤겔은 이것을 '자연적인 의식'이라고 불렀다)에서 몸을 빼내면서 자기도야를 한다. 자기 교육의 모든 단계(정신의 형상)에서 의식은 자기 마음을 무덤으로 만들고, 힘들게 자신을 초월하다. "헤겔이 자연적인 의식이라고 부르는 것은 경험적 의식과는 전혀 부합되는 것이 아니다. 자연적인 앎은 모든 인간 정신 속에 들어 있다."

피교육자가 자신의 마음을 사로잡는 그 어떤 것으로 달려가 그것과 직접적이고 직선적인 관계를 유지할 때마다 교육의 업적은 완전히 해체되어 버린다. 피교육자의 마음을 사로잡는 그 어떤 것이란, 마음의 죽음과 이론의 개입으로도 깨끗이 세탁되지 않는 밤이다.

예술은 헤겔의 눈에는 '과거의 사물'이었다. 왜냐하면 그것은 아직도 자연적인 의식이라는 밤 속에 잠겨 있기 때문이다. 그리고 종교도 역시 마찬가지였다. 그 두 가지가 더 이상 존재하지 않는다는 의미가 아니라, 오늘날의 지식으로 지양되어야 할 과거로서 존재한다는 의미이다. 만일 '지양한다'는 것이 무화無化시키고, 무시하고, 보존하고, 만회하고, 위에서부터 통제한다는 것을 의미한다면 이 작업은 시사성時事性을 갖고 있다. 예술이나 종교는, 그것들이 밤에 나타난다는 점에서, 대 사상가들의 위대한 이론의 지배를 받아야만 한다.

예술이나 종교가 지닌 밤의 면모는 그것들이 갖고 있을지도 모를 비이성적, 혹은 신비함 속에 기입되어 있는 것이 아니다. 헤겔의 이성은 이러한 신비를 좀 더 산문적으로, 좀 더 분명하게 설명할 수 있다고 큰소리를 친다. 밤은 보이는 것 속에가 아니라 보는 방법 속에 들어 있다. 헤겔은 이러한 방법을 견해Meinung라고 불렀으며, 그것을 자기의 과학과 대비시켰다. '자연적인 의식'을 '견해의 체계'라고 정의함으로써, 그는, 일반인들의 비속한 견해와 고매한 학자의 학문을 갈랐던 플라톤의 낡은 대비를 되풀이했다. 그는 거기에 새로운 의미를 하나 덧붙였는데 이것을 하이데거는 열심히 경청했다. 즉, 견해를 갖는다meinen는 것은 "주어진 여건 Minne을 전적으로 신뢰하며 받아들이는 것"처럼 "자기의 목표를 직접 향하는 숙고"이며, "어떤 것을 마치 자기 물건처럼 간직하고 그것을 확인한다"는 의미까지 갖고 있다는 것이다.[19] 그러므로 마음의 죽음과 이론의 통제가 이루어지고 있는 차가운 방에서부터 그 체류자가 아닌 모든 것을 몰아내야만 한다. 그것은 벌써 '감정'이며, 헤겔에게 있어서는 예술이나 종교이고, 레닌에게 있어서는 '자발성' 혹은 '경제'이며, 마오쩌둥에게 있어서는 '자만심'이다.

예술적인 소통을 지양하는 이와 같은 진리는 셰익스피어(중국 문화대혁명의 표적)의 연극(헤겔적 지식의 등급에서는 하위에 속하는)에서 이미 그리고 더욱 진실되게 표현되어 있다.

앤　　연민의 기색을 모를 정도로 야만적인 짐승은 없어요.
리처드　나는 모르오. 그러므로 나는 짐승이 아니오.

(『리처드 3세』)

테러리즘의 이론

이성은 자기가 배제하는 것을 끊임없이 배제한다고 헤겔은 고백했다―그런데 만일 자신의 이성 자체를 배제하는 작업이라면? 자연적인 의식을 쫓아내는 작업은 끝이 없다. 이성의 열정은 쫓아내는 것에 있지, 붙잡는 것에 있는 것 같지 않다. 어린아이를 어린애로 만들고, 인민을 가난한 천민으로 만들며, 상대적으로 국가는 더욱더 지식이 많아지고, 높아지고, 멀어지고, 상급의 것이 되도록 하는—이것은 대 사상가들의 이론작업에서 예기치 않았던, 비非 고의적인 결과인가, 아니면 그 이론의 가장 직접적인 결과인가?

밤을 하얗게 만들고, '피 흘리는 머리'나 언뜻 사라지는 '유령'이 현학적인 담론("나는 마르크시스트이다. 그러므로 나는 『수용소 군도』를 읽지 않는다")의 맥을 끊지 않게 하는 것이 오늘날 세계 권력들의 퇴마退魔 행위exorcisme들이다. 그들은 또한 가족을 욕망으로부터 보호하고, 육체를 가족으로부터 보호하며, 국가를 기관들의 이기주의로부터, 제국들을 각 민족의 독립으로부터 보호함과 동시에, 다양하고 분산된 목소리들로부터 국가를 지키기 위해 온갖 노력을 기울이는데, 이 모든 것이 이성과 과학으로 이루어져 있다.

자기의 밤을 잃은 어린아이, 그리고 자기의 반항을 상실한 천민 앞에서 사상의 거장들이 권력자들에게 입혀 주려는 옷은 바로 이 과학과 이성이다. 헤겔은 막연하게 유물론적인 계몽의 모든 철학을 "정신은 뼈骨다"[20]라는 공식으로 압축시켰다. 또 "사냥은 개방되어 있다"라는 말로 승리한 자기의식의 서사시를 요약하기도 했다. 그러나 우리같이 순진한 사람들이 무엇을 사냥하는 것이냐고 묻는다면, 어린아이와 천민들은 대답할 자격이 없다. 그렇게 오래 전부터 땅을 황폐하게 만들던 사냥꾼들도 그들이 정확히 무엇을 쫓고 있는지를 모르고 있다. 그런들 어떠랴? 눈에 보이는 대로 아무나 쏘는 것이다!

프랑수아 라블레(François Rabelais, 1494~1553)

4
왜 우리는 그토록 형이상학적인가

> 파뉘르주가 그에게 말한 것은, 종잇장에 글이 쓰여
> 져 있지만, 너무 섬세하게 쓰여져서 전혀 글을 알아
> 볼 수 없다는 것이다.
>
> —라블레

히로시마의 사랑

모든 것이 권력투쟁 속에서 소용돌이치게 하라, 이 세상을 전투장이 되게 하라—잘돼 간다! 고대 그리스인들이 이미 그렇게 말했다. 그런데 권력은 파괴이며, 전투는 전멸을 의미할 때—비로소 오늘날의 우리 귀에는 그것은 현대적으로 들린다. 사상의 거장들이 20세기의 진혼곡을 작곡했는가? 그리고 송장 구덩이에 송장들이 채 쌓이기도 전에 그 곡조를 빠짐없이 전부 노래했는가? 왜 아니겠는가? 그들의 계획은 역사를 제로에서부터 파악하고, 그것을 하얀 종잇장 위에 합리적으로 적어 넣은 것이었다. 강철의 이데올로기, 혹은 기관총의 탄환 발포가 시골들을 깨끗이 청소해 버리고, 수십만 개의 꽃불이 하나의 도시를 휩쓸어 버리고, 폭력을 당한 땅은 그 창백한 처녀성을 되찾는다. 미래의 설계가에게는 원

점의 평면이요, 설계도 작성자에게는 원탁이다. 권력의 계획은 현실과 '부합'되지 않으며, 그것을 반영하지도 않는다. 권력은 현실이 계획에 들어맞을 때까지 현실을 구부리는 작업을 할 뿐이다. 과거 권력의 계획은 자연을 통제하고 우주를 지배하는 데 열을 쏟는, 지금과 같은 미래를 창안한 적이 없다. 이 미래는 오래전부터 막 뒤에 숨어서 기다리고 있었다. 권력의 계획은 이 미래를 엄격하게, 체계적으로 생각했고, 그것을 예상했다. "사막이 이긴다. 사막을 덮어 보호하는 자에게 화 있을진저!"(『차라투스트라는 이렇게 말하였다』).

사막(독일어로 Wüste)을 말하는 자는 파괴와 황폐화Verwüstung, 다시 말해 전쟁과 죽음(헤겔은 이 말을 티무르Timur와 칭기즈칸의 '신의 빗자루'와 같은 효과를 지칭하기 위해 썼다)을 말하게 된다. 예고된 사막은 풍경도 아니고, 지리적인 발견도 아니며, 이념의 여행자가 마주친 예기치 않았던 물건도 아니다. 그 정반대이다. 파괴니, 황폐니, 혹은 자기 앞에 사막을 만드는 행위는 우리 역사의 가장 은밀한 비밀이며, 우리의 역사를 가장 역사적인 것으로 만들어 주는 것이다. 적어도 학자들의 눈에 니체보다는 좀 더 책임감이 있는 것으로 간주되는 헤겔의 말을 그대로 믿어 본다면 그러하다. 가장 자주 인용되고, 가장 다양한 해석을 낳았으며, 결국 가장 비밀스러운 그의 구절 하나를 인용해 보자.

"힘이 없는 미美는 오성悟性을 싫어한다. 왜냐하면 오성은 미가 도저히 성취할 수 없는 것을 미에서 기대하기 때문이다. 죽음 앞에서 무서워 뒷걸음질 치며, 파괴로부터 자신의 몸을 깨끗하게 지키는 것은 삶이 아니다. 오히려 삶이 그 자체 안에 죽음을 간직하고 있으며, 죽음 속에서 자신을 유지하고 있다. 죽음이 바로 정신의 생명이다."[1]

헤겔이나 니체가 말하는 사막은 자연의 사막도 아니고, 그렇다고 '정신적인' 것도 아니다. 이성은 은둔자처럼 사막으로 가는 것이 아니라 자기 앞에 사막을 하나 만든다. 이성은 사물과 인간을 황폐하게 만들고, 모든 것을 자기 힘에 복종시키기 위해 미를 절망시킨다. "정신은 부정적인 것le négatif을 정면으로 바라볼 때, 그리고 그 부정적인 것 옆에 자리 잡을 때 비로소 힘이 된다." 이 체류, 이 흘러간 시간Verweilt이야말로 정확히 '사막의 정신'이다. 사막은 시간이지, 공간이 아니다. "이 체류는 부정적인 것을 존재로 바꾸어 주는 마법의 힘이다. 이 힘은, 우리가 위에서 주체라고 불렀던 것과 동일한 것이다."

진리는 주체라고 헤겔은 말했으며, 모든 철학 입문서도 이것을 알고 있다. 그는 좀 더 나아가 주체는 사막이며, 사막은 주체이다, 라고도 말했는데, 니체가 그 수수께끼를 풀었다. 요샛말로 바꾸어 '주체'를 '역사의 동인動因'으로 바꾸어 놓거나, 혹은 좀 더 최신 유행의 다른 말로 바꾸어 보자. 그러면 우리는 황폐가 역사의 동인이라는 공식을 얻을 수 있을 것이다. 대 사상가들의 진리는 사막과 같은 것이 될 수 있을까? 그 진리는 미래의 사막을 은닉하고 보호해 줄 수 있을까?

독일 관념론이란 무엇인가

피히테의 『지식학』, 헤겔의 『논리학』, 마르크스의 『비판』, 니체의 『계보학』 등을 관통하는, 과학들의 어머니이며 무기이며 법칙인 이 사상을 무엇이라고 이름 지어야 할까? 그것은 과학에 앞선 지식이며, 다른 철학과 비슷하기를 거부하는 철학이며, 형이상학의 종말을 고하는 형이상학이고, 신의 죽음을 말하는 신학이며, 실제의 존재가 존재론과는 다르다는 것을 용납하지 않는 존재론이다. 이 존재론은 논리의 세계가 현재 우리의 세계에 부합한다는 논리를 펼친다. 그것을 '독일 관념론'이라고 명명하자. 그리하여 역사지리로 덧칠을 한 무지無知의 십자포화 밑에 그것을 고정시켜 놓자.

독일적이라고? 이와 같은 지배의 사상이 온 지구를 뒤덮고 있다. 이 사상은 워싱턴에서, 베이징에서, 모스크바에서도 나온다. 관념론idéalisme이란? 이것은 사물과 세계를 관념으로 축소시키고, 관념은 머릿속의 사물로 만드는 것이다. 이때 머리는, 또 하나의 관념이 아니어야만 할 것이다. 이상한 관념이다! 역사를 칼로 자른다는 것도 우스운 일이다. 내 오른편에는 '관념론자', 왼편에는 '유물론자'가 있다고 레닌은 선언했다. 그는 이 정통성의 칼을 휘둘러 수많은 진짜 사람의 머리를 땅에 구르게 했고, 심장에 구멍을 냈다.

헤겔의 관념론을 비판하면서 레닌은 그 '활동적인 측면'은 살리려 했다―그것은 다름 아닌 칼이었다. 그러나 순진하게도 그는 이 측면과 함께 모든 것을 전부 살리게 되었다. 왜냐하면, 독일 사상가들은 그들의 활동적인 측면을 정확히 '관념론'이라고 명명했기 때문이다. 관념론에서의 비활동적인 형태는 독일 관념론자들 자신에 의해 격렬하게 비판을 받았고, 현대의 유물론자들은 그들의 탁월한 논쟁 전체를 여기서 빌려오게 되었다. 피히테 말고 누가 비활동적인 의식을 (사변적으로) 죽여 버렸는가? 아름다운 영혼과 불행한 의식에 대해 그 수많은 질책을 던진 것은 헤겔 이전에 누가 있을까? 그것은 1세기가 지난 오늘날까지도 비가 내리듯 쏟아져 내리고 있다. 모든 수동적인 허무주의를 시체 공시장에 보내겠다고 작정한 사람이 니체 말고 누가 또 있겠는가? 모든 내면적인 덕성에 항거하여 세계의 관행 편을 드는 데에 있어 그들보다 더할 사람이 누가 있겠는가?

니체는 그들 모든 관념론자의 방법을 이렇게 요약했다. "여기서 우리는 하나의 편견을 버리자. 흔히들 생각하듯이 관념화란 작은 것과 본질을 끌어내고 분리시키는 것이 아니다. 결정적인 것은 본질적인 특징을 있는 힘을 다하여 드러내 주는 것이며, 이때 사라지는 것은 그 나머지의 것이다."

오늘날의 우리 세계 전체가 하나의 독일이며, 관념론이 우주의 지배를 지칭하게 되었다면, '독일 관념론'을 지지해도 좋다.

내 집처럼 편안하기

'독일 관념론자들'이 프랑스혁명에서 생각했던 문제는 그들의 전에 이미 있었던 것이고, 독일적이라기보다는 오히려 유럽적이다. "진정한 장소는 더 이상 분할되지 않는 한 점이다. (…) 회화에서는 원근법이 이것의 자리를 정해 준다. 그러나 진리, 혹은 도덕 속에서는 무엇이 이것의 자리를 정해줄 수 있을까?"라고 파스칼은 물었다. 원근법은 풍경과 물리적인 자연을 수학적으로 통제하는 것인데, 이것을 전제로 하는 물음도 파스칼보다 훨씬 이전부터 있었던 것이다.

데카르트, 그는 우리의 가장 가까운 영웅이다, 라고 헤겔은 그의 철학사에서 단언했다. "그와 함께 우리는 자율적인 철학에 진입하게 되었다. (…) 여기서 우리는 마치 내 집에 있는 듯 편안함을 느끼고, 풍랑이 심한 바다를 오래 항해한 항해자처럼 **육지다!**라고 소리칠 수도 있다." 데카르트는 우리가 '자연의 소유자이며 주인'으로서 이 세계를 지배할 계획을 방법적으로 발설한 첫 번째 사람이다. 그리고 또한 자기 이성을 보장받는다는 조건하에, 처음으로 '잠정적인 도덕'의 공식을 만든 사람이다. "나의 모든 기도企圖는 단단한 바위를 발견하기 위해, 무너져 내리는 흙과 모래를 거부하며 안정된 자세를 취하려는 것뿐이다."

데카르트가 발설한 공리들―편리? 신중? 이중으로 이해될 가능성 있는?―은 별로 중요하지 않다. 왜냐하면 그는 이것을 **잠정적**en attendant으로 만들었기 때문이다. 그는 자기 나라의 법과 풍속의 지배를 받을 것을 충고할 수도 있었다. 그러나 그는 이미 조상 대대로 내려오는 법과 뿌리 깊은 관습을 자신의 법정에 종속시킴으로써, 그것들과 결정적으로 결별했다. "언젠가 때가 오면 나 스스로의 판단으로 검토해 본다는 조건이 아니라면, 나는 단 한 순간도 남의 견해를 만족스럽다고 생각한 적이 없다…." 그로부터 150년이 지난 후 독일에서 그 때가 온 것이다.

도덕의 "더 이상 분할되지 않는 하나의 점點!"을 데카르트 뒤의 파스칼이 요구했다. 기독교인 특유의 겸양에 의해 뒤로 물러서기는커녕, 정반대로 그는 지배의 세계로 전진해 갔다. 그런데 행동의 영역에서는 언제까지나 잠정적인 것에 만족해야 한단 말인가? 이 지구가 문을 닫을 때까지? 기독교 호교론을 자주 지배의 용어로 설명했던 그는(물론 그 지배가 내기pari에 의해서가 아니고는 지배될 수 없는 어려운 지배이기는 했지만) 벌써 대조타수大操舵手의 문제를 수평선에 떠오르게 했다. "항구는 배 안에 탄 사람들을 판단한다. 그러나 도덕의 항구는 어디에서 발견해야 하는가?" 우리란 누구인가? 배를 운항하는 사람인가, 뱃길을 판단하는 사람인가? 우리란 자연의 소유자이며, 주인이고 '도덕'에서도 그러한 위치를 차지하도록 요구받는 사람이다. 다시 말해서 물질을 넘어선 인간적인 문제에 있어서까지도 소유자이며 주인이 되라는 부름을 받는 사람이다.

이러한 부름에 사상의 거장들은 답을 했으며, 모든 인문과학이 줄을 이어, 그들의 그늘 속에서 똑같은 대답을 했다. 데카르트가 말했듯이, 지금은 그때가 온 것인가, 아니면 파스칼의 항구에 도착한 것인가? 하나의 부름이 좀 더 잘 들리게 되었다고 해서 그것이 더 좋은 것이라고 할 수는 없다.

벽보

황금시대는 '우리의 뒤'에 있는 것이 아니고 '우리의 앞'에 있다고, 떠오르는 혁명에서 계시받은 젊은 피히테는 썼다. 역사는 시작만을 한다. 이 작가는 소책자 『사상의 자유 요구서』에 이렇게 써넣는다. "태양의 정치, 암흑기의 마지막 해." 90년 뒤에 그 어조는 이렇게 바뀌었다. "사막은 자라난다. 사막을 은닉하는 자 화禍 있을진저"(『차라투스트라는 이렇게 말하였다』). 하나의 고정된 태도에 대한 서로 다른 억양이며, 서로 다른 해학이다. 미래를 지배한다는 위대한 과업과 지배의 계획이 행동강령 안에 전개되고 있다.

우리로 하여금 인류의 기원으로까지 거슬러 올라가게 만드는 모든 회고는 대 사상가에 의해 하나의 답사이며 전망이 되었다. "우리가 과거를 돌이켜 볼 때, 그 과거의 범위가 어떠하든 간에, 우리는 **현재의 관심사**만을 다루는 것이다"(헤겔). 그것은 회고라는 환상을 통해 우리의 현재를 과거에 놓음으로써 이 현재를 영원화시킨다는 의미가 아니다. 이 영원한 위험성은 그보다 더 은밀한 계획을 갖고 있다. 즉 역사 속에서 미래의 힘, 즉 역사의 동인을 포착하는 것이다. 이 미래의 기관차를 헤겔은 정신이라고 불렀다. 그것은 시대정신esprit du temps 혹은 한 문명의 정신이라는 의미이다("정신은 자기 뒤에 있는 순간들을 현재의 깊은 속에서도 갖고 있다"). 마르크스는 그것을 '계급투쟁'이라고 **명명했다**(『공산당 선언』의 첫 부분은 "오늘날까지의 모든 사회의 역사는 ~의 역사이다"라고 시작된다. 이것은 벌써 민족학에 조예가 깊은 엥겔스를 난처하게 만드는 것이었다).[2]

19세기 사람들이 과거에 대해서 가졌던 그 거만한 우월감은 좀 시대에 뒤떨어진 듯 보인다(예를 들어, "인체 해부는 원숭이 해부의 열쇠이다", 마르크스).[3] 그들의 부당한 재구성을 비판하는 사치를 누림으로써, 우리는 아직도 우리를 지배하는 한 계획의 대략의 지엽적인 문제만을 제거할 위험이 있다. 본질적으로 대 사상가들의 역사 작업은, 두 개의 시간을 발사함으로써 현재를 인류의 과거에 갖다 붙이는 것이 아니다. 그들의 야심은 시간 **속**에서 순환하는 것이 아니라, 이 시간의 순환에 스스로를 일치시키는 것이다. 보통사람들이 '시간 속에서의 사실 고찰'에만 만족하고 있을 때, 피히테의 학설은 시간 자체의 행위를 고찰할 것을 요구한다. "시간의 기원이 무엇인지 고찰해 보라. 그러면 당신은 모든 것의 기원을 고찰하게 될 것이다."

대 사상가는 '역사'를 만들기 위해서만 역사를 연구한다. 그가 인류의 기원으로 거슬러 올라가는 것은 인류에게 이 기원을 지배할 능력, 다시 말해서 미래를 계획할 능력을 주기 위해서이다. "나는 지나간 것은 놓아 버리고, 새로 오는 것에만 정당성을 미리 부여하는 사람을 좋아한다. (…) 나는 인간들의 위에 드리운 검은 구름으로부터 한 방울 한 방울 떨어지는 무거운 빗방울 같은 사람들을 모두 좋아한다. 그들은 번개가 곧 칠 것이라는 것을 예고하며 그 예고자의 사명을 다하고 죽는다"(『차라투스트라는 이렇게 말하였다』).

왕복

프랑스가 나치 군대 앞에서 '이상한 패배'(마르크 블로크Marc Bloch)[『이상한 패배』는 블로크의 책 제목]의 심연에 빠졌을 때 현대의 가장 유명한 대 사상가인 하이데거는 니체를 주제로 세미나를 열었다. 그는 선구자 데카르트에게서 원용해 온 것을 보여 주었다. 데카르트에 의해 "기술적으로는 역학적 에너지의 근대적 기술이 가능해졌고, 형이상학적으로는 새로운 세계와 그 인간들이 가능하게 되었다."[4] 니체와 데카르트 사이의 전쟁은 결코 일어나지 않을 것이다.

그는 1940년 6월 직후, 가장 높은 형이상학을 당시 초미의 관심사였던 시사문제에 적용하며 이렇게 덧붙였다. "지금 막 우리는 신비한 역사의 법칙을 지켜보았다. 언젠가, 한 국민(프랑스인을 대입해도 괜찮다)이 자신들의 역사에서 생겨난 형이상학을 더 이상 감당하지 못할 날이 올 것이다. 그들의 형이상학이 절대주의로 전환되는 순간이 바로 그때이다."

"감당하지 못한다"고? 프랑스가 그것을 보여 주었다. 프랑스의 패전은 물질적인 것에 기인한 것도 아니고 재정에 기인한 것도 아니었다. 그것은 물리적인 것이 아니라 형이상학적인 것임이 드러났다. "장갑차, 비행기, 통신수단을 소유하는 것만으로는 충분치 않다. 이러한 기계장치들을 조작할 수 있는 사람들을 배치하는 것만으로도 충분치 않다. 이러한 기계가 마치 그 자체로 중성의 것인 양 생각하며, 단순히 그 조작 기술에 정통하는 것만으로도 충분치 않다."

감당하기 위해서는 무엇이 필요한가? 현대 기술의 형이상학적 진실에 부합되는 인간들이 있어야 한다. "다시 말해 기술의 다양한 가능성과 과정을 사용하고 이끌기 위해서는, 기술의 본질에 완전히 자기 몸을 내맡기는 사람들이 있어야 한다는 것이다." 1940년 6월이 그 증거이다. 또 어떤 사람들은 그 증거를 스탈린의 다동포多筒砲나 패튼 대전차군단Patton으로까지 확대시키려 할 것이다. 혹은 오늘날의 B-52 폭격기에 이르기까지.

하이데거는 1933년 몇 개월 동안 친親 나치 강연을 했다. 거기서 우리 세기의 독일 지식인의 문제점이 부각되었다. 그들은 절대적 입장을 취하지 않고는 '혁명'이나 '국가'를 사유할 수 없었는데, 그것은 긍정적이건 부정적이건 간에 언제나 마찬가지였고, 여하튼 망상이었다. 이 비참을 피할 수 있었던 행복한 학자들에게, 이것은 다만 '독일의 비참'일 뿐이라고 증명하는 임무를 떠맡기자. 그리고 6개월 동안 국가사회주의[나치]를 열렬하게 동조한 하이데거를 건너뛰어, 수용소 군도의 (국가)사회주의를 경배하느라 보낸 사람들의 지난 50년간의 과거로 미끄러져 가야 한다는 것을 제시하는 수고도 역시 그 행복한 학자들에게 맡기자.

좀 더 포괄적으로 말해 보면, 이 세계의 기술 조작의 요구에 충분히 대처할 '능력이 없었기' 때문에 프랑스인들이 패배했다고 하이데거가 선언했을 때, 그는 전혀 '나치'처럼 보이지 않았다. 독일인들이 너무 유능하게 되었다는 말 대신 프랑스인이 '충분한 능력이 없게' 되었다는 말은 세상 모든 사람들의 머릿속에 주입된 의견을 공유하는 것이었다. 폭탄을 대량으로 투하했던 미국인들은 베트남을 충분히 감당할 수 있었다. 위성국가를 대량으로 만들어 낸 소련의 독재자는 소위 '과학기술혁명'을 충분히 감당할 수 있다고 선언했다. 한때 사상가들의 머릿속에 들어 있던 '절대주의로 변한 형이상학'은 이제는 신문 1면 머릿기사를 장식하고, 대량 출판과 동란에 자양분을 제공한다.

하이데거는 그가 출판했던 이러한 사상에 고착되어 있지는 않았다. 다양한 현존의 권력, 혹은 앞으로 예상되는 권력에 연연해 있는 사람들이 이 사상을 자기들에게 유리하게 이용했을 뿐이다. 사상의 거장들이 말하기 훨씬 이전에 이미, '능력이 있다'는 것은 탱크와 같은 수준 혹은 그 이상, 비행기와 같은 수준 혹은 그 이상, 크렘린이나 펜타곤과 같은 수준 혹은 그 이상을 의미했다. 다시 말하면 모든 민가에서부터 2천 미터나 높은 고공高空을 의미하는 것이었다. 그것은 아래를 내려다보는 지배자의 관점이다.

그리고 만일 '이상한 패배'가 능력 부족에서 유래한 것이 아니라 능력을 열망한 데서 유래한 것이라면? 그리고 1940년의 프랑스가 역사적으로 후퇴했다기보다는 거대한 실질적 강대국으로 전진했다면? 파괴적인 힘이 있기 때문에 거대하게 보이는 이 강대국들은 한 나라가 다른 나라를 파괴하는 것이 아니라 자기들끼리 서로 서로를 파괴했다.

'이상한 패배'는 모든 능력을 떨쳐 버린 사람들의 패배였을 수 있다. 그러나 이처럼 형이상학이 절대주의로 변하는 순간에도 여전히 "꿈을 꾸고 있던" 사람들은 "장갑차와 기계화부대에 대항하여 올빼미당[프랑스대혁명 직후의 반혁명 왕당파]의 봉기와 같은 현대전을 꿈꾸고 있었다"고 마르크 블로크는 말했다. 대 사상가가 한 번도 생각해 본 적이 없는 이 꿈은 그저 이름 없는 보통사람들의 생각일 뿐이다. 이 꿈은 더 이상 지배를 생각지 않고, 지배구조에 저항하여 그것을 날려 버리고, 기계화부대 밑에 보병을 배치하고, 보병 밑에 올빼미당원을 배치하며, 철학자와 무관하게 유한적이고 자유로운 인간을 만들어 내려는 꿈이다. 형이상학의 관점에서 보면 지극히 평범한 꿈이다. '이상한 패배'라는 집념에 사로잡힌 소르본의 역사학자[블로크]가 서로 정반대의 게릴라전을 생각하게 된 것이 바로 이 꿈을 통해서이다. 그는 나중에 코드명 '나르본 Narbonne'으로 레지스탕스에 참가했다가 게슈타포에 의해 처형되었다. "렌 지방에서 독일의 모터사이클 대부대가 평화롭게 세비녜 가街를 지나가는 것을 보고, 내 마음속에서는 보병에 대한 생각이 떠올랐다. (…) 매복하기 좋은 이 브르타뉴의 작은 숲속에 숨어 그 흉악한 독일 군대를 기다린다면 얼마나 멋질까. (…) 우리 군대의 4분의 3은 당장 작전을 개시하고 싶어 할 것이라고 생각한다. 그런데 애석하게도 그런 비슷한 상황에 대처할 법규가 전혀 마련되어 있지 않은 것이다."[5]

위대한 서부극

사람들은 어떻게 사막을 만드는가? 우선 모든 파괴적인 에너지를 동원하는 방법을 쓴다. 레닌이 '전쟁과 혁명'의 시대라고 명명했던 시대에, 태어날 때부터 이미 머리가 희끗희끗한 채로 태어난 우리가 거기에 호응하지 않는다면 부당한 일일 것이다.

그리고, 폭풍의 한가운데에서 한판 승부를 하는 사람들의 힘을 빌려 사막을 만든다. 그들은 그 모험을 통해, 일반적 불확실성의 '움직이는 모래'를 피하여, 자기 확신의 데카르트적 바위에 가 닿는다. 설사 가장 객관적인 불확실성 가운데 있다 하더라도, 그들은 그 불확실성을 혼자 힘으로 훌륭하게 통제한다. "우선 내리누르고, 그 다음에 보는 것이다." 당통의 말을 흉내 내 레닌은 이렇게 말하고, 그리고는 내리눌렀다…. 대중 속에서. 짓밟은 것이다.

그것은 모든 것을 건 내기 속에서 이루어진다. 그 내기 속에서 우리는 '사소한 문제들'에서 벗어났고, 감각, 감상, 종교 속에 박아 놓았던 모든 닻을 뽑아냈으며, '자발성'이니 경제주의니 미학이니 하는 것들, 다시 말해 우리의 모든 직접적인 이해利害에서부터 뽑혀져 나왔다. 그리해서 우리는 대지의 지배 같은 거창한 문제로 고양되었고, 미래의 인간 혹은 (세계를 부정함으로써 자기를 확신하는) 헤겔의 신, 또는 니체의 초인간으로 지양되었다. "만일 이러한 지양이 실현되지 않는다면 그것은 그 사람이 전혀 사유를 하지 않기 때문이다. 실제로 동물들은 그러한 지양을 실현하지 못한다"(헤겔).[6]

또, 가장 기초적이며 최종적인 분할에 의해 사막을 만든다. 거기서 인간은 노름꾼인 동시에 내깃돈이 되며, 인간과 동물 사이, 고매한 주인과 다수의 노예 사이, 사회주의와 야만 사이에서 단호한 결정을 내리도록 촉구된다.

이 모든 것이, 아무것도 움직이지 않으나 모든 것이 이루어지는 정오의 밝은 태양 속에서 일어난다. 그것은 예속에서 벗어난 자유민들 사이에서 일어난다. 그들은 사물을 있는 그대로 말하는 솔직한 철학 언어 속에서 다음과 같이 말한다―"대지의 지배를 위한 투쟁의 시간이 가까웠다. 그 투쟁은 근본적인 철학이론의 이름으로 수행될 것이다"(니체).

할 수 있다, 그러므로 존재한다

2차대전 말, 두 사람의 프랑스 지식인이 전 세계적으로 유명하게 되었다. 그중의 하나인 모리스 메를로퐁티는 스탈린이 모스크바에서 행한 재판들의 속기록을 면밀히 조사했다. 다른 하나인 장 폴 사르트르는 볼셰비키의 수뇌들이 고뇌하며 서로 죽고 죽이는 그러한 지적 정열이 헤겔의 『정신현상학』 속에 이미 들어 있다는 것을 발견했다. 150년 동안 변한 것은 아무것도 없고, 다만 신비한 논설이 세계적인 사건의 속기록으로 재편집되어 등장했을 뿐이다. 또 한 번 '주체'들은 (그 당시 '사회주의의 조국'으로 지칭되었던) 단단한 역사의 동력과 좀 더 잘 일치하기 위해 모든 '주관성'을 벗어던져야만 했다. 사르트르와 메를로퐁티의 성찰과 작품들은 '실존주의'라는 이름으로 분류되었고 즉각 반박되었다. 무대 장식이 바뀌고 끊임없이 반박이 이어졌지만, 연극은 이미 2세기 전부터 상연되어 오던 것이다. 주관주의라는 그림자를 길게 드리운 주인공은 모든 것을 주관하는 중앙의 불 속에 뛰어들기 위해 도약 지점을 찾아 끊임없이 뛰어 다녔다. 교통수단이 개선됨에 따라 그는 아주 멀리 떨어진 곳까지 가서 진보와 역사적 도약, 혹은 인민혁명을 가르쳤다. 그러나 이 주제들에 대해서는 그 자신도 잘 몰랐으므로, 가르치기보다는 오히려 배우는 편이었다. 가장 새로운 세계혁명을 표방했지만 실상 그들은 지역만을 바꿨을 뿐 옛날과 똑같은 이야기를 하고 있었다. 새로운 주제의 연극을 쓸 수 없으므로 차라리 새로운 관중으로 대체했다는 말인가?

이 정신적 연극은 아시아 혹은 아메리카의 태양 아래서도 변하지 않았다. 그 연극의 주인공인 '나'는 이미 2세기 전부터 유럽에서 세계의 중심과 일치하려는 임무를 맡고 있었다. 세심한 학자들은 오늘날에도 데카르트가 "나는 회의한다, 그러므로 나는 생각한다. 나는 생각한다, 그러므로 나는 존재한다"라고 말했을 때, 그가 언급하고자 했던 인물이 누구인지를 알아내기 위해 서로 논쟁한다. 명백히 밝히거나 혹은 반박한다는 구실 밑에 철학자들은 이 공식을 어느 때는 세련시키고 또 어느 때는 다음과 같이 거칠게 만들었다. "실재의 개념은 행동의 개념과 똑같은 것이다. (…) 내 안의 모든 것이 실재라는 것은, 내가 유일하게 활동적이라는 의미이며, 다시 말해서 활동적인 한에 있어서만 나는 '나'라는 의미이다"(피히테).[7] 모든 급진주의의 뿌리에는 아직도 코기토(나는 생각한다)가 있다. 래디컬[급진적, 근본적]하다는 말이 사물을 그 뿌리에서부터 파악한다는 의미라면, "인간에게 있어서 뿌리는 바로 인간 자신이다"(마르크스).

그들은 '나는 회의한다'라는 말을 '나는 죽인다', '나는 전쟁을 일으킨다', '나는 끊는다', '나는 혁명한다'라는 말로 바꾸어 놓았다. 그들은 '나는 생각한다'를 '나에게 있어서는 네가 나보다 더 잘 생각한다'라는 변증법으로 바꿔 놓았다. 그들은 '나는 존재한다'를 세계화시켰다. "우리가 실제의 사물 혹은 상상적 사물의 성질이라고 생각했던 모든 아름다움, 모든 숭고들이 실은 인간의 소유물 혹은 인간의 산물이다. 그것들은 인간에 대한 가장 아름다운 변명이다. 인간은 시인도 될 수 있고 사상가도 될 수 있으며, 신이기도 하고 사랑이기도 하며, 힘이기도 하다. 이 고귀한 재능 덕분에 인간은 자신의 모든 것을 내어주어 자신을 빈곤하게 만들고 스스로 비루함을 느낀다! 누군가를 존경하거나 숭배할 수 있다는 것, 혹은 존경의 대상 자체가 자신의 창조물임을 스스로에게 감추는 것, 이 모든 것이 바로 인간의 위대한 자기희생이다"(니체).

　이것을 이미 오래전에 극복했다고 생각하는 소심한 학자들—그들도 역시 휴머니즘을 반박하지 않았던가?—에게 니체는 이렇게 말한다. "이 세계를 **인간화**할 것. 다시 말해 우리가 그 안에서 더욱 더 주인임을 느낄 수 있게 할 것."[8] 이 최면술사는 코기토라는 똑같은 물 속에 돌을 하나씩 던지며, 휴머니즘이나 반反 휴머니즘, 객관주의나 주관주의를 다같이 거부한다. 그 돌멩이가 만들어 주는 파문들은 모두 아름다운 동심원이고, 세계의 중심을 잡아 주는 점은 일상적인 자질구레한 일 따위는 잊고 사는 철학자들의 마음을 항상 사로잡는다.

약속된 부富

　방법은 변했으나, 주장은 여전하다. 이 세계의 중심과 일치하고, 진리의 절대적이고 요지부동한 기초인 '나는 생각한다'를 녹여 부어 역사의 동상을 만든다는 것이 바로 그 주장이다. 이때 그 동상의 받침대에 "진리의 절대적이고 요지부동한 기초"라는 데카르트의 공식은 새겨 넣어도 좋고 안 넣어도 좋다. 이 주물 속에 자신이 스스로 녹아 들어가는 사람도 있고, 유일한 그 권리소유자를 숭배하는 사람도 있으며, 영혼을 만드는 지도자들도 있고, 이 동상에 영혼을 제공하는 부副지도자들도 있다. 그 모두가 사상의 거장들이 놓아 준 단 한 마리의 똑같은 토끼를 쫓고 있다. 앞발로 '나는 생각한다'를 두드리고 엉덩이로는 공을 굴리고 있는 예쁜 장난감 토끼이다.

'왜 나는 그토록 현명한가', '왜 나는 그토록 사려 깊은가', '왜 나는 그렇게 훌륭한 책들을 썼는가', '왜 나는 운명인가'.『이 사람을 보라』[9]에 이와 같이 어울리지 않는 제목들을 골라 쓴 니체는 이때 이미 곧 그를 엄습해 올 광기를 예고하고 있었다고 그의 전기 작가는 해석한다. 그러나 이러한 정열을 감히 말한 사람이 니체 하나만은 아니었다. 다른 대 사상가들도 비록 완곡한 표현을 썼다고는 하나 고집스럽기는 마찬가지였다. "만일 철학의 언어가 어떤 정확한 의미를 가져야만 하는 것이라면, 그것은 과학밖에는 될 수 없을 것이다"[10]라는 피히테의 말을 모두들 옳다고 생각했다. 그들이 생각하는 과학이 무엇인지 한번 들어 보자. 모든 사람들은 그들의 책 속에서, 왜 그들이 그 책을 썼는가를 설명하고, 자기의 위치를 역사적으로 정립하며, 왜 그들이 세계의 운명인가를 분석했다. 헤겔은 자신이 역사의 종착점에 와 있다고 주장하지는 않았다. 사람들은 그가 그렇게 했다고 순진하게 비난하기도 했지만, 그것은 그가 이 역사에 대해 마지막 말이 아니라 가장 순수한 말을 발설했다고 자부했기 때문이다.

라파엘로는 '화가'였다. 그는 "특정 예술의 범위 안에 스스로를 가둠으로써" 노동분업에 종속되었다. "공산주의 사회에서는 화가 같은 것은 없고, 기껏해야 여러 일 가운데 그림을 좀 그리는 사람들이 있을 뿐"(마르크스)[11]인데 말이다. 근원을 건드리는 관념이다. 혼자서 일하는 슬픔을 감행할 자 누가 있겠는가? 자신이 퇴색해 가는 것을 '소외'라고 부르는 데 찬성하지 않을 사람이 어디 있겠는가? 모차르트의 '한계'가 조각가나 줄타기 곡예사가 아니고 '단지' 음악가라는 것을 우리는 어떻게 정하는가? '전업 화가, 조각가 등등'의 '한계'를 없애 버리는 것이 가장 이상적인 '공산주의적 사회조직'이라고 당연한 듯 말하는 것은 도대체 어떤 지평 안에서일까? 이러한 한계가 '지방 경계선' 혹은 '국경'과 비교할 만하다고 우리에게 말해 주는 사람은 누구인가? 미래의 인류는 이 경계선마저도 걷어치울 것이라고 마르크스는 장담했다.

모차르트는 라파엘로의 작품을 바라볼 수 있는 눈을 갖지 못했던가? 그리고 라파엘로는 몬테베르디의 작품을 들을 만한 귀를 갖지 못했던가? 왜 음악을 듣는 것이 음악을 작곡하는 것보다 열등해야 하며, 작곡가는 자기가 음악을 들으며, 또는 남에게 들려주기 위해 작곡하지 않는가? 듣는다는 작업도 일종의 새로운 작곡이 아닌가? 아니다. 모차르트는 동시에 건축가이며 소설가이며 영화인이며, 연관공鉛管工이며 농부이며, 인민위원회 위원이어야 한다. 그렇지 않으면 그는 노동분업의 '희생자'가 되고 만다. 그러나 그가 분업노동자가 되는 것은 돈 많은 후견인의 후원을 받기 위해서가 아니라, 그에게 전인적全人的 인간, 혹은 다원적 예술가poly-artiste가 될 재능이 주어져 있지 않았기 때문이다. 그가 박탈당한 것은 돈―부르주아의 가짜 부富―이 아니라, 마르크스의 공산주의가 진정한 부라고 말하는 바로 그 재능이다. "부자란 인간적인 발현 전체를 필요로 하는 사람이다. 자아실현이 곧 자기 내면의 필연성에 의해 이루어지는 그러한 사람이다."

라파엘로는 '단지' 화가일 뿐이지만, 다른 모든 인간적 활동이 그의 테두리를 '형성하고 있다'. 아마도 그는 탁월한 감각과 고도의 전문성을 가지고 다른 인간활동들을 즐겼을 수도 있다. 대 사상가는 이런 것에 관심이 없다. 그에게 있어서 진정한 부란 자아를 실현하는 것, 전체가 되는 것일 뿐이다. 무용수가 되지 말라, 다리를 잃게 될 것이다. 배우가 되지 말라, 얼굴이 지워질 것이다. 화가가 되지 말라, 한쪽 팔이 없어질 것이다. 그러니까 '분업'은 '단지' 모차르트일 뿐이었던 이 불쌍한 음악가처럼 우리에게 열 개의 손가락과 두 개의 귀만을 남겨 줄 위험이 있다.

음악을 작곡한다는 것과 그것을 듣는다는 것(이 경우 음악은 우리에게서 멀어진다고 흔히들 생각한다) 사이의 커다란 차이점은 무엇인가? 모차르트를, 적어도 모차르트적인 음악에 있어서는, 음악의 절대적이고도 확고부동한 기초로 생각하는 것이 일반적인 견해이다. 마르크스를 실천의 철학자, 변증법적 유물론자, 학자 등등 무엇이라고 말해도 좋다. 그러나 단 한 가지 알아야 할 사실은, 다른 모든 사상의 거장들과 마찬가지로 그도 '나는 생각한다, 그러므로 나는 존재한다'라는 공간 속에서 생각하고 있다는 것이다. 나는 음악을 작곡한다, 그러므로 음악은 내게서 벗어나지 못할 것이다. 나는 인생의 인간적인 전체성 전부를 표현한다. 그러므로 아무것도 내게서 벗어나지 못할 것이다. 이런 식이다. 라파엘로는 '왜 내가 그렇게 좋은 화가인가'를 그리지 않았고, '나는 왜 그렇게 사려 깊은가'를 시적詩的으로 설명하지 않았으며, 자기를 아름답게 '변호'하기 위해 세운 사원 속에 '운명으로서의 나'라는 조각작품을 집어넣지 않았다. 그가 분업에 의해 소외된 것은 바로 그 때문이다.

분업은 '나는 생각한다, 그러므로 나는 존재한다'는 식의 통제를 분할하여, 통제를 어렵게 혹은 불가능하게까지 만들기 때문에 가증스러운 것이다. 모든 사상의 거장들이 한결같이 자본주의적 시장의 무정부상태를 비난했던 이유를 알 수 있을 것 같다―자본주의여서가 아니라 무정부상태였기 때문에 시장을 비난한 것이다.

배제와 포함

데카르트가 제시한 관계에 따라 회의하고, 사유하고, 존재하는 주체의 운동은 미치광이를 '나의 밖에' 놓는 격렬한 거부행위와 중첩된다. 이 위대한 세기는 광인들을 가두기 위해 야비한 이성을 동원했다. '배제의 행위'(푸코)는 영원히 코기토의 은밀하고 신중한 이면裏面으로 남아 있지는 않을 것이다. 사상의 거장들은 '나는 생각한다'라는 지배적인 행위 속에 들어 있는 '너는 생각하지 않는다'를 곁에 드러내 놓았다. 사물(피히테의 비아非我)이니, 타자(헤겔적인 투쟁에서)니, 『자본론』이니, 천민의 무정부주의적 역사니 하는 이 모든 것들은 언제나 비非 사유pense-pas가 '나는 생각한다'에 대하여 던진 '최고의' 도전장이다.

그러므로 우리는 코기토의 밖에도 무엇인가가 있다는 것을 주장하며 '나는 생각한다'를 뒤집어 엎으려 한다. 주체의 밖에는 객체가 있다("내가 어떤 사물을 상상할 때 어떤 방법을 쓰건 간에 나는 그 사물을 상상하는 사람―즉 '나'―와 그것을 대비시켜야만 한다." 피히테).[12] 그리고 또 한옆에는 상호주관성inter-subjectivité이 있고 생성의 영원한 기쁨과 생산과의 관계가 있다. 거장의 관념론에 대항하는 논쟁은 항상 그 관념론을 더욱 논쟁적으로 만들기만 할 뿐이다. 다시 말해서 그의 지배의지를 더욱 오만하게 만든다. 그 뒤에 온 사상의 거장들은 하나의 '나머지'를 부각시켜, 서로 상대방의 면전에 그것을 집어던졌다. 일종의 가장 아름다운 사변의 구축물들을 무력하게 만드는 자기상실이었다. 그러나 그것은 언제나 **정복해야 할 나머지**이고, 아직 사유되지 않은, 그리고 아직 지배되지 않은 비사유일 뿐이다. 너는 사물에 대한 투쟁은 보았으나 타자의 존재는 잊어버렸다. 타자와의 관계를 지배관계라고 조심스럽게 고찰했으나, 대중을 수동적인 존재로만 간주하고 대중운동을 무시했다. 혁명을 생각했으나, 그 혁명에 불가피하게 따라오는 혼돈의 과정은 생각하지 못했다. … 이런 식이다. 용어는 변했으나 해결은 여전히 단 한 가지이다. 즉, 지배하라, 지배하라, 이것이 율법이요 선지자니라!

신神이라는 악순환

　지배자 자아Moi-Maître는 우주의 크기만큼 팽창되어 있다. 동시에 온 우주도 "그의 의식에 기대어 있다". 자아는 스스로 "모든 개별적 사물들의 집적소"가 된다(헤겔).[13] 벽보가 너무 무례하게 관념적이라고 생각하는 사람은 자아를 이사회로 대체했다. 이렇게 함으로써 그들은 모두 한 번씩 자기 의견을 말하는 민주적 방식을 실천했다. 다시 말하면 머리도 없고 꼬리도 없이 단지 수뇌들 사이의 토론만이 있는 그러한 민주주의이다. 혹은, 망원경과 쌍안경으로 좀 더 무장된 중앙상임위원회를 통해, 마르크스레닌주의의 장, 단기 전망이 표명되기도 했다. 20세기 후반에 이르러 그들은

'나는 생각한다'라는 주체가 필연적으로 인간일 필요는 없다는 것을 발견한 듯하다. 익명의 사회도, 사회주의 사회도 집단지도체제의 유리한 점과 불리한 점을 치열하게 고민한다. '나는 생각한다'라는 존재는 개인이 아닐 수도 있지만, 그러나 거대한 사령부임에는 틀림없다.

데카르트는 "출발 자세가 좋았던 프랑스의 기사騎士"로 일컬어진다. 그는 끊임없이 '새로운 국경'을 침범하는 카우보이처럼, 또 '하늘을 공격하는' 마르크스의 머릿속에 떠오른 붉은 인민기병대의 장교처럼, 결코 도중에서 멈추는 법이 없었다. 역사의 주체가 '진실'을 발견한 것은 그가 세계를 한 바퀴 돌아 이 땅을 완전히 정복한 후였다. 모든 사상의 거장들은 젊은 날의 데카르트가 언급했던 "나는 생각한다, 그러므로 신은 존재한다cogito ergo Deus est"라는 원 속에 모든 사상을 집어넣으면서 그와 같이 말했던 것이다.

이 세계의 소유자이며 지배자가 된 나는 이제 나 자신을 발견할 것이다. 이러한 소유와 지배를 얻기 위해서는 하나의 방법이 필요하다. 즉, 나는 처음부터 정복자이어야만 하고, 처음부터 참여해야만 한다. 빙글빙글 돌며 원을 그리는 생각이다. 예를 들면 데카르트도 그렇다. 신은 나의 명석 판명한 관념이 진실이라는 것을 보증해 준다. 그러나 신은, 나의 명석 판명한 관념, 다시 말해 나의 이성의 질서가 그리로 향했기 때문에 진실된 존재가 된 것이다. 주체는 진실이다. 주체는 출발점에 서 있다. 그러나 한편 진실은 결과에 불과하다(헤겔). 공산주의는 역사의 '해결된 수수께끼'이다. 그러나 우리는 "미래의 냄비"(마르크스)를 부글부글 끓게 하지 않는 한, 공산주의에 대해서 아무것도 알 수 없다. 주체는 이 세계를 지배하기 위해 뛰어다닌다. 그런데 이 세계는 주체 속에 집결한다.

악순환이라고 할 수 있는데, 그러나 이 악이란 별것이 아니다. 그리고 끊임없이 서로 상대방을 집어던지는 이 세계와 주체는 그 악순환의 회전 중 위로 튀어 오른다.

　이쯤에서 인간이 자신을 신으로 간주하려 한다고 탄식해 보았자 소용없다. 커다란 환상과 헛된 희망에 눈물을 흘리고 나면 순도 높은 조심성을 가질 수도 있을 것이다. 그러나 유감이다. 이 악순환은 '무신론적 휴머니즘의 드라마'보다 앞서 있다. 무신론적 휴머니즘의 드라마는 그 악순환을 대중에 널리 퍼뜨리는 역할만을 했을 뿐이다. 하이데거가 그것을 '존재-신-론onto-théo-logique'으로 지칭하면서 제시한 세밀한 족보를 따른다면, 그 절차는 데카르트보다 훨씬 위로 거슬러 올라간다.

　존재 일반을 그 전체 속에서 고찰해 보는 것을 존재론이라고 한다. 그 존재란 꿈의 환상을 가지고 일상생활을 영위해 가는 공통적인 존재이며, 중국인에게 있어서나 마오쩌둥에게 있어서나, 또는 신을 자처하는 인간들에게 있어서나 모두 공통되는 **존재**인 것이다. 그리고 신학이란, 아리스토텔레스가 이미 말했듯이, 불확실한 존재들 속에 들어 있는 어떤 존재를 환히 비추어 주는 작업이다. 아리스토텔레스는 존재 가운데서 가장 높은 **존재**를 '신dieu' 혹은 '신적인 것divin'이라고 말했다. 즉 신은 여전히 인간적 존재이지만, 다만 절대적 역사와는 반대 방향에서 하늘과 땅을 창조한 인간적 존재라는 것이다(그러나 아리스토텔레스가 자신의 범주 속에 집어넣은 것은 오히려 이 '창조자'이다). 라파엘로를 포함하여 우리는 오직 공산주의 속에서만 진정으로 우리 자신이 될 것이다. 공산주의적 존재는 자본주의와 분업에 의해 소외된 '유사-비-존재quasi-non-être'보다 훨씬 더 완전한 존재임이 밝혀졌기 때문이다. 이것은 신학적이면서도 완전한 무신론적 주장이다. 소위 마르크스적 종교 속에서 자신의 어린 손자들을 찾아보라고 기독교인들에게 다그쳐 봐야 쓸데없는 일이다. 기독교 '철학'과 마르크스의 '철학'은 이 세계를 명령하려 든다는 점에서, 본질적으로 똑같은 지배계획의 산물이다.

우리는 존재에 대해 '다양한 방법'으로 말할 수 있다고 아리스토텔레스는 차분하게 말했다. 존재는 '일반적으로는' 이 세계의 것이며, '특별히 말한다면' 신의 것이다. 세계의 지배가 초미의 관심사가 되었을 때, 이 다양한 방법들은 하나의 둥근 원으로 완결된다. 지배는 전체를 겨냥하고, 그런 점에서 존재론적이다. 지배는 지배의 밖에서는 아무것도 모르며, 모든 것을 걸고 내기를 한다. 그런 점에서 신학적이다. "영웅의 주위에서는 모든 것이 비극이 된다. 반신半-神, demi-dieu의 주위에서는 모든 것이 풍자극satirique이 된다. 신의 주위에서는 모든 것이—뭐랄까—아마도 세계가 형성된다"(니체).

악순환, 코페르니쿠스적 전환, '존재-신-론적' 순환. 이것이 바로 현대적 거장의 왕관이다.

사변적 명제

헤겔은 "앞으로 나아가는 발걸음을 내딛는 동시에, 자기 자신으로 되돌아오는 이 행위"라고 자기 담론의 스타일 또는 왜곡된 자기 행동에 빗대어, 악순환의 표면에 최고의 지혜가 삽입되어 있다고 설명했다.[14] '변증법적 운동', 혹은 '사변적 명제'라는 이름 아래 헤겔은 다름 아닌 현대적 지배의 원형적 방식을 정의해 놓았다. 현대적 지배는 사물을 외부에서만 지배하는 것(수학 같은 학문)이 아니라, 그것을 내부에서도 소유하고자 한다—그것은 상식이라는 '실내복'을 입고서는 따라가지 못할 왕도王道이다. 왜냐하면 모든 것을 얻기 위해서는 거기서 완전히 자기 자신을 버려야만 하기 때문이다.

나무는 초록색이라고 내가 말했을 때, 나무는 내 명제의 주어가 되고, 그 나무의 성질을 묘사한 초록색은 이 명제의 술어가 된다. 가을이 되면 나무는 오히려 누런색이 될 것이다. 그러므로 나무가 초록색이라는 것은 봄에만 있는 우연적인 현상이다. 파도 역시 초록색이다. 그러므로 초록색이라는 것은 나무에 속하는 성질도, 혹은 초록빛 나무에 속하는 성질도 아니다. 우리가 흔히 쓰는 문장의 주어와 술어 사이의 관계는 우연한 것이다. 나는 그것을 이렇게 지각하지만, 또 다르게도 볼 수 있다. 그런데 내가 "신은 존재다"라고 말했을 때, 그것은 정반대이다. 주어(신)는 완전히 술어(존재) 속으로 들어간다. 왜냐하면, 만일 술어가 없다면 이 주어는 주어로서 존재할 수가 없기 때문이다. 그런데 '정신문화의 조건' 속에서 "사유는 이러한 술어 속의 주어를 즉각적으로 발견한다"고 헤겔은 밝힌다. 즉 우리의 존재신학적 문화 속에서 존재에는 신적인 어떤 것이 아주 없지도 않다는 것이다.

헤겔에게 신학적인 면이 있음을 보고 사람들은 흠칫 놀랄 것이다—어쨌든 젊은 시절의 헤겔은 신학대학생이 아니었던가! 이제는 모든 대학에서 공식적으로 신학의 빛이 암암리에 청산되었으므로, 영원히 살아 있는 낡은 추억들, 즉 헤겔 변증법의 혁명적 부분에서 먼지를 털어 낼 일만 남아있다.

그런데 불행하게도 이러한 가지치기 작업은, 헤겔이 사변적 명제의 사용을 신에게만 허용한 것은 아니라는 사실을 간과하고 있다. 모든 촌락들은 '프랑스를 위해 죽은 프랑스인'의 수를 세었다. 그리고 이와 비슷한 숫자의 기념비가 이 사변적 명제에 따라 세워졌다. 헤겔이라면 아마도 ~를 위해 **죽다**라는 사실을 순수한 사변적 행위로 변환시킴으로써 쉽게 주어(프랑스인)가 술어(프랑스) 속에서 사라져 없어지는 것을 보여 주었을 것이다. 프랑스가 살기 위해 프랑스인들이 죽는 동안, 공식적이고 추념적인 프랑스는 프랑스인들의 죽음을 먹고산다. 주어는 술어 속에 들어가고, 술어는 주어가 된다. '프랑스'를 '혁명'으로 바꾸고, '프랑스인들'을 '프롤레타리아트'로 바꾸어 보자. 그러면 우리는 병사들의 새로운 운명이라는 사변적 명제를 획득하게 될 것이다.

몇 개의 변증법적 훈련을 더 거치면, 우리는 동사가 은연중에 암시되어 있는 좀 더 농축된 형태의 사변적 명제를 발견할 수 있을 것이다. '프롤레타리아 독재'도 마찬가지다. 애초의 주어(독재를 행사하는 프롤레타리아)는 재빨리 술어(독재~) 속에서 사라져 버리고, 이번에는 이 술어(프롤레타리아에게 힘을 행사하는~)가 주어가 된다.

사변적 명제(변증법적 운동)는 마치 논리기계 같은 기능을 가진다. 우리는 이 기계에게 '신'이니, '조국'이니, '국가'니, '단 하나의 불가분의 혁명'이니 등의 현대적인 개념을 재생산하도록 시킬 수 있다. 이런 말들은 비록 집단 구성원들에게 널리 받아들여지고는 있으나 거장의 발톱을 숨기고 있음에 틀림없다. 술어가 주어의 삶을 살기 위해서는, 주어가 술어 속에서 죽어 없어져야만 한다. 시민이나 혁명가는 조국(혹은 사회주의의 조국)을 위해 죽어야만 한다. 왜냐하면 이 조국은 그들의 죽음을 먹고살기 때문이다. 사변적 명제란 우리 시대의 주인이 노예에게 행사한 '최종 증명'의 논리적 일 반화에 다름 아니다.

'사변'이라는 말은 우리의 순결한 귀에는 구식으로 들린다. 그것을 과학이라고 부르자. '명제'라는 말도 별로 좋지 않다. 실험이라는 말로 바꾸어 놓자. 헤겔은 논리학과 신학의 기능을 말하는 어휘에 있어서 일곱 번이나 더 그의 혀를 굴리지 않았던가? 니체가 그것을 소위 현대적 산문의 문체로 표현하면서 "가장 까다로운 문제"라고 했던 부분을 들어 보자. "과학은 인간에게서 삶의 목적을 제거하고 파괴할 수 있음을 증명한 뒤 그것들을 인간에게 다시 내준다는 말인가? 그렇다면 그것은 과학이 하나의 실험에 몸을 내맡기는 순간일 것이다. 수세기 동안 지속되면서 역사 속의 모든 업적과 위대한 희생들을 어둠 속으로 추방할 이 실험 속에서 모든 영웅주의는 스스로 만족할 이유를 찾을 것이다."

주어가 술어 속에서 자신을 되찾아야 한다고 주장할 때 헤겔은 무엇을 의미하고 있는가? 그의 목적인가? 니체는 계속해 말한다. "외눈박이 거인 같은cyclopéen 과학은 아직 자기의 거대한 기념비를 세우지 못했다. 이제 그것을 할 때가 왔다."[15]

대 사상가는 어떻게 그의 관념들을 모으는가

신이라고? 그런 공허한 단어 밑에는 아무것이나 놓기만 하면 된다. "신이라는 말을 피하는 것이 효과적인 이유가 바로 이것 때문이다." 헤겔은 여기서 현대 사상들이 자랑스럽게 내세우는 무신론이 단순한 말장난에 흐를 수 있다는 것을 부드럽게 암시하고 있다. 신의 존재를 증명하는 데 있어서 중요한 것은 공허한 말이 아니라, 고양高揚이면서 동시에 논증인 이 증명의 운동이 아닐까?

이때 **논증**이라 함은 다음과 같은 의미에서이다. 즉, "사변적인 관점이란, 자신의 생각들, 다시 말해 자신이 이미 갖고 있던 생각들을 통합시키는 행위에 불과하다."

그것들을 통합시킨다는 것은 무슨 의미인가. 그것은 통합자의 관점을 가지고 그것들을 통제한다는 의미일 것이다. 통합자란, '신'일 수도 있지만, '조국' 또는 '사회주의'일 수도 있다. 어느 때는 모든 가능한 문제들의 기하학적 공간('포지티브'한 정의)이고, 또 어느 때는 이것 없으면 아무런 질문도 제기되지 않을 그런 공간('네거티브'한 정의, 헤겔에 의하면 이것이 먼저)이다. 예를 들면, 자기 조국을 위해 모든 것을 희생하지 않는 프랑스인은 변절자의 의심을 받는다. 왜냐하면 프랑스 없는 프랑스인은 아무것도 아니기 때문이다. 사회주의 진영을 포기하는 프롤레타리아는 변절자이고, 종교를 갖지 못한 사람은 짐승이다(헤겔).[16]

우리가 이세상을 하직하고 영원의 존재를 만나러 가는 것이 아니라는 점에서 **고양**이다. 신의 존재를 증명하는 것은 우리의 내면적인 운동이지, 관광여행 같은 행위가 아니라는 것이 헤겔의 생각이다. 사물을 유한한 것으로 생각한다는 것('세계의 우연성'에 의해 증명된다)은 결국 정의 내리는 자가 곧 필연성이라는 의미가 된다. "현현manifestation은 태어나고 죽는 운동이다. 운동 자체가 스스로 태어나고 죽는 것이 아니라, 그 자체가 실질적인 실재를 형성하는 그러한 운동이다."

신의 관점—그의 '현현'—은 다른 세계의 관점이 아니라 바로 우리 세계에 대한 또 다른 관점, 즉 지배자의 관점이다. 이 지배자의 관점은 지배 대상의 밖에 머물러 있는 것이 아니다. 그것은 가장 내면적 지배의 표현이다. 즉 사변적 명제 안에서 순환하고 있는 모든 사물에 대한 지배의 표현이다. 주어가 술어가 되고, 술어는 주어가 되는 운동 속에서 중요한 것은 이렇게 생성된 운동이, 전혀 자기 밖으로 나가지 않아도, 모든 것을 얻는다는 것이다. 이 세계의 발현은 발현의 지배이며, 동시에 지배의 발현이다. 이것이 고양이다.

사변적 명제는 우선 "이 세계에 대한 무한의 직관"으로 지칭되었다. 무한의 직관이란 무엇인가? "헤겔에게 있어서는 한정fini이란 고정시키기fixation로 규정된다. 고정시킨다는 것은 뭔가를 한옆에 놓는다는 의미이고, 결국 그것을 대립opposition의 관계 속에 놓는다는 뜻이다. (…) 그러므로 한정짓기 위해서는 모든 결정, 혹은 모든 결정된 사물이 비결정non-déterminé, 혹은 의해 둘러싸여 있어야 한다. (…) 그것이 바로 유한이라면, 무한in-fini이란 대립물을 사라지게 하는 것이 아니라, 오히려 그것을 통합시키면서, 대립 속에 그것을 간직하고 있는 입장이다"(하이데거). 이러한 통합적인 관점은 올림포스에서 아래를 내려다보는 신이 아니라 싸움터의 넓이를 측량하는 보나파르트 장군처럼 모든 반대세력을 통제한다. 세계는 "자체 안에 모든 반대자들을 갖고 있는 단일체"이다(하이데거).[17] 그리고 세계정신은 상황의 지배자이다.

이제부터 신의 관점은 모든 것을 보는 데 있지 않다. 왜냐하면 그 자신이 위치를 갖지 않고 있기 때문이다. 그리고 모든 심장과 신장을 검진하는 데 있지도 않다. 왜냐하면 그 자신이 하나의 단일한 마음속에 들어 있지 않기 때문이다. 사르트르는 모리아크Mauriac가 자기 소설 주인공의 속마음을 다 알고 있다는 듯이 소설을 쓴 것에 대해 비난했다. 그러므로 그는 사상의 거장들이 인간 하나하나의 마음속에 불법침입을 시도하지 않은 것에 대해서는 아무 반박도 하지 못할 것이다. 그들은 세계가 하나의 전장戰場이라는 것을 제시하기만 하면 됐고, 거기서는 누구나 모든 무기들을, 아무리 비밀의 것이라도, 마음대로 사용할 수 있다고 말하기만 하면 되었다. 그리하여 결사적인 투쟁을 벌인다. 각 진영의 모든 포대가 동원되고, 말단 졸병까지 탄약이 다 없어질 때까지 총을 쏘아 댄다. 부부싸움의 원칙과 비슷하다.

대 사상가들의 계획을 조정하는 것은 신들의 승천이 아니라 '독수리의 비상飛翔'이다.

어울리지 않는 질문들

현대의 거장은 아무런 질문도 거부하지 않는다. 그는 오히려 질문 작성을 돕는다. 뿐만 아니라 모든 질문을 다 한다. 그는 어떤 편견에도 사로잡히지 않는다. 상식이라는 '국부적'인 확실성은 인류의 이름으로 거부한다. "상식은 감정과 내면적인 결정에 호소하는 것이므로, 자기의 견해와 다른 것하고는 일체 관계를 갖지 않는다. (…) 다시 말해서 그것은 인류의 뿌리를 짓밟는다"(헤겔).[18] 이 거장은 이 관계를 다시 세울 것이다. 그는 그 누구도 외딴곳에 홀로 내버려두지 않으며, 누구에게나 할말이 있으며, 인류를 그 뿌리에서부터 파악한다. 가장 중요한 것은 전체를 말하는 것이며, 그에게는 말이 부족하지 않다. "왜냐하면 인간성이란 상호 합의를 지향하는 것이기 때문이다. 인간의 존재는 오로지 의식들의 상속 공동체 안에서만 존재한다."

좀 더 자세히 들여다보면, 이 대 사상가는 모든 문제를 제기하지만 단 하나의 문제만은 제외시킨다. 즉, 이 모든 문제들의 합인 '전체'에 대해서는 아무 말도 하지 않는다. 헤겔이 말했듯이 우리가 신을 모든 문제의 기하학적 공간(혹은 좀 더 정확히 말해서, 사변적인 공간)이라고 본다면, '신'도 스스로 회의할 수 있다는 칸트의 암시는 강하게 반박되어야 할 것이다. 칸트는 신이 이렇게 회의할 것이라고 상정했다. "나는 영원이다. 나의 밖에서는 내 의지에 의하지 않고는 아무것도 존재할 수 없다. 그러나 그렇다면 도대체 나는 어디서 온 것인가?"

헤겔은 이것이 바로 불안이라고 설명한다. "여기서 모든 것이 우리 사이에 빠져 흔들거리고 있다." 이 철학자는 이미 오래전 젊은 날에 '신경쇠약'을 극복했다. 그는 질문을 금지함으로써 이 불안을 막았다. "'절대적 필연자'나 '무조건의 존재'의 입 안에 '나는 어디에서 왔는가?'라는 의문이 나타나지 않도록 하는 것, 이것이 사변적 이성이 그 무엇보다도 먼저 해야 할 일이다. 그의 의지에 의하지 않고는 아무것도 외부에 존재하지 않는 이 존재는 (⋯) 시선을 자기 주위로 돌려 타자를 향하고, 자신을 제외한 다른 사람들에게만 질문을 던진다." 내가 만약 모든 질문을 던진다면, 나는 아무런 질문도 받지 않게 된다. 모든 질문을 합친다고 질문이 되는 것은 아니다.

다음과 같이 묻는 것이 인간일 때에도 똑같은 '입 틀어막기' 작업이 적용된다. 즉 "인간과 자연의 창조에 대해 질문을 제기한다는 것은 곧 인간과 자연을 추상적으로 생각하는 것이다. (⋯) 생각하지도 말고 내게 그것을 묻지도 말라. 네가 그것을 생각하고 묻는 순간부터 존재나 자연 혹은 인간을 추상적으로 본다는 것은 아무런 의미도 없게 될 것이다."

'이성적인 사고'에 있어서는 이것은 아주 자명한 일이라고 마르크스는 사상의 거장답게 말했다. 질문을 한다는 것은 헤겔적으로 말하면 '추상화'하는 것, 다시 말해 '인식'하는 것, 즉 '지배'하는 것이다. 최후의 질문은 가장 마지막의 지배자가 하는 것이고, 이 지배자는 질문을 받을 수 없다. 이것은 '부조리한' 일이다(마르크스).[19] 나는 모든 사람들에게 그들의 부재와 소멸에 대해 묻는다. 비록 그들이 단 한 번만이라도 자기 방식대로 나에게 '모습을 보이지' 않는 한 내가 그들에게 질문을 던질 수 없음에도 불구하고 그러하다. 나는 과거, 현재, 미래의 모든 측면에서 이 현존성을 추상抽象할 수 있지만, 그중의 단 하나만은 추상할 수 없다. 즉 나는 나의 추상력을 추상할 수 없다. 질문을 제기하는 것이 바로 나이므로, 나는 더 이상 내게 질문할 수 없다. 이것이 자만심에 가득찬 거장의 말이다.

첫 번 질문과 마지막 질문을 하는 것은 우리 인간이 아니며, 신도 아니라고, 지금 가정해 보자. 이 경우, 우리를 넘어뜨리고 우리에게 질문을 던지는 것, 즉 모든 질문이 가능한 공간을, 우리는 '세계', 혹은 '생성'이라고 불러야만 할 것이다. 한 사람의 대 사상가도 역시 똑같은 방법으로, 이 세계가 질문의 대상이 될 수 없음을 제시할 것이다. 의미 없고, 가치 없고, 목적이 없으므로—"이 세계의 전체적인 가치는 도저히 평가할 수 없는 것이다"(니체).

모든 질문을 던지는 자에게 또 한 번 절망적으로 질문하는 사람들도 있다. 그들은 '수동적인 허무주의자들'이다. 하나의 의미를 추구하고 있지만, 이 행동에는 추구 그 자체의 의미밖에는 없다는 것을 잘 알고 있는 사람들이다. 절망의 의지이다. '능동적인 허무주의자'인 니체는 모든 질문을 던질 수 있는 이 질문의 힘을 인수했다. 마치 헤겔이 신을 인수하고, 마르크스가 인간을 인수했듯이.

신, 인간, 세계, 이것은 모든 질문 중에서도 의문의 여지가 없는 세 가지의 원천이다. 이것들은 '마지막 심급에 이르러' 결정하며, '마지막 분석'을 통해 답을 준다. 경제학, 사회학, 문학 등의 분야에서도 항상 문제가 되는 것은 지배자의 최후의 지배이다. 그런데 사상의 거장들이 최후의 것이라고 믿고 있는 세 가지 '장소'는 아무렇게나 나타나는 것이 아니다. 18세기의 형이상학은 이 최종의 문제들을 학문적으로 나누어 4개 부문으로 다루었다. 그것은 존재론(혹은 일반형이상학), 우주론, 심리학, 자연신학 등이다(뒤의 세 가지는 한데 합쳐져 더 이상 일반적이 아닌 '특수' 형이상학을 구성한다).

18세기는 형이상학을 "인간의 인식에 대한 제1원칙들을 포함하는 학문"이며 동시에 "모든 사물의 가장 보편적인 성질(술어)에 대한 학문"(칸트)이라고 정의했다. 대 사상가들의 과학이 형이상학에 속하는 것은 바로 이 때문이다. 이런 의미에서 형이상학은 '일반적'이며, 혹은 하이데거가 말했듯이 '가톨릭적'이다[20]('catholique'란 그리스어에서 유래한 것으로, 보편, 즉 모든 존재와 사물 전체를 지향한다는 의미이다).

사변적 명제가 하는 일은, 이 세계를 세계로서, 사물들을 사물로서 생각하게 해 주는 보편적인 술어들(성질)에게 각기 적당한 주어를 찾아 주는 일이다. 헤겔은 그의 '자연신학'에서 주어를 찾을 것이며, 마르크스는 나중에 '인간학'이 될 '심리학' 장을 마르크스화할 것이며, 니체는 '우주론'을 선택할 것이다. 매번 그들은 특별한 형이상학(거기서부터 최종의 주어를 끌어내게 된다)과 일반형이상학(우리에게 '술어'를 건네주는)을 한데 밀착시킴으로써 지식을 종결했다. 이 밀착은 '형이상학의 종말'이라는 명칭이 부여되었으며, 이를 놓고 거인들의 싸움이 없지도 않았다. 그들 각자는 각기 자기의 특수 형이상학 속에 이 세계의 지혜를 요약해 놓았다고 주장하며 서로 다투었다. 헤겔은 다른 거장들에 비하면 너무 신학적이고, 마르크스는 너무 인간적이며, 니체는 너무 자연적이다.

최종적인 말은 무엇이 될 것인가? 서로 자기의 말이 최종적인 말이 되도록 하기 위해 그들은 서로 싸운다. 그러나 '상호 합의'를 조정하고, '의식의 공동체'를 건설하는 인간의 '천성'에 대해 결정적인 마지막 말이 하나 있다는 것 자체는 아무도 의심하지 않았다ᅳ조정하고 건설하는 것이 다 거장의 손으로 된다는 것을 당연시했다는 의미이다. "반反인간적인 것, 그것은 단지 동물적인 것이며, 감정에 사로잡히는 것이고, 감정에 의해서만 상호 소통을 할 수 있다는 것이다"(헤겔).[21] 그러나 잠깐! 사람이 감정으로 소통할 수 있다고? 모든 문제에 관여하는 사변적 명제의 이성적 완력에서 벗어나?

거대한 긍정

비非 진실은 진실의 한 등급이고, 한 순간이며, 지각의 한 측면이다. "악이 없듯이 오류도 없다. 악과 오류는 악마만큼 나쁜 것은 아니다"(헤겔).[22] 악처럼 보이는 것도 선을 만들어 낼 수 있으며, 역사는 '그 나쁜 측면'에서 전진해 간다. 그리고 마르크스는ᅳ공장의 미성년 노동자에 관한 문제에서ᅳ이렇게 경쾌하게 덧붙였다. "자연에서도 그렇지만 역사에서도 부패는 생명의 실험실이 된다."[23]

추함 그 자체는 정말로 추할 수 없다고 차라투스트라는 속삭인다. 목구멍 속으로, 이 세상에서 가장 무겁고 가장 검은 것이 미끄러져 들어갈 때는 양 지키는 개를 흉내 내어야만 한다. "그는 이빨로 물어뜯고, 뱀 대가리를 멀리 뱉어 낸 후 펄쩍 솟구쳐 뛰어올랐다."

지배자는 진실과 오류의 지배자이며, 선과 악의 지배자며, 동시에 미와 추의 지배자이다. 왜냐하면 그 반대편보다 더욱 진실되고 더욱 아름답고 더 좋다는 것은 그 자체로 지배자의 속성이기 때문이다. 실수하지 않을 수 있다는 것은 실수할 수 없다는 것보다 훨씬 더 우월하다고 데카르트는 말했다. 존재와 비존재, 오류와 진실을 거장들은 지배한다. 그 양자택일의 한가운데에 끼여 있지 않고 "관계 전체 중에서 긍정적인 측면"(헤겔)[24]만 선택한다고 그들은 주장한다.

모든 거장들의 지평에서 "인간의 이상은, 이 세계의 현실을 긍정적으로 받아들이고 가장 활기차고 가장 과감한 인간이다. 그는 과거에 존재했던 것, 또는 현재 존재하는 모든 것과 화해할 뿐만 아니라, 과거와 현재의 모든 것을 새롭게 받아들일 줄 아는 인간이다."

니체는 이 이상적 인간에 대한 불안감을 감추지 않았다. '가장 긍정적인' 인간의 뒤에는 언제나 고개만 끄덕이고 모든 무거운 짐을 걸머지는 당나귀의 그림자가 있다.[25] 긍정하는 사람의 뒤에는 항상 "네, 네" 하는 예스맨이 있지 않은가? 아마도 더욱 더 니체적인 우리의 세기는 그림자와 실체를 더 이상 구별하지 않는다. 거장의 건초는 당나귀를 먹이기 위한 것인가?

사상의 거장들에게 있어서 이상적인 인간이란, 손이 닿지 않는 달콤한 꿈이 아니라 하나의 구체적인 계획이다. 그들은 과거의 역사를 읽음으로써 이 계획의 가능성의 토대를 마련했다. 그들은 역사를 당대의 수단을 가지고 '객관적으로' 판독하는 데 만족하지 않는다. 그들의 목적은 정확히 한 역사적 순간을 이해할 열쇠를 찾는 것이다. 다시 말해 한 역사적 순간을 만들어 냈고 또 동시에 그것을 확인시켜 주는 그러한 열쇠이다. 그들이 있는 그대로의 역사적 대상물을 되찾을 수 있었던 것은, 다시 말해 '수수께끼를 풀' 수 있었던 것은 바로 이러한 '객관성' 덕분이라고 그들은 말한다 (이와 같은 공동의 방법론 위에서 수수께끼는 연속적으로 '자아인식', '공산주의', 혹은 '초인' 등으로 밝혀질 것이다).

과거에 대한 분석이 정확한지에 대한 역사적 논쟁은 분분하지만, 이 분석들 자체의 힘은 결코 사라지지 않을 것이다. 그 분석은 단순히 과거를 설명하는 것이 아니라 미래를 설계하는 것이다. 프로테스탄트 종교개혁에 대한 헤겔의 해석이 바로 그러한 예이다. 그는 이 종교개혁이 프랑스혁명에 대응하는 역할을 할 수 있도록, 그것을 치수에 맞게 재단했다. 프랑스혁명은 근대국가라는 문제를 단도직입적으로 제기했다. 그런데 독일의 종교개혁은 이러한 근대국가에게 부족한 것, 즉 대중에 대한 문화적, 종교적, 이데올로기적 교육을 준비해 주는 것으로 간주되었다. 종교와 국가, "우리 시대의 커다란 잘못은, 분리될 수 없는 이 두 가지를 마치 분리할 수 있는 것처럼, 좀 더 심하게 말하면, 마치 아무 상관이 없는 것처럼 생각한 데 있었다." 종교는 국가를 확인해 주고, 국가는 종교를 확인해 준다.

종교개혁은 어떤 점에서 이 문제 중의 문제, 즉 "우리 시대의 커다란 오류"를 밝혀 주고 있는가? 그것은 종교개혁에 의해 "신적인 정신이 이세상에 와 살게 되었다"는 점에서이다. 무엇을 말하는 것인가? 세 가지이다. 사제들은 순결이 아니라 결혼을 할 수 있고, 청빈보다 노동과 '돈벌이'를 해야 하며, 수도승의 은둔과 성직계급에 대한 복종 대신 법과 국가에 복종해야 한다. 요컨대 근대국가 생활에는, "독신의 성스러움보다는 결혼이 좋은 풍습이고, 청빈과 한가로움의 성스러움보다는 자본 및 돈벌이 행위가 좋은 풍습이며, 의미도 권리도 없는, 다시 말해 양심의 예속상태라는 성스러움보다는 차라리 국가의 법에 복종하는 것이 좋은 풍습이다."[26] 한마디로 '가정, 노동, 국가'이다!

이러한 헤겔의 해석이 루터 이전과 이후의 종교적 생활상을 잘 설명하고 있는지는 의심스럽다(물론 수많은 사회학자들이 이것을 그대로 흉내 냈지만). 트집을 잡아 보았자 소용없다. 어차피 미래에 관한 이야기이다. 헤겔은 이 세계와 근대국가가 어떤 조건에 의해서 확인될 수 있을까를 생각했다. 그는 우리의 '종교'를 이 주제에 고정시켰다. 즉, 근대인은 사회적으로 노동을 해야 하며, 정치적으로 정의되어야 하고, 가정을 이루고 살아야만 한다는 것이다. 헤겔의 과거에 대한 인식은 좀 믿을 수 없지만, 규격화될 미래에 대한 그의 예견은 매우 통찰력이 있다.

대 사상가들의 통찰력은 전체에 대한 위대한 긍정과 사소한 것들에 대한 하찮은 긍정들, 또 자명한 진실과 가족적 종교 사이를 왔다갔다한다. 그래서 마르크스, 엥겔스, 레닌 등은 공장을 "좀 완화된 도형장"(푸리에)이라고 생각했을 것이다. 그러나 그들이 공장을 인정한 것은 군사적 규율이 전제되어야만 한다는 조건과 함께였다. 왜냐하면 프롤레타리아가 혁명을 일으키고, 이어서 독재를 행사하기 위해서는 우선 군사적으로 훈련을 받아야만 한다고 그들은 생각했기 때문이다. 예술을 가장 우위에 놓는 가장 자유스러운 사람이라 할지라도 "예술가 없는 예술작품, 예를 들면 동업조합이나 조직 같은 것(프로이센 장교단, 혹은 예수회 교단)에서 고도의 예술성을 찾아볼 수 있을 것이다"(니체).[27]

커다란 긍정 속의 작은 규율들과 작은 규율들의 커다란 긍정 사이에, 마치 19세기의 사상과 20세기의 규격화 사이에서와 마찬가지의 차이가 있다는 것을 누가 모르겠는가? 그러나 이 차이점은 미끄러져 더 이상 붙잡을 수도 없고, 지배자의 권력은 분할되지 않는다는 사실을 누가 알아차릴 것인가? 지배자의 힘은 지배자 자신에 의해서밖에는 분할되지 않는다. 그러므로 그의 권력을 저지하고 축소하기 위해 사람들은 그에게 반항할 수 있을 것이다. 그러나 이 반항이라는 현상은 지배자에게서 나오는 것도 아니고 거장 사상가들의 사상에서 나오는 것도 아니다.

왜 이렇게 먼 길을 돌아가는가

역사의 시선으로 보면 인생은 참으로 짧다. 그러나 나는 대부분의 프랑스인들이 치사하게 살면서 삶을 낭비하고 있다는 것을 알았다. 혹은 마치 양떼처럼 비겁하게 공모하며 사는 사람들도 있다. 나도 이와 같은 대다수의 사람 속에 그들보다 조금도 나을 것없이 한 자리를 차지하고 있다는 것을 잘 안다. 가끔 내가 치사하지 않게 행동할 수 있었던 것은, 내가 태어난 날짜의 우연함이 그러한 가능성에서 나를 보호해 주었기 때문일 뿐이다.

이땅에서 그들의 상황에 구애됨이 없이, 온갖 더러움을 거부하는 사람들은 참으로 훌륭한 사람들이다. 나치 점령 당시의 레지스탕스에서, 혹은 알제리독립전쟁 당시 레지스탕스에서, 그 학살과 고문 속에서, 그들은 자신의 계급에도 불구하고, 아니 그 계급에 반反하여 결정적인 위치를 차지했었다. 나는 그들을 존경한다. 왜냐하면 나는 그들의 용기를 선망하기 때문이며, 우리 공동체의 삶을 그들에게 빚지고 있기 때문이고, 그들이 없었더라면 프랑스의 공기는 숨쉬기 힘들게 되었을 것이기 때문이다. 빈민가나 외딴 공장이 없는 곳에서는 불의에 대한 투쟁이 매우 드물다.

요즘 사회에서는 자기와 매일 마주치지 않는 사람과 의견을 주고받을 기회가 별로 없다. 출판물에 의한 토론은 마치 살균된 듯 자기만 깨끗하다고 생각하는 현학적인 학자들의 도그마를 드러내주기보다는 오히려 그들의 독선을 은폐할 위험성이 많다. 그래서 다음과 같은 전제가 필요하다.

68년 5월은 언제나 체제에 반항해 왔던 용감한 사도들이 한데 모여 생각할 수 있는 기회였다. "신은 어떤 점에서도 주인이나 계급이나 권위, 섭리 또는 계획을 수립하는 테크노크라트는 될 수 없다는 것을 알아야만 한다. 신은 그럭저럭 잘 지내고 있다—그는 정확히 무상성無償性이며, 자기를 소멸시켜 어둠 속으로 사라져 버리는, 흐릿한 일상의 혼돈이다."[28]

이러한 2천 명의 프랑스 사도들은 전혀 권위적이지 않다. 그들이 내세우는 강령은 세 가지를 포함하고 있다. "노동, 결혼, 정치"라고 『르몽드』(1972년 1월 18일자)는 요약했다. 그들은 전통(최소한 현재의 전통)과 단절하여 세 가지의 자유를 주장했다. "다시 말해서 노동의 권리, 결혼의 권리, 그러나 마지막 것은 좀 더 정확히 말해서 참여의 권리가 아니라 참여의 정언명령이다."

종교적 신비주의의 성향이 없는 나는 그 하나하나의 항목들에 아무런 불쾌감도 느끼지 않았다. 그러나 그 세 가지를 한데 합쳐 놓으면 거기에 그들의 교권주의적 저항이 극단적으로 요약돼 있어서 그것이 나를 심히 불쾌하게 했다. 헤겔이 근대국가의 안정화와 국민의 규격화에 필요한 '좋은 풍습들'을 규정할 수 있었던 것도 바로 이 똑같은 총합을 통해서였다. 내가 논박하는 것은 전통과의 단절, 그 자체가 아니다. 그것을 운용하는 사람들은 자신들의 필요를 스스로 판단하여 그렇게 했을 것이다. 내가 걱정하는 것은 그들의 정치철학이 미치는 범위이며, 그들이 이의제기를 하는 그 지점이다. 헤겔은 종교가 공공질서를 담보해 줌으로써 이 단절들이 사회 통합에 기여한다고 하지 않았던가?

이의제기만이 아니라 독선적인 해석의 가능성도 있는 그런 강령들은 어떻게 자신의 양면성을 노정시킬 수 있었을까. 오늘날 과열된 지역에 흩어져 있는 사도들이 우리에게 그것을 말해 줄 것이다. 그 강령은 얌전히 『철학사전』 제552절을 다시 가져왔다. 거기에는 이렇게 쓰여 있다. "국가의 좋은 풍습과 국가의 종교적 정신성"(더 정확히 말한다면 근대화된 교회에 아직 남아 있는 것과. 이성적인 국가를 준비하는 것)은 "서로서로에게 견고한 보증이 된다"(헤겔). 결국 근대적 국가가 아니라 정치의 종교적 개념을 논박하는 이유는 무엇일까? 정치의 종교적 개념에는 종교의 정치적 개념도 덧붙여져 있다.

나는 더 이상 반反 교권주의의 입장을 취하지 않을 뻔했다. 그런데 클라벨Clavel이 내 생각을 바로잡아 주었다. 국가의 빛으로, 다시 말해 비스마르크, 레닌, 꽁브[Combes, 1835~1921, 프랑스 정치인, 반교권주의자, 콩브내각의 수장] 등이 지휘하는 '문화혁명', 즉 세속적이고 의무적인 문화투쟁Kulturkampf으로 성직자들의 어둠을 격파시킨다는 것은 좀 구시대적이다. 공화국의 학교는 "교회학교와 비슷한 역할을 했다. … 즉, 기존 질서에 대한 복종을 가르쳤다"고 브르타뉴의 반골 학자들은 말했다(베르나르 랑베르, 『계급투쟁에 있어서의 농민』). 군주국가건 공화국이건 또는 '소비에트'국가건 간에, 국가와 교회 사이의 전쟁은 모두 왕위계승전쟁일 것이다. 공동강령으로 종결될 가족 분쟁이라는 얘기다.

이 새로운 연합의 약속은 좌파 기독교인들에 의해 발설되었다. 클라벨은 이들을 리프Lip 스타일의 좌파와 조심스럽게 구별하여 '좌경'이라고 불렀다. 교회를 이용해 국가를 장악하려고 "사제들이 비틀거리기를" 기다리던 정당들은 즉각 국가에 의한 교회 장악 운동을 시작했다. 무솔리니 시대 우파가 이처럼 국가와 교회를 혼동한 것은—물론 일부 좌파적 요소가 없지도 않았지만—오늘날 프랑스 좌파에서도 일어나고 있다. 클라벨의 목표가 바로 그것이었다. 이 사제의 예언적 담론은 차기 선거를 목표로 하는 것이 아니었다. 그의 목적은 미래의 국가이성과 복음주의 종교를 일치시키는 좌파연합이었다(예를 들어 "인간해방을 위하여" 미테랑에게 투표할 것을 기독교인들에게 요구하는 40인의 성직자 선언 같은 것이다).

금세기 교회에서 일어난 사태들을 보면 우리는 불안하지 않을 수 없다. 제를리에Gerlier는 페탱Pétain 지지를 선언했고, 성직자들은 인도차이나와 알제리에서의 식민전쟁에 대해 전혀 반대선언을 하지 않았다. 비록 그들이 현재 노동총연맹CGT 회원이 되고 천진한 합창대원의 일을 수행하고 있다 하더라도, 교회와 국가 간의 화해를 비관적으로 볼 수밖에 없는 이유이다.

이 사태들에는 아주 많은 예외들이 있다. 만일 기독교 신자들의 열정이 없었다면 레지스탕스 운동이나 알제리전 반대 투쟁 같은 것은 상상하기 힘들었을 것이다. 68년 5월 이후의 리프나 라르자크Larzac도 마찬가지다. 그러나 이러한 추억들 때문에 우리는 신자가 되어 클라벨과 함께 전전긍긍할 필요는 없다. 특히 그가, 성직자의 열정이 아니라 규격화된 열정에 의해, 약속의 땅이 아니라 과격하고 통합적인 교회를 제시했을 때 그러하다.

여기서 위험한 것은 사람들이 놀라지 않는다는 사실이다. '인간 해방'을 약속하며 마음대로 소리 질러 보라, 그럼 우리는 기독교인이건 아니건 상관없이 우리의 말을 할 테다.

"하느님 맙소사! 나의 망연자실을 어떻게 표현할까? 내 목소리와도 같은 이 백지는? 나는, 이 역사적 형이상학적 사건으로부터 이 불행한 후보를 분리시킨다—비록 그가 아직도 '당신의 인생을 변화시키라'는 구호로 우리를 유인하고 있다 하더라도. 그러나 겸손한 인격 속에서 그가 하겠다는 것은 고작 68년 5월과 아르튀르 랭보에 불과했다! 그는 금세기의 고통조차 분만하지 못했다. … 한편 『르몽드』에 단 열 줄의 선언문을 내놓은 당신들, 40인의 성직자들은 2천 년을 소급하여 수태고지를 했다! 당신들은 독수리 같은 날갯짓으로 단숨에 십자가에서 장미로 갔다. … 인간, 인간 해방! 결국 사제들과 페탱은 제를리에에게 있어서 프랑스 바로 그 자체였다!"

　현대의 교권주의는 스스로 과학이 되기를 애쓴다. 신도는 철학
자나 학자라는 신 앞에서 몸을 굽히거나 혹은 인문과학의 풍차가
돌아가고 난 후 남은 것들 앞에서 몸을 숙인다. 이제 사람들은 더
이상 신의 존재에 대한 존재론적 증명에 힘을 기울이지 않고, 다
만 신자의 존재에 대한 존재론, 즉 정치적 존재론의 증명에만 힘
을 기울인다. 좋은 기독교인이란 투표를 잘하는 기독교인이다. 게
다가 클라벨은 마지막 말은 유보하고 있는 듯했다. … 부활절인
가? 아니다, 선거다! 자격 박탈이다! 여기서 우리는 종교적 투사에
대한 비판이 곧장 무신론적 투사에 대한 종교로 변하는 것을 알
수 있다.

　철통같은 교권주의로 무장한 존재-정치적onto-politique 선거 구
호('삶을 바꾸자')는 존재-신학-정치학onto-théo-politiques('인간해방')을
표방하고 있다. 그리고 프랑스는 투표를 통해 형이상학의 예루살
렘이 되었다. 공동강령이 '모든 것'을 변형시킨다. 다시 말해 존재
는 (일반형이상학의) 존재로서 존재하도록 하고, 대학 노조는 진리의
구현이라는 책임을 떠맡게 하고, 기독교인들은 선행을 보여 주도
록 하고, 예술가들은 미를 찬양하게 한다. 그리하여 '문화노동자
들'은 특수형이상학 속에서 일하게 될 것이며, 이 강령의 유일의 선
한 진리Verum Unum, Bonum를 정의하게 된다. 무대를 꾸미기 위해서
는 교회의 성직자가 필요하며, 그들은 그 무대에서 틀림없이 그들
의 라틴어를 되찾는다. 그리고 가끔 가다 변증법이 그것들 전체를
사변적 명제 속에 한데 섞어 넣을 것이다. 신은 강령을 짜고, 강령
은 신이 된다. 아멘.

그러나! 신은 신이다. 그리고 착취는 착취다. 모든 독재는 단 하나의 똑같은 독재다. 수용소는 수용소. 백 년간의 사변적인 공적을 쌓은 후 이제는 되돌아와 결정적으로 변증법을 '지양'하는 것이 좋을 것이다. 모든 것은 모든 것 속에 들어 있지 않다. 많은 사람들이 무시하는 이 동어반복어는 대상을 명확하게 한정해 준다는 장점을 갖고 있다. 더구나 이것은 모든 것을 다 아는 심술궂은 악마의 독백이 아니라, 수많은 사람들의 경험을 지시하고 있다. 차라리 낙후된 러시아의 농부가 더 낫다! 수용소에 한데 모인, 온통 털로 뒤덮인 이상주의자들, 주변계층, 벌레, 저항자들…. 이들은 강령에 참여하지 않은 사람들이다.

클라벨은 서명했다. 그는 그 고유의 목소리로 이야기했다. 조직이 아니라 하나의 개인이다. 자기를 드러내고, 정부의 강령을 몸소 증명했다. 그것은 오래가지 않았다. 프랑스 공산당의 격조 높은 잡지인 『신비평』지는 1976년 3월호에서 그를 종교재판소 재판관으로 취급했다. 거기서 대연합이 이루어지는 작은 거래를 눈여겨보라. 그 거래는 다음과 같다. 수용소 군도를 잊으라, 그러면 우리는 그대들의 종교재판을 잊을 것이다. 우리에게 세속적인 일을 하도록 내버려 두라, 그러면 우리는 그대들의 정신적인 왕국을 의심의 눈초리로 보지 않을 것이다. 그것은 "앞으로 내민 더러운 손"의 정치라고 『에스프리』지의 편집장 폴 티보가 언젠가 빈정거렸다. 그래도 프랑스 공산당은 여전히 완벽하게 진지하다. 그들은 교회에서 배울 것이 많았다. 교회는 권력을 공고히 하는 데 필요불가결의 존재였다. 1942년에 갑자기 교회의 힘을 존중하기 시작했던 스탈린이 이미 깨달았던 일반법칙이다. 교회가 없으면 사람들은 전쟁터에 나가지 않는다. 오늘날의 전쟁터는 선거다. "신은 우리 편이다."

『자본론』을 19세기 노동자의 회상록 또는 순교의 역사로 생각한다면, 그것을 기독교적 신앙심으로 읽는 편이 훨씬 쉬울 것이다. 값싸게 중국을 찬양하는 사람들이라면 거기서 수용소 군도를 발견하기보다는, 파스칼리니의 책을 뒤적이거나 혹은 '마르크스적' 노동자의 순교사를 읽는 편이 훨씬 더 쉬운 일일 것이다! 그런데 클라벨은 이렇게 쉬운 신앙심을 갖지 못했다.

그는 파티를 망쳤다. 비록 좌익의 것이라 하더라도 미래의 국가와 교회와의 결합에 어떤 비밀이 없지 않을 것이다. 논쟁이 반드시 잘 차려입은 사람들에 의해 추구되라는 법도 없다. 좋은 현상이다. 클라벨은 솔제니친처럼 '파시스트'가 될 것이다. 상승계급인 붉은 부르주아지는 그가 휘두르는 이념의 곤봉에 "맞았다!"고 소리친다.

중국 문화대혁명(1966~1976) 당시의 선전 포스터. "천하무적 병사들의 노기가 하늘을 찌른다—
반항함이 옳다." 마오쩌둥(오른쪽)의 완장과 왼쪽 아래 깃발에는 '홍위병(紅衛兵)'이라 쓰여 있다.

5
나는 어떻게 숙명이 되었는가
누구보다 마르크스

한 번으로 끝낼 일이라면 빨리 하는 게 좋겠지. 살인이 모든 결말에 그물을 던져 단숨에 성공을 낚아채 준다면, 시간이라는 모래 벤치 위에서 이 단 한 번의 타격이 이 세상의 모든 것을 끝장내 준다면, 우리는 미래의 삶을 걸고 도박을 할 수도 있다.

—셰익스피어, 『맥베스』, 제1막 제7장

거장을 보라

'늙은' 거장이 별로 권위가 없는 젊은 후계자에게 비판당하는 것은 당연한 일이다. "당신의 강령—담론의 밖에는 거기에 포함되지 않은 뭔가가 남아 있다. 이 뭔가의 이름으로 나는 당신의 강령을 전복시키겠다." 대강 이런 식으로 젊은 후계자는 노거장을 비판한다. "당신의 이성적 국가의 밖에는 아직 부르주아 '민간사회'의 자유가 남아 있다"고 헤겔은 피히테에게 반박했다. 그런데 부르주아의 밖에는 또한 노동자가 남아 있다고 마르크스는 뒤를 이어 말했다. 그 밖에는 아직 지배해야 할 세계가 남아 있다고 니체는 암시했다. 마치 마술사의 모자 같은 이 연속적인 나머지 속에서 당신은 무엇을 발견할 수 있는가? 마치 앞발로 당신을 조롱하며 뒷발로 서 있는 토끼 같은 강령이다.

 사상의 거장들은 대단한 통찰력으로 서로서로를 탐색한다. 청년 헤겔은 선배인 피히테가 독일의 '철학혁명'을 주도한 공은 인정했지만, "경찰이 매일, 매 시간마다 모든 시민의 소재와 그들이 하는 일을 다 알고 있는" 그러한 이상한 피히테적 이성국가는 격렬하게 비난했다. 피히테적 자아가 제시하는 "절대적으로 완벽한 자아 통제"는 의심을 보편화시킨 국가에서 완수되는 것이라고 헤겔은 논증했다. 이런 국가는 국민들을 벌주기보다는 감시하고, 강제하기보다는 억제하며, 사후에 고치기보다는 미리 막는다고 주장한다. "모든 시민은 마치 프로이센 군대에서처럼, 단 한 명의 공무원에게만 일을 시키는 게 아니다. 프로이센 군대에서는 수상한 사람을 단 한 명의 신뢰할 수 있는 사람만이 감시하는 게 아니라 적어도 6명 이상이 감시하며, 그 6명은 또 그런 식으로 각기 감시를 받게 된다. 따라서 아수 간단한 일 한 가시라도 서기에는 끊임없이 복잡한 한 보따리의 일이 따르게 마련이다."[1] 마치 『사랑의 나라』[17세기 마들렌 드 스퀴데리Madeleine de Scudéry의 소설 제목]의 철학 버전과도 같은 이 상황을 도스토옙스키의 『악령』의 치갈료프 Chigalev는 이렇게 요약한다. "무한한 자유에서 출발하여 나는 무한한 전제주의에 이르게 되었다."

 헤겔이 피히테에게 행한 비판이 '중국 관료제'의 문제를 예견한 것이라면,[2] 마르크스가 헤겔에게 한 비판은 1세기 앞서서 소련의 사회주의 체제를 언급한 것이라고 할 수 있다. '보편' 속에서 일하며 거기서 자신의 사리사욕을 채우는 일단의 관리 집단, 즉 별장을 소유하고 자신들만의 고급 상점에서 물품을 구입하면서 '프롤레타리아 국제주의'라는 붉은 망토를 걸치고 있는 소련의 정치-경제 장치 '노멘클라투라nomenklatura'를 정의하는 데 이보다 더 적절한 말이 있을까? 조직가로서 마르크스의 '무례함'과 독선에 대해서 바쿠닌이 말한 비난이 바로 그것의 전조인 듯 보인다. 이웃 거장의 눈 속에 있는 들보는 언제나 아주 잘 보였다.

계속해서 볼트를 뽑아내는 이 전술은 두 번의 계기가 있었다. 우선 "당신은 왕관을 쓸 자격이 없다. 당신이 제안하는 것은 경찰국가일 뿐이다"라는 말이 있었다. 이것을 떠받쳐 주는 많은 인용문과 그것을 명확하게 밝혀 주는 많은 주석들이 있다. 다음에 "당신은 억압받는 민중의 거대한 집단을 '잊고 있었기' 때문에 경찰에 호소했다. 그러나 나는 이 억압받는 민중의 이름으로 이야기한다"라는 말. 바쿠닌은 마치 후비병後備兵처럼 여기에 개입했다. 그는 프롤레타리아가 "가장 문명화되고, 가장 유연성 있는 상층부의 노동자 세계"라는 '마르크스주의자'들이 말을 부정했다. 그는 다만 이 계급은 "부르주아 문명에 거의 물들지 않은 (…) 미래 사회주의의 모든 싹을 갖고 있는 거대한 천민 집단"이라고 했다.[3] 당신은 경찰국가를 X자로 지워 버리고, 좌익을 택하고, '극단'의 시대에 거장으로 군림했다.

헤겔은 피히테의 아들이며, 마르크스는 헤겔의 아들이다. 그리고? 이 수직선적 성서적 운동은 공동강령이라는 폐쇄된 세계 속에서 전개된다. 수직선이라고 해도 그것은 자꾸 되돌아가 원을 그린다. 성서적이라는 것은 그들이 언제나 같은 과학의 약속을 끊임없이 전달하기 때문이다. 바쿠닌은 마르크스와 가장 격렬한 싸움을 벌일 때에도 "마르크스는 매우 지성적인 사람이다. 게다가 그는 가장 넓은 의미에 있어서, 그리고 가장 진지한 의미에 있어서

학자이다"라고 말하곤 했다. 그는 마르크스에게, 천민들이 그 싹을 간직하고 있는 이 '사회주의'를 정의하도록 떠맡기지 않았던가? 마르크스는 정치적인 포격을 강화함으로써 그의 과학을 한옆에 치워 놓았고, 그의 정치경제학을 손이 미치지 않는 곳에 올려놓았다. 마르크스에게 최고의 내기(자본주의/사회주의)를 정의하도록 맡겨두고 방법(독선적/반독선적)을 완화시킬 것을 주장하면서도 바쿠닌은 권위와 혁명과학이라는 성스러운 고리에서 벗어나지 못했다. 거장들 사이의 비판이 제아무리 무자비하다 할지라도 그들은 마치 북아메리카 작은 마을의 보안관들처럼 인디언 앞에서는 한 형제인 것이다.

각자는 그의 앞 사람을 떠들썩하게 쓰러뜨리고, 서로 상대편이 잊어버린 그 무엇의 이름으로 이야기한다. 그러나 그들의 말은 언제나 다 똑같아서, 요약하자면 강령을 과학적으로 만들자는 이야기이다. 마르크스가 헤겔의 관념론을 유물론적으로 바로세우겠다고 약속하면서, 이념의 발이 "땅을 딛고 서 있을 수 있도록"이라고 한 말도 헤겔이 프랑스혁명을 찬양하며 한 말을 그대로 차용한 것이다. 헤겔은 거기서 "인간은 머리를 땅바닥에 처박은 채 물구나무를 서게 되었다"라고 말하면서, 피히테적으로 이 세계를 조정해야 한다고 주장했다. 표면이건 이면이건, 넘어졌건 뒤집어졌건, 혹은 발을 딛고 섰건 간에, 그들이 언제나 상대방 속에서 발견하는 것은 똑같은 관점이다. 즉 경찰국가학學이다. 그중 그 어떤 것도 독특한 차별성이 없다. "오, 내 형제들이여, 그대들의 가슴을 좀 더 높이 올려라. 좀 더 높이! 그러나 다리를 잊어버리지 말아라, 제발! 다리를 높이 들어올려라. 훌륭한 무용수여, 그리해서 머리 위까지 다리를 높이 치켜들어 춤을 추라!"(『차라투스트라』).

선사先史시대의 종말이라는, 이미 밝혀진 수수께끼를 '순백의' 표면 위에 적어 넣고 있는 거장들이 대를 잇고 있다. 진정한 역사는 제로에서부터 출발한다고 그들은 생각한다. 연속적 '철학혁명'이라는 금빛 전설만 아니었다면 그들은 세대世代조차 이야기하지 않았을 것이다. 아! 사회주의 국가의 우표에 인쇄된, 수염 달린 존경스러운 얼굴들의 시리즈.

거장들이 던진 운동은 곧 소용돌이가 되고, 그 소용돌이는 마치 지푸라기처럼 그들을 하나씩 삼켜 버린다. 그들이 전혀 **움직이지 않았는데도** 말이다. 적어도 유물론에는 적합하지 않고 정신은 더욱더 왜소한 그들은, 20세기의 요란한 날갯짓 속에서 혁명이니 역사니 하는 말들을 만들어 냈다. 그런들 대수인가? 누구나 니체와 마찬가지로 "내가 하는 이야기는 앞으로 올 두 세기의 역사이다"라고 쓸 수 있을 것이다. 하나의 전략은 그 고유의 논리를 갖고 있으며, 그것은 행동의 논리이다. 19세기의 거장들은 이 논리에 정신을 빼앗겼고, 그 논리가 제시하는 행동으로 우리를 사로잡았다.

절대적인 시작의 역사, 이 세계와 사회에 대한 지배의 역사 등은 모든 사상의 거장들이 이미 이야기했다. 그러나 그것을 앞으로 올 역사로서, 체계적으로 이야기한 사람은 마르크스가 처음이다(니체는 나중에 '미래의 설계가'만이 이 역사를 설정할 권리가 있다는 데 대해 의문을 제기했다). 따라서 마르크스는 사상의 거장들 중에서 가장 '작전에 능한' 사람이 되었다. 그러나 또한 그를 통해 모든 거장들이 '작전에 능했음'을 재발견하게 해 주기도 했다. 하지만 마르크스의 주장을 성공으로 이끈 것은 이 '과학적 예언들'의 세부사항이 아니다. 그는 자본주의의 위기가 5년마다 더욱 격렬하게 결정적으로 찾아온다고 보고, 그것에 뒤따를 급박한 세계혁명의 과업을 쓴 그의 대작 『자본론』을 제때에 완성시키지 못할까 봐 불안해 했다. 노동운동에 대한 그의 지침서는 모든 나라의 프롤레타리아를 동원하기에는 부정확하고 모순적이었다. 그것은 유럽전쟁(기독교와 마르크스주의라는 두 가지의 성수聖水로 세례 받은 베르덩Verdun전투)이나 내란이나 혹은 사회주의 강대국 간의 분쟁에 적용하기에도 충분치 않은 것이었다. 마르크스는 그 '디테일'에 있어서는 작전가가 아니었다. 그러나 그를 단순히 '예언가'라고 할 수도 없다. 유토피아를 설정하기 위해서는 좀 더 자유롭고 상상적인 정신이 필요한 법이다. 마르크스는 '실물 크기의' 작전가였다. 그는 근대세계의 주요한 모순들을 해석하고 조직하기 위해 전략적인 판독 장치를 제시했다.

이 장치는 모든 묵시록적 종말론자들이 공통적으로 갖고 있는 것이다. 혹은 인류의 시간과 공간이라는 양극의 거대 원리들을 대립시키는 나폴레옹적 이원론이기도 하다. 즉 자연과 정신, 노예와 주인, 노동과 자본, 사회주의와 야만 등의 이원론이다. 그러므로 땅을 측량하고, 진영을 가르고, 물건들을 정돈하고, 사람들을 배치하여, 사상가들의 가장 은밀한 이론을 투사들의 공동의 자명성, 혹은 일용의 양식으로 만드는 작업만이 남았다. "동무들, 우리는 우리를 비추어 주는 태양을 사랑한다. 그러나 만일 부자와 침략자들이 이 태양을 독점하고자 할 때, 우리는 말할 것이다. '태양이여 꺼져라, 어둠과 영원한 암흑만이 드리우게 하라'라고"(트로츠키, 1918년 11월 9일).[4] 마르크스가 『자본론』을 쓰기 위해서는, 태양이 독점될 수도 있다고 믿어야만 했다.[5]

역사적 혹은 징벌적 연대기에 값을 지불하기 전까지 개인숭배
란 극히 학문적인 행위였다. 다시 말해서 학자들 상호간에, 혹은
자기 자신에 대한 관례적인 행위였다. 마르크스를 비판하는 사람
이나 옹호하는 사람이나 다같이 사람을 '선'과 '악'으로 구분하는
그의 극히 개인적인 판단을 서슴지 않고 받아들인다. 무슨 상관인
가? 혁명가 마르크스는 '마지막 철학자'인 헤겔과 비교된다. 별로
이름이 알려지지 않은 다른 거장들의 예는 더 이상 예로 들 필요
도 없다.

마르크스와 엥겔스 역시 하나의 사상을 호적 관계 속에서 연구
하는 즐거운 대학 전통에 기꺼이 몸을 바쳤다. 셰익스피어나 호메
로스 같은 사람의 숙박부를 발견하지 못하는 게 얼마나 한스러울
까? 그들 작품에는 어떤 용의점이 있는가! 그것들은 하나인가, 혹
은 여러 사람인가? 마르크스는 그 비슷한 혼동을 피하려고 했다.
그는 독일철학에다 프랑스의 혁명정치학, 영국의 정치경제학을
한데 합친 첫 번째 사람이었다. 그리고 거기서 혁명의 과학을 끌
어내어 유럽의 프롤레타리아에게 유산으로 물려준 첫 번째 사람
이었다. 독일 노동자들에게는 장자권長子權을 주었고. 지표다! 모
든 작전은 '독일 관념론'과 프랑스혁명에서 피히테가 불붙여 온
'철학적 혁명', 그리고 그것에 대한 영국인들의 비판(피히테의 첫 번
째 작품은 '자유주의자' 버크에 대한 대답이다)이라는 테두리에서 벗어나지
못하고 있다. 거장들은 처음부터 영국의 경제이론과 프랑스의 정
치이론을 면밀히 검토하고 고찰했다. 마르크스는 헤겔이 애덤 스
미스와 스튜어트 등을 '읽듯이' 리카도를 '읽었다'. 그것도 아주 주

의 깊게 존경심을 갖고 읽었으며, 거기서 철학적인 정신의 양식을 끌어내었다–영국인들은 '통속적'이고, 대체로 말해서 '고전적'이다. 그런데 독일의 거장은 근대적이고 과학적이 될 것이다.

마르크스의 과학은, 태어날 때부터 피히테와 헤겔로부터 모든 학문Wissenschaft—완성되어 과학이 된 철학—의 유산을 물려받았다. 그러나 마르크스는 자기가 스승으로 삼은 앞 사람들보다 결코 일을 적게 한 것이 아니다. 그는 프랑스혁명에서 제기된 문제들, 즉 스스로 자유롭게 사유하는 것을 배우는 사람들을 어떻게(그러니까, 무엇에 반대하여?) 조직할 것인가, 또 천민은 어떻게 통치되어야 하는가, 하는 문제들을 글로벌한 관점에서 해결하는 방안을 제시했다. 질문과 대답이 이처럼 글로벌한 성격을 띠고 있다는 점에서 과학적 사회주의는 유토피아적, 독선적, 편파적 이념과 구분된다. 유토피아 이론은 오직 미성숙한 프롤레타리아만을 감동시킬 수 있을 것이다. 이 미성숙한 프롤레타리아는 1848년 6월 사태가 진압된 후 "교환은행 혹은 노동자연합 같은 이념직 실천에 투신했다. 다시 말해 그들 고유의 위대한 수단으로 이 세계를 변혁시키기보다는, 사회의 등 뒤에 숨어 기존의 조건과 제약 속에서 순전히 개인적인 방법으로 자신의 해방을 실현시키려 했다. 그리고 결국 그들은 필연적으로 실패하고 말았다."[6]

프롤레타리아가 자기의 한계에서 벗어날 때는 언제일까? 대부분의 경우는 혁명을 통해서이다. 그 나머지 경우는, 마르크스주의적 과학이라는 위대한 수단에 의해서이다. 프롤레타리아를 한정 짓는 한계가 없다는 것은 프롤레타리아가 존재하지 않기 위한 조건이며, 이론가들이 무조건 존재할 수 있는 근거이다. 그 이론가들은 그들의 이론을 위해 '분파'를 청산하면서 인터내셔널(국제노동

^{자연맹})을 통치하는 임무를 스스로에게 부여했다. "마치 천문학과 연금술이 과학의 유아 단계이듯이, 이러한 분파들은 (…) 프롤레타리아운동의 유아 단계이다. 인터내셔널이 제 기능을 발휘하기 위해서는 프롤레타리아가 이 단계를 극복해야만 한다."[7] 이때부터 권력을 잡은 노동계급은 사령탑에 오른 과학이 된다.

모든 권력은 과학에 귀속된다. 왜냐하면 권력의 과학, 권력 쟁취의 과학, 혁명의 과학이라는 것이 존재하기 때문이다. 항공관제탑은 학자를 놓치는 것이 아니라 앞으로 올 민란의 나폴레옹들을 놓칠 것이다. "그런데 각 진영은 각기 자기 군대 안에서 서로 싸우는 자중지란을 겪을 것이다. 자중지란으로 좀 덜 약화된 군대가 승리를 거둔다." 자본의 모순을 과학적으로 이용하고, 노동수용소를 과학적으로 조직한다―1세기 전부터 전문가들은 마르크스가 조금 열어 놓은 쪽문으로 서로 들어가려고 몸을 부딪쳤다. 정작 마르크스 자신은 미래의 전투를 그리는 화가의 자리를 굳건하게 지키고 있었다. "계급 간의 대립에 기초를 둔 한 사회가 갑작스러운 모순에 부딪쳐 그 마지막 해결로서 몸과 몸이 부딪치는 몸싸움을 하게 되는 것을 보고 우리는 놀라워해야 할까?"_(강조 원문).[8] 미래를 담보로 발행된 어음은 지불되지 않았다. 약속이 하나도 이행되지 않았지만 이 어음은 자의적이건 아니건 수천 명의 신도를 확보해 주었다. 그러나 그것은 아직 마르크스주의적으로 모순적인 소련이나 중국의 장군들 휘하에서 '마지막 약속'이 '몸싸움'으로 끝나는 것을 보기 전까지이다.

우두머리들의 선거는 심연의 가장자리, 묵시적 재앙의 그늘 속에서, 길잡이―과학의 이름으로 이루어진다. 이런 관점에서 마르크스는, 혁명적 공포정치와 나폴레옹적 대전투를 굳게 꿰맨 '독일 관념론'의 실을 조금도 끊지 않았다. 사상의 거장들은 그 부하 박사들을 전 세계 구석구석, 아시아와 아프리카의 외딴 촌락에까지 파견했다. "천국은 칼의 그늘 속에 있다—이 말은 고귀한 군인 혈통의 영혼을 단숨에 드러내 보여 주는 상징이다"(니체).[9]

커다란 도박을 배우기

위대한 방법들을 동원하기 위해서는 위대한 대상이 있어야만 한다. 모든 것을 걸고 모험을 하기 위해서는 그 모든 것이 내깃돈이 되어야 한다. "자본은 자본가에 의해 작동되는 사회적인 힘이다. 자본은 개인들의 노동 생산과는 아무 관계가 없게 되었다. 그 것은 자발적이며 소외된 사회적 힘이며, 사회에 대항하여 전선前線을 구축한다."[10]

'사회' 선체를 시석으로 만족시켜 줄 만하다. 절망하는 자는 자기 절망의 이유를 공표함으로써 자기 감정을 여러 사람과 공유하려 하고, 희망을 가진 자는 자기의 꿈과 진부한 현실을 분리시킴으로써 유일한 대상을 몰아낸다. 그것은 체제 상의 허점이다. 학교 시간의 북을 두드려 대던 그 똑같은 선생이 회고적으로 자신의 실패를 설명한다. 그리고 "자본에 달려들라!"고 외친다. 역사를 단숨에 두 개로 쪼갠 지식인은 다음과 같이 말하며 거기에 조용히 적응한다. "자본, 그것은 '늙은 세계'이며, 단 하나의 세계이다. 그 러니까 이 세계 안의 모든 것이다."[11]

그것은 또한 자신을 전체라고 믿는 부르주아이며, 자신이 아무 것도 아님을 믿도록 강요당하는 노동자이고, 역사를 분만하는 투사들이며, 역사에게 아이를 낳아 주는 영웅이다. 독일철학의 불빛으로 자본의 최고 실재를 조명했던 마르크스는 매우 만족감을 주는 하나의 대상물을 약속했다. "자본은 모든 것을 지배하는 부르주아 사회의 경제적 힘이다. 그것은 필연적으로 출발점이며, 종착점이다." 모든 것! 필연성! 강제된 출발점! 도착, 종착역에서 모든 사람들이 내린다! 인민은 무엇을 요구하는가?

근대세계는 전체적으로 단 하나의 지배체계에 종속되어 있다. 자본은 주인이며, 흡혈귀이다. 좀 더 단순하게 말해 본다면, "자본은 노동대중과 그들의 앞에 있는 도구들을 결합시키는 단 하나의 성질을 갖고 있을 뿐이다. 자본은 자신의 지휘 하에 그것들을 응고시킨다. 자본이 실질적으로 축적하는 것은 바로 그것들이다." 마르크스는 이처럼 지휘권의 보편적 단일성을 강조하려 애썼다. 적대세력의 지휘권을 좀 더 잘 타도하기 위해서라고 말할 수도 있겠다. 타도하기 위해서는 우선 뭉쳐야 하고, 지휘의 단일성만이 또 하나의 다른 지휘권을 타도할 수 있을 것이기 때문이다. 국가를 소멸시키기 위한 국가라고 피히테와 레닌은 똑같이 말했다. 투쟁에 의해 계승이 이루어지고, '죽음의 수단을 통한 최종증명'은 다시 한 번 권력 이양으로서 기능했다.

분리시키는 권력의 권력

지배체계의 편재遍在성은 모든 '국지적' 해방의 기도를 무효화시킨다(국지적 해방을 한마디로 부분적이니, 세분적이니, 분파적이니 하는 말로 정의해 버림으로써). 자본에 정면으로 도전하지 않고는 구원이란 있을 수 없다는 이야기이다. 이 중앙의 전략은 오랫동안 불분명하고 모순적으로 남아 있었다. 처음부터 그것은 스스로 이 세계를 들어올리는 유일한 지렛대를 자처하면서 기능했다. 이 전략은 모든 다른 길을 제외했다. 혁명적 마르크시즘과 수정주의적 마르크시즘은 상대방과 도저히 화해가 불가능하다고 서로 주장했지만, 사실은 "중심이 모든 주변을 움직인다"는 점에 있어서는 완전히 의견이 일치했다. 자본은 이중의 흡혈귀임이 드러났다. 그것은 물론 착취한다. 하지만 또 한편으로는, 특정인들이 자본에 가하는 모든 특정의 투쟁을 '복원'시키기도 한다. 그러면 ('운동의 일반적 이해利害'의 이름으로) 비난이 빗발친다. 자발적으로 개인주의적인 노동자들의 경제주의, 혹은 해방투쟁을 하는 '프티부르주아'의 국수주의로부터 오는 비난들이다. 마르크스가 1789년의 자유들에 내린 분석에 이미 이러한 싹이 들어 있었다. '인간 및 시민의 권리'를 분석한 그의 표피적이고 기만적인 언어에 숨겨진 진실한 내용은 다음과 같다. 즉 "권리의 형식은 지배체계를 실제 내용으로 갖고 있다"는 것이다(『유대인 문제』에서 돈의 체계를 예고했던 청년 마르크스는, 늙어서는 자본의 체계를 밝혀 놓았다).[12] '얼음처럼 차가운' 자본주의적 계산이 자유, 평등, 사유재산 등 모든 것을 결정했다.

우리는 이 분석을 방법적, 인식론적, 교육학적으로 좀 더 섬세하게 다듬을 수 있을 것이다. 경제적인 하부구조와 법적인 상부구조 사이에 '변증법적 상호작용'이라는 엘리베이터를 가동시키고, 법안에서 '이유없음'(자본에 대해서)을 발견하기도 한다—이 담론을 표현해 주는 말의 기교가 어떠하든 간에 그 '마지막 심급'에 이르러 우리는, 프랑스대혁명 이후 그 민낯이 드러난, 단 하나의 불가분의 지배체계를 발견한다. 그것은 언제나 다음과 같은 말로 귀결된다. "정치적 혁명은 부르주아적 삶의 요소들을 파괴한다."

그 이후부터 부르주아적, 혹은 자본주의적이라고 분석된 이 지배체계는 독일철학 고유의 '오성悟性의 지배'를 글자 그대로 재생산했다. 그것은 처음에는 피히테에 의해, 나중에는 헤겔에 의해 제시된 이미지로서, 프랑스인에 의해 정치적 혁명을 겪었다가 곧 끝없는 혼란 속에 빠진 한 세계의 이미지이다. 다시 말해 '철학적 혁명'의 기대 속에서 살고 있는 세계이다. 독일철학은 프랑스의 정치적 상황의 불가피성을 그 불행한 측면에서 반영하고 있는 것이라고 늘상 말하던 마르크스는 갑자기 이 거울놀음 속에서 길을 잃었다. 그는 프랑스 제헌의회 의원들이 피히테가 그 5년 후에 쓴 것을 읽었을 것이라고 가정하는 등 연대기를 완전히 뒤죽박죽으로 뒤섞고 시대를 거슬러 올라갔다. 즉 "평등은, 프랑스적 형태로 해석된, 다시 말해서 정치적으로 해석된, 독일의 자기自己=자기己Moi=Moi에 다름 아니다." 누가 누구를 해석하는가? 차라리 자본이란 경제적으로는 영어를, 철학적으로는 독일어를, 정치적으로는 불어를 말하는 동시통역자라고 하면 어떻겠는가!

그 통역자는 항상 같은 이야기만 할 것이다. 즉 "돈은 세계권력이 되었고, 유대인의 실용정신은 기독교 인민들의 실용정신이 되었다"라고.[13] 영국의 정치경제학에도 독일철학이라는 주사를 한 대 놓는 것이 좋을 것이다. 스미스나 리카도가 '자연적인 것'이라고 말했던 체계는 급진적 혹은 반자연적인 것으로 드러날 것이며, 헤겔적인 의미로는 '유대적'이 될 것이다. 또한 그것은 모든 인간 공동체를 해체시키고, 절대적 지배자 앞에 놓인 개인을 원자적인 고독의 상태로 환원시킬 것이다. 원시사회는 자본도 노동도 (일반적이고 추상적인 면에서) 알지 못했다. 왜냐하면 "그것은 정녕 개인들의 노동이 사적 노동이 되거나, 그들의 생산이 사적 생산이 되는 것을 막아 주는 공동체였기” 때문이다.[14] 반대로 헤겔은 “부정적인 것의 풍요로운 힘”이 유대교 안에 들어 있다고 했고, 나중에 그 것을 “사상의 에너지”라고 단언했다. 한편 마르크스는 헤겔의 이 부정적인 힘이 돈에서 배타적으로 드러난다고 보았다. “돈은 모든 개인들의 실질적인 공동체이다. (…) 그러나 공동체는 돈 속에서 단지 순수 추상일 뿐이며, 개인에게 있어서는 완전히 외재적이고 불가항력적일 뿐이다.”[15] 요컨대 우리가 ‘직시해야’ 할 것은 ‘죽음’이다.

마르크스는 헤겔주의를 정치경제학으로 해석했다(헤겔의 논리는 “정신의 돈이고, 인간과 자연에 대한 사변적 값”이라는 것이다). 물론 그는 이 돈의 정신 속에서 헤겔이 나중에 정신의 돈에 대해 폈던 것과 같은 지배논리를 은밀하게 발견하지 못했던 것도 아니다.

독일철학은 이 세계를 변형시키는 것과 동시에, 그것에 대한 해석도 부난히 내리고 있다. 노동과 자본이라는 그 거대한 대결을 무대에 올리면서, 마르크스는 단지 헤겔을 헤겔의 분신과 대결시킨 것이 아닌가?

사유재산은 강간이다

상품의 상호 소외라는 ‘떠들썩한 공간’ 너머, 또 ‘생산의 은밀한 실험실’ 너머, 혹은 돈과 그 ‘보편적 창녀성’의 순환 밑에 자본의 착취와 유린이 있다. 모든 지배관계는 지배자와 피지배자의 존재를 전제로 한다. 이 간단하면서도 일차적인 대칭관계는 시장에서는 잘 나타나지 않는다. 시장에서는 교환의 상호성에 의해 모든 것이 물뿌리개이며 동시에 물이 뿌려진 화분이고, 도둑이며 동시에 도둑맞은 사람이기 때문이다. 그 일차적인 대칭 속에서 지배관계를 생각해 볼 것을 요구하며 마르크스는 프루동의 말을 단순히 반복하지는 않았다. 그는 (자본주의적) 사유재산이 (노동자의 '노동력'에 대한) 도둑질이 아니라 강간이라고 했다.

노동자와 사장 사이의 폭력 관계는 원시적이거나 야만적인 것이 아니라, 다만 합리적이고 조직적일 뿐이다. 거기서 현대국가의 가장 큰 비밀이 드러난다. 즉 '노동자의 착취'에서 어떻게 '잉여가치'를 끌어낼 수 있을까, 그리고 "어떻게 하여 자본은 생산할 뿐만 아니라 그 자체가 바로 생산일 수 있을까."[16]

모든 현대적인 지배관계가 그렇듯이, 공장에는 완전한 자유가 있다. 노예도 농노도 없으며, 노동자는 자기의 노동력을 팔 권리를 갖고 있다. "그리고 이 유일한 **역사적 조건**이야말로 아주 새로운 세계를 속에 감추고 있다." 공장제 수공업에서부터 대기업 그리고 '조직화된 노동'에 이르기까지, 공장 내부의 지배와 예속 관계는 새로운 시대의 문제에 대한 해답을 제시한다. 자신이 자유인임을 알고 있는 천민이 어떻게 계속 정부의 강제적 구속에 복종할 수 있을까, 라고 다른 사상의 거장들이 의문을 제기한다. "공장을 보라"고 마르크스는 대답한다.

헤겔의 의식들이 생사를 건 투쟁을 하기 전에 그렇듯이, 사장과 노동자들도 처음에는 '자유스럽게' 만난다. 그렇게 시작되는 투쟁을 마르크스는 '의식'의 투쟁으로서 제시하지 않으며, 그렇다고 해서 계급투쟁으로서 제시하는 것도 아니다. 그는 다만 이 투쟁의 결과 현대적 의미의 '계급'이 형성되었다고 생각한다. '원시' 축적,

농민에 대한 착취와 봉건관계의 완만한 붕괴에 뒤이은 유럽사회의 점진적인 조직, '집도 절도 없는' 거지들의 규율화, 제조 시스템의 공고화, 이런 것들이 바로 현대사회의 '비밀의 실험실'인 공장이 생겨나게 된 역사적 가정假定들이다. 현대 유럽의 전사前史를 이처럼 더럽고 유혈적인 것으로 묘사하는 것은 특히 마르크스에게 있어서 심했다. 그리고 현대세계의 직접적 기원에 대한 체계적인 질문을 제기하기 위해서는 1세기를 더 기다려야만 했다(미셸 푸코의 『광기의 역사』가 그것이다). 공장이라는 역사적 실험실 주변에 드리운 이 침묵에 대해서는 마르크스도 일말의 책임이 있다. 그는 토끼 한 마리를 들어올려 그것을 '앞으로' 뛰어가게 놓아 주었는데, 그 앞이란 더 이상 우리와 아무 상관이 없는 것이었다. '원시축적'에서 중요한 역할을 떠맡은 것은 신생 근대국가나 새로운 경찰, 또는 종교였다. 그 에피소드들은 다음과 같은 이름을 갖는다. 즉 농촌 약탈, 이농離農, 부랑자 수용收容, 두뇌의 식민화 등이 그것이다. 이것은 현대적 '생산양식'의 구조와 아무런 상관도 없는 듯 보이나 사실은 그 구조를 만들어 내는 데 있어서 기초적이며 우연적인 역사적 상황이다. 실로 마르크시스트들은 그 구조의 탄생에 대해서만 말하고 있지 않은가!

　생산자를 이처럼 순교자의 용어로 말하는 것에서 지배관계의 현대적인 진실성이 드러난다. 자본의 힘은 '직접적인 전제정치'가 되었다. 대기업에 있어서의 권력의 전략에 대해서는 마르크스가 권위 있고도 예언적인 분석을 해 놓았다. 우선 '병영의 규율'이라는 측면에서 그는 크고 작은 우두머리를 '고급간부'(지배인, 관리자), '하급간부'(감시자, 검사관, 직공장) 등으로 분류했다. 이 간부들이 급료를 받는 사람들이라 하더라도 그들이 권력 쪽에 있다는 사실에는 변함이 없다. "기업에서의 지휘는 자본의 속성이 되었다."[17]

예전에 예견되었던 **지성**의 **규율**이 20세기의 분업적 노동을 위한 커다란 전략이 되었다는 사실이 더욱 특이하다. 테일러가 비숙련 노동자를 컨베이어벨트로 묶어 '합리화'시키기 반세기 전에 마르크스는 이미 "생산에 있어서 육체노동과 지적인 힘을 분리시킴으로써 노동에 대한 자본의 우위를 확립하는" 대기업의 경향을 강조했었다. 그런데 지적 노동의 지위 향상은 상대적으로 육체노동의 비지성화를 초래했다. '아무것도 모르는' 전문적 노동자와, 모든 것을 알며 모든 것을 결정하는 중견간부급이 서로 대면하게 되었다. 강간의 논리가 완성되면서 확대재생산되었다.

정신적, 물질적 질서의 모든 힘 앞에서 완전히 고립된 개인으로서의 근대적 노동자는 절대적인 불안정 속에 살고 있으며, 심연의 가장자리에서 노동을 한다. 최소한 이것이, 명민한 해석자로서의 마르크스가 판독해 낸 노동자들의 상황이다. 그리고 그 자신도 이 전략 안에서 노동자를 동원하려고 생각했다. 그러면 이제는 모든 사상의 거장들이 자기 학설의 출발점으로 삼는 이 원자적인 고독 속에 과연 누가 있는가를 알아보는 일만 남았다.

헤겔적 공장

『자본론』을 쓸 당시 마르크스가 고려한 유일한 소재는 생산의 조직자 혹은 주인(부르주아)의 관점이다. 그것은 영국의 고전경제학자들의 관점이며 동시에 다른 경제학자들의 관점이기도 하다. '생산자들을 위한 순교자 명부'를 작성하면서도 마르크스는 노동의 감독자이며 동시에 자본가의 조언자인 중간관리자의 진술들을 자신의 논거로 삼았다. 전제군주를 도왔던 자유주의적이고 계몽주의적인 학자들처럼 이들도 근대적 공장의 소유자인 전제적 자본가들에게 계몽적인 조언을 했다. 마르크스는 노동운동이 '야만적인' 행동만이 아니라 풍자문, 신문, 담화, 서신, 노래, 시詩에 의해서도 표현된다는 것을 모르지 않았다. 그러나 그의 걸작은 전혀 이러한 서류들을 고려하지 않았다. 그는 한칼에 단도직입적으로 베었다. 아무도 그것을 나무랄 수는 없다. 논문을 쓸 때 모든 소재를 반드시 다 사용할 필요는 없다는 것이, 과학적이건 아니건 간에 모든 학술논문의 피할 수 없는 조건이 아닌가? 그런 식으로 자기의 탐구 영역을 오려낸 다음, 마르크스는 자기가 이야기할 것과 이야기하지 않을 것을 확실히 정했다. 공장생활의 세부묘사를 할 때조차 『자본론』은 공장주인의 전략만을 다루고 있다.

연구대상에만 한정해 볼 때 그의 예견들은 아주 독창성이 있다. 지배구조의 측면에서, 혹은 노동자의 '생명력'을 '빨아올리는' 지배의지의 측면에서 사유된 대기업의 개념이 바로 그것이다. 마르크스는 "기계 시스템은 오로지 주인에게만 힘을 실어 주는데, 이 체계에 병합된 거대한 사회노동 앞에서, 그리고 놀라운 과학과 거대한 자연의 힘 앞에서 노동자의 숙련된 기술이란 얼마나 허약한 것인지"를 탁월하게 예견했다.[18] 그러나 노동자가 점점 더 허약해진다고 보았을 때, 그는 누구의 시선으로 보았던 것인가? 그것은 미래의 주인의 시선이 아닌가? 그리고 미래의 완벽하게 허약한 노동자의 능력을 측정하려는 점점 더 교묘한 의지가 아니었던가?

사람들은 아마도, 전혀 그렇지 않다! 라고 말할지 모르겠다. 마르크스는 객관적으로 판단했고, 문제의 두 측면을 다 보았으며,

'파편화된 노동', 육체노동의 천시, 반어적으로 전문적이라는 이름이 붙은 전문노동자의 비참, 이민 노동자의 이중의 비참 등을 예고했다고 그들은 말한다. 물론이다! 그런데 이와 같은 절대적 서열화의 이미지는 주인의 관점을 되풀이 말한 것에 지나지 않는다. 근대 기업의 사다리 맨 밑바닥에는 이민 노동자 혹은 노동자로 된 농부가 있다. 그들은 몹시 힘들고 따분한 일에 얽매여 있는데, 그 힘들고 따분함은 그들의 힘을 다 빼앗아 반항할 힘이 남지 않도록 정확하게 계산된 것이다. 이 모든 것이 가장 평범한 주인의 전략과 일치하며, 또한 마르크스의 예상과도 일치한다. 현실과 일치하는 만큼 매혹적이다. 근대 기업은 사다리 맨 밑, 가장 비지성적인 노동 상태 속에 일군의 노동자들을 배치하는데… 그들은 모든 노동자들 중에서 가장 지성적이며, 보통 몇 개 국어를 말하고, 몇 나라를 알고 있으며, 몇 개의 역사적 시대를 경험했고, 한 지방에만 국한되어 있지 않으며, 집단의식을 가지고 있고, 가끔은 주변의 낯선 사람들과 연대의식을 갖고 있기도 한 그런 노동자들이다. 다시 말해 이민 노동자들이다.

산업적 서열의 이미지는 현실에 부합하는 진실이 아니라 전략적 기획의 소산이다. 현실 묘사가 아니라, 노동자의 저항을 끊임없이 축소시킴으로써 현실을 이미지에 일치시키려는 것이 목적이다. 사회적인 폭발을 지지하기 위해서는, 전문노동자의 지성이 오만한 중간관리자들의 생각만큼 열등하지 않다고 확인하는 것만으로는 충분치 않다. 공장은 과학과 노동자들의 복종만 가지고는 결코 작동되지 못한다. 중견간부의 과학은 아래 노동자들의 조용한 지식이 없으면 무용지물이다―단순노동의 실제적인 수익성을 논하는 사회학자 및 다른 전문가들도 똑같은 이야기를 하고 있다.

모든 중간관리자는 불연속적 저항, '주조鑄造', 제동장치 같은 노동자의 조용한 지식을 고려해야만 한다. '분업화된 노동'의 역사는 노동자의 저항을 제압하려는 자본가의 지배의지(마르크스는 이것을 자신의 미래 기획에서 아주 잘 파악했다)를 전략적으로 재조정한 역사에 다름 아니다. 그런데 이 노동자의 저항은 매 단계마다 끊임없이 새롭게 창조되며, 매번 더 격렬하게 되었다(마르크스는 이것을 예상하지 못했다. 이 주제가 그의 연구 계획에 들어 있지 않았기 때문이다. 그리고 또 의외적인 것이나 새로움의 창안이야말로 프로레타리아 저항의 커다란 원천이기 때문이다).

노동자를 그들 상호간에, 혹은 그들의 노동 조건으로부터 분리시키고, 개인성을 박탈하여 완전히 원자적인 고독 속에 매몰시키고, 그들의 '살아 있는 노동'을 '자동적이고 전제적으로' 된 '죽은' 노동에 예속시키는 자본—이것들은 그야말로 헤겔적 매트릭스의 특징들이다. 여기서 우리는 죽음을 앞에 둔 투쟁, 공포, 벼랑 끝의 불안, 주인 등의 헤겔직 개념을 다시 보게 되지 않는가. 그리고 또 이것은 완성을 꿈꾸는 자본가적 기획이기도 하다. 이러한 도식 속에 모든 엄격한 규율사회의 밑그림이 그려져 있음을 우리는 볼 수 있다. 즉 "감옥이 공장, 학교, 병영, 병원과 닮았고, 그것들이 모두 서로 비슷비슷한 그러한 규율사회"(푸코)[19] 말이다. 성공은 결코 전면적일 수 없으며, 지배도 결코 마무리될 수 없다. 저항만이 남았다. 역사는 계속되며, 지배의지는 비록 약간의 리스크는 있어도 그러나 영원히 어떤 먹거리를 가지고 있다.

사유재산, 그것은 강간이다. 마르크스는 강간범의 환상을 끝까지 추적했다. 다시 말해 그가 자본이라고 이름 붙인 그 지배자의 의지에 대한 조사를 철저히 한 것이다. 그는 결국, 지배가 시작될 때부터 지배구조가 나타나며, 지배자는 피지배자의 진실이라는 것, 다시 말해 강간은 절대적 성공이라는 것을 독일 관념론과 함께 제시했다. 무엇에 대한 유린이 있다는 것을 알기 위해서는, 그리고 아무것도 놓치지 않고 알기 위해서는, 강간범이 강간당한 사람에게 "너는 모든 것을 잃었다"라고 말해야만 한다—아무것도 남아 있지 않다면, 아무것도 놓치지 않은 것이다. 자기의 희생자에게 순결이 가장 중요하다고 설득하는 사람에게 있어서는 강간이 최고의 내기가 된다—이제 그는 편협한 신도들의 신을 위해 촛불을 켜기만 하면 된다. 사상의 거장들은 성폭행당한 희생자를 내려다보며 추파를 던지거나, 냉정한 의학적 시선을 던지거나, 혹은 눈에 눈물이 가득하거나, 아니면 이 모든 것이 다 합쳐진 표정으로, 여하튼 "모든 것은 끝났다!"고 최종적인 판결을 내린다.[20]

강간하는 자본은 페티시즘이다. 그것은 '모든 것을' 소유하고자 한다. 처음에는 순진하게 작은 돈을 모으고, 나중에는 큰돈을 축적한다. 이어서 점점 더 큰 규모로 돈을 모으고, 더 많이 생산하기 위해 생산한다. 인간과 자연을 '빨아먹으며', '모든 것을' 돈의 형태가 아니라 기계의 형태로 소유한다고 믿는다. 노동자들을 조직하고, 사람들을 좁은 공간 안에 빽빽이 집어넣으며, 그들을 자신의 '가장 귀중한 자본'으로 여겨 꽁꽁 숨겨둔다(스탈린). 자본이 진실로 모든 것과 개체를 다 소유했다고 믿는 것은 바로 페티시즘이 아닌가? 강간범이 있고, 강간당한 사람이 있다. 거기에는 차이와 투쟁이 있다—그것은 '성공한' 강간이 있을 수 있다는 이야기인가?

　백 년이 지나, 열렬한 주석가와 엄정한 학자와 전 지구의 아카
데미들이 아직도 마르크스의 『자본론』의 목차만 가지고 논쟁을
벌일 뿐, 결말이나 정곡을 찌르는 예리한 결론을 찾아내지 못했
다. 이 책은 그 신비한 기미를 하나도 잃지 않았다. 죽어 가는 마
르크스는 한 뭉치의 종이 더미를 그의 가장 친한 친구인 카우츠키
Kautsky에게 물려주었고, 이 종이 더미는 제1, 2 인터내셔널에 분
배되었으며, 그 후 박물관에 처넣어졌다. "무슨 원고든지 나는 전
체가 완성되기 전에는 발송하지 못한다. 아무리 결점이 있다 해도
그 원고가 전체로서 하나의 예술을 이루고 있는 것은 내 글쓰기의
장점이다. 내가 이런 결과를 낼 수 있었던 것은 전체를 완성시키
기 전에는 결코 인쇄에 들어가지 않는 나의 습관 때문이다"(1865년
7월 31일, 엥겔스에게 보낸 마르크스의 편지).
　처음에 자신의 함성에 빠졌던 마르크스는 이 '전체로서의 예술
성'을 자신의 가장 훌륭한 장점으로 생각하고 있는 것이다. 그 이
후 그의 사상을 칭찬하고 객관화하고 계승하고 그 사상을 위해 저
격병이 된 모든 사람들은, 영원히 완성을 향해 가는 이 완성된 작
품을 계속 문질러 닦는 작업을 했다. 마치 이 세계의 모든 신비가
그 원고 뭉치 속에 들어 있다는 듯이. 말라르메 식으로 말하자면,
그는 앞으로 올 세기의 정신사를 책 한 권에 요약했는가? 말라르
메는 제본이 되지 않아 페이지를 얼마든지 갈아 끼울 수 있는 '책
중의 책'을 상상하면서, 모든 페이지가 유동적이므로 우리는 그중
의 단 한 페이지도 최종적으로 넘길 수가 없을 것이라고 말했다.
　『자본론』이 본질적으로 미완성인 한 책의 제목이 되었을 때, 그

리고 이곳의 현실 속에서 그 제목이 큰 가치를 지니게 되었을 때, 동일하게 모호한 비존재의 양식이 이 책에도 적용되었다. 금박 장정의 책이건 단면을 금빛으로 칠한 책이건 간에, 『자본론』은 이제 더 이상 사업가들 사이에서도, 도서관에서도 만날 수가 없다. 자기 눈앞에 '전부'가 놓이기를 꿈꾸었던 마르크스의 이 '예술적인 전체성'은 전체를 지배하면서, 부르주아 세계를 끈으로 조종하고 있는 하나의 손을 지칭한다는 것을 마르크시스트들은 잘 알고 있었다. 이 드라큘라의 발견자는 자기 동료들에 의해 소환되었다. 그들은 다름 아닌 카우츠키가 꿈꾸었던 일인독재, 즉 울트라제국주의에 대항한 레닌이며, 트로츠키가 한때 주장했던, '세계시장'이 모든 것을 지배한다는 논의를 실질적으로 반박한 스탈린이었다. **자본은 현실로서도 책으로서도 존재하지 않는다.**

마르크스에 의하면, 자본이 스스로 모습을 드러내며 모든 사람의 눈에 **진정 계급 공유의 자산으로서** 나타나는 순간이 있다. '이자를 낳는 원금'으로서 자본이 기업이나 공장과의 관계는 포기한 채 은행 혹은 증권거래소에서만 활동하는 것은, 자본의 여러 면모 중에서 가장 피상적이고 덧없고 환상적인 순간일 뿐이다. 즉, 자본의 보편적 투기의 순간은 오로지 투기자본의 경우일 뿐이라는 것이다. "자본이 자기 자신하고만 상대하는 듯이 보이는" 것은 바로 이때이다, 라고 마르크스는, "헤겔처럼 말하자면"이라는 단서를 달며 아이러니컬하게 말했다. 금융시장에서 흥정할 수 있는 물건이 된 즉자이며 대자인 자본은 이자를 통해 자신의 몸집을 불리고 자체생산을 한다. 그것이 헤겔적인 꿈이다! 케인스가 이상한 나라의 앨리스처럼 재미나게 들려주는 이야기가 하나 있다. 즉 예수의 탄생 당시 2퍼센트의 이자를 놓은 돈은 계속 그 이자가 불어 오늘날에 이르면 그 거대한 이잣돈을 이 지구 위에 다 쌓아 놓을 수 없을 것이라는 이야기이다. 자본은 외관에 불과한 것이고, 황금 알을 낳는 암탉의 환상이며, "그 존재의 기원과 신비는 가려지고, 지워졌다."

증권시장과 투기에 대한 이러한 비판은 최고급의 철학 참고서가 되었지만, 실은 이것이 마르크스 고유의 성과는 아니다. 자동적 금융 메커니즘보다는 생산 측면에서의 경제가 훨씬 **중요하다**는 것을 이미 수많은 전문가들이 지적했다. 다만, 마르크스가 단수單數로 쓸 것을 주장하는 이자율들의 균등화를 살펴보면 그는 더 이상 자본들이 아니라 다만 하나의 대자본*Le Capital*("진정한 계급 공유의 자산")을 문제 삼고 있다는 것을 알 수 있다. 다양한 자본들은 그 각각의 규모에 따라 평균이자의 분배에 참여한다는 전제 하에, 금융시장에서 단일한 이자율을 부여받는다. 이런 식으로 그 각기의 자본들은 '사회 전체 자본'의 한 부분으로 간주되고, 그 자격으로 파이의 민주적 분할에 참여하게 된다. "모든 것이 제대로 되어 갈 때 경쟁은, 일반이율의 균등화가 보여 주듯이, 자본주의 계급의 실질적인 박애를 성취한다. 이 계급은 각자 자기의 기여분만큼 노획물을 분배받게 된다."

그 어조가 보여 주듯이 이것은 상당히 목가적이다. 의심과 위기가 지적하는 것은, 모든 것이 "힘과 계략의 문제"가 되었다는 것이다. 자본은 산산조각이 나고, 자본들은 서로 대결한다. "이때 경쟁은 서로 적대적인 형제들 간의 투쟁으로 변한다."[21] 자본을 단 하나로 제시하는 것은 자본들 간의 전쟁상태의 종식을 전제로 하는 것이다. 그런데 이렇게 하려면 평화적 공존이라는 원칙을 다소 멀리까지 밀고 나가지 않으면 안 된다. 우리가 대자본이라고 말할 때 우리는 가장 피상적인 외관에만 매달려 있는 것이다.

사상의 거장들의 집념이었던 단 하나의 유일한 지배사상으로 지구 전체를 개종시키는 일이 마르크스에게 남겨졌다. 그는 '눈앞에 펼쳐진 전체', 즉 그 자신이 윤곽을 잡을 수 없고 불가해한 것이라고 했던, 그 절대적 대상을 꿈꾸었던 것이 아닐까?

노동도 없다[22]

우리는 자본을 자본으로서 파악할 수는 없을까? 더 이상 집착하지 말자. 그 반대의 것이라고 간주되는 노동에서도 그것을 발견할 수 있을 것이다! "자신을 유용하게 이용함으로써 끊임없이 자신을 증식시키는 자본의 비밀은 간단하다. 그것은, 자기가 지불하지 않는 타인의 노동의 일부를 자유로이 처분할 수 있는 능력이다."

그러나 마르크스는 덧붙여 말한다. 이 '일부'의 노동은 자본만이 그것의 값을 매길 수 있을 뿐, 노동자는 그것을 평가할 수 없다. 자본은 노동의 가치를 계산하지만, 스스로의 가치는 계산하지 않는다. 그런데 노동도 자본의 가치를 계산하지 않는다. 노동이 스스로의 가치를 계산할 수 있을 것인가?

자기 자신에 사로잡혀 "노동은 자신의 가치를 갖지 못한다." 어떤 것을 생산하는 데 구체적으로 소모된 시간은 계산에 넣어지기도 하고 안 넣어지기도 한다. 시간은 너무 지나치게 쓸 수도 있고 혹은 쓸데없이 헛되게 쓸 수도 있다. 노동자가 보낸 시간(수고)은 그것 자체로서 가치가 있는 것이 아니라(그의 사용가치에 있는 것이 아니라) 오로지 그가 생산해 낸 물건의 '교환'가치에 의해서만 가치를 인정받는다. 전체적인 자본이 한갓 미끼에 불과한 것이라면, 일반적인 노동 역시 그 전체로서 파악되는 것은 아니다. '그' 노동('Le' travail, 강조 원문)은 '순전한 허깨비', '하나의 추상'에 불과한 것으로 판명되었다. 상품의 세계 밖에서는 노동은 아무것도 아니다.

따라서 노동은 "그것 자체로서는 존재하지 않는다." 그렇지 않다면 우리는 물뿌리개와 화분, 혹은 기초지어진 기초라는 순환 속에 떨어지게 될 것이다. 추상적이고 일반적인 사회적 노동만이 자본주의를 '생산한다'고 말하는 것은, 자본주의가 현대경제의 '출발점'을 가능케 해 준다는 사실을 잊고 하는 말이다. 자본주의만이 노동을 일반화하고 추상화하고 사회화하며 또 한편 '특정한 노동의 무관계성'을 생산하고, '군말 없는 노동 그 자체'만을 진정한 노동으로 간주한다. 특정의 노동은 특정의 물건만을 만들어 낸다. 일반적인 노동은 일반적인 자본을 생산하며, 일반적인 자본은 일반적인 노동을 생산한다. 그 두 가지는 어느 것 하나가 더 우세하지 않은 채, 출발점이 결과이고, 결과는 이미 출발점에 있다. "모든 세기 중에서 가장 노동을 많이 하는 우리 세기는 자신의 노동과 돈을 가지고 무엇을 할지를 모른다. 더 많은 돈, 더 많은 노동을 생각하는 것 외에는"(니체).

노동은 가치를 생산하는가? 물론이다. 그러나 이때 노동이란, 사람들이 사고파는 상품으로서의 노동이 아니라 그것의 창조적 성질을 말하는 것이다. 이 성질이 노동을 "다른 모든 상품과 구별시켜 가치 형성의 요소가 되게 하고, 그 스스로가 어떤 가치가 될 가능성을 아예 배제한다." 창조적 노동인 이 '노동의 힘'은 특정의 값이 있는 것도 아니고, 특정의 이름이 있는 것도 아니다. 만약 이 노동이 하나의 가치(가격, 혹은 임금)를 갖는다면, 그것은 이미 창조적인 것이 되지 못한다. "사람들이 사고파는 것, 그것은 항상 어떤 제한적 노동일 뿐, 결코 일반적인 노동이 아니다." 노동이 다른 가치들에 의해 가치가 측정되면서 동시에 그 가치들을 또 측정한다고 생각하는 것은 마르크스가 프루동에게 있다고 비난했던(혹은 리카도가 스미스에게 있다고 반박했던) '악순환'에 빠지는 것이다.

자본도 그렇지만 노동도 결코 따로 떼어 놓고 별개로 파악할 수 있는 것이 아니다. 그것은 단순히 가치(임금)만이 아니고, 또 단순히 노동자의 노력이나 수고, 혹은 경험만도 아니다. 과거의 모든 사회에서와 마찬가지로 현재 사회에서도 이 실재성들은 물론 감각의 대상이고, 생리적으로 만져질 수 있고, 구체적인 것이다. 그러나 사물의 가치를 만들어 주는 것은 노동의 감각적 질이 아니라, 합병된 노동의 양적 규모일 뿐이다. 그것은 다음과 같은 사실을 전제로 한다. 즉, "사람들의 노동은 기계에 대한 인간의 예속, 혹은 노동의 극도의 분할에 의해 균등화되었다. 인간은 노동 앞에서 소멸되었고, 시계추만이 두 노동자의 상관적인 행위를 재는 정확한 척도가 되었다. 그러므로 한 사람의 한 시간은 다른 한 사람의 한 시간과 같다고 말해서는 안 되며, 차라리 한 시간을 일하는 사람이 다른 시간을 일하는 사람과 같다고 말해야 할 것이다."

마르크스주의 편집광偏執狂들이나 보이스카우트주의는, 창조적 노동이 자연을 인간화하고 인간을 자연화함으로써 일곱째 날에도 인간이 즐겁게 일할 수 있는 사회를 예고한다는 점에서 그 영광을 함께 찬양하고 있다. 비록 몇 개의 나팔 소리가 같다 해도 마르크스의 교훈은 전혀 다른 방향으로 나간다. 교환되는 물건의 가치의 기초를 마련해 주는 노동력을 '살아 있는 불' 혹은 '살아 있는 시간'이라고 말했을 때, 마르크스는 역사의 본질, 즉 인류의 알파이며 오메가인 사물의 기초를 따로 떼어 고찰하려 했던 것은 아니다. 그는 계속해서 방적공의 노동에 대해 이야기한다. "방적공의 노동이 목화솜과 방추紡錘의 가치들에 새로운 가치를 덧붙이는 것은, 인간의 생명력을 소모시키는 추상적이고도 일반적인 그 기능에 의해서이다."

그는 여기서 살아 있는 불을 흔드는 프로메테우스가 아니라, 노동자에게 불을 붙이는 자본을 우리에게 보여 준다. 마르크시스트이건 아니건 간에, 노동의 메달은 노동하는 인간의 인생에게 수여되는 것이 아니라 노동−인생의 인간에게 주어지는 것이다.

상품가격에 계산되는 노동시간은 작업복을 입은 시간, 다시 말해서 공장에서의 시간(그러나 마르크스는 감옥, 학교, 병원에 대해서는 그렇게 말하지 않았다)이다. '이' 자본, 혹은 '그' 노동을 페티시화化함으로써 그들은 지배 자체에 대한 사유에서 벗어나려는 것이 아닐까?

멍에에 대항하여 또 다른 멍에

부르주아 왕국에서와 마찬가지로 위대한 정신적 가문에서도 그 승계는 오이디푸스적으로 일어난다. 즉, 암살하고, 이어서 향불을 피워 숭상한다. 혹은 아첨하다가 곧 죽여 버린다. 계승만이 중요한 것이다. 그런 시나리오를 충분히 알 만한 위치에 있었던 마르크스는 자신의 추종자들에 대항하여 이렇게 자신을 미리 옹호했다. "나는 용의 이빨을 심었으나 벼룩을 수확했다."

단지 벼룩뿐일까? 마르크시스트들은 그들 각자의 원초적 허약성만 가지고는 마르크스에게서 씨 뿌리는 자의 엄숙하고 거룩한 행동을 그토록 열심히 찾아보지는 않았을 것이다. 사람들은 카를 마르크스에게서, 그가 생각하고 글로 썼던 것을 전혀 요구하지 않았다—그 이상을 요구했다. 즉, 그가 자기 눈앞에 갖고 있던 '모든 것', 보편적 지배체계의 관점(처음에는 돈에, 그리고 나중에는 자본 속에 구현된 이 세계적인 힘), 그리고 이 지배를 지배하는 연습('사물의 밑바닥까지 내려가는' 혁명)까지를 요구했다.

마르크시즘과 반 마르크시즘이 교차되는 역사의 한쪽 끝에서 다른 쪽 끝에 이르기까지, 마르크스는 사상의 거장으로서 기능을 발휘한다. 그는 '비밀의 실험실' 속으로 이 지구의 지배와 소유를 들여옴과 동시에 새로운 지배자와 소유자를 스스로 만들어 내기도 했다.

세계에서 가장 위대한 이 책—『자본론』—의 편집이 끝나지 않았다고 해서 그 계획이 뒤집혀졌다고는 말할 수 없다. 사람들은 계속 그것을 보완시킬 것이기 때문이다. 인류는 끊임없이 쓰고 영원히 다시 읽는 그런 커다란 하나의 인간과 같다. 선배가 사라지면 우리는 먼지 속에서 그들의 덕성의 자취를 따라가며 필생의 작업에 착수한다. 1900년경에 마르크시스트와 반 마르크스주의자들은 계산을 정확히 하는 데 그들의 기력을 소모했다. 마르크스의 초고草稿의 '수지收支 균형'이 딱 들어맞지 않았던 것이다. 1930년경에 사람들은 이 불균형에 열광했다. 좌익의 계산자들은 손에 펜을 쥔 채, 『자본론』이 예견한 최후의 대재앙이 눈앞에 다가왔다고 믿었다. 오늘날 사람들은 인문과학이라는 아교로 이 흩어진 조각들을 다시 모아 한데 붙이려 한다. 자본론이라는 기계장치의 경제 관련 묘사는 좀 고장이 났지만, 이번에는 그것을 사회-심리-성性의학으로 더욱 공고히 해 놓았다. 우주 전체를 통괄한다는 어떤 대가가 복구해 놓았으므로 그 증거는 더욱 더 반박하기 어려웠다.

마르크스는 자신의 『경제학』에서 세계의 지배라는 하나의 단일성을 세우려고 노력했다. 그의 관점의 협소함을 비판하다 보면, 더욱 더 지배의 관점을 보여 주는 일반경제학의 약속이 거기에 나타나고 있음을 알 수 있다. 거장 사상가들이 제 꾀에 넘어가는 더 심한 고정관념은, 모든 것을 지배하는 하나의 언어가 있는데, 자신이 그 언어의 가장 내밀한 비밀을 꿰뚫어 보았다는 것이다. 그것은 수학적인 언어, 변증법적인 과학, 돈의 보편적 유통, 자본의 세계적인 힘, 마부제 박사의 유언 같은 것이다.

자본은 존재하지 않는다. 그건 아무래도 좋다. 중요한 것은 그것에 대해 말하는 것이다. 그것을 말하면서 사람들은 동시에 모든 것을 말할 수 있으며, 모든 사물을 판단할 수 있으며, 어떤 사건이라도 판결할 수 있으며, 저급한 반대의견을 이론적인 논쟁의 수준으로 올릴 수 있다. 그것을 일반적인 경제학의 영역 안에 넣어 '우리 눈앞에' 두기 위해서는, 자본인 것과 자본이 아닌 것을 정확히 알아야 한다. 그러므로 『자본론』의 주위에서 이루어지고 있는 주석, 반박, 첨가, 조각 모으기, 이어붙이기, 찢어내기, 안감 대기, 조명, 강조, 극복, 해석, 반反 해석 등 모든 말의 잔치들은 결국 전통적 '일반형이상학'의 순수하고 단순한 계승이다.

누가 그것을 말하는지는 중요하지 않다. 가끔 그것은 유관기관의 대표자이기도 하다. 마르크스-너머의 일반경제학은 자기의 고유한 언어로 현재 일어나는 일, 현재 있는 것, 현재 살고 있는 사람들을 판단한다고 주장한다. 그리고 동시에 입문자들만이 알고 있는 언어의 과학임을 자처한다. 거장들의 과학인 동시에 존재들의 과학(현재 일어나고 있는 일에 관한 좀 더 일반적인 개념이고, 고대인들이 말하던 존재로서의 존재의 과학)이다. 이런 자그마한 연결 속에서 전통적인 경제학은 독일 거장 사상가들의 유산을 간직한다. 바로 거기에서 지배의 과학과 과학의 지배가 서로 얽히며, 지구에 대한 통합적이고 배타적인 정복의 지평도 넓혀진다. 그 정복을 표현하는 것으로 여겨지는 언어와 함께.

이중의 파괴력을 가진 지식이다. 한편에서는 지배의 체계가 결여를 통해 증거를 제시하고, 자본주의는 그 여건을 끊임없이 '혁명'한다―"산업혁명과 농업혁명은 사회적 생산의 일반 조건이 혁명적으로 바뀌지 않을 수 없게 만들었다. 즉, 교통과 통신 수단에서의 혁명이 그것이다." 추방된 농부들, 길거리에 나앉은 노동자들은, "나는 존재한다, 그러므로 나는 원자적인 고독 속에 갇혀 있다는 생각을 한다"라는 근대적 인간의 코기토로 프로그래밍되어야만 한다. 또 한편 혁명은 이 파괴를 파괴하며, 대자본을 통제할 것이다.

말장난일까? 아마 그럴지도 모르겠다. 그러나 우리의 세기는 끊임없이 그리로 되돌아간다. "의회의 야간회의에서 내각을 구성해야만 했다. 장관들이라고? 그 말은 벌써 탁하게 더럽혀진 인상이다! 그것은 관료적인 높은 직위, 혹은 국회의원의 야심에 왕관을 씌워 주는 것 같은 냄새를 풍긴다. 그래서 정부를 '인민위원회'라는 이름으로 부르기로 했다. 이 말은 그래도 약간 신선한 느낌을 갖고 있으니까."[23]

선전 책자인가 코미디인가? 전혀 아니다! 1917년 10월, 트로츠키에 의해 구성된 첫 번째 볼셰비키 정부 취임 당시의 보고서이다. 그 결정사항은 다음과 같다. 즉, 인민위원은 관료적 직책을 탐내지 말 것이며, 조직의 전문가에게 위임된 자본가의 권력은 더 이상 부르주아적이 아니라 사회주의적 의미를 띠어야 하며, '통신수단의 혁명'을 통해 비록 소수가 통신수단 전체(정보, 인간과 사상의 소통, 출판, 교환, … 등)를 독점하더라도 그것은 어디까지나 인민적인 것으로 간주되어야 할 것 등이다.

인간과 땅의 지배가 완성되고 끝난 것처럼 묘사함으로써, 그리고 '자본의 모든 권력'이 '구세계'의 절대적인 법칙인 양 선언함으로써, 마르크스는 '전체적 권력'이라는 세기의 도박을 궤도에 진입시켰다. 혁명가였던 그에게는, 파리코뮌 참가자들이 하늘을 공격하려고 뛰어오르는 것처럼 보였을 것이다. 처음에 평범하게 행정부의 소재지인 동궁冬宮을 습격했던 볼셰비키 당원들은 나중에 이것을 '모든 권력'이 머무는 그러한 하늘로 만들었다. 이 권력에 의해 '소비에트의 모든 권력'과 볼셰비키 장관들의 모든 권력이 완전히 동등해졌다.

앞으로 전진하는 대약진의 혁명적 순간, 그리고 느린 걸음으로 진보하는 개혁의 순간은 '혁명가들'에게서는 언제나 교대로 나타나는 현상이며, 개혁주의자들(이들도 유혈적인 청산에 결코 부정적이지 않다)에게서도 가끔 나타나는 현상이다. NEP를 만든 마르크스적 우두머리의 거대한 도약은 어김없이 '제자리로' 돌아갔고, 열렬한 혁명이론은 '경제적 진실'의 냉엄한 고찰로 넘어갔다. 하늘을 공격한 파리의 프롤레타리아를 찬양한 지 몇 년 후에 마르크스는, 양쪽이 조금 더 양식良識이 있었더라면 파리와 베르사유 간의 화해는 상상할 수 없었을 것이라고 차갑게 말했다. 역사는 권력을 찬탈한 자들 사이에서 이루어진다. 이때 권력이란 피지배자들의 손이 미치지 않는 곳에서 자본이 독점한 그 권력이다. 개혁주의자건 혁명가이건 간에, 큰 역할을 담당하는 것은 언제나 이론에 따라 큰 도박을 벌이는 사령부이다.

자기 길을 가는 관념의 부재

자기 시대의 혁명에 대해 마르크스는 수많은 저술을 남겼다. 그런데 그것은 1848년 독일혁명에 참가한 후 썼던 논설문을 제외하고는 모두가 사망자명부처럼 멀리서, 혹은 사후에 쓰여진 것들이다. '과학적'으로 설명된 실패의 내용증명일 뿐이다. 그는 독일혁명까지도 1789년 혁명의 효력 없는 반복으로서 경험했던 것이다. 미래의 설계에서 모든 '유토피아'를 수호했던 마르크스는 실은 극도로 냉정한 사람이었다.

이러한 침묵은, 민중 선동적 프로그램을 반영하지 않는다는 점에서, 높이 평가해 줄 수도 있다. 그러나 아무리 대중을 존중했다 해도 그것은, 왜 공산주의의 모든 미래 계획이 근본적으로 민중 선동적인 것인지를 명백히 밝혀 주지 못한다. 마르크스의 경제학 저술들에는, 생산을 계획하는 '생산자 연합'이라는 수수께끼 같은 말들이 가끔 언급된다. 혹은 각기 규칙적으로 두 지점을 오가는 아리스토텔레스의 베틀 북[아리스토텔레스는 『정치학』에서, "만약 북이 스스로 움직여 옷감을 짠다면 장인에게는 하인이 전혀 필요 없을 것"이라고 했다]이 언급되기도 한다. 성스러운 기술은 노동의 필연성에 지배받는 우리를 여가와 자유로 인도해 줄 것인가? 이 얼마 되지 않는 저술에서 임시변통의 결정 외에 다른 것을 발견하기는 매우 어렵다. 자세한 설명 없이 그저 '생산자들의 자유스러운 연합'이라고만 된 이 말은 별다른 설명 없이, 마치 요술 지팡이를 휘두르듯, 자본주의가 경제전쟁 사이에 유통시킨 엄청난 적대감을 사라지게 만들 뿐이다. 모든 문제들을 물질의 풍요로 해결한다는 그 기술적인 해결 방법은, 그리고 풍요를 향한 기술이 지배자의 풍요이지 피지배자의 풍요는 아니라는 정교한 이론 작업은 아이러니하게도, 자본주의의 힘이 단순히 파괴의 힘이나 기생충적 힘이 아니라는 것을 암시한다. 자본주의적 '지옥'이 개발하고 재생산하는 기술이나 정열이 무슨 기적으로 갑자기 사회주의적 '낙원'을 생산하고 재생산할 수 있는가?

마르크스는 그의 『독일 노동당 강령 비판』에서 단 한 번 미래의 계획을 언급했을 뿐이다. 그것도, 사물의 가치가 어떻게 계산되는지를 말하기 위해서였다. 어떻게 교환과 평등을 결정할 것인가? 자본의 셈이 다 치러진 다음에도 왜 사람들은 노동을 하는가? 1세기 후의 결과를 보건대 우리의 미래 또한 속임수를 부리고 있다는 불길한 생각을 금할 수 없다. 근본적으로 공산주의에 대해서는 아무런 할말이 없다는 듯, 마르크스는 해방된 후 사람들의 삶을 어떻게 조직해야 하는지에 대해서는 다시 한 번 묵묵부답이었다. 권력을 잡은 후에도 상층 노동계급은 "보면 알게 될 것이다"는 말만 되풀이할 것인가. 그들은 기본적인 것에 대한 염려를 오직 공산사회의 '최종' 단계로 미루어 놓고 있다. "노동이 생활수단만이 아니고 인생의 제일의 욕구가 될 때, 꽃이 활짝 피듯 모든 개인들의 역량이 만발하고 생산력이 증강될 때, 그리고 모든 협동적인 부富가 샘물처럼 솟아오르게 될 때—바로 그때 우리는 부르주아의 법이라는 협소한 지평선에서 도망칠 수 있을 것이다."[24]

시詩도 아닌데, 그 말들을 보라. 아! "모든 개인들의 역량이 활짝 꽃피고", "부가 샘물처럼 솟아오르"다니, 마르크스는 그야말로 영감靈感을 받은 시인이다! 문제가 해결되면 문제 자체도 용해되어 액체나 기체로 화한다는 것인가.

'이 적당한 시간'을 기다리는 동안, 우리는 벌써 자본의 힘을 한 번 꺾어 놓은 것 같다. 그래도 우리는 여전히 '부르주아 법의 좁은 지평' 속에서 살고 있다고 마르크스는 확인한다. 그러나 그는 노동자가 '일정량의 노동'을 제공했다는 것을 보증해 주는 '교환권'을 활용할 수 있을 것이라고 생각했다. 그러므로 각 개인의 개별 노동은 직접적으로 유용한 노동의 가치를 지니게 될 것이다. "개인의 노동이 우회의 방법(즉 시장의 방법)을 통해서만 존재하게 되는 자본주의 사회에서와는 달리, 이제부터 그것들은 전체 노동의 통합적인 부분으로서, 직접적인 방식으로 존재하게 될 것이다." 그런데 노동의 유용성은 누가 판단하는가?

다른 경제학자들이 돈을 노동교환권으로 대체시키려 했을 때 마르크스는 자기 평판이 손상될 것을 감수하면서까지 그것을 가혹하게 비판했다. 노동 시간을 국가중앙은행에서 보증하는 화폐 척도로 삼자는 그레이[John Gray, 1798~1850, 영국의 공상적 사회주의자로, 사회 개량 수단으로 노동화폐를 주창]의 제안에 대해 "그럴 경우 파산이라는 징벌이 내려질 것이다"라고 꼬집었다. 결국 "노동은 곧 화폐라는 것은 공허한 말이다."[25] 거기에 "프루동 및 그 추종자들이 주장하는" 사회주의적 내용을 첨가해도, 아니 첨가할 때, 특히 그것은 공허한 말이 된다. 20년 후 사회주의 강령을 수립해야만 했을 때 마르크스는 갑자기 프루동의 제자가 되었는가?

실상 마르크스는 완전히 궁지에 몰렸다. 그레이와는 반대로 그는 각자의 노동이 '집단노동의 시간'이 될 때 혹은 '직접적으로 연결된 개인들의 노동시간'이 될 때에만 노동 교환권이 기능을 발휘할 수 있다고 말했다. 그러나 그는 이어서, 부르주아적 관계가 밑바닥에서부터 꼭대기까지 완전히 뒤집혀야만 이것이 가능하다고 덧붙였다. "그러므로 (…) 교환가치는 가격이 될 수 없고, 생산품은 상품이 될 수 없으며, 따라서 부르주아 생산의 토대 자체가 파괴될 것이다." 무슨 이야기인가? 그레이의 노동화폐설의 모순을 피하기 위해서는 우리가 '부르주아의 법이라는 좁은 지평'에서 이미 해방되어, 공산주의의 '높은' 단계 안에 들어가 있어야 한다는 이야기인가─마르크스는 처음부터 이 단계를 무기연기하지 않았던가!

1세기 후에 크게 유행하게 될 지성의 절차가 이때 처음으로 나타났다. "만약 당신이 개념의 이항대립(사회주의! 자본주의! 뭐라도 상관없다)에서 발을 빼지 못할 때는 '과도기'를 설정하라. 그리고 개념적으로 사유 불가능한 이 과도기를 역사 속에서 작동시키라"는 것이다. 죽도 밥도 아니다. 자본주의도 공산주의도 아니다. 여기서 우리는 부르주아의 법이 존속되는 '낮은 단계'를 얻을 수 있다. 그러나 그것은 자본주의는 아닌 것이다! 색채 모자이크 퍼즐인가. 생각할 수 없는 것이 어떻게 역사가 되는가…. 집단노동자라는 단어와 부르주아의 법이라는 단어를 수없이 한데 짝지어 본다고 해서 문제를 단숨에 해결할 수 있는 것은 아니다. 당신은 2층에서 내릴 것인가 3층에서 내릴 것인가? 만일 당신이 자본주의에도, 사회주의에도 내릴 수 없다면, 그것은 현실의 엘리베이터가 당신의 개념 층에 멈추지 않기 때문이다.

자본은 모든 힘을 갖고 있다. 왜냐하면 그것은 노동자들을 분리시키고, 그들을 원자화시켜 부르주아적 관계로 환원시키는 최고의 힘을 갖고 있기 때문이다. 사람들은 자본에게서 모든 힘을 얻어 낸다. 그러나 개인들은 잠시 동안 부르주아 법의 '좁은 지평'

안에 갇혀 있기도 한다. 그 사이에는 누가 이 자본의 절대적 힘을 행사할 것이며(생산을 조직하고, 어떤 노동이 유용성을 갖고 있는지를 정하는 등), 누가 이 역사적 과업의 고지에 오르기 위해 '충분히 넓은 지평'을 갖고 있는가? 사상가가? 당이? 국가가? (이것은 소위 과도기라고 불리는 단계에서는 "프롤레타리아 혁명 독재 바로 그것에 다름 아니다.") 싫건 좋건, 이 거장 사상가가 침묵을 지킬 때, 그는 미래의 국가에게 발언권을 넘긴 것이다. 앞으로 자본주의와 공산주의를 구별하는 것은 미래 국가가 할 일이다. 자본주의는 사적 경제가 모든 권한을 휘두르는 독재이고, 공산주의는 공공 서비스가 전권을 갖고 있는 독재체제여서 이 나라는 완전히 공무원들의 소유가 될 것이다, 라는 차이점을 확인하는 것도 미래의 국가가 할 일이다. 기질상 전혀 국가주의자가 아닌 마르크스는 다른 방법이 없기 때문에 할수없이 국가주의자가 되었다.

독일 사회당의 강령에서 어떤 입장을 취해야만 했던 그는 모든 끈들을 잡아당겼는데, 그 끈들은 그 이후 점점 더 굵어졌다. 예를 들면 자본주의에서 사회주의로 옮겨가는 동안 '생산양식'은 모든 것을 바꾸었다. 그러나 전체 안에서 구체적으로 변화하는 것을 명확히 밝혀 놓을 필요가 있을 때마다 그는 살짝 피하여 다른 주제로 옮아가곤 했다. 마르크스는 자신이 애매모호하다고 비난한 강령 대신 자신의 강령을 제시할 수도 있었을 것이다. 그러나 그는 그렇게 하지 않고 주제 근처에서만 맴돌았으며, 그리하여 마치 머리칼을 층 지게 자르듯 공산주의를 수많은 불분명한 단계로 분할시켰다. 그리하여 그의 '비판'은 너덜너덜한 넝마처럼 지리멸렬하게 되었다.

그러나 그는 그의 사상 깊숙이 간직하고 있던 엄청난 실수를 발설했다. 그는 결국 무엇을 고백했는가? '사회주의'의 제1단계, 즉 혁명 후의 사회에서 사람들은 법에 의해 결정되는 관계, 그러니까 불평등하고 부르주아적인 관계를 유지한다는 것이다. "법은 본질적으로 모든 사람에게 평등하게 적용된다. 그러나 불평등한 개인들(이들은 불평등하다는 것 외에는 아무런 특징도 없다)은 동등한 척도로 평가되지 않는다. 사람들은 그들을 동일한 관점에서 고찰하기는 하지만, 각기 고유하게 결정된 모습으로만 그들을 바라본다. 예를 들면 다른 모든 나머지는 제외한 채 오로지 노동자로서만 그들을 바라보는 것이다. 그리고는 이렇게 말한다. 이 노동자는 기혼, 저 노동자는 미혼, 이 사람은 저 사람보다 자녀가 더 많아, 등등."

마르크스는 이와 같은 구체적인 모든 여건들에 대한 고찰을 노동자의 경우만이 아니라 소위 공산주의적 단계에까지 끌어올린다. 그것은 모든 사람이 '각자 자기가 필요한 만큼' 재화를 획득할 수 있는 그러한 단계이다. 거기에 엄청난 실수가 있다. 첫 번째의 '낮은' 단계에서는, 각자의 노동 시간에 따라 그들에게 돈을 지불한다. 그것은 가능한 이야기이다. 그런데 그것은 사람들의 사생활(결혼, 자녀 수 등등)의 차이는 고려하지 않고 있다! 다시 말해서 사회적으로 어떤 것이 유용한 노동인지 쓸데없는 노동인지, 또 어떤 것이 소요된 시간만큼의 가치가 있고 어떤 것이 갑절 노동해야 할 가치가 있는 것인지 하는 것들을 '그들은' 마치 아무 문제도 없다는 듯이 쉽게 결정해 버린다. 사회 전체의 문제나 특정한 개인 각자의 문제나 마찬가지로 말이다. 마치 그건 지푸라기처럼 아무 중요성이 없는 사소한 일이라는 듯이! 그런데 개인 각자의 일상생활의 필요성을 일일이 파악하는 것은 사회의 역량을 넘어서는 것이다. 당신에게는 아이가 다섯 있고 내게는 세 명이 있다고 치자. 그것은 엔지니어로서의 당신의 노동과 목수로서의 나의 노동을 비교하는 것보다 훨씬 더 어려운 비교이다.

예전에 자본에 속해 있던 모든 기능, 즉 불평등을 평등화하고, 한없이 다양한 구체적인 노동들로부터 사회적으로 쓸모 있는 추상적인 노동을 추출해 내고, 다양하며 구체적인 인간들 사이에 파묻힌 추상적인 노동자를 끄집어 내며, 생산의 공동 목표와 생산물의 유용성 여부를 결정하고, 이 모든 것이 야기할 갈등들을 해결하는 일—이런 과업을 수행하는 것은 사생활의 차이(자녀 수 같은 것)를 고려하는 것보다 훨씬 쉬운 일이다! 여기서 우리는 마르크스가 공적 생활과 사생활, 또 사회적 노동과 개인적 욕구의 간격을 더욱 넓게 벌려 놓았다는 것을 알 수 있다. 그럼 공적 생활에 대한 자본의 힘은 모두 누구… 누구에게로 넘어가는가? 그 문제에 대해 우리는 단 하나의 사실밖에는 알 수 없다. 즉, 이러한 문제들이 사적 인간들보다 더 중요하게 여겨진다는 것이다. 사적 인간은 자기 욕구의 노예가 되어 자기보다 어린아이를 두 명 더 가진 이웃 사람의 욕구에는 생각조차 미치지 않는다. 오래전에 철수한 부르주아 착취자들은 여전히 사회노동의 분배와 조직을 담당하는 공인으로 남아 있다. 그리고 사적 개인은 그 밑에서 말없이 당하는 사람으로 남아 있다.

마르크스는 여기서 목가를 읊고 있다. 자본가를 관리로 바꾸어 놓는다고 무엇을 얻을 수 있단 말인가? 주인들은 다른 주인들에게만 권력을 넘겨주는 법이다. 그것은 공리公理다. 마음씨가 나빠서도 아니고 에고이즘 때문도 아니다. '자본'이나 '사회주의'로부터 권력을 따로 떼어 내는 것이 바로 권력의 역할이기 때문이다. 그리고 이와 같은 추출이나 구상構想은 곧 '지배'를 의미하기 때문이다(헤겔). 사상의 거장들은 지배자의 관점에서 미묘하고 섬세한 주석 작업만 했다. 그들이 보기에 특수성 속에 갇혀 있는 피지배자란 아무런 견해도 갖지 않은 사람들이었다.

"**노동자의 미래.** 노동자들은 자신들을 군인처럼 생각하는 법을 배워야만 한다. 그러니까 그들이 받는 돈은 사례금이며 봉급이지, 임금賃金이 아니다."[26]

니체의 말에 마르크스는 이렇게 맞받아친다. "군인, 물론 좋지…. 그러나 혁명을 하는 군인이어야 한다!"

그러면? 혁명적이기 위해 좀 덜 군인이 되어도 괜찮은가?

6
나는 어디를 통해
모든 것 위에 올라가게 되었는가
모두를 위한 니체

시인은 장식 없는 칼로
무서움에 떨고 있는 자신의 세기世紀를 선동한다
이 이상한 목소리 안에서 죽음이 승리를 거두고 있
다는 것을 모르는 그 세기를!

—말라르메

마르크스를 넘어서

뒤에 남아 있는 구세계의 마지막 배船들을 불지르고, 거장 사상가들의 근대성이 잘 배치되도록 돕고, 앞으로 올 세기의 색채를 재빨리 표방해야만 했다. 좀 늦게 온 니체는 마지막 청소작업에 참가했고, 늙은 거장들이 말하지 않고 있던 것을 터뜨렸다. 하나의 왕국이지만 신하는 한 명도 없는가? 라고 헤겔이 물었다. 신하는 한 명도 없다. 틀림없다! 피억압자는 자기가 억압자인 것을 모르는 척하는 음흉한 억압자이다—피억압자는 싹 쓸려 연기처럼 사라져 버렸다!

그러나 왜 하나의 왕국인가? 그리고 왜 하나의 자본인가? 우리는 거장들의 공화국에 들어온 것이 아닌가? 거대한 권력들의 장난인가? 모든 투쟁은 최종적이다. 그러나 이것은 끝이 없다. 모든 전투는 결정적인 것이지만… 그러나 바로 다음번의 전투가 기다리고 있다. "창조할 사람은 언제나 파괴한다"고 말한 마오쩌둥보다 먼저 니체가 말했듯이, 그리고 모든 사람들이 생각하듯이, 권력이란 파괴력에 의해 측정되는 것이라면, 분쇄되지 않는 중심이란 하나도 없으며, 극형에 처해지지 않을 자본이란 하나도 없다. 그리하여 다른 권력에 자리를 양보하고, 자본들을 폭발하여 날려 보내는 것이다. 조직이나 국가는 물론 과학, 예술, 정치, 종교까지도 니체는 '지배의 형성' 혹은 권력의지의 구조라고 본다. 이 세계는 코페르니쿠스적 태양으로 이루어져 있고 사령부들의 통합체이다. "반드시 인간만 그런 것이 아니라, 모든 힘의 중심은 자기로부터 세계의 나머지 전체를 구성한다. 다시 말해서 자기 스스로의 힘으로 그것을 측정하고, 만지고, 가공한다."

자산가의 뒤에는 거장이

사유재산의 철폐! 지성과 국가의 결합이라는 기치 밑에서 얼마나 오랫동안 공모가 이루어졌는가, 그리하여 금세기의 유혈적인 학살에까지 이르렀던가! 그들은 식료품상을 조롱하고 그의 프티부르주아적 정신상태를 조롱했으며, 농민의 소자본을 없애 버렸다. 그러나 그 대신 공공의 대자본가가 생겨나고 있다는 것은 보지 못했다. 공공의 자본가들은 옷에 걸친 장식끈만으로도 자본의 직위에 걸맞은 계급이 되었다. 이에 당황한 마르크스는, 자본을 소유했건 아니건 한 기업의 '지휘관'은 결정적인 권위를 구현하고 있다고 말했다. 그리고 "이 권위는 노동 상호간의 조건을 의인화할 때에만 그 보유자의 소유가 된다"고 했다.[1] 그러나 관리자, 고위 엔지니어, 고용 사장 등은 사유자산가라는 마르크스적 중심 테마의 변용에 불과하다. "사유재산은 가장 단순한 법적 관계이다"라는 사실을 확인했다는 점에서 마르크스는 헤겔과 의견이 일치한다.

조그만 땅뗴기나 구멍가게를 소유한 소규모 사유경제의 확장 속에서 '자본주의 부흥'의 가능성을 발견했던 중국 공산주의자들도 당황하기는 마찬가지였다. 그들은 붉은 부르주아들이 선호하는 장소가 어떤 곳인지를 끝까지 생각해 보지 않았다. 그곳은 권력이 사회에 영향을 미치고, 지휘권이 노동과 각자의 욕구까지도 통제하는 그러한 사회이며, 그곳은 다름 아닌 바로 당黨이었다.

귀신에 홀리듯 맹목적으로 사유재산에 관심을 집중시키는 것은 니체에 이르기까지 모든 독일사상에 일관되게 흐르는 행태였다. 그런데 1789년의 몇몇 혁명가들은 권력과 재산의 개념을 좀 더 넓게 생각했다. 그래서 바르나브[Antoine Barnave, 1761~1793, 프랑스혁명 당시 유명한 웅변가]는 다음과 같이 이야기한다. "대중이 무식한 만큼 더욱 더 위대해 보이는 식자층은 최초의 귀족계급을 낳는다. 즉 원로, 사제, 예언자, 의사, 브라흐만, 드루이드[Druid: 지금의 영국과 프랑스의 옛 켈트인들이 숭배한 드루이드교의 사제], 예언자 등의 귀족이다. 한마디로 이들은 부富와 무기, 그리고 기만적 액세서리로 떠받쳐진 현재의 귀족계급 이전에 존재했던 계급이며, 학문의 기초 위에 세워진 귀족계급이다."

지롱드당원이었던 바르나브가 우리 시대의 '마르크스주의적' 노동운동가들 보다 훨씬 순진하다는 것은 더 말할 나위 없다. 오늘날의 노동운동가들은 현대의 예언자들과 브라흐만을 한데 합쳐

'노동자'로 정의하고, 전문노동자와 지도급 간부를 그들의 철창 안에서 '통합시켰다'.

안에서부터 바라봄

자산가가 잠시 걸치고 있는 누더기 밑에 매우 장래성 있는 근대적 거장의 모습이 드러난다는 것은, 지배관계를 더 이상 사물 간의 관계로서 감추어진 상태가 아니라 정면으로 바라보게 되었다는 것을 뜻한다. 주인은 어떤 물건을 훔치는 것이 아니라 어떤 사람의 피를 빨아먹는 것이며, 살아 있는 노동에서 '펌프질'을 하는 것이라고 이미 마르크스는 이야기했다. 하지만 그는 아직 인간관계를 사물의 관계로 전도시키는 그 조용한 이미지에서는 감히 탈피하지 못했다. 그가 착취의 '비밀 실험실'에서 발견했다고 주장하는, 중견 간부와 하급 관리지 사이의 착취도 실은 인간 대 인간의 직접적인 관계일 뿐이다. 피착취자의 '무임금노동' 혹은 '잉여가치'도 실은, 아랫사람들의 노동시간과 노동 강도를 제멋대로 정하는, 권력의 비대칭성의 산물이 아니고 무엇이겠는가?

인간이 타자를 만나기 전에 우선 사물과 마주치는 그러한 목가적 사회는 조용한 영국 자유주의 사상가들이 그렸던 풍경이다. 헤겔이, 사유재산의 일차적 소박함의 개념을 빌려온 것도 로크에서부터였다. 권력관계는 사물 간의 관계에 의해 결정적으로 측정된다는 가설을 고수함으로써, 마르크스도 그들과 전혀 단절된 것이 없었다. 비록 공장 전제주의에 대한 그의 이해가 자동적이며 독재적인 주인의 도입을 불러온다고 해도 말이다.

공장 울타리 안에만 들어가면 지배관계는 지속된다. 사물 간의 관계도 결코 지배관계와 무관하지 않으며, 가끔 이 지배관계들을 드러내 보여 준다. 지배계급의 사치는 사물의 향유라기보다는 차이의 향유이다. 호화스러운 것과 위세적인 것은 잉여가치를 만들어 내고, 이 잉여가치가 문화적, 교육적, 미학적 잉여가치를 재생산한다. 경제적 '사물'이라는 우회적 수단을 통해 지배관계를 객관적으로 측정할 수 있다는 관념은 버려야만 할 것이다. 지배자는 자신을 남의 평가에 내맡기지 않은 채 남을 평가하며, 규범을 정한다. '저개발' 국가에서는 살이 쪄야 하고, 선진국에서는 마른 체형이어야 하며, 페르메이르[베르메르Johannes Vermeer, 1632~1675, 〈진주 귀고리 소녀〉로 유명한 17세기 네덜란드 화가] 시대의 네덜란드에서는 튤립 애호가가 되어야 하고, 벨에포크[Belle Epoque, '아름다운 시대'라는 뜻으로, 19세기 말부터 제1차 세계대전 발발 이전까지 주로 파리를 중심으로 한, 경제적으로 번성하고 문화적으로 화려했던 시대와 그 문화를 가리키는 말] 시대에는 속도광이 되어야 하며, 또 어느 때는 전쟁, 경찰 애호가 혹은 음악 애호가가 되어야 한다.

사물 간의 관계는 여전히 인간관계이며, 거기서 인간은 결코 지배관계를 벗어나지 못한다. "의지는 다른 의지들에게만 작용하고, 거기에만 효과적으로 영향력을 미칠 수 있다"고 니체는 요약했다. "안에서 바라본 세계는 힘의 의지, 바로 그것 외에는 아무것도 아니다"라는 그의 격언은 결국 거장 사상가들의 강령으로 낙착되었다.

생산을 위한 생산, 소비를 위한 소비, 축적 위에 또 축적, 이것들이야말로 근대세계의 "법칙이며 예언자들"이라고 마르크스는 단언했다. 그는 아마도 이런 동어반복을 임박한 실패의 지표로 삼으려 했던 것 같다. 그가 논의를 전개한 것은, 생산물의 소비는 화폐로 지불하고, 정량定量의 내구재는 경화硬貨로 지불하는 그러한 결제 시스템에 대해서였다. 이런 체계 안에서 신용을 위한 신용, 혹은 선불을 위한 선불이라는 인공적 조직물은 결국 경제공황과 혁명 속에서 최종적으로 붕괴할 것이라고 그는 내다보았다.

관념과 사물, 의도와 행동, 주관과 객관을 결정적으로 일치시키는 것으로 간주되는 이 커다란 결정에는 권력의지가 들어 있을 자리가 없다. 그것은 의지가 항상 사건을 뒤쫓기만 하여, 관념과 사물, 또는 계획과 그 수행의 일치가 영원히 실패하고 있다는 의미가 아니다. 권력의지가 앞쪽으로 질주하는 것처럼 보이는 것은 오히려 자신의 목표물 너머로 자기 자신, 즉 의지의 의지를 찾고 있는 것이라고 하이데거는 설명했다. 이 유사-질주의 긍정적인 측면이 바로 거기에서 유래한다. 도망인 것처럼 보이지만 사실은 지양이며, 자기초극이다. 권력의지는 무엇과의 일치를 추구하지 않는다. 그것 자체가 일치이다. "창조 놀이를 하려면 긍정이라는 성스러운 건강을 가져야만 한다. 현재의 정신은 자기 자신의 의지를 원한다. 그는 이 세계를 잃을망정, 그는 자신의 고유한 세계를 얻는다"(『차라투스트라』).[2]

몰리에르와 마르크스는 자기 돈궤의 포로가 된 구두쇠, 혹은 이 세상의 모든 부를 자기 금고 안에 넣으려고 하는 수전노의 패러독스에 특히 민감했던 듯하다. "질적인 측면에서 볼 때 물질적 부의 보편적 대표자로서의 돈은 한계가 없다. 왜냐하면 그것은 모든 종류의 상품으로 즉각 변형되는 힘이 있기 때문이다. 그러나 일정량의 돈들은 양적인 한계를 갖고 있으며, 따라서 제한된 구매력밖에는 갖고 있지 못하다. 이와 같이 항상 제한적인 양과 영원한 힘이라는 질 사이의 모순은 수전노로 하여금 끊임없이 시시포스(시지프)적 노동에 몸을 맡기게 한다"(마르크스).

이러한 '힘들'의 모순은 진정 시시포스의 모순인가? 시시포스는 산꼭대기까지 돌을 운반하라는 신의 저주 섞인 명령을 받았으나, 저주로 말미암아 돌은 산꼭대기에 이르면 언제나 굴러 떨어지고 말아, 항상 새로 일을 시작해야만 한다. 권력의지는 좀 더 '넓게' 축적을 한다. 그의 운동 또한 시시포스의 운동만큼 끝이 없는 것이기는 하지만, 그러나 권력의지는 돌을 이 봉우리에서 저 봉우리로, 언제나 더 멀리 밀어낸다. 이 돌(과녁, 종착역, 대상, 목표, 명분, 사물)은 더 이상 노력을 측정하는 것이 아니라, 극복된 잠정적 기한이며, 종말이 아니라 도약대이다.

금전을 찾아다니는 사람은 "정복할 때마다 또 하나의 국경선을 찾아 헤매는 정복자"와 같다고 덧붙임으로써, 마르크스는 정복자까지 싸잡아 비판했다. 전에 그는, 부르주아지의 자산이 "이집트의 피라미드나 로마의 수로水路"에 버금가는 기적이라고 찬양하지 않았던가? 시시포스 또는 수전노와는 달리, 근대의 권력은 끊임없이 지배 영역을 넓힌다. 새로운 국경선은 새로운 정복으로 인도한다. "언제나 새로운 국경선이다"라고 수동적인 허무주의자는 한탄하고, "언제나 새로운 정복이다"라고 니체 특유의 '적극적인 허무주의자'는 즐거워한다.

"허무주의는 무엇을 의미하는가? —최고의 가치들이 무가치해진다는 의미이다. 목표가 결핍되어 있고, 왜?라는 질문에 대한 대답도 결핍되어 있다." 아무것도 지배의 의지를 측정하지 않지만, 바로 이 점에서 정확히 지배의지는 모든 것을 지배한다. 생산을 위한 생산, 소비를 위한 소비, 축적 위에 또 축적이라는 적극적인 허무주의는 지구의 소유와 통제라는 속내를 폭로하면서 은밀한 최고의 의지를 드러낸다. 즉 이 세계 안에 유아독존唯我獨尊으로 있고 싶다는 의지를.

솔직한 말

길을 가면서 차라투스트라는 슬픔에 잠긴 한 노인을 만났다. 이 노인은 마지막 신을 애도하는 마지막 교황이다. 차라투스트라는 그의 애도에 끼어들었다. "신들이란 죽을 때는 여러 가지 방식으로 죽는다. (…) 이제 신은 없다. 그는 나의 눈을 가리고, 내 귀를 막았다. 이것이야말로 그의 아주 나쁜 점이다. 나는 분명한 시선과 솔직한 말을 가진 모든 것을 사랑한다."[3]

솔직하게 말하는 것—청렴과 솔직함—이 덕성 중의 덕성이라는 것을 사람들이 안다면, 현대의 모든 우상들과 신은 사형에 처해진다. "나의 솔직성이 끝나는 곳에서 나는 장님이 되고, 또 되기를 원한다. 그러나 내가 알기를 원하는 곳에서 나는 또한 솔직하게 되기를 원한다. 다시 말해서 엄격하고, 냉엄하고, 빈틈없고, 잔인하고, 무자비하게 되기를 원한다."

사상의 거장들은 모두 언어의 대가들이다. 그들은 좀 더 과학적인 언어를 얻기 위해 스스로 고유한 언어를 하나 만들려고 한다. '수학적으로' 자신을 통제하고 있는 지배의 언어는 항상 '동어반복'의 원 속에서 움직인다. 그것은 헤겔의 사변적 명제에서도 그렇고 피히테의 주요 법칙(자기=자기)에서도 그렇다. 마르크스에게 서는 자본의 '변증법적인' 운동만이 아니라, 혁명의 변증법적 운동도 그러한 순환 속에서 움직인다. 혁명의 변증법적 운동은 "항상 사물의 밑바닥에서부터 출발하여" 언제나 거기에서 자기 자신을 되찾는다(마르크스 주변의 가장 인정받는 젊은 헤겔학자들이 잘 쓰는 방법이다. 모든 문제의 앞에 자주[自主, auto-]라는 접두사를 붙여 해결하는 방법인데―예를 들면 해방은 자주해방auto-émancipation으로 해결되고 창조는 자주창조autocréation, 관리는 자주관리autogestion로 해결한다. 그래서 동차動車는 자동차automobile가 되지만, 그러나 권위auto-rité는 무엇인가?).

니체는 그 어떤 동일성에도 예속되지 않으면서(왜냐하면 모든 것을 포함하고 있으므로) 스스로의 통제를 받는 이 언어의 운동을 극한까지 밀고 갔다. 이 언어는 신이니 정신이니 자본이니 혁명이니 하는 최고의 존재로 고정될 필요도 없다. 이 모든 경계선들은 앞으로 수행해야 할 새로운 정복의 표지판에 불과하다. 특정의 언어들을 관리하는 이 모든 닫힌 영역들은 그것들을 통제하는 말들로 가득 차 있다.

신, 국가, 선, 악, 진실 등은 모두 '우상들idoles'이다. 계몽주의 시대에는 이와 전혀 다른 관점이 제기되었다. 즉 이성의 한계는 이성으로 하여금 피안의 세계를 기웃거릴 생각조차 못하게 한다는 것이다. 그 이후 우상이 흔들리게 된 것은 이성의 한계 때문이 아니라 그 우상들이 이성을 제한하기 때문이라고 했다. 이제는 더이상 비판적으로 안에 있을 것이 아니라 밖으로 뛰어나가야 할 것 같다. 니체의 '자유사상'은 가끔 고전적인 회의론으로 치장되어 있으나, 그렇다고 해서 그것이 덜 근대적인 것은 아니다. 그것은 제한적이거나 절제적인 것과는 거리가 먼 의기양양한 지배를 긍정함으로써 매우 근대적인 성격을 띠고 있다. 『우상들의 황혼』이 나온 지 20년 후 레닌이(『유물론과 경험비판론』에서) 디드로의 무신론을 주장했을 때, 그의 이런 순진한 행동에도 위와 똑같은 이야기를 적용할 수 있겠다. 디드로의 무신론을 주장하며 레닌은 그의 '유물론적 가설' 이론을 제시했다. 모든 과학적 학설의 기초가 되는 것으로 간주되는 이 '결정적인' 출발점은 헤겔에서부터 시작된 것이지 디드로에게서 시작된 것은 아니다. 그것은 독일 거장들에게서 배워온 통제 의지의 과학적인 해석일 뿐이다(거기서 레닌은 '가설'의 피히테적 관념을 발견했다. 가장 관념적인 철학자가 가장 난폭한 유물론자에게 영감을 주다니…).

니체가 모든 '우상들'의 경계선을 마구 넘어선 방식은 같은 시대 수학자들(예컨대 칸토르[Georg Cantor, 1845~1918. 집합론을 창시한 독일 수학자])이 치밀하게 구상한 방식과 깊은 유사성이 없다고 할 수도 없다.

무한대infini를 어떻게 계산할 것인가? 각기 다른 무한수들은 어떻게 구별할 것인가? 정확히 말하자면 우리는 그 어느 것도 계산할 수가 없다. 왜냐하면 그 수들은 전부 무한대이니까. 이 문제를 해명해 주는 일반적인 방법은 '무한수를 끝까지 계산할 수 없는 불능성'을 그저 자세하게 설명하는 것이다. 그런데 이처럼 불능성을 설명하는 방식이 바로 무한수의 구성방법이 된다―일종의 대각화diagonalisation라고나 할까.

예를 들어서 숫자를 나열하는 방법에는 수직 혹은 수평의 방법이 있을 수 있다. 그런데 이렇게 나열하여 만들어진 사각형 안에서, 대각선상의 숫자들은 수직의 나열도 아니고 수평의 나열도 아니다. 그 나열의 길이들을 아무리 길게 해 보았자 마찬가지다. 거칠게 말해 보면, (줄을 이루고 있는) 셀 수 있는 숫자를 가지고 셀 수 없는 숫자(대각선)를 만들 수 있다. 이 대각선은 구성에 의해, 그러니까 비록 손가락으로 이루 다 셀 수 없다 해도, 숫자에 의해 완벽하게 제한된다. 구성은 구성의 법칙에 의해서만 평가된다는 것을 아는 건 별로 중요하지 않다―엄밀히 말하면 모든 수학적인 것이 다 그렇다. 중요한 것은, 결코 완성되거나 구성되지 않으면서도 여전히 다른 실재에 의해 제한되는 그런 실재가 있다는 사실이다. 결코 구성으로 이루어지지 않는 실재들이 있다. 니체에 의하면 그것이 바로 '최고의 가치'이다. 그 가치들은 지속하기 위해 구성된 것이 아니라, 구성하는 시간 동안 지속할 뿐이다. "감정鑑定, 그건 바로 창조행위다―들으라, 오, 창조자들이여! 감정된 물건들을 보석으로 귀중품으로 변형시키는 것은 다름 아닌 당신의 감정 작업이다."[4]

그랜드 투어

신의 '결점'을 말하는 것은 볼테르의 취향이 아니었다. 그것은 니체가 자기 안에 간직한 시인, 혹은 니체를 자기 안에 간직하고 있는 시인에게 주어진 물건이다. 신보다 덜 만족하는 것이 아니라 신보다 한 수 위에 있는 것이다. 근대인은 신의 결점, 혹은 신의 부재를 표시하기 위한 타고난 재능이 있음에 틀림없다. "인간은 필요하면 신 앞에서 두려움 없이 고독하게 남아 있을 수도 있다. 그의 소박함이 그를 보호해 준다. 그는 무기를 가질 필요도 없고, 술책을 부릴 필요도 없다. 언제나 신의 부재가 그를 돕는다"(횔덜린). 만일 '신'이 죽었다면 열광도 없다.

우상들의 파괴(대각화)는 긍정적이다. 지식, 종교, 국가 들은 시적인 창조이다—그것들을 우상화하는 것은 그것들의 기원을 잊는 것이며, 더 이상 시적으로 그것들의 계보를 만들지 않는 것이다. 20세기 초, 무정부주의적 노동운동 관련 도서 목록에서 니체는 가장 많이 대출되는 책이었다. 그는 기존 질서의 반항자들 사이에서도 그런 위치를 간직했다. 우상을 자신의 것으로 인지하는 것은, 마치 피라미드가 파라오의 시체들을 안에 간직하고 있듯이 우상들이 자기 안에 숨겨 간직하고 있는 시를 백일하에 드러내 놓는 일이다. 니체의 '솔직성'은 우리를 해방시켜 준다. '최고의 실재'를 말하게 함으로써, 그 솔직성은 목소리를 띤다. 그 솔직성은 볼테르의 거짓을 비난하는 것과는 전혀 다른 방식의 반항을 선택한다. "시인은 거짓말쟁이에게서 어릴 때 자기가 젖을 빼앗아 먹던 젖형제를 발견한다. 그래서 이 형제는 가난한 채로 남아 있고, 선량한 마음도 갖지 못하게 되었다."

사상의 거장들 중에서 가장 명석하고 가장 솔직하며 가장 시적인 니체는 지배 없는 세상을 사유하고, 함부로 말하고, 발길 닿는 대로 모험을 떠나려 한다—그것은 전혀 맹목성을 뜻하는 것이 아니다. 왜냐하면 근대세계는 그렇게 해서만 발견될 수 있는 것이기 때문이다. "무한의 수평선 안에서 우리는 땅을 떠나 배에 올랐네! 뒤에 있는 다리橋를 끊었고, 뒤에 두고 온 땅과도 절연했지. 그런데 저기 작은 배가 있다. 조심하라! 네 옆에는 대양이 있다. 바다는 항상 포효하지 않는다. 가끔 비단결 같은 금빛 수면이 끝없이 펼쳐지기도 한다. 참으로 편안한 꿈이다. 그러나 그것은 무한하며, 무한보다 더 끔찍한 것이 없다는 것을 너는 알게 될 것이다. 아! 처음에는 자유를 느끼다가 지금은 철망에 몸을 부딪치고 있는 가엾은 새여! 땅이 그리워 향수병에 걸렸다면, 불행한지고, 거기서는 더 이상 자유가 없었는데… 지금은 더 이상 '땅'이 없구나!"(니체. 『즐거운 학문』).[5]

모든 '코페르니쿠스적 전환'의 이편에서 우리는 다시 팡타그뤼엘의 먼 여행으로 거슬러 올라간다. 『제4서書』의 여행자[라블레의 『팡타그뤼엘 제4서』에 나오는, 가르강튀아의 아들 팡타그뤼엘]가 제아무리 뚱뚱한 거인이라 할지라도 그는 아직 코페르니쿠스적 과학의 권위는 갖추지 못했으며, '무한의 수평선'을 제어하지도 못했고, 다만 그곳을 항해했을 뿐이다. 라블레의 호방한 웃음과 독일 학자들이 웃을 줄 모른다고 비난했던 19세기의 여행자 사이에는 '별 모양의' 우정이 있다. 그러니까 니체는 "예술을 철 지난 과거의 물건"(헤겔)이라고 선언하지 않은 유일한 거장이다. 오히려 그는 영원의 수평선 속을 탐험할 모든 종류의 임무를 예술에 맡겼다. 그렇게 함으로써 그는, 앞으로 혹은 뒤로, 지배이성의 자만을 넘어설 수 있었다.

어떤 정도까지 그러한가?

"우리가 상상하는 것 이상으로 훨씬 많은 언어가 있다. 그리고 사람들은 자기가 원하는 것 이상으로 자신을 드러낸다. 모든 것이 말한다! 그러나 들을 줄 아는 사람은 별로 없다. 그래서 인간은 허공중에 자기의 고백을 털어놓게 되며, 태양이 자신의 빛을 낭비하듯이 자신의 '진리'를 함부로 낭비한다. 허공이 귀를 갖지 않았다는 것은 유감스러운 일이 아닌가?"

하나의 거장은, 비록 그가 니체라 할지라도, '낭비'에 대한 투쟁을 하지 않을 수 없을 것이다. 아마 그는 허공에까지 귀를 붙여 놓여 놓을 것이다!

신의 이후에는[6]

아류들épogones의 자만심과는 달리 거장들의 자만심에는 언제나 그들 자신의 사상이 엿보인다. 설령 그것이 외부에서부터 본 지배에 불과한 것이라 할지라도 그들이 지배와는 다른 어떤 것을 가르치는 것은 바로 이와 같은 사상을 보여 주기 위해서이다. 책을 불태우는 자들에게 고함! 니체는 자기가 생각하는 것 이상으로 사상을 지나치게 시적인 것으로 만든다.

그의 눈에는—글 속에서는 아니지만—시와 모든 예술이 지배의 행위, 즉 권력의지의 확인으로 보였다. 그는 시를 저 먼 옛날 태곳적의 '효용성'으로 판단했다. "사람들은 신의 머릿속에 있는 인간의 욕망을, 리듬을 통해 더욱 깊게 새겨 놓고자 했다." 진, 선, 미를 통해 하나의 문명은 인간과 사람들을 상호 예속시킨다. "모든 도덕의 본질, 즉 도덕에 이루 헤아릴 수 없이 귀중한 가치를 부여하는 것은 운율의 강제성, 그리고 라임과 리듬의 전제성專制性이다."

모든 예술과 도덕과 정치의 은밀한 원동력인 이 '전제성'을 우리는 모든 인간적 교류의 기원에서 다시 찾아볼 수 있다. 뭔가를 빨리 이해한다는 것은 그것을 쉽게 이해한다는 의미이다. "언어의 역사는 축약 과정의 역사이다"라고 니체는 단언했다. 그는 무심결에 이 **축약**abbréviation이라는 개념을 헤겔에서 빌려왔다. 헤겔은 이 개념으로 자기 고유의 철학언어를 성격지었으나, 모든 언어의 성격을 이것으로 규정하지는 못했다.

이제부터 다양한 세속적 언어 속에서 이성의 유효성(예전에는 사변적 유효성)을 발견해야만 한다. 다시 말해 설득하는 전제성이 아니라 만류하는 전제성을 발견해야 한다. 언어를 축약의 과정이라고 정의한 후 니체는 다음과 같이 설명했다. "상황이 위험하면 할 수록 꼭 해야 할 일을 빨리 하고자 하는 욕구도 커진다. 그리고 해야 할 일에 대한 동의도 쉽게 이루어진다. 위험 속에 있다는 것을 아는 것이야말로, 인간들 간의 교류에 절대적으로 필요한 요건이다."

마치 핵무기의 두려움 때문에 핫라인을 설치한 초강대국들의 변명을 듣는 기분이다! 서로 이해한다는 부정적인 의미가 아니다. 니체는 모든 상호 이해의 근거를 파악하려고 했는데, 그 유일한 근거는 바로 긍정성이었다. "모든 우정, 모든 사랑에서 사람들은 똑같은 경험을 되풀이한다."

계몽주의 시대의 결정론자들은 이유와 적용의 사례를 나열한 후, 특정의 풍토와 덕성에서 특정의 자연과 인간이 나온다고 말했다. 사상의 거장들은 그렇게 순진하지는 않아서, 인간이 ~에 의해 결정되는 것이 아니라 ~의 앞에서 스스로 자신을 결정하는 것이라고 주장했다. "사실상, 내 형제여, 네가 네 민족의 위험이니 토양이니 풍토니 이웃이 무엇인지를 알게 되는 순간부터, 너는 너의 백성이 자신을 극복하는 방법을 알게 될 것이며, 그들을 희망으로 인도해 주는 계단을 알게 될 것이다."

백성들의 수없이 다양한 목표들은 항상 똑같은 억제적인 생략을 보여 준다. 상황은 지배에 대한 도전이며, 최고의 지배는 이 도전을 제압하는 데 있다. 그리고 "힘든 일을 요하는 모든 것은 가치가 있다."

비록 모든 문명이 단 하나의 원칙에 의해 규정된다고는 하지만, 그 수많은 민족과 원칙들의 다양성은 그들의 갈등을 해결해 줄 유일한 원칙을 요구하게 된다. "오늘날까지 이 세계에는 수천의 민족이 있었으므로 그 목표도 수천 개가 된다. 거기서 필요한 것은 그 수천의 목을 한데 잡아 맬 끈이며, 유일한 하나의 목표이다. 인류는 아직 목표를 갖지 못하고 있다. 그러나… 그것은 아직도 인류가 존재하지 않는다는 이야기가 아닐까?"

무한대의 수평선은, 단일한 인류에 의해 투사된 단일한 목표, 혹은 단일한 주체의 단일한 대상으로서 이해해야만 할 것이다. 여기서 형이상학자와 시인의 길이 갈린다.

배에 올라탄 과감한 항해자는 신 이후에 거장이 필요 없다고 느낄 정도로 그렇게 대담했던 것인가?

혹은 대조타수大操舵手를 미리 생각하지 않고는 하나의 거장을 생각할 수 없었기 때문일까? 이에 관해 니체는 모든 예술 안에 들어있는 대大 양식grand style을 인정하라고 촉구한다. "이 양식은 커다란 정열과 공통점이 있다. 뭔가를 만족시키거나 설득하거나 명령하는 일을 껄끄러워 하고, 그것을 갖기를 원하지도 않는다. … 그저 단지 자기 내면의 혼돈을 제어하고, 자신의 혼돈을 애써 드러내고, 논리적으로, 단순하게, 정언적定言的으로, 수학적으로 행동하며, 스스로 법이 된다. 이게 바로 커다란 야망이다." 아마도 모든 거장 사상가들의 야망이 이러할 것이다.

만류하는 진리가 어떤 조건에서 참된 진리처럼 보이는가를 생각해 보자. 얼핏 보기에 이 진리는 진리의 반대인 것처럼 보인다. 그것이 현실을 사는 데 도움을 준다면 그것은 도움이지 진리가 아니다. 만일 목적과 수단, 원인과 결과, 주체와 객체가 살아가는 데 필요한 믿음들이라면, 이 범주들은 생존 의지라는 측면에서 참된 것이지 진리에 대한 경의라는 측면에서 참된 것은 아니다. 만일 진리가 만류적이라면, 또 서로 논쟁하지 않기 위해서만 상호 이해를 하는 것이라면, 혹은 개념의 구름다리를 통해 심연을 뛰어넘기 위해서만 서로 화해하는 것이라면, 진리라는 구름다리는 왜곡하는 의지가 세워 놓은 필연적인 허구성일 수밖에 없다. "사람들은 이성의 범주들 안에 현실의 판단기준이 있다고 믿었다. 그러나 실상 이 범주들은 현실을 통제하는 데, 혹은 현실을 영리하게 속이는 데에 쓸모가 있을 뿐이다."

주의! "안다는 것, 그것은 지배하는 것이다"라는 헤겔의 말을 끝까지 밀고나가려는 시도를 니체적인 섬세한 족집게로 간파해야만 한다. 니체는 이렇게 말했다. "이제 이 세계는, 그것을 구성하는 성질들, 예컨대 변화, 생성, 다양성, 상반, 모순, 전쟁 등의 성질 때문에 허위의 것이 되고 말았다."

만류하는 진리는 검은 것을 흰 것이라고 주장해서 허구가 아니다. 실제로는 전쟁이 휩쓸고 있는데 평화공존을 말하기 때문에 허구인 것이다. 니체는 더 섬세하게 말한다. 그에 의하면 만류적 진리는 존재 이하가 아니라 그 이상의 실재이며, 실재의 창백한 이미지를 제공하는 것이 아니라 그 스스로의 모습을 부각시킨다. 만류적 진리는 그 자체가 변화를 안정으로 바꾸고, 생성을 존재로 바꾸며, 다양성을 단일성으로 바꾸고, 상반적인 것을 구성으로 바꾸고, 모순을 지배구조로 바꾸며, 전쟁을 제국주의적 평화로 바꾸는데, 결국 이 모든 것은 변화, 생성, 다양성, 상반, 모순, 전쟁 등에 의해 실행되는 것이다.

　강압적인 만류는 자신의 진리를 자기의 밖에서, 즉 자기와 일치시켜야 하는 현실 속에서 찾지 않을 뿐만 아니라, 거기서 그것을 발견하지도 못한다. 이 강압적인 만류는 백설공주 이야기에서처럼 자신이 아름답고 착하고 유일하다는 것을 말해 줄 거울을 부를 필요가 없으며, '절대지'와 자신을 동일시하거나 혹은 '자본'과 다르다는 것을 반증할 필요도 없다. 만류는 그것이 포함하고 있는 사물들에서 자신의 단일성을 기대하는 것이 아니라 자신이 그 사물들을 **의미하고**_signifie_, 명령하여 하나의 단일성으로 만들어 준다. "모든 단일성은 유기적 조직이며 협동체일 때만 단일성이 된다. … 그러므로 단일성이란 지배의 구조를 의미하는 것이지, 그 자체가 단일성은 아니다." 만류하는 진리는 평등화하고, 단순화하고, 과장한다. 그리고 평화가 이루어진 논리적 세계를 보여 주는데, 그렇게 하기 위해서는 우선 끊임없는 전쟁과 공포를 통해 이 세계의 원초적 논리성을 부각시킨다. 이 진리는 스스로에게 존재 의지로 부과함으로써, 안정된 존재라는 허구를 만든다―불안정한 균형이 아니라 안정화해 가는 불균형이다.

　거장의 의지는 자기를 통제한다. 그는 하나의 대상―신, 자본― 또는 하나의 사건―성 금요일, 혁명 등―앞에서 마음을 닫고 무관심하게 있는 법이 없다. 그렇다면 그는… 그 어느 것 앞에서도 마음을 닫지 않는다는 말인가? 심연, 공포가 이 의지의 마지막 진실이 될 것인가? 장군들이 근엄하게 "나와 혼란 중에서 하나를 선택하라"고 말하지만, 니체의 디오니소스는 그들보다 훨씬 더 잘 알고 있어서 "나는 곧 혼란이니"라고 슬쩍 미끄러져 말한다. 거장은 심연을 '발견'하지 않는다. 그는 다만 자기의 하늘을 좀 더 깊게 만들기 위해 심연을 판다. 장군들도 마찬가지다. 다만 그것을 말할 줄을 모를 뿐이다. 거장의 의지는 자기 자신에 대해서는 무관심하다. "생성에다가 존재의 성격을 새겨 넣는 것―그것이야말로 최고의 권력의지이다."[7]

거장의 의지가 도처에서 다시 발견하는 것은 바로 그 권력의지이다. 그 옛날의 시詩는 벌써 운韻과 리듬을 통해 "인간의 욕망을 신의 머릿속에 더 깊이 새겨 넣으려는" 시도가 아니었던가?

반지[8]

여기 동그라미 중의 동그라미가 있다. 거장은 모든 진리―그의 허구―를 만들어 내며, 그것이 진실일 뿐만 아니라, 자기는 진짜 거장이라고 주장한다. 자기가 자의적으로 장악한 진리를 어떻게 그의 장악과 자의성을 증명하는 진리로 만들 수 있을까? 그리고 만약 이 진리도 허구임이 드러난다면?

거장은 궁지에 몰린 듯하다. 신도 사라져 간다. 사람들은 신 자체보다 더 신성한 신들을 제시함으로써 신을 파괴하고 '대각화'할 수 있다. 여기서 도저히 피할 수 없는 역설이 솟아 오른다. 그것은 어떤 사실을 단정적으로 말할 때 그 단정된 대상이 갖는 역설이다. 내가 만약 "진실이란 허구다"라고 말했다면, 이렇게 말하는 나의 이 말 역시 허구인가? "나는 거짓말한다"고 말하는 거짓말쟁이의 패러독스이다. 그의 말도 거짓말이라면 그는 거짓말쟁이가 아닌 게 되고, 그의 말이 사실이라면 그는 지금 거짓말이 아니라 진실을 말하는 것이 되기 때문이다. 세계는 우화로 변해서 실체 없는 허구가 되었는데, 우화는 엄연히 실재가 되어 손에 잡히는 책, 귀에 들리는 이야기가 되었다. 패러독스이다. "우리는 실재의 세계를 없애 버렸다. 어떤 세계가 남았는가? 가상假象의 세계만이 남았을까… 아니다! 실재의 세계와 동시에 우리는 가상의 세계도 없애 버렸다!"

이 순환 속에 사로잡힘으로써 거장의 태도는 이중적인 것이 되었다.

1) 원圓 속에서 놀며 그는 "너무 깊이 들어갔기 때문에 오히려 표면이 되었고", 어깨를 한번 으쓱하고는 춤을 춘다. "지금 내게 있어서 가상이란 무엇인가? 물론 존재의 반대는 아니다. (…) 내게 있어서 가상은 생명이며, 행동 자체이다. 이 세상에는 가상, 도깨비불, 요정들의 춤 밖에 없다는 것을 우리에게 느끼게 하기 위해 짐짓 자기 자신을 조롱하는 생명이다. 다시 말해 많은 몽상가들 사이에서 **제정신을 갖고 있는 나** 역시 남들과 똑같은 스텝으로 춤을 춘다는 것을 보여주기 위해." 옳은 말이다. 그러나 이 세계의 운행을 닮은 '꿈의 지속'을 따라가기 위한 가장 적당한 방법이 춤이라는 것은 나는 어디서 배웠는가? 확고하게 춤추는 어떤 기초가 나의 '춤의 코기토'를 증명해 줄 것인가? 니체 자신도 이 문제를 제기했다. 그래서:

2) 그 원 앞에서 '나'는 "모든 인간들의 거주지역에서부터 6천

피트 상공"에 있으며, 모든 다른 시간보다 더욱 진실된 시간 속에 있게 된다— "정오, 그림자가 가장 짧은 시간, 가장 긴 오류가 끝나는 시간, 인류의 절정, 차라투스트라의 서두언序頭言." 이것도 역시 허구인가?

나는 안에 있는가, 밖에 있는가? 우선 이 세계를 바라보는 나의 시선이, 나의 계획에 따라, 혹은 내가 춤추는 범위에 따라, 이 세계를 일정부분 잘라낸다는 의미에서는, 안에 있다. 그러나 "모든 것은 전망이다"라고 내가 말할 때, 나는 밖에 있다. 나는 그 전망의 모든 것을 알기 위해서는 그것의 위로 튀어나와 있어야 하는 것이다. 그러면 이제부터 춤을 추어라! 물론 안에서이다. 니체는 거기서 이런 논지를 끌어낸다. "이 세계의 전체적인 가치는 평가하기가 힘들다. 그러므로 철학적인 비관주의는 희극의 영역이다."

비관주의자는 이 세계를 판단하기 위해 그 위로 뛰어 오른다. '그러므로' 그 역시 희극적이다. 하지만 이 '그러므로'도 역시 희극성을 띠는 것이 아닐까? 낙관론자들도 역시 이 세계의 위로 뛰어 오른다. 그리고 이 도약의 희극성도 똑같다. 이 세계의 전체적 가치를 말하면서 이들이 세계 위로 뛰어 오르는 것은, 우선 세계를 단일한 것으로 취급하기 위해서가 아닐까? 그리고 단일성에 대하여 다양성을 택하고, 여러 차이점과 수많은 세계들을 선택한다 할지라도, 이런 선택을 할 때 그들이 서 있는 지점은 어디인가? 세계들 위로 깡충 뛰어 올랐으니, 당연히 세계의 밖인가? 희극이다! "요컨대 우리는 우리의 지성을 마치 하나의 신념으로 생각하면서, 동시에 신념은 신념일 뿐이라고 생각하는 그런 모순적인 방식으로 사유해서는 안 된다."

이러한 논리의 지점에서, 만일 건전한 육체와 정신을 원한다면, 우리는 당연히 궤변에 호소하게 된다. 그래서 똑같은 불명예의 벤치 위에 궤변가들을 대 사상가들과 현대의 수학자들 옆에 나란히 앉히는 영광을 베푸는 것이다. 사상가는 세기 초의 수학자들이 집합이라는 '순진한' 이론을 전개하며 패러독스(거짓말쟁이의 패러독스도 그중의 하나이다)에 '빠졌던 것'과 똑같은 방식으로, 허구의 진리들 중에 진짜 진리는 무엇이며, 여러 세계들 중 진짜 세계는 무엇인지 질문했다. 모든 집합을 포함하면서 자기 자신을 포함하지 않는 집합을 집합으로 평가하는 것이 불가능하듯, '이 세계의 전체적 가치'도 평가가 불가능하다. 모든 것을 포함하는 세계는 자신의 평가 속에 포함되어 있거나, 또는 그 평가를 내포하고 있는 것이 아닐까? 그리고 만일 그것을 내포하고 있다면, 그 평가는 어떻게 이 세계의 평가가 될 수 있을까? 그리고 또 만일 그것을 내포하지 않고 있다면 그것은 어떻게 자신이 세계라는 것을 입증할 수 있는가?

수학자들에게는 새로운 것이지만, 이 패러독스는 철학에서는 역사가 길다. "'증명할 수 있는 것은 참이다'라는 것은 '참'이라는 단어에 대한 자의적인 정의이다. 다시 말해, 증명할 수 있는 것은 참이다라는 말은 진실들이 미리 주어져 있다는 것을 전제로 하는 것이다."

비록 니체가 순환 속에 빠지는 것을 겁내지 않았다 하더라도 그는 여전히 거기에서 벗어나지 못하고 있다. 그는 거기서 원칙들, 공리公理들, 또는 미리 주어진 (선험적인) 진리들의 고전적 장소를 표시했고, 그리스 사상가들이 '최초의 명상'이라는 숲속의 덤불을 헤치며 피해 갔던 개념들을 빌려왔거나 혹은 번역하여 보여 주었다.

니체는 지배자가 자기 통제의 원 속에서 빙글빙글 도는 것을 보고 놀라워하지 않았다. 오히려 아주 유쾌하게, 지배자에게는 항상 철학이 필요하다는 증거가 거기에 있다고 지적했다. 이러한 필요에 부응하는 철학이 어떤 철학인지 아는 일만이 남았다.

H아워

세계의 질서는 적대국 간의 상호 공포가 가진 억제 기능에 의해 유지된다. 그중 한쪽 진영이 공통의 이해利害, 혹은 각자의 힘을 상기시킴으로써 그 질서를 고정시키려 설득하는 것보다는 훨씬 좋은 일이다—핵무기 개발 이전에도 사람들은 그것을 알고 있었다. 권력은 혼돈과 대항하고, 또 혼돈을 일으키면서 인간의 욕구에 대적하는 것으로 자신의 기초를 확립했다. 모든 본격적인 정치는 '심연의 가장자리'에서 전개된다. 거대한 결정들은 다 받아들여지는데, 왜냐하면 "그것 아니면 딴 방법이 없기 때문이다." 그 어떤 종류의 것이건, 평화는 전면적인 재난을 유예시키는 것처럼 보이기 때문에 긍정적으로 여겨지는 것 같다. 평화는 재난을 초월하여, 그것을 효과적으로 정지시킴으로써 평화를 영속화시킬 수도 있고… 전쟁이 모험을 하면 할수록 평화는 더욱 강해지고, 결국 전쟁은 평화가 된다는 것이다. 단계적 확전은 극단에 가까워지면서 스스로를 억제하고, 최종의 재난에 가까워질 가능성이 영구 평화의 가능성을 더욱 가깝게 만든다는 것이다. 결국 파괴하는 힘이 건설하는 힘을 작동시킨다는 이야기다. 이런 만류적 전략의 진리를 발견하기 위해서는 펜타곤이나 소련 정치국을 기다릴 필요조차 없었다. 현대는 설득하기 전에 우선 만류를 함으로써 상대방을 지배하는 시대인데, 사상의 거장들도 이런 지배의 진리들을 성찰했다. 니체는 그중에서 가장 자유스럽게 그것을 말했다.

"자신이 폭군이 되기 위해서, 다시 말하면 **자유인**이 되기 위해서는, 자기를 억압하는 폭군을 하나 갖고 있어야만 한다. 머리 위에 다모클레스의 칼[다모클레스(Damokles)는 기원전 4세기 디오니시우스 왕의 신하. 다모클레스가 왕좌를 탐내자 왕은 그에게 왕좌에 앉아 보라고 했는데, 앉아서 천장을 보니 한 올의 말총에 칼이 매달려 있는 것을 보고 혼비백산했다. 권력이란 위태로움을 빗대는 우화]백 개를 걸어 놓는 것은 결코 사소한 이점이 아니다. 그것은 춤추는 방법을 가르쳐 주고, '운동의 자유'를 준다."

"우리의 안에는 모든 성장과 동시에 파괴의 법칙이 지배하며, 다른 것이 창조되고 태어나기 위해서는 모든 것이 가차 없이 파괴되고 해체되어야만 한다. 이 사실을 간파한 사상가가 그 관념을 지지하고 싶다면 그는 이 명상 속에서 일종의 희열을 찾을 줄 알아야 한다. 그것이 없다면 그는 지식에 적성이 없는 것이다. 그러므로 세련된 잔인성을 가져야 하며, 그것을 단호한 마음으로 준비해야 한다."

"아폴론의 환상. 영원한 아름다운 형태들. 귀족적인 입법. 항상 그래야만 한다!"

"디오니소스: 육감과 잔인성. 사물의 불안전성은 생산과 파괴의 힘을 **영원한** 창조성으로 즐기는 향유로 해석되어야 한다."

"모든 가치들의 가치 전환. 이제는 더 이상 확실성에서 즐거움을 찾을 것이 아니라 불확실성에서 즐거움을 찾아야 한다. '원인'도 없고 '결과'도 없다. 그저 창조가 계속될 뿐이다. 이제는 보전하려는 의지가 아니라 지배하려는 의지가 있을 뿐이다. 이제는 '모든 것은 주관적이다!'라는 겸손한 말 대신, '모든 것은 역시 우리의 작품이다―그것을 자랑스럽게 여기자!'라고 선언해야 한다."[9]

지배와 수학

자연의 수학화가 시작된 때(갈릴레오, 데카르트)부터 자연은 현대적 의미의 지배의 대상이 되었다. 한편 사회의 지배도 수학에 도움을 요청한다. 비록 수학보다 더 엄격한 사변적 언어 속에서 수학을 극복하려 할 때조차 그러하다. 지배의 대 양식은 항상 '수학적'이 되고자 한다.

그렇다면 반대로 지배의 기획이 이미 수학 안에 들어 있다고 말할 수 있는가? 금세기 초에(힐베르트) 수학 고유의 언어로 세계를 완전히 지배하겠다는 계획을 세우면서, 수학자들은 그렇게 생각했다. 그들이 생각하는 수학의 완전성은 모든 모순을 배제(항상 그랬다)할 뿐만 아니라, 아예 모순과 이율배반을 맞닥뜨릴 가능성 자체를 배제함으로써 보장되었다. 그리하여 수학은 법에 대한 최고의 과학이라고 단정되었다(후설의 법논리nomologie).

그러나 결과는 그렇게 되지 않았다. 수학은 전혀 다른 방식으로 자신의 방법을 정립했다. 엄밀함은 포기하지 않았지만 완전성이라는 이상은 잃어버렸다. 괴델의 그 유명한 정리에서 볼 수 있듯이, 가장 재미없고 가장 빈약한 부분으로 영역이 축소되지 않는 한 수학은 절대로 자기 통제를 할 수 없고, 이율배반적 언설의 가능성을 미리 배제할 수도 없다는 것이 입증되었다. 스스로 사치의 값을 지불한 것이다.

수학의 '위기'를 해결하기 위해 제기된 다양한 방법들에 대한 해석이 그 다양한 방법들보다 훨씬 많다. 그러나 절대적 지배라는 이상理想을 잠시 옆에 치워 둔다면, 수학의 자유로운 진화를 가능하게 해 준 것이 무엇인지를 직관하는 일이 불가능하지는 않다. 비록 사람들이 이런 요구를 수학에게 했다 하더라도, 수학 그 자체는 자신이 모든 것에 대해 모든 것을 이야기한다고 주장한 적이 없다. 수학적인 논리학자는 자신의 여행을 시작할 때 제외시킨 두 언어의 대양에서 해적질을 하지 않으면 이율배반이라는 암초를 비켜 갈 수 있다. 그래서 타르스키[Alfred Tarski, 1901~1983, 폴란드의 논리학자, 수학자, 철학자]는 말했다. 수학의 '밑에는' 그 어떤 논리로도 단일하게 만들 수 없는 모호한 어조로 모든 것을 말하는 일상의 언어가 있다. 그리고 '그 위에는', 비록 거부되지는 않았다 해도 존재하지는 않는, 이론 중의 이론이 있는데, 이 이론은 모든 일반적인 진리를 판단하면서 역시 모든 것에 대해 이야기한다. "진리의 일반이론을 다루는 언어는 일상언어와 꼭 마찬가지의 이유로 모순적일 것이다."[10]

논리학자들은 언어의 등급을 섬세하고 다양하게, 그리고 교차적으로 나눈다. 상위언어(메타언어)는 하위언어(대상언어langue-objet)를 통제한다. 그러나 논리학자들은 이러한 등급이 안정적인 기초(공용어) 위에 자리 잡고 있으며, 그 꼭대기(진리의 일반이론, 법논리)에서는 모든 것을 내려다볼 수 있음을 고의적으로 모르는 체한다. 거칠게 말해 보면 수학은, 더 이상 자신이 흡수하거나 지배할 마음이 없는 일상적이고 세속적이며 공통적인 언어를 흘려 내보냄으로써, 그러한 언어에서부터 '빠져나온다'. 이 공통의 세속성을 수학은 자기 나름대로 내재화하였다. 결코 모든 것을 통제하지는 않는다는 것을 시인하며, 수학은 자기 자신까지도 포함하여 모든 것을 그 한계까지도 말할 수 있는 가능성을 스스로에게 부여했다.

언어는 데카르트 이후의 철학자들이 꿈꾸던 수학적인 보편성을 결코 갖지 못할 것이다. 그와 반대로, 언어 속에 잠겨 있는 수학은 플라톤이 이미 말한 "모든 것을 순환하게 만드는" 세속적 언어의 모호한 보편성을 한껏 이용하고 있다. 이제부터, 진정 수학을 모방하겠다고 주장하는 지배자는 익사하게 될 것이다.

지배와 신학

현대인의 모든 불행은, 자기가 신이라고 생각하거나 지배자를 신이라고(개인 숭배) 생각하는 데서 기인한다고 사람들은 말한다. 인간은 종교에 짓눌려 죽을 지경이고, 아직 충분히 과학적이지 못하다고 하는 편리한 설명도 있다. 재미있는 설명이다! 금세기의 가장 큰 범죄들이 다 이 노랫가락을 읊조리며 자행된 것이다. 그러므로 조금도 재미있을 것이 없다!

이론적인 예언들에 의하면, 지배자에 대한 존경심을 신에 대한 (은밀하고 무의식적인) 존경심에서 끌어내는 것이야말로 과학적이고 유물론적인 것이 된다. 브라보, 땅에 대한 우리의 존경심은 하늘에 대한 존경심에서 온 것이다! 복음에 대한 떠들썩한 해석은 여기서 유물론에 대한 복음적인 해석과 신중하게 한데 합쳐진다. 신과 물질 중에서 어느 것이 진짜 신인가 하는 논쟁으로 시간을 보냄으로써 사람들은 이 진짜 신과 진짜 물질이 왜 항상 진짜 지배자의 실제적인 권위와 함께 나타나는 것인가 하는 물음을 잊고 말았다. 그 얼마나 많은 최종적인 해결들이 이 칼끝에서 춤추게 될 것인가?

그리고 지배자에게서 신을 찾기보다는 신으로까지 이르는 지배자의 모습을 추적하는 것이 오히려 적당한 것이 아닐까? 언제, 그리고 어떻게 지배자는 신처럼 되었는가를 생각해 보아야 할 것이다. 아마도 이것은, 지배자가 지배한다고 주장하는 모든 '대상'이 그러했듯이, 신을 희생시킴으로써 일어난 것이 아닌가를 추적해 보아야 할 것이다.

수학은 지배의 한 모델을 보여 준다. 왜냐하면 하나의 언어를 '구성'함으로써 완전히 그것을 지배하는 듯이 보이기 때문이다. 그렇게 함으로써 수학이 권력의 상징이 되기 전에, 그리고 나중에 신학과 경쟁하기 전에, 신학은 동일한 역할 속에서 자기 역량을 시험하게 되었다. 신의 존재를 '증명'하는 것은 언어의 고리 속에 지고의 실재를 놓는 행위이다. "신은 죽었다"라는 단언은 바로 그 똑같은 힘에 큰 타격을 가했다. 이 난언을 위해 니체는 그것을 실행한 사람보다 훨씬 큰 하나의 행위를 상기시켰다. 신을 증명하거나 거부하거나 간에, 사람들은 '모든 것'이 언어, 즉 자신을 '증명'하면서 자신까지도 지배하는 언어에 의해 지배된다는 확신에 차 있다.

사람들은 알아차렸다. 집합이라는 '순진한' 이론이 맞닥뜨렸던 이율배반에, 이성적인 신학의 노력들도 걸려 넘어졌다는 것을. "'가장 큰 것은 사유할 수 없다'라는 개념이 제시하는 이율배반은 수학적이다"라고 J. 뷔유맹[Jules Vuillemin, 1920~2001, 프랑스 철학자]은 성 안셀무스의 '증거'를 고찰하며 말했다.[11] 매번 하나의 언어는 자신이 말하는 것을 존재하게 만들고자 하는 야심을 갖고 있다. 이때 이성은 "자신의 창조적 능력을 고찰하고, 그 능력의 힘과 범위를 시험해 보게 되며", 이렇게 해서 '신의 이성적인 관념'(같은 곳)에 도달한다. 사람들은 순진한 집합이론에서와 마찬가지로 이성적인 신학에서도 이 야심을 발견할 것이다. 그것은 서로 비슷한 원칙들을 갖고 있는데, 내포의 원칙(콰인[Willard Quine, 1908~2000. 미국의 철학자. 논리학자. 컴퓨터의 콰인 프로그램은 이 철학자의 이름을 딴 것이다]), 혹은 사상捨象의 원칙(러셀) 등이 그것이다. 이 원칙들은 분류와 집합을 하기 위한 하나의 조건(성질)을 구성한다. 이때 집합의 원소들은 이 조건들을 충족시키는(혹은 이 성질들에 의해 규정된) 사물들이다. 신의 본질에서부터 신이 존재한다는 결론을 이끌어낸 '존재론적 증명'은 이렇게 해서 좀 더 일반적인 주장으로 굳어진다. 이 주장은, 자기가 말하는 것을 소유하고 싶어 하고, 또 자기가 소유한 것을 지배하고 싶어 하는 현대의 이성적 언어 속에 마치 유령이 출몰하듯 항상 나타난다.

존재 혹은 비존재의 지점에서 언어가 모든 존재하는 것을 지배하고 있는 이 순간에 신이 있느냐 없느냐는 별로 중요하지 않다. "신은 죽어 있으며, 그를 죽인 것은 우리다. (…) 이 행위의 규모는 우리 자신들보다 훨씬 더 거대한 것이 아닌가? 최소한 그 행위에 합당하도록 보이기 위해, 우리 자신이 신이 되어야 하지 않을까?"(니체)

그보다 더 큰 것을 생각할 수 없다고 생각하며, 또 이러한 사실을 자기가 알고 있다는 것을 생각하며, 니체는 신의 존재 혹은 부재 속에서 지배자의 치수는 바로 지배자 자신의 몸 치수라고 생각했다.

신은 죽었지만, 오래전부터 신과 꼭 닮은 사람이 대신 들어섰다.

"너는 해야 한다라는 말 위에 **나는 원한다**(영웅들)라는 말이 있고, **나는 원한다**라는 말 위에 **나는 존재한다**(그리스의 신들)라는 말이 있다."[12]

『차라투스트라』를 읽는 독자라면 그 누구나, 비록 분명하게 형식화되지는 않았으나, 니체가 하나의 중심('역사에서의 그의 위치') 주변을 빙글빙글 돌며 위로 올라가고 있다는 것을 알 수 있다. 그것은 동일자의 영원회귀라는 수수께끼 같은 중심이다. 사람들은 이것을 니체의 광인적 신비주의라고 했다. 왜냐하면 이 최고의 열쇠에 대해 그는 아무 말도 하지 않았기 때문이다. 마르크스도 그의 최종적 혁명에 대해 별 말을 하지 않았고, 헤겔도 『법철학』 꼭대기에 제왕적으로 앉아 있는 완고한 군인에 대해 아무것도 설명할 것이 없다고 애써 밝혔다. 영원회귀, 혁명, 군주, 이것들은 아무 설명 없이 그저 그렇게 존재하는 것이다. 그리고 혁명의 영원회귀가 '1만 년 이상' 지속될 것이라고 마오쩌둥이 군주로서 확언했을 때, 이 세 가지 말들은 너무나 비슷하여 똑같은 한 단어가 되고 말았다.

사상의 거장들은 모든 것을 지배의 고리 속에 집어넣었는데, 모든 것을 포함하는 이 방식은 타원적이다. 왜냐하면 그것은 항상 두 개의 초점을 갖고 있기 때문이다. 즉 **권력의지**와 **영원회귀**, **자본**과 **노동**, **부르주아지**와 **혁명**, 즉자와 대자, 정신과 자연, 아我와 비아非我 등이 바로 그것이다. 커다란 원칙들은 투쟁과 패러독스의 양극단 사이에서 전체의 사유를 조건짓는다. 전체의 지배는 곧 **권력의지**이고, 지배의 전체는 곧 **영원회귀**이며, 지배의 전체는 곧 **자본**이다. 전체의 지배는 **혁명**이며, 역사의 '동인'으로서의 계급투쟁이다, 등등.

이런 순환은 이 순환이 야기하는 이율배반에 의해 논리적이 된다. 그리고 '최고의' 실재를 정의한다는 점에서 신학적이다. 그래서 곧 이성 및 이성의 증명에 의해 자신을 복종시킨다. 게다가 니체의 기본 범주에 대한 하이데거의 지극히 귀중한 주석에 의하면 이 순환은 존재-신-론적인 것임이 판명된다. 하이데거는 권력의 지 안에 본질essentia과 같은 고전적으로 제한된 영역이 있으며, 또 **영원회귀**는 현존재existentia의 문제를 제기한다고 말했다. 전통적으로 영원회귀의 문제는 존재자 중의 **존재자**인 신에 대해서 제기되었던 문제였다. 이미 스콜라철학이 '본질'과 '현존재'를 거짓 자명성pseudo-évidence으로 정립했지만, 그보다 훨씬 더 복잡한 이 두 중심적 의문 사이의 관계는 데카르트를 비롯하여 근대의 그 어떤 철학자도 피할 수 없었던 순환고리였다. 데카르트는 '나'에 의해 발견된 진리의 영원성과 확실성을 신을 통해 보증받으려 했다.

이제 어떤 수단을 통해 사상의 거장들이 일견 극복할 수 없는 것처럼 보이는 어려움들에 적응해 가는가 하는 것을 우리는 예상할 수 있게 되었다. 그리고 또 **혁명**이니 **영원회귀**니 하는 것에 대해 그들이 말할 수 있는 것은 거의 없다는 것을 알게 되었다. 이 실재들은 **어떻게**라는 물음이 아니라 **무엇**이라는 물음에 대한 대답이며, '이것은 무엇인가'라는 이론적인 질문이 아니라 '무엇이 존재하는가'라는 '실제적인' 물음에 대한 대답인 것이다. 질문을 이처럼 두 가지 방식으로 하는 분할 방법은 완전히 자의적인 것으로 보인다. 그러나 이 자의성은 서구 형이상학의 전통에 깊이 뿌리박고 있는 것이다. 일반존재론과 특수존재론을 나누는 것은 일견, 마르크스와 니체를 잘 판별하는 것처럼 보인다. "두 가지의 질문이 있다.

'존재자는 무엇인가? (일반적으로) 존재자는 무엇인가'라고 한편에서 묻는다. 그러면 다른 쪽에서 묻는다. '(절대적인) 존재자는 (누구이며) 또 무엇인가?'라고"(하이데거).[13]

　"급진적이라는 것은, 어떤 것을 그 뿌리에서부터 파악한다는 뜻이다"(마르크스). 그런데 어디에서 이 뿌리를 찾을 것인가? 이 세계를 창조하기 전에 **논리학**을 독백으로 읊조린 신에게서이다(헤겔). 또는 "인간의 뿌리는 인간 자신인 그러한 인간에게서이다"(마르크스). 디오니소스적으로 자꾸 재생산되는 이 세계 속에서이다(니체). 그의 책은 특수형이상학을 3부에 걸쳐 다룬 다음에 일반형이상학을 다루었는데, 이것 역시 모든 존재하는 것, 모든 움직이는 것, 모든 일어나는 것을 기본적으로 지배한다는 비슷한 계획을 말하고 있다. 존재는 지배자의 수중에 있다.

　모든 근대적인 지배는 근본적으로 형이상학이다. 지배자는 논리적인 순환에서부터 신학으로, 최고의 존재들에서부터 일반존재의 학문으로 경쾌하게 뛰어오르면서 빙글빙글 지배의 순환 속에서 돈다. 그는 존재-신-론이라는 세계의 건반을 두드린다. 그럼 반대로, 모든 형이상학은 본질적으로 지배라고 말할 수 있을까? 사상의 거장들은 모두 그렇다고 말했다. 그러나 사상을 아주 근대적으로 뜯어고치는 것은 재앙적인 측면도 갖고 있다고 암시했다. 우리는 좀 더 섬세한 그리스 사상보다는 **로마의 통치**Imperium Romanum을 해석하며 그 권위적인 전통 속에 살고 있다고 단언한 니체가 그러하며, (자기를 포함하여) 동시대인들이 생산적인 노동을 숭배하는 것을 보면 아리스토텔레스나 카이사르가 조롱했을 것이라고 빈정댄 마르크스가 그러하다.[14] 우주와 마찬가지로 자기 자신의 주인이었던 오귀스트 드 라신[Auguste de Racine, 1877년에『고대 화

『페 카탈로그』를 펴냈다』은 전혀 그리스적이지 않았고, 별로 로마적이지도 않았으며, 정확히 근대적이었다. 형이상학은 오랫동안 사상의 거장들과 무관하게 있었다. 뭔가를 질문한다는 것은 전혀 다른 탐구를 요구한다. 사상의 거장들은 점점 더 형이상학에 관심이 없는 척 행동했지만, 사실은 형이상학 없이는 지내지 못하였다.

자신들의 담론을 포함하여 모든 것을 지배하겠다는 의지를 가진 사상의 거장들은 근대적 인간들이다. 이 의지에 의해 그들은 유일한 고독자가 되기를 원했다. 그들은 그들 상호간을 연결시켜 주는 줄, 혹은 그들 전체를 과거의 모든 서구의 거장들과 연결시켜 주는 줄에 대해서는 애써 눈을 감았다. 그러나 가끔 그들은 자신도 모르게 지배의지가 그들 자신조차 지배한다는 것을 느꼈다. 그래서 어느 때는 야심에 파묻고, 어느 때는 그들에게 메아리를 보내 주던 시대보다 더 강한 발언을 하기도 했다.

최후의 오페라

바그너적인 무대에서 만나기 겁나는 사람은 누구일까? 아마도 히틀러일 것이며, 레닌, 마르크스, 프로이트, 그리고 프로이트의 제자들일 것이다. 19세기는 정치적 사회적 소요를 별로 겪지 못했으나 그 소요들의 프로그램은 많이 짜 놓았다. 질서니, 노동이니, 마지막 혼돈이니 하는 오늘날의 지배적인 관념들은 모두 이 시기에 만들어진 것들이다. 우리는 아무것도 발명해 낸 것이 없으며, 그것들을 적용하기만 했다. 아직 실제적인 것은 아니었으나 이미 감지되기는 했던 권력, 돈, 섹스, 죽음의 문제를 무대에 올린 것은 바그너뿐이었다. 이처럼 음악과 시와 몸짓을 결합시킨 작품은 '무의식을 아는 사람'만이 할 수 있는 것이라고 바그너는 넌지시 암시했다. 바그너는 머리 뒤에서 움직이고 있는 **사상을 무대에 올렸다.** 이 세기의 사상들은 결코 순진한 것이 아니며, 그것은 땅의 지배를 성찰하고 있다고, 바이로이트[Bayreuth. 1876년 바그너의 작품을 상연하기 위해 세워진 극장]의 대제사장[바그너를 뜻함]의 우상숭배적 제자 니체가 말했다.

　바그너는 정치적으로 특이점이 있는 사람은 아니다. 그는 1849년 드레스덴에서 바쿠닌과 함께 바리케이드를 쳤고, 그 후 형사소추되어 유배되었으며, 사유재산이니 국가니 종교니 하는 것을 혐오하게 되었고, 스스로 공산주의자임을 자처하게 되었다. 마르크스 주식회사의 다른 수천 명의 사람들과 그저 비슷비슷했다. 그러나 좀 색다른 것이 하나 있다. 대작 〈니벨룽겐의 반지〉는 근본적으로 그가 '혁명의 여신'과 친숙하게 지낼 때 구상된 것이다. 그는 서정적인 무대 위에 바리케이드를 치겠다고 하면서, 궁정의 귀족 놀음인 오페라에 결투를 신청했다. 그리고 "이제는 더 이상 왕자와 공주만을 노래하지는 않겠다"고 말하고, 소외를 극복한 민중, 즉 공산주의자들도 '미래의 예술작품'인 **악극**drame nusical에 등장하게 될 것이라고 예고했다. 한마디로 문화혁명을 예고한 것이다.

　같은 시대에 여전히 멋만 부리면서 과거의 관습을 지키고 있던 베이징의 경극京劇과 대비되는 현상이었다. 바그너는 그 시대의 마오쩌둥을 요구한 것이 아니라, 오이디푸스를 요구했다. "자기의 어머니인 줄도 모르고 한 고귀한 여인을 사랑했고, 자기의 아버지인 줄도 모르고 한 무례한 군주에 대해 분노를 폭발시켰던 그는, 이 모든 것의 근원인 자신의 빛나는 눈을 뽑아냈다. 그리고 스핑크스를 찾아 심연으로 달려갔다. 그는 결국 자기가 수수께끼를 풀지 못했다는 것을 깨달았다. 그것을 푼 것은 바로 우리다. 왜냐하면 우리는 가장 생동적이고 영원히 새로운 개인의 비非 자유를 사회에 의해 설명하고 있기 때문이다. 개인은 사회의 최고의 자산인데 말이다"(『오페라와 드라마』). 근대적 개인인 지크프리트는, 서로 남매임을 알고 있는 지그문트와 지글린데 사이에서 태어났다.

모든 마르크스적 바그너 해석은 진부하다. 그중에서 가장 날카로운 아도르노의 해석도 "역사에 의해 저주받은 한 계급의 대표"를 원초적 프티부르주아로 명명하는 것에서 벗어나지 못했다. 그런데 반대로, 바그너에 의해 마르크스를 해석하면 어떻게 될까?

어떻게 자본들은 자본이라고 지칭된 '흡혈적이고' 끔찍한 단일성 속에 한데 모이게 되었는가? 어떻게 이 '보편적 힘'은 자신의 원 속에 사회의 모든 악마적 속성을 가두게 되었는가? 책 제목이 약속하는 이 '진리'를 우리는 아무리 페이지들을 뜯어내 보았자 찾을 도리가 없다. 이 진리는 다만, 모든 증명의 안에, 혹은 모든 반박의 저편에 선험적으로 존재할 뿐이다. 중요한 것은 『자본론』을 읽는 것이 아니라 그 음악을 듣고, '반지의 저주', 다시 말해서 돈의 저주라는 라이트모티프*leitmotiv*를 듣기만 하면 된다. 매춘부에 대해 얼마간의 애정을 갖고 있던 셰익스피어는 보편적인 창녀를 예고했고, 음험한 마술은 괴테를 사로잡았다. 모든 악의 원전原典과 개요가 미래 세대를 생각하며 19세기를 차근차근 교육했다.

지크프리트의 반지의 신화는 자본에 대항하는 혁명으로 시작된다. 지크프리트는 누구인가? 어린아이, 야만인인가? 그렇다. 그리고 또 "바보와는 전혀 다른, 가장 날카로운 의식 속에서 살고 움직이는 존재"이다(바그너의 편지). 모든 독일 형이상학이 합심하여 만들어 낸 이 아이는 누구인가. 이론과 실제의 결합이며, 소외에서 해방되어 "신들보다 더 자유롭게 된 자", 자신이 이해하고 잘 아는 자연과 화해한 개인, 두려움도 시기심도 없는 고매한 인류, 한마디로 전체적 인간이다. 지크프리트를 만들어 낸 것은 보탄[Wotan. 〈반지〉의 마지막 편 〈신들의 황혼〉에서 파멸을 맞는 스칸디나비아 신화의 최고신 오딘(Odin)의 독일식 표기]인가 헤겔인가? 신들의 죽음은 인간을 탄생시켰다!

바그너는 이 꿈을 한껏 부풀려, 그것이 터지도록 만들었다. 그는 이 꿈을 보여 줌과 동시에 깨뜨렸다. 처음에는 모든 것이 비인간적인 황금과 인간의 사랑 사이의 유일한 갈등에서부터 오는 듯 보인다(〈라인의 황금〉). 이어서 보탄이라는 신의 곤경이 도입된다. 사람들에게 법을 존중하도록 만드는, 그러니까 자신도 법을 존중하는 듯한 신이다. 그는 손이 젖지 않은 사람, 그러니까 '자유스러운' 사람을 필요로 했다(〈발퀴레〉). 스스로 만들어지고, 스스로 관리하는 사람이 드디어 나타났다(〈지크프리트〉). 그리고는 마지막 에피소드(〈신들의 황혼〉)의 도입부에 급격한 반전이 일어난다. 인간이 금을 훔치기 시작한 역사는, 권력의지에 의해 강간, 유린, 폭력을 끊임없이 자행하는 신의 대죄에 비하면 아주 하찮은 일이라는 것을 우리는 깨닫게 된다. 중심 문제는 금이 아니라 보탄이다. 단숨에 바그너는 사람들이 그에게 씌워 주고자 했던 마르크스적 작은 월계관들의 위에 결정적으로 올라섰다.

반지 도둑질 뒤에는 보탄의 기획이 있다. 자본의 환상 뒤에는 권력의 문제가 있다. 긴 이빨을 가진 신들은 최후의 투쟁이 필요했다. 만일 발할라[Walhalla. 천상의 보탄과 신들의 궁전으로, 〈반지〉 마지막에 불타 없어진다. 독일 위인들의 초상과 동상을 모아 놓은 기념관 이름이기도 하다],

권력, **자금성**紫禁城, 혹은 중앙위원회 건물이 타게 되면 모든 것이 다 타 버린다. 나냐 아니면 혼돈이냐. 그야말로 통치방법으로서의 백지판이다. 나의 욕망 히로시마이다. 권력은 설득하지 않고 오직 만류할 뿐이다. 왜 권력은 재난의 계획화를 그토록 주장하는가? 왜 그것은 단 하나의 역사, 즉, 끊임없이 거꾸로 계산하는 역사밖에는 모르는가? 왜 국가들은 묵시록의 시간에 자기 시간을 맞춰 놓고 있는가? 왜 신들은 황혼기에 태어나는가?

보탄의 국가는 모든 증오를 '황금'에 집중시킴으로써 자기 자신의 괴물성을 감추었다.

보탄은 누구인가? 바그너는 그것을 '현 시대 지성의 총화'라고 정의했다. 19세기는 기술관료화되고 마르크스화되고 지도자의 안내만 받는 불쌍한 우리들을 위해, 모든 것을 알고 모든 것을 말하는 하나의 담론을 설계해 주었다. 말하는 자 혹은 듣는 자, 여하튼 떠올릴 수 있는 모든 대상을 잘 알고 있으며, 또 그것들에 대해 말하는 그러한 담론이다. 이 담론을 장악하고 있는 권력은, 반대까지도 포함하여 일체의 외부적인 것을 인정하지 않는다는 점에서 스스로 절대적이 된다. 이 권력은 우리에게 마지막 순간을 예고하기 위해서만 나타나는 발퀴레[Valkyrja. 〈반지〉 중 〈발퀴레〉의 제목이기도 한, 스칸디나비아 신화 속 천녀(天女)]의 냉엄한 시선을 갖게 된다.

> 나는 죽어 가는 사람들에게만
> 나타나네
> 나를 알아보는 자는 세상을
> 떠나야 하네
> 나는 싸움터의

기사들에게만 나타나네.

    강력한 국가는 황혼기를 맞는다. 히로시마의 황혼이건 혹은 캄보디아의 황혼이건. 다른 사람들이 죽었건 자신이 죽었건, 권력은 응고되는 피 속에서 꽃을 피운다.

> 한마디 말도 없이, 몸짓도 없이
> 그는 숲속에 보냈네
> 발할라의 용사들을.
> 거기서 세계의 물푸레나무를 베라고…
> 그는 그 용사들에게
> 작게 잘린 통나무를
> 성스러운 울타리 주변에
> 위엄 있게 쌓으라고 지시했네…
> 그는 신의 고문(顧問)들을 불러 모은 뒤
> 성스러운 자리에 앉아
> 무서움에 질린 군중에게, 자기 옆에 둥글게
> 자리를 잡으라고 명령했네…
> 신들은 두려움에 질려 얼어붙은 듯하네.

    바그너는 이 계획의 포로가 될 수도 있었다. 그의 '총체' 예술작품 œuvre d'art intégrale 계획은 강렬하게 그것을 표시하고 있다. 그러나 그는 미완성의 걸작들을 통해 우리를 해방시켜 준다. 보탄은 결코 권력의 막다른 골목에서 벗어나지 못할 것이다. 브륀힐데는 자기 아버지[보탄]와 이복오빠[지크프리트] 사이에서 방황하며, 지크프리트는 자기 아내들을 혼동한다. 트리스탄과 이졸데[Tristan. Isolde. 바그너의 동명 악극의 두 주인공]가 죽었는지 혹은 사랑을 하는지, 우리는 도무지 알 수가 없다. 결코 완성되지 않는 음악의 복수, 끈을 잡아당긴다고 주장하는 사람이 오히려 그 끈에 발목이 잡힌다는 드라마의 복수이다. 마녀 이졸데, 반역자 트리스탄, 미치광이인 파르지팔[Parsifal. 바그너의 동명 오페라의 주인공 기사. 아서왕 〈원탁의 기사〉의 퍼시벌(Persivale)에 해당], 그리고 가난한 보탄, 이 모든 사람들은 총체적인 인간에게서부터 멀리 떨어져 여행하고 있다. 황혼은 끝날 것이다. 그리고 인간과 신들은 서로 비슷하게 사악하다. 사랑이 빛날 때 죽음은 파안대소하며, 죽음이 빛날 때 사랑도 그리한다고 브륀힐데는 노래했다.

자기가 숭배하던 것을 태워 버리고, 특히 바그너적인 것을 혐오하면서, 니체는 진리를 의심했다. "은밀하게 최종적으로 웃는 것은 바그너인가 (⋯) 아니면 자기 자신을 비웃을 줄 아는 어떤 바그너적인 사람인가?"(『니체 대 바그너』). 그 자신, 혹은 우리들, 그의 시대, 혹은 우리의 시대를 비웃는 그러한 사람.

한 사람이 무대 위에 근대 권력의 거대한 기계를 배치해 놓았다. 그는 담론을 가동시키고, 혼잡을 파헤치며, 환상을 움직이게 했다.[15] 그것은 움직였다. 바이로이트의 기적은 헤겔 철학, 마르크스의 철학, 크렘린의 철학, 펜타곤의 철학, 자금성의 철학을 실현시켰다. 이 기적은 우리를 폭파시켰다. 우리를 대놓고 비웃으며.

루이 알튀세르(왼쪽)와 장폴 사르트르

역사의 종말

물 속의 고기처럼이 아니라, 유보트처럼 실려서. 안에 있으면서 동시에 사이를 뗀 채. 물은 실어 나르고, 떠받치고, 안에 간직하고. 조밀하면서 그러나 온통 산(酸)인 TNT, 핵의 지금(地金). 위선자여! 확실하게 모든 악이여! 바라(Bara), 깡패, 성자, 살인자… 경찰관.

경찰관… 그렇다. 보충적 저주, 민중은 민중에 의해 환원된다.
당신은 안전기동대에 접근하여 이렇게 말한다.
변호사, 의사, 기업가, 교수의 아들들은 열 밖으로 나오라!
아무도, 틀림없이, 아무도 한 발짝도 움직이지 않는다. 땅이나 공장에서가 아니고 군대에서는 한 발짝도 앞으로 안 나간다. 반대로, 놀랍게도, 그들은 공격한다. 아버지는 아들을 때리고, 아들은 곤봉으로 맞아 피투성이가 된 후 지진아의 욕설 속에서 아버지를 때린다.

—이푸스테기
[Jean-Robert Ipousteguy, 1920~2006, 프랑스의 조각가]

교묘하고 세련되고 엉큼하고 복잡한 거장 사상가들의 주장이 한없이 신비스럽기만 한 것은 아니다. 그것은 군사령부 혹은 민간 사령부의 철학을 암암리에 전개한다. 전 세계의 사령부들이 혁신을 할 때 이 주장은 널리 퍼진다.

'전체주의 비판'이라는 편견이 없어도 우리는 이것을 알아차릴 수 있다. 미국의 지식인들은 전체주의 비판이라는 이름 아래 스탈린과 히틀러를 한꺼번에 계산하려 했다. 그러한 분할 방법의 맹점은 '비전제적非專制的'인 체제들을 정당화해 주고, 동양과 서양의 가혹한 지배 방법 사이의 모든 유사점(실질적이며, 동시대적인)과 연관성(지성적인 혹은 역사적인)을 구별하지 못하게 만들어 준다는 점이다.

전체주의 비판은 항상 다른 나라 전체주의에 대한 비판으로 요약된다는 매우 유감스러운 경향이 있다. 예를 들면 '명예혁명'(1688)의 평화적인 자유주의를 경축하는 미국과 영국 앞에서 유럽대륙은 공포정치와 반反 공포정치(한나 아렌트Hannah Arendt 또는 J. L. 탈몬Talmon 참조)만을 꿈꾸었고, 소련과 그 위성국들은 유럽을, 중국은 소련을, 중국 주변에서는 가끔 전 세계를 갈망했다고 비판하는 식이다. 전체주의는 항상 타자이기만 할 뿐이다.

이웃집의 전체주의도 있는가? 바로 자기 문 앞에 있는 전체주의! 강제수용소의 기술은, 지난 세기 말 자유주의 영국의 장군들이 남아프리카공화국의 (백인) 반란군을 진압했을 때부터 체계화되었다. 그 이후 이 방법은 널리 퍼졌으며, 예전의 반도叛徒였던 보어인[Boer, 남아공의 네덜란드 이주민]은 '그들의' 검둥이들에게 이 방법을 더욱 정교하게 적용하였다. 그 방법을 강제적으로 부과하겠다는 정신상태는 이미 구식 생각이다. 텍사스 모자를 쓴 장교는 폭탄 위에 올라타 묵시록적 상황을 만들어 낸다. 영화 〈닥터 스트레인지러브Doctor Strangelove〉를 연출한 스탠리 큐브릭 감독은 묵시록의 진짜 계보를 좀 더 명확히 알고 있는 듯하다. 전체주의 이론가들은 유럽대륙의 자코뱅적 전통 속에서 근대 문화와 역사적 폭력의 유일한 예를 찾을 것이 아니라, 채널 12의 TV 서부극을 슬쩍 한번 보기만 하면 될 것 같다. 그들은 거기서 집단학살이 기초적인 신화를 이루고 있음을 발견할 것이다. 대서양의 한쪽 편에서는 각기 상이한 여론에 따라 악한 귀족의 비율을 줄이거나 또는 파리코뮌 당시 방화에 가담한 여자들을 죽임으로써 역사가 자꾸 새롭게 시작되고 있다는 것을 그들은 이미 고찰한 바 있다. 그리고 대서양의 다른쪽 편에서는 모든 인디언들과 상당수의 유랑인들, 도적떼, 수상한 여인들을 죽이면서 역사가 시작되었다는 것을 그들은 알 수 있을 것이다. 흑인에 대해서는 더 말할 필요조차 없다. '전체주의적 민주주의의 기원'에는 두 가지의 서로 다른 버전이 있다. 아직 남아 있는 인디언들, 베트남인들, 남아메리카인들… 혹은 드레스덴, 히로시마, 나가사키의 주민들에게 실제로 비슷하게 적용될 수도 있는 모형들이다.

서부영화의 제작자도, 사상의 거장들도, 집단학살을 행하는 사람들이 말하는 역사를 처음부터 끝까지 창조해 낸 것은 아니다. 새로운 세계의 학살은 새로운 땅의 발견에서부터 시작된다고 겁에 질린 몽테뉴는 이미 말한 바 있다. 사상의 거장들은, 합리적으로 규율화되어 가는 사회 속에서, 그들이 태어나기 전부터 이미 널리 유포되어 있던 관념과 전략을 다만 체계화하고, 조종 가능한 것으로 만들었을 뿐이다. 그들 주장의 중심 사상은—현대사회에서 그것은 설득적이 아니라 만류적이 되었다—보편적으로 받아들여졌다. 그들 전략의 커다란 원칙—강제한다기보다는 공포감을 야기하는—은 각각의 사령부의 원칙이 되었다. 세계의 천민들을 선택하여 교육시킨다는 그들의 거대한 계획은 일반적으로 일상적인 계획이 되고 말았다.

여기에서 현대적인 강대국을 구별할 방법이 드러난다. 그것은 어디서나 볼 수 있는 국가적('전체주의적') 테러리즘의 존재 유무로 구별되는 것이 아니고, 그 테러리즘에 대항하여 싸울 수 있는 조건들에 의해 구별된다. 그러한 조건들이란, 자기 의사를 전달하고, 파업을 하고, 시위를 하고, 강대국들의 계산을 점검하고, 제국주의 전쟁 혹은 식민 전쟁을 정지시키거나, 혹은 권력자들이 그것을 은밀하게 시작하지 못하도록 할 수 있는 등의 매우 구체적인 가능성들이다. 그 어떤 사령부도 이러한 자유를 사람들에게 주지 않았다. 여기저기서 그 자유는, 결코 전체가 아니고 약간, 그리고 항상 잠정적으로 쟁취된다—사상의 거장들이 그들의 역사에서 소홀히 했던 이 차이점들이 금세기의 행운이며 또 불행이기도 하다. 적어도 사령부 안에서 철학을 마련하는 사람이 아닌 다른 사람들에게 있어서는 그러하다.

 소련 사람, 미국사람, 중국 사람들은 거장 사상가들의 주장이 각기 다르게 적용되어 나타난 복수의 사람들이다. 그러나 그들의 실질적인 종착역은 서로 비슷하다. B-52기에서 떨어지는 폭탄과 소련이나 중국제 기관총에서 나오는 탄환이 어떻게 다른지, 또 원래 동기는 마르크스주의였다고 마지막에 이르러서야 고백하는 것과 아예 처음부터 고백하지 않았던 헤겔주의 사이의 차이점이 무엇인지, 비록 먼 곳에서는 중요하게 보일지 몰라도, 굶주리고 학살당하고 강제이주된 캄보디아 농민에게 있어서는 이런 것들을 구별할 여유가 거의 없어 보인다. 그것들의 구별에 집착하는 것은 공민적, 정치적, 형이상학적, 혹은 신학적 교육에 유리하며, 서구의 풍속에 대한 환상의 여지를 별로 남겨 주지 않는다.

 도처에서 육탄肉彈의 역할을 하며, 정치에는 결코 참여하지 못하고, 반항적이어서 오로지 길들여져야 할 동물의 상태로만 남아 있던 유럽의 농부는 권력자들이 교육시키고자 했던 최초의 천민이었다. 노동자들의 조직화는 그 초창기에서부터 농민에 대한 부르주아들의 경멸감을 잘 이용했다. 이 혐오를 통해 부르주아들은 도시 성향과 근대적이고 과학적인 성격을 드러냈는데, 이러한 성격들은 사회주의의 여러 가지 뉘앙스 중의 한 단면들이었다. 유럽의 농민들은 예전과는 달리 인구의 다수가 아니다. 그래도 여전히 매우 허구적이면서 박식한 경멸의 대상임에는 변함이 없었다. 이런 경멸은 엘리트에게서 엘리트가 아닌 사람에게로 내려가거나, 또는 한 사회계층에서 다른 사회계층으로 수평이동을 하기도 한다. 노동자에 대한 경멸, '비생산적' 고용인, '관료', '남색가'에 대한 경멸 등이 그것이다. 각기 다른 범주에 대한 경멸, 또는 더 나아가 같은 범주에 대한 경멸이기도 하다. 천민들이란 이론적으로 지도받지 않으면 결코 자기 운명에서 벗어날 수 없다는 이미지를 자명한 것으로 제시함으로써, 사상의 거장들은 정당하게 이 과학적 경멸의 시대와 화해했다.

천민은 결정할 능력이 없다는 사실은—일시적이거나 혹은 영구적이거나 그 결과는 똑같다—언제나 혁명에 의해 증명되었다. 새로 하거나, 다시 하거나, 혹은 결정적으로 완수하거나, 또는 좋거나 나쁘거나 간에, 그런 것은 하나도 중요하지 않다. 목자牧者 없는 천민이 감당하기에 너무 큰 하나의 행동을 거기서 볼 수 있기만 하면 되었다. 그 다채로운 뉘앙스가 무지개 속에서 아른거리는, 항상 똑같은 결론을 내는 혁명 담론이 있다. 이 고난의 통로에서 민중은 누군가의 손에 이끌려져야만 한다. 그 안내자는 심리행동 전문의 직업적 혁명가일 수도 있고, 혹은 펜타곤의 면허를 받고 어깨에 별을 단 책임자일 수도 있다.

혁명에 의해 증명된다는 이러한 혁명론의 모태는 거장 사상가들에 의해 아주 정교한 규범적 3단계가 되었다. 즉, 처음에는 지식인들의 학문에 의해 정신의 혁명이 준비되고, 다음에는 대중 상호간의 테러리즘이 자행되고, 마지막으로 새로운 책임자들에 의해 새로운 질서가 확립된다는 것이다. 독일의 거장들이 자기들 주위의 산만한 관념들을 체계화한 것과 마찬가지로, 사람들은 헤겔과 마르크스를 읽지도 않고(이것은 연구가 되건 안 되건 언제나 이렇게 보편성이다) 이 3단계의 모태에서부터 다양한 모델들을 이끌어 낸다.

이 사상의 유포로 말미암아 프랑스에서는 혁명적 경험과 이 경험에 대한 관념, 그리고 이 관념에 대한 이론들이 마구 얽히는 현상을 보여 주었다. 매 10년마다 마르크시스트들은, 이 나라에 마르크시즘이 뿌리를 내리지 못했으며, 이 나라에서는 마르크시즘을 '찾아볼 수 없고', 기껏해야, 좀 더 유리한 하늘 밑에서라면 갖게 되었을 문화와 철학적인 엄격성, 혹은 과학성이 약간 부족하게 들어 있을 뿐이라고 확인한다. 사실상 광적인 마르크스 추종자들은 다른 곳에서와 마찬가지로 파리에도 많이 있다. 1세기 전부터 약간 마르크스화의 경향을 띤, 혹은 마르크스적인, 혹은 마르크스주의적인 수많은 당파들이 있어 왔으며, 비밀의, 유사 혹은 이질적 마르크시스트들도 있었다.

프랑스인들이 애석하게 생각하는 것은 다만, 프랑스에는 조직적 노동운동을 책임지고 할 수 있는 단일한 마르크스 학파가 없다는 사실이다. 약간의 뉘앙스는 다르고, 또 멀리서 바라본 것이기는 하지만, 1930년까지의 독일과 오스트리아의 경우도 마찬가지였다. 그리고 오늘날의 '그람시적' 이탈리아도 비슷한 상황을 겪고 있다. 비판의 무기가 승리를 구가하기 전에 이미 무기들의 비판으로 헤게모니를 잡은 소련 혹은 중국의 마르크시즘은 어떤가 하면, 그들의 사례는 회고적인(혹은 전망적인) 환상을 제공하는 것 외에는 프랑스의 상황을 밝히는 데 아무런 도움도 되지 못한다.

이웃나라들과는 달리, 프랑스에서 마르크시즘이 오랫동안 패권을 잡지 못한 이유는 간단하다. 이미 다른 것이 그 자리를 차지하고 있었기 때문이다. '혁명의 위대한 교훈'이 역사가들에 의해 끌어내어져, 지식인들에 의해 논박되고, 교육기관에 의해 대량으로 유포되기 위해서는 마르크시즘을 기다릴 필요조차 없었다. 조레스[Jean Jaurès, 1859~1914, 프랑스 사회주의 정치가]는 이러한 국민적 특성을 잘 포착하여, '그의' 노동운동을 혁명의 '사회주의적' 역사로 명명했다. 그리고 카우츠키[Kark Kautsky, 1854~1938, 독일 사회민주당의 지도적 이념가]가 라인 강 건너편에서 이론적 개념을 넷으로 분할하면서 '독일적으로' 전개시켰던 작전을 그는 '프랑스 식으로' 해석했다. '큰 노동당'의 책임자가 된 토레즈[Maurice Thorez, 1900~1964, 30년간 공산당수를 역임한 정치가]는 똑같은 시도를 좀 더 축소된 지성적 차원에서 다시 편집했을 뿐이다. 그리하여 〈라 마르세예즈〉[프랑스 국가]와 〈인터내셔널 찬가〉의 액센트를 한데 섞었다. 마르크시즘은 프랑스에서 '찾아볼 수 없는 것'이 아니라, 이미 마르크스가 태어나기 전부터 발견되었다고 하는 것이 옳다. 그리고 전통적인 '역사의 교훈'도 이미 파리코뮌 시절부터 거장 사상가들의 노랫가락을 타고 들리기 시작했다. 만약 그들이 자기 고유의 이름으로 알려지기를 원했다면, 그들은 프랑스인들의 귀를 사로잡기 위해 이 유일한 전달 수단을 선택해야만 했을 것이다. 카드패를 잘못 분배했다기보다는, 아마도 오해 때문인 듯하다. 프랑스대혁명을 설명하면서 거장들은 거기서 자신들의 최초의 지적 걸음마를 발견한 것이 아닐까? 그들은 자신들이 매혹된 1789년 혁명에 대한 성찰을 아직 시작조차 하지 않은 것이 아닌가?

3

혁명의 이론과 역사는 똑같은 사건에서 태어난 쌍둥이 자매인가? 혹은 매장埋葬의 결과인가? 단 하나의 불가분의 것이 되고 싶어 하고, 민족적이면서도 세계적인 것이 되고 싶어 하며, 결정적인 것 그러니까 끝난 것이 되고 싶어 하는 그 혁명은, 너무 높은 혁명이론과 혁명의 역사를 궤도에 진입시킴으로써, 자기 자신을 사람들 손에 미치지 않는 먼 곳에 위치시킨 것은 아닌가? 사건들에 대한 직접적이고도 역사적인, 또 다른 연구를 요구하는 문제이다. 그에 대해 여러 가지 측면에서 질문을 던져 보기로 한다.

사상의 거장들은 혁명의 정전正典적 시나리오를 만든 것이 아니라, 혁명의 과정에서 두드러졌던 관점들만을 체계화하고 절대화했다. 그들은 혁명의 주역들이 제시한 주제를 채택했고, 그 사상들을 확고한 것으로 만들었으며, 거기에 개념적인 정통성을 부여했다. 초기 단계에서는 혁명이 계몽의 세기[18세기를 뜻함] 전체를 계승했다는 것이 제헌의회 의원들과 국민공회 의원들의 공통된 생각이었다. 몽테스키외의 이론, 볼테르의 이론, 혹은 루소의 이론을 주장하는 사람들이 모두 화합하여 지성적인 권위의 전통을 부각시켰다. 혁명의 제2단계에서는 공포정치가 필요하며, 개인들의 이기주의와 불신 속에서 만인에 대한 만인의 투쟁이 일어날 것이라는 가설에 대해서는 생쥐스트[Saint-Just, 1767~1794, 로베스피에르와 함께 프랑스혁명 당시 공포정치를 이끌었던 혁명가. 테르미도르 9일에 체포되어 다음 날 기요틴에서 처형되었고, 이로써 공포정치가 막을 내렸다. 그때 그의 나이는 27세였다] 자신도 의회에서 이렇게 말했다. "혁명의 고통을 이야기해야겠다. 왕정의 범죄와 찌꺼기들을 가지고 분산된 인민들의 공화국을 만들어야 한다. 신뢰를 확립해야 하고, 자기 자신만을 위해 사는 무자비한 사람들에게 인간의 덕성을 가르쳐야 한다"("상업의 자유의 불가능성" 제안, 1792년 2월 29일).

정부들은 영구징집령을 내리고, 대중의 '이기주의를 분쇄하고', 가짜 평등 놀음을 하기 위해 레닌이나 마오쩌둥을 기다릴 필요가 없었다. 새로운 질서의 확립이라는 최종 단계에 대해서는 혁명가들도 역사가들도 그 필연성을 의심치 않았다. 그들은 다만 혁명이 끝나는 순간에 대해서는 의견이 분분했다. 그것은 파리의 군중들이 결정적인 개입을 끝마친 것으로 보이는 공포정치의 어떤 사태들인가? 혹은 집정내각[1795~1799]의 자유주의 공화국인가? 아니면 나폴레옹에 의해 국가권력이 회복된 시기인가? 1791년 여름 바르나브가 "혁명은 끝났다"고 선언한 이래, 때와 장소에 대한 논쟁은 항상 격렬했다. 처음에는 당시의 동시대인들 사이에서, 그리고 나중에는 역사가들 사이에서 활발한 논쟁이 있었다. 여하튼 혁명은 시작과 끝이 있는 단일한 사건이라는 것을 의심하는 사람은 별로 없었다.

그러나 '단일한' 전체로서의 혁명은 신화적으로 보인다. "여러 혁명들의 충돌"(퓌레Furet, 리셰Richet)[1]이라는 생각은 역사가들의 50년간의 탐구를 요약하는 말인 듯이 보인다. 이 탐구 끝에 역사가들은 상퀼로트[sans-culottes. 퀼로트는 귀족과 부르주아가 입는 반바지이며, 상퀼로트는 퀼로트가 아닌 긴바지를 입는 사람, 즉 노동자]의 반란과 대대적인 농민 봉기의 독창적인 측면을 마음 놓고 강조할 수 있게 되었다. "아카데미 혹은 학술단체의 엘리트들이 마련한 계획이 사르트(Sarthe)의 농민들의 계획, 혹은 파리 수공업자들의 계획과 비슷했다는 사실은 우리가 도저히 증명할 수 없는 현상으로 보인다"(같은 곳). 과거의 역사가들이 '인민'이라는 무차별적 통합성을 환기시키며 1789년에 부여했던 실질적인 단일성은 여기서 빛을 잃었다. 현대의 역사가들은 이 실질적 단일성을 사건 자체에 주려고 애를 쓴다. 즉 혁명은 시작과 끝이 있으므로, 단 하나의 것이며 불가분不可分의 것이라는 것이다.

＊ ＊ ＊

1. 처음에는 '여러 사건의 충돌'이 있다. 그러므로 우리가 혁명의 단일성을 찾아야 할 것은 이 단계가 아니다. 우리가 회고적 환상에 의해 엘리트 문화(계몽주의)가 엘리트 혁명을 준비해 주었다고 가정하더라도, 농민의 문화는 또 다른 원천을 갖고 있었으며, 그것은 가끔 도시적이기까지 했다. 역사가 G. 르페브르Lefebvre는 혁명 초기의 농민들의 약탈과 방화에 대해 쓰면서 다음과 같이 강조하는 것을 잊지 않았다. "그것은 흔히 사람들이 생각한 것 같은 집단적인 광기가 아니었다. 그들은 그들 나름의 사법司法을 행사했다. 1792년에도 리트리Litry의 한 광부가 영주의 감시인에게 죽음을 당하자, 그 동료들은 질서정연하게 영주의 농장과 집을 찾아갔으며, 방화와 파괴를 아주 조직적으로 했다. 즉, 무고한 사람들을 해치지 않기 위해, 농민과 하인들을 사전에 모두 대피시켜 놓았던 것이다. 모든 농민 반란은 모두 이러한 방식을 사용하고 있었다."[2]

시골의 농민 폭동, 혹은 도시의 '정서'만이 몇 세기 동안 일어난 민중 봉기의 오랜 전통이 아니다. 거기에 강하게 뿌리박혀 있는 민중의 문화가 보인다. "위협과 폭력에 웃음이 혼합되었다. 콜롱주Collonges에서는 마코네Maconnais 사람들이 폴레Pollet의 별장으로 가면서 닭튀김을 하러 간다는 농담[사람 이름 Pollet가 닭이라는 뜻의 '풀레poulet'와 발음이 비슷한 데서]을 하며 모두들 기분이 들떠 있었다. 그들은 모두 어린애 같은 몸치장을 하고 있었다. 침대 시트나 커튼 끈, 혹은 초인종을 잡아당기는 끈으로 허리띠를 삼았으며, 복권표로 모표帽標를 만들어 붙였다. 퇴폐의 모습은 전혀 없고 (…) 텐Taine이 말한 음탕하고 피비린내 나는 원숭이의 모습은 여기서 찾아볼 수 없다." 1789년의 혁명은 폭력적인 일련의 사건들만 서로 충돌한 것이 아니라, 그 사건들을 통해 몇몇 개의 관습, 풍속, 문화들까지도 서로 부딪쳤다. 그것은 여러 다양한 문화혁명의 출발점이었다. 예컨대 기독교로부터의 이탈(이것은 완전히 위로부터 시작된 것이 아니다)이나 혹은 올빼미당원들의 반란(이것은 거의 전적으로 아래로부터 시작된 것이다) 같은 커다란 사건들에서 우리는 그 단서를 찾아볼 수 있다.

＊ ＊ ＊

2. 이 여러 종류의 충돌이라는 불투명성이 제2단계에 이르러 투명성이 되었는가? 혁명 기간 동안 민중은 그들의 '분야'에서 직접적으로 '권력의 문제'를 제기했는데, 자코뱅의 공포정치는 이러한 민중적 개입을 증명하는 방증이라 할 수 있다. 또 한편으로는 혁명이 단일하고 보편적인 것으로 되는 순간을 보여 주는 사태이기도 하다. 혁명을 그런 식으로 마무리하는 것은 '천민적인 방법'이라고 마르크스는 말했다. 그는 공포정치를 실패한 혁명 지도자들의 겁에 질린 반동反動 행위라고 단언했다. 마르크스는 두 개의 모순적인 평가에 대해서는 명확한 대답을 하기를 주저했다. 그러나 그의 아류들은 "시간이 아직 성숙하지 않았다. 다음번에는 더 잘할 것이다"라는 농담으로 이 문제를 교묘히 회피했다. 그렇다면 그것은 혁명의 영원한 순간이란 말인가? "오늘날 혁명운동에 제기되는 몇몇 개의 문제들이 이미 혁명력 2년 당시 무섭고도 복잡한 사회적, 정치적 움직임 속에 다른 형태로 나타나 있었다는 것을 누가 모르겠는가. (…) 혁명의 길을 택할 것인가, 타협의 길을 택

할 것인가? 사회적 경제적 구체제를 완전히 파괴할 것인가, 아니면 새로운 사회 안에 옛날의 생산양식을 견지할 것인가? 1789년에서 1794년까지의 프랑스혁명이 이 논쟁을 어떻게 해결했는지는 누구나 잘 아는 사실이다"(소불A. Soboul)[3] 사람들은 진정 그것을 잘 알고 있는가? 사람들은 어제의 꿈을 통해 오늘날의 희망을 투명하게 만들 수 있는가? 아니면 오늘날의 희망을 통해 어제의 꿈을 투명하게?

하나의 예가 있다. 그것은 단 하나의 예지만 매우 중요한 것이다. 다름 아니라 그 유명한 '9월 학살'이다. 이 사건은 많은 피를 흘리게 했고, 또 나중에 많은 잉크를 흘리게 했다. 꼼꼼한 역사가들은 이 학살이 행정부에 의해 준비되었고, 학살자들에 의해 실행에 옮겨졌다는 명제를 부인했다. 다만 비교적 자발적인 대중운동이 '인민재판'에 최고의 권한을 부여했다는 것이다. 사람들은 거기서 무엇을 보게 되는가? 텐이 말한 피비린내 나는 원숭이를? 혹은 자유주의적이고 견식 있는 부르주아지의 지도를 받지 않으면, 폭력이라는 마술적인 해결 방법만을 믿게 되는 그러한 '비문화적' 대중을? 리셰와 퓌레의 말은 다음과 같다. "혁명적 애국심은 하나의 종교가 되었다. 이 종교는 이미 순교자도 갖고 있다. 앞으로 이 종교는 종교재판도 갖게 될 것이며, 화형도 갖게 될 것이다." 혹은, 파국적인 상황을 장악한 인민이 '모든 것에 대해 권력을 행사'하기 시작했으며, 분출하는 힘으로 그것을 추진했고, 자코뱅의 독재가 그 인민 주도권의 비밀을 미래의 프롤레타리아 독재에 건네주었다는 마르크스 레닌 식의 생각을 따라야 할까?

역사가 피에르 카롱Pierre Caron의 『9월 학살』은 이 세 가지 질문 중의 한 가지에도 직접적인 대답을 주지 못하고 있으며, 오히려 너무 세심하게 사건을 설명함으로써 그 문제들이 전혀 문제가 되지 않도록 만들었다. 그해 9월에 사람들은 9개 감옥에 수용되었으며, 수감자 총 수는 약 2,800명이었다. 그들은 40~50퍼센트가 서로를 죽였다. 학살된 자 중에서 3분의 2는 잡범이었다(포위당한 감옥 중에서 4개소는 정치범을 수용하지 않고 있었다). 특히 젊은이와 절도범이 대부분이었다. "그들은 절도죄로 고발된 사람들을 죽였는데, 그중에는 냅킨 하나를 훔친 자, 시계 하나를 훔친 자, 말 한 마리를 훔친 자, 손수건 한 장을 훔친 자 등등이 들어 있었다. 집안에서 도둑질한 요리사까지도 학살되었다."[4] 비세트르Bicêtre에서는 감화원의 어린이 33명을 살해했는데, 가장 어린 아이가 열두 살, 가장 나이 많은 아이가 열일곱 살이었다.

학살자들은 전혀 '민중의 찌꺼기'가 아니었으며, 평민만도 아니었다. 그중에는 '파리의 전투'에 참가했던 임시 군인도 있었고, '중간계급'도 있었다. 이들은 여론에 의해 준비되었다(신문들이 선동을 했고, 토마 랭데Thomas Lindet 주교 같은 사람들이 그것을 지지했다. 로베스피에르나 내무상 롤랑Roland의 수동적인 태도는, 이것이 모든 사람들의 정신적 공모에 의한 것임을 보여 준다).

모든 증거로 보아, 그것은 사법제도의 변화라기보다는 담당자의 일시적인 대체이다. 임시판사들은 당시의 사회적 정신적 범주들을 존중하면서, 그러나 옛 사법부의 냉혹성을 그대로 따르면서 그들의 역할을 수행했다. "9월 사건의 특수한 사법적 현상은 아직까지 제대로 인정받지 않았으나, 매우 큰 중요성을 갖고 있다. 당시 임시즉결재판이 적용된 대상은 감옥 안의 무차별적 대중이었다(그중의 어떤 특별한 부류에게만 적용된 것은 아니었다). 그리고 학살자들은, 수도원이나 군대의 반혁명분자들에 대해서보다는 샤틀레

Chatelet의 비참한 빈민들, 혹은 베르나르댕Bernardins의 도형수들, 또는 카름Carmes이나 생피르맹Saint-Firmin의 선서 거부 승려들에 대해 더 가혹함을 보였다."

혁명력 2년의 인민재판은 귀족들을 특별히 겨냥하지 않았다. 그러므로 이 재판은 정치적인 것이 아니었다. 그것은 또 주로 '계급의 적'을 겨냥한 것도 아니었다. 그러므로 그것은 사회적이 아니다—이 재판이 목표로 삼은 것은 일반적인 사회의 적이었으며, 이 재판은 인민화된 국가의 잠정적 사법부로서만 기능했다. 적은 우리의 문 앞에 있다. 우리는 전선으로 가야만 한다. 감옥은 가득 차 있다. 수감자들은 우리가 없는 사이를 틈타 우리의 재산과 여자들을 유린하려 한다. 우리는 정부를 약간 도우려 한다. 우리는 서둘러 그 일을 했다. 학살자들의 변은 이상과 같았으며, 따라서 그 학살은 전혀 린치와는 상관없는 것이었다. 그 일에 박차가 가해졌고, 판사가 된 시민들은 때에 따라 심문을 하기도 하고, 혹은 무죄방면을 하기도 했다–그것은 더욱 더 신속히 움직였는데, 변함없이 예전의 재판을 흉내 내었다. 전에는 왕이 사법부를 대신할 수 있었으나, 이와 같은 '유보된 사법권'의 이론이 왕에게서부터 인민주권으로 넘어갔다. 이렇게 함으로써 국가가 인민이 되는 것이 아니라, 인민이 임시 계약직의 공무원이 되는 것이다.

이 사건을 다루는 역사가들이 이 '커다란 문제들'을 왜 하나도 발견하지 못했는지 우리는 이해할 수 있게 된다. 텐이 말한 민중이라는 칠두사七頭蛇가 여기에는 나타나지 않는다. 다중多衆의 정신적인 참여는 확실하며, 언론이나 장관 등 상류사회의 참여도 확실하다. 붉은 테러였건 백색 테러였건 간에 감옥에서의 학살들은 전부 비슷했으며, 똑같은 도덕적 범주를 작동시켰다. 마르크스레닌주의자들은 공포에 질린 파리 사람들이 손수건 한 장을 훔친 파렴치범까지도 희생시킬 만큼 옛날의 임시즉결재판을 흉내 낸 그러한 순간을 인민의 힘이라고 내세웠다! 요컨대, 그토록 완전히 역사적이고 새시대적이고, **교양 있는** 행동을 (퓌레와 리세처럼) 종교적 단순성, 천년왕국설 혹은 민중의 '비非 문화'에 돌린다는 것은 너무 피상적으로 보인다. 감옥에 대한 강박관념은 대혁명을 기다리지 않았다. 1792년 9월에는 귀족에서부터 평민에 이르기까지, 질서를 존중하는 모든 사람들이 고전시대의 이성, 관습, 도덕성 그리고 대대적인 감금을 찬양했다. 그것도 특히 가장 하찮은 사람들의 등을 밟고서 했다. 부르주아적 경찰적인 이성이 여기에서 승리를 구가했다. "우리는 **시뮬라크르**적 재판, 혹은 **패러디**적 재판에 대해 이야기하는 역사가들의 오류를 이해할 수 있다. 그들은 그 재판의 의도들을 잘 몰랐기 때문이다. 유혈적인 재판, 날림으로 해치운 재판, 증오, 잔혹성, 그 무엇이라도 괜찮다. 그러나 희화적인 재판이니, 조롱거리니 하는 것은 당치 않은 말이다. 사실은, 진지한 광신에 의해 중요한 과업이 완수되었다(카롱).

비이성을 타도하기 위한 이성의 광신이며, '나쁜' 사회를 타도하기 위한 좋은 사회[bonne société: 상류사회]의 광신이고, 감옥 안에 갇혀 있는 음모적이고 전염적이며 위험한 나환자들을 타도하기 위한 감옥 밖 사람들의 광신이다. 미슐레가 평가했듯이, 학살은 하나의 '거대하고 급진적인 정신적 숙청'이었다. 그러한 숙청은 2세기 전부터 파리의 선량한 시민들에게 가해졌으며, 왕권이 사라지고 새로운 권위가 들어서기 전, 잠깐 동안 파리 시민들은 스스로 이 숙청을 자신들에게 행사했다. 혁명재판소 그리고 기요탱 박사 [Joseph Guillotin: '기요틴'으로 더 잘 알려진 단두대를 고안한 의사]와 함께 숙청은 전문적인 일이 되었다.

혁명 기간 동안 국가는 지속되었고 강해졌다. 절대왕정에 의해 창조된 중앙집권적 국가는 기능을 계속 발휘했으며, 행정을 합리화하고 인민에 대한 제재 수단을 다양화했다. 토크빌Tocqueville보다 더 잘 그것을 보여 준 역사가는 없다. 그는 "권력의 공백이란 없다"라고 말했다. 혁명의 제1단계와 마찬가지로 제2단계에서도 상퀼로트와 자코뱅이 있었다. (뒤레와 리셰가 확인했듯이) "이 세계의 불행한 자들에 대한 오래된 공포가 무의식의 어둠 속에서" 떠오른 것은 전혀 공포정치 때문이 아니다. 공포라, 그렇다! 모든 사회는 똑같은 공포를 알고 있다. 예를 들면 수감된 죄수들의 음모에 대한 공포에는 좌우의 구별이 없었고, 또 높은 사람이나 낮은 사람의 구별도 없었다. 그것이 바로 9월 학살, 낭트의 익사형溺死刑, 혁명력 3년 리옹과 남프랑스 도시들에서 일어난 대학살 사건들의 원인이었다. 이 커다란 강박관념이 에베르파 혁명당원[hébertistes: 자코뱅 중에서도 극좌파], 병역 기피자, 올빼미당원, 그리고 '테러리스트'와 '마트봉'[Mathevons: 테르미도르 반동 이후 백색 테러를 자행한 왕당파들. 백색 테러란 그들이 흰색 리본을 상징으로 달고 있었기 때문에 붙여진 이름]들의 숙청을 차례차례 합리화시켜 주었다. 그것은 이성의 공포이며—그 이성은 미셸 푸코가 지적했듯이 철학적이고 도덕적이고 동시에 고전적인 국가이성이다. 국가여, 그대가 공화국이 되려면 좀 더 노력을 해야 할 것이다!

당연히 공포정치는 경찰적인 방법으로 경찰 권력을 증대시킨다. "혁명당의 것이건 왕당파의 것이건, 청색이건 백색이건 간에, 모든 공포는 밀고密告, 중상中傷, 오랜 원한에 대한 앙갚음의 초대장이다!"(코브R. Cobb).[5] 짜릿하건 무섭건 순진하건 간에 '인민의 권력'을 장미처럼 순결한 모습으로 우리에게 보여 준 것은 1793년이 처음은 아니었다. 테러라고? 대중이 권력을 잡은 것이 아니라 권력이 대중을 휘어잡았다. 인민 내부의 모순들은 체계적으로 합리적으로 정부에 이용된다. 리옹이 평정되었을 때 '이 수치스러운 도시의 모든 주민들'은 무차별적인 공격의 대상이 되었다. "우리는 그들에게 용龍을 보내어 현지 사령관 스타일의 〈카르마뇰〉[la Carmagnole: 당시 혁명의 노래] 춤을 추게 할 것이다. 그렇게 해서 총으로 그들의 얼굴을 박살낼 것이다." '뒤셴Duchêne 신부'는 루이 14세처럼 생각하고, 미래의 레닌주의자처럼 말했다. 짐이 곧 용이다Le dragon c'est moi, 라고 태양─국가는 말한다. 그 국가가 혁명국가이건 왕정국가이건 상관없다.

국가는 공공의 질서라는 커다란 문제들을 인민화한다. 물론 그것들이 항상 인위적인 것은 아니다(사실 '조국'이 정말로 '위험한' 순간들도 있다). 바로 같은 순간에, 다양하게 분리된 민중은 자신들의 '사소한' 문제들(여기서는 혁명의 새로운 문제)을, 다른 방법으로 공개적으로 제기한다. 예를 들면 빵값, 비누값, 생계비 문제, '향유의 불평등'에 대한 비판이 있었고, 시골에서는 징집령과 징병에 대한 거부가 있었다. 그러므로 그들은 중앙의 거대한 정치권력보다는 일상생활의 미세한 권력(예컨대 시골 귀족, 사제, 부르주아, 파리로부터의 파견원 등등)에만 도전한 것이다. '커다란 문제들'보다는 일상생활의 문제가 더 중요하며, 국가생활 아닌 사회생활이 중요하고, '지금, 여기'가 영원보다 더 중요했다. 삼부회三部會의 진정서 이후 사회를 전복하려는 거대한 운동은 끊이지 않았는데, 비록 분산적이고 모순적이기는 하지만 결코 더 이상 조용하지는 않은 다중들은 이 운동 속에서 자신들의 문제를 책상 위에 올려놓았고, 그것을 유인물로 만들어 서로 공유하고, 분석하고 변형시켰다.

거장 사상가들과 몇몇 역사가들이 생각하듯이 혁명의 상퀼로트적 단계는 투명하기는커녕 오히려 불투명한 요소들이 서로 쌓이고 부딪치는 축적과 '충돌'의 단계였다. 프랑스의 다양한 사회계층이 서로 부딪쳤던 선례에 이어 이제는 사회의 여러 층과 국가의 여러 층들이 서로 부딪치는 사례가 첨가되었다. 국가가 공포정치를 통해 사회를 혁명화하는 동안, 사회는 스스로를 혁명화했다. 그것은 이중의 혁명이었다.

✳ ✳ ✳

3. 혁명은 '밑바닥'까지 내려간다(마르크스). 몽타냐르[montagnard: 산악당, 프랑스혁명 당시의 과격 혁명파] 독재 단계(마티에-소불Mathiez-Soboul 학파)가 그렇고, 제3단계의 부르주아 단계가 그러하며, 새로운 경제질서의 단계(뛰레와 리세에 의하면 집정관 시절)가 그러하다. 그중 두 개의 명제는 비슷하게 마르크스적이며, 마르크스 자신은 그 두 명제를 차례차례 지지했다. 사실상 독재의 제2단계에 심취되어 있었던 마르크스레닌주의자들도 제3단계의 필연성에서 벗어나지 못했다(레닌 역시 NEP를 피할 수 없었다).

최종 단계는 "혁명의 과정과 부르주아 민간사회를 비교적 투명하게"(뛰레) 보여 주는 것 같다. 예를 들면 공포정치가 '예기치 않게 다른 길로 미끄러진' 후 "18세기의 풍요로운 지성이 그려 놓았던 대도大道"(같은 곳), 즉 기업가들의 세계와 교수들의 공화국을 재발견한 것은 테르미도르[1794년 열월(熱月, 7월) 9일 로베스피에르를 타도한 파] 집정관정부[1795~1799]였다. 이제 부르주아지는 안정적으로 자리를 잡았다. 이 이론은 소르본의 마르크스주의 역사가들의 분노를 자아냈다. 대대적인 '이데올로기 논쟁'이 뒤를 이었고, 답변과 반박, 재반박이 서로 얽혀 들었다. 만일 사정을 잘 모르는 사람들이 이런 소란을 풍문으로 들었다면 아마도, 똑같은 결론을 수호하기 위해 그렇게 많은 적대감이 소비된 것에 놀라움을 금치 못할 것이다. 즉 혁명은 끝났으며, 그것은 부르주아적 자유와 기업가들의 우애라는 결과를 낳았다는 것이 바로 그 동일한 결론이다. 끝났다는 사실은 똑같으나 그 날짜만이 다를 뿐이다. 퓌레와 리셰는 집정관정부 시절에 끝났다고 말하고, A. 소불은 루이 필리프Louis Philippe 시대에 끝났다고 말했다. 그 차이는 근소하여, 결코 뛰어넘을 수 없는 것도 아니다. 보나파르트가 나왔을 때 "사람들은 벌써 루이 필리프를 원하고 있었다"라고 리셰와 퓌레는 단언한다.

조심스러운 걸음걸이의 이 역사에서 두 개의 커다란 세력이 사라졌다고 우리는 애석해 한다. 그것은 국가와 사회적 다수, 또는 나폴레옹과 농민이다. "나폴레옹이라는 인물 속에서 부르주아지는 다시 한 번 그들에게 대적하는 혁명적 공포의 모습을 보았다"라고 젊은 날의 마르크스는 이야기했다. 그렇게 함으로써 그는 프랑스혁명에 대한 오늘날의 논쟁에 있어서 두 가지의 커다란 흐름인, 사회민주주의와 레닌주의적 방법, 또는 친미와 친소적 방법을 한데 합쳤다. 부르주아지에게는 자유스러운 시장 메커니즘만 있으면 족했다! 부르주아지는 국가를 필요로 하지 않으며, 실상 그것을 가능한 한 최소한도로 이용할 뿐이다! 1789년 혁명에 대해서 이와 같이 매우 영국적이며 19세기적인 신화를 개발하기 위해서는 토크빌을 잊어야만 하고, 그가 강조했던 강력한 국가의 계속성을 잊어야 하며, 나폴레옹은 집정관 정부나 루이 필리프 등에 의해 전진하던 자유주의 사회를 훼손하는 하나의 격세유전적 인물이라고 간주해야만 한다. 나폴레옹은 제한된 상황 속에서 산업화와 상업을 발달시킨 자유주의자였는가? 이런 식의 내전 및 해외 전쟁에서 프랑스 부르주아지는 항상 국가주의자로 남아 있을 것인가? 유한한 인간들이여, 이제 과거 이야기는 그만 하자.

* * *

농민 문제는 머릿속에 박힌 가시이다. 프랑스혁명이 단 하나의 불가분의 것이라면 그것은 본질적으로 부르주아적이 될 수밖에 없다. 어떻게 해서 그런가? 하여튼 그렇다! 사실상 자본주의는 1788년에도, 1800년에도, 1830년에도 프랑스 사회를 해결해 주지 못했다. "자본주의가 프랑스에서 결정적으로 정착되기 위해서는 오랜 시간을 기다려야만 했다. 기업의 규모는 꽤 컸지만, 혁명 기간 동안 자본주의의 발전 속도는 완만했다"(소불).[6] 그렇다면? 소불은 하나의 이미지를 제시함으로써 그 난관을 벗어났다. 즉, 혁명은 "여하튼 생산과 유통 사이의 부르주아적 관계라는 길을 깔끔하게 개척하였다." 혁명은 봉건적 재산제도와 동업조합의 규칙을 파괴하여 '깨끗한 자리'를 마련했고, 여기에 불투명한 거대한 대중을 앉혀 놓았다. 거대한 대중이란 농민과 도시의 프티부르주아인데, 이들이야말로 나폴레옹 체제는 물론 나중에 제3공화정[1870~1940]을 떠받친 중심 세력이었다. 소위 마르크스 및 자유주의 경제학자들이 근대 자본주의 발전의 장애물적 세력이라고 지칭했던 그 세력이었다. 그래서 "깔끔하게 개척되었"던 이 노선도, 소불이 대부르주아와 한 민중 정파와의 야합의 결과라고 했던 이 독자적인 대중에 걸려 넘어졌다.

대혁명은, 마르크스적으로 말하면, 자본주의적 시장을 향한 길을 닦아 놓았으므로, 또는 '자유스럽게' 노동력을 파는 사람과 역시 자유스럽게 그 노동력을 사는 사람을 대면시켜 놓았다는 점에서, 부르주아 혁명이다. 그러나 대혁명은 언제 이런 일을 하였는가? 1789년 혁명이 부르주아 혁명이라는 것을 확인하기 위해서는 1950년까지 기다려야만 했는가? 그러나 이 혁명은 (영국 식으로 말하면) 농민을 그의 땅에서 '해방'시키기는커녕, 농민에게 가끔 하찮은 재산을 약속함으로써 그들을 땅에 고착시켰다.

정통성의 구애는 덜 받았지만 다른 진영의 해설가들 역시, 마르크스적 혹은 자유주의적 전통의 공통분모, 즉 자유시장이라는 영국적 모델에 충실하기 위해 더욱 곡예를 해야만 했다. 부르주아지는 '전前 자본주의자들'인가? 거기에 집착하지 말라고 퓌레와 리셰는 반박했다. "마치 부르주아지가 경제를 지배하고, 경제 너머 그 이상의 것을 겨냥했었다는 듯이 모든 게 진행되었다. 왜냐하면 그들의 지적 성숙은 그들의 경제적 성숙보다 더 완숙에 가까운 것이었기 때문이다." 브라보! '이미' 아직 존재하지도 않는 경제체제의 정부를 예견할 수 있을 만큼 부르주아지가 지적으로 성숙했다면, 1789년의 부르주아지는 당시의 혁명을 주도할 능력이 있었을 뿐만 아니라, 동시에 1960년대의 '농민 없는 프랑스'의 지평 안에 벌써 들어와 있었다는 이야기가 아닌. 그 사이에, 혁명력 2년의 동맹관계로 공고화된 농민의 재산권은 "19세기 프랑스의 농촌을 안정시키고, 농민의 의고擬古주의를 야기시켰다. (…) 자본주의 확장을 저해하는 지속적인 제동장치가 아닐 수 없다." 이처럼 부르주아지가 2세기를 건너뛰어 도약할 수 있다는 소불의 말은 그가 좀 더 용감하게 전개한 다음과 같은 일종의 공상과학소설을 미리 예고하고 있다. "인민대중은 그들을 기다리고 있는 운명을 잘 알고 있었다. 그래서 그들은, 자본 집중과 자본주의로 향하는 길을 여는, 경제적 자유에 그토록 적대적인 감정을 가졌던 것이다." 이 혁명에는 참으로 거인들이 몸싸움을 하고 있다! 부르주아지는 100년 후에나 시작될 경제를 지배할 능력이 있고, 인민대중은 아직 존재하지도 않는 시장경제 체제에 항거했으며, 그 사이에서 농민은 슬픈 표정을 짓고 있다. 아니면 농민에 관련된 분야를 연구하는 역사가들만이 상상력이 부족했던가?

왜 이토록 달나라 여행을 하는가? 바르나브에 의하면 혁명은 1791년에 끝났고, 교과서에 의하면 브뤼메르[brumaire: 무월(霧月)] 18일에 나폴레옹이 끝냈으며, 또 어떤 사람들은 집정관 정부시대, 혹은 루이 필리프의 시대에 특전을 주었고, 또 다른 사람들은 자기가 집필하는 시대, 혹은 자기 저서가 읽히는 시대를 혁명의 종말로 삼는 것이 좋다고 생각했기 때문이다. 이처럼 끝이 없는 혁명을 단일한 하나의 혁명이라고 말할 수는 없다. 부딪치고 또 부딪치면서 사람들은 결코 거기서 헤어나지 못했다. 지금은 거기서 나왔는가?

* * *

여러 요소가 충돌하는 1789년의 사태는 그것에 결론을 내리는 사람의 유일한 관점으로 단일하게 통합되었다. 모든 커다란 사건이 불가분의 명료한 것으로 제시되고, 민중의 목소리는 단 하나도 들리지 않는다. 민중으로 하여금 말하게 하지 않는 것이 오래전부터 역사가들의 관례이다. 그러나 다양하게 분산된 간섭들이 서로 첨예하게 대립되는 상황은 당시의 프랑스 사회가 결코 단일한 사회가 아님을 확인해 준다. 다수를 구성하지 못하는 다수의 주변적 인간들, 프랑스어를 말하지 못하지만 고유의 직업에 종사하기 시작한 제3국인들, '지평선의 경계'에 위치해 있으면서, "성城에는 전쟁, 초가집에는 평화"의 구호에 따라 부락 단위로 재편성되고 있는 90퍼센트의 '야만적' 농민들, 자신들의 무식한 질문을 소박하게 제기하는 이 민중들을 가지고 어떻게 하나의 단일한 사건을 구성할 수 있겠는가? 끈질긴 탐구들이 결국 이 분산의 거대함을 얼핏 보여 주었다. 그러나 여하튼 종합의 사명을 가진 역사가들도 마침표를 찍는 사람의 관점을 채택하고 말았다. 혁명은 집정관 정부에서 끝났는가, 나폴레옹에서 끝났는가, 루이 필리프 왕정으로 끝났는가, 아니면 드골 장군 시대에 끝났는가를 선택하는 일만 남았다. 하나의 실체를 정의하지 못한 채, 사람들은 단순히, 부르주아 혁명이라는 마침표로 사건을 종결지었다.

우리의 역사가들이 거장 사상가들과 보조를 맞추며 제시했던 그 모든 철학적 가설들은 얼마나 자유로운가! 그들은 항상 조용하게 입 다문 천민들의 잡동사니를 하얀 눈이 깨끗이 뒤덮인 새해 새 아침의 풍경 묘사로 끝맺는다. 그러는 동안 국가의 종탑은 높은 곳에서 자유경제의 시장이라는 넓은 초원을 내려다보고 있다. 카드의 뒷면에는 여러 가지 덕담들이 씌어 있다. 예를 들면, 국가는 '폐쇄된 상업국가'로 되면서 시장을 지배해야 한다(피히테), 또는 단일한 사회주의 국가가 되어야 한다, 혹은 시장은 국가를 사라지도록 해야 한다, 또는 정신, 혁명, 영원회귀 같은 고상한 능력들은 시장과 국가에 동시에 복종해야 한다, 등등이다. 요컨대 "부족한 것은 수천 명의 목들을 한데 비끄러맬 줄과 단일한 하나의 종말이다"라는 것이다.

"부족한 것이라고?" 이 앎의 얼음꽃 밑에서 그들이 없애 버린 것은, 동일하지 않은 목소리로, 그러나 다같이 쇠사슬에 저항하는 수천 명 반도들의 얼굴이다. 거장 사상자들과 세계의 지배자들 틈새에서 그들을 알아보는 사람들에게 이 얼굴들은 괴물처럼 보일 것이다. 그러나 그들은 엄연히 존재한다. 역사란 언제나 그들에게 일어난 사건들일 뿐이다.

＊ ＊ ＊

'권력 쟁취'라는 말 속에 수천 개의 다양한 봉기들을 마술적으로 압축해 넣었고, 수많은 피억압자들의 반란을 부르주아 혁명이라는 말로 지워 버렸던 이 모든 시각적 장치들도, 1789년 사건의 X선 사진 한가운데 나타난 불투명한 커다란 덩어리masse를 결코 지워 버리지 못했다. 국가는 권력의 문제에만 관심이 있고, 시장은 모든 사람들을 고독 속에 가두어 놓는, 이 위생적인 학교 같은 세계 속에서 대중은 하나의 암 덩어리였다. 바로 그것이다! 프랑스의 1789년 사건, 그 후 몇 세기 동안 산발적으로 일어났던 다른 반란들, 피렌체의 첫 번 소요에서부터 뉴딜정책 이전 노동자들의 '수상한 투쟁', 그리고 베트남전 당시 미국 학생들과 흑인들의 반항, 이 모든 무질서들은 통치자와 체제가 함께 추는 왈츠보다 더 결정적인 것이며, 시장의 결정보다 더 결정적인 것이었다. 그런데 사람들은 항상, 시장이 진정 결정적인 것이 되기에는 1789년은 너무 일렀고 오늘날은 너무 늦었다고 말했다.

새로운 특권층과 다수 민중 사이의 야합 속에서 프랑스혁명은 조용해졌다. 아우스테를리츠[Austerlitz: 1805년 나폴레옹이 오스트리아와 러시아에 승리를 거둔 곳. 지금은 체코 지역]의 태양, 또는 리프Rif의 황혼에서부터 '고기칼' 작전[Hachoire 작전: 1차 세계대전의 격전지였던 베르덩에서 펼쳐졌던 독일의 작전명]의 베르덩전투에 이르기까지의 농민군과 '시골 민주주의Jaurès' 담당자들이 야합했다. 얼마간의 자유와 군사적 우둔함의 야합인 것이다. 1930년의 대공황은 경제적 격변이었으며, 뉴딜이라는 새로운 야합이었다. 불투명한 대중은 자신들의 지지세력인 농민을 잃어버렸고, 대신 화이트칼라, 저임금의 타이피스트, 가난한 학생들, 다시 말해 거대한 빈민군貧民群으로 채워졌다. 미완성의 민주주의라는 아주 애매한 타협도 있다. 이 타협은 밑에서 꼭대기까지 작은 수뇌들의 등급을 공고히 하면서 다양한 파시즘의 위협을 가하기도 하고, 반反 파시즘 운동의 기회와 함께, 인간과 관념을 순환시키는 해방의 기회도 가져다준다. 그것은 항상 다시 시작되는 저항의 불안정 속에서 권력과 계급을 파괴함으로써 가능한 것이다. 유럽의 문화혁명들은 전혀 1789년을 기다리지 않았으며, 그때 중단된 것도 아니다. 특권층과 비특권층을 충돌시키며 또 특권층 내부에서 서로를 부딪치게 함으로써 이 문화혁명, 프로이트의 말을 빌리자면 끊임없이 이어지는 성공한 정신분석으로 남아 있게 되었다.

* * *

너무나 매혹적인 저항을 막아 내기 위해 서구사회의 엘리트들은 두 개의 방법 가운데 하나를 택해야만 했다. 그중 부드러운 방법은, 도전받는 그 특권을 최대한 불공평하게 나눠 가지는 것이다. 그래서 이민자 출신의 OS[ouvrier spécialisé: 특수 기술을 가진 노동자]를 제외하고는 누구나 은행 대출, 소비, 계급적인 위치 등 사소한 특권을 누릴 수 있으며, 인구의 3분의 1은 다양한 형태의 '지적' 노동과 관련된—미미하나마 문화적 사회적으로 결코 부인할 수 없는—우월적 지위를 누리게 된다. 옛날의 중산층이었던 농민과 장인들은 모두 해체되어 버렸고, 좀 더 숫자가 많은 다른 계층이 사회의 양극화를 막는 이 완충적 중간위치에 끼어들게 되었다—"자본주의적 생산양식 속에서 독립적 농부와 장인은 각기 두 사람의 인격으로 분리되었다. 생산수단의 소유자라는 점에서 농부는 자본가이지만, 노동을 한다는 점에서 그는 자기 자신에게 고용된 임금노동자이다. 자본가로서 그는 자기의 임금을 지불하고, 자기 자본으로부터 영리를 취하며, 임금노동자로서 자신을 착취한다. 이렇게 생긴 잉여가치 속에서 그는, 마치 노동이 자본에 공물貢物을 바치듯이, 자기 자신에게 공물을 바친다."[7]

여기서 마르크스는 사상의 거장 놀이를 즐기고 있다. 그는 19세기 유럽의 농민적 다중에 대한 원칙을 예외적인 것으로 취급한다. 그리고는 아무것도 잃을 것이 없는 자와 모든 것을 얻는 자 사이의 이론적인 양극화를 하나의 규칙으로서 제시한다. 실례實例가 없는 규칙이다. 이 거장은 자신이 제어할 수 없었던 현실에 이 규칙을 강제적으로 부과했다. 이 규칙을 비웃기라도 하듯이 산업화된 영국에서는 '비생산적인' 근로자(3차산업 종사자)의 숫자가 단순노동자의 숫자보다 더욱 빨리 증가했는데, 마르크스는 그 이유를 밝혀야만 할 것이다.

오늘날의 서구에서는 농민의 수가 줄었지만, 그렇다고 해서 그들이 '두 사람으로 분리'되어 '자기 자신을 착취'하는 현상이 줄어든 것은 아니다. 이것은—마르크스에 영광 있으라!—다른 사람들을 착취하는 농부 또는 거의 배타적으로 착취당하기만 하는 농부가 있다는 의미가 아니다. 이 '거의'라는 말에는 옛날 농부의 비밀만이 아니라 현대적 사회의 비밀까지도 들어 있다. 모든 사람들은 착취의 재생산에 참여한다. 예를 들어, 파업을 한다는 것은 한 무기공장의 파산을 막아 주기도 하고, 또는 99퍼센트의 사람들에게 무용지물인 거대하고 값비싼 비행기를 '보존'해 주기도 한다. 이 내면의 분화를 고려한다면, 결정적인 결투에서 선과 악을 대결시키는 그러한 단 하나의 최후의 혁명은 생각할 수 없는 일이다. 아무도 착취관계의 재생산에서 완전히 벗어날 수 없는 것이라면, 그리고 모든 사람이 '이중적'인 것이 사실이라면, 대부분의 사람들은 언제나 자기 자신의 총구 끝에 있는 것이다.

사상의 거장들과 체계적인 역사가에게 있어서 중간지대는 매우 불투명한 것처럼 보였다. 그 지대는 모든 개념의 칼에서 잘도 비켜나며, 그들은 언제나 이미 거기에 대적하지만, 그 도전이 결코 최종적인 것은 되지 못한다. 시작되거나 중단되지 않은 역사는, 거장 사상가들의 추론의 출발점인 제로의 순간(혁명, 공포정치)에서 넘쳐흐른다. 이 역사는 땅 위의 통치와 위대한 선善을 결정하는 묵시록적 사건들에 눈길을 돌리지 않는다. 국가는 시장을 지배하지 못하고, 세계시장도 절대적으로 국가를 지배하지 못한다. 이제는 더 이상 그 어떤 헤겔적, 마르크스적, 니체적 높은 권력도 이 권력들[시장과 국가]을 지배하지 못한다. 역사는 둘의 중간에서 움직이며, 언어는 이 다양한 민중 속에서 모든 것을 순환시킨다. 사람들은 '둘로 분리되어' 있고, 전체도 무無도 아니며, 그렇다고 격세유

전도 아니다. 거기서 사람들은 반항하거나 굴복하지만, 결코 자기 자신에 대한 투쟁을 피하지는 못한다.

단순히 착취당하지 않기만 하는 것이 아니라 스스로 착취자가 되기도 하는 사람들로 이루어진 이 중간지대는 소크라테스나 파뉘르주에 의해 옛날부터 잘 알려졌던 것이다. 다른 사람들이 그리로 와서 산책하고 있다. 즉, 엘리트들이 국가 혹은 사회의 기초를 위해 대중을 동원하는 하수인으로 사용하는 징병 하사관들이다. 그 누구도, 황금과 덕德, 사생활과 공안公安, 과학의 독백과 길 잃은 아이들의 더듬거리는 입술 등의 묵시록적 콘트라스트를 제시하지 않는다.

박식한 사상의 거장들은 20세기 문제의 최종적 해결을 위해 불가분의 정신적 기계들을 이미 다 배치해 놓았다. 그것도 아주 크게 공공연하게 해 놓았다. 니체의 성실한 솔직성을 판단할 필요조차 없다. 그는 모든 것을 말하고 있으므로, 20세기는 그의 책을 자세히 읽고, 그의 말을 하나도 놓치지 않고 듣기만 하면 된다. 그리고 그의 열렬한 추종자에게 강제수용소의 등불을 붙여 주기만 하면 된다. 사상의 거장들은 규율사회의 높고 낮은 수뇌들의 좀 더 은밀하고 좀 더 미세한 권력의지를 말로 표현해 주었다. 그것을 당하고만 있기보다는 내 스스로 연극의 한 역할을 맡기 위해 나는 프로스페로[Prospero: 셰익스피어 희곡 『템페스트』의 주인공]의 다음과 같은 아이러니컬한 마술로써 막을 내리려 한다.

> 내가 당신들에게 가르쳐 주었듯이 이 배우들은 모두 유령들이오. 그들은 모두 손으로 만질 수 없는

공기 속에 녹아 들어 버리고 말았소. 이 허깨비의 모래성과 마찬가지로, 구름을 머리에 이고 있는 탑들, 호사스러운 궁전들, 장엄한 사원들, 그리고 그것을 즐기고 있는 인간들을 안에 품고 있는 이 지구까지도 모두 해체되어 흔적도 없이 사라질 것이오.

(셰익스피어, 『템페스트』 제4막 제1장)

1977년 1월 2일, 파리에서

주석과 인용 문헌

태초에 간섭이 있었다

1 성문 밖의 파뉘르주

1 라블레의 인용은 쇠유(Seuil) 출판사의 라블레 전집인 *l'Intégrale*를 따른다. 텔렘의 에피소드에 대해 일반적으로 인정되는 해석은 "인간성의 탁월함에 대한 신조"(Plattard)이지만, 실제 원문에서는 그런 것이 전혀 제시되지 않고 있다. '라블레의 언어'를 연구한 프랑수아 리골로(François Rigolot)는 코카뉴(Cocagne) 수도원이 취했던 '수수께끼' 같은 측면을 강조해 보여 준다. "이 해방된 인간들은 모든 자유를 갖고 있다. 다만, 다른 사람들과 다르게 될 자유만 빼고. 그것은 획일적인 삶이고 가짜 약속이다"(Droz, *Etudes rabelaisiennes*, Genève, 1972).

2 Pasqualini, *Prisonnier de Mao* (Gallimard, Paris).

3 A. Soljenitsyne, *l'Archipel du Goulag* (Seuil, Paris), t. 1, p. 299.

4 M. Foucault, *Surveiller et punir* (Gallimard, Paris), p. 210.

5 *Ibid.*, p. 211.

6 *Ibid.*, p. 174.

7 현대의 모든 논리학 책은 이율배반과 패러독스에 몇 개 장씩을 할애한다 (이율배반 중에 가장 유명한 것이 거짓말쟁이 크레타 사람 이야기이다). 이 이야기 하나만 있으면 모든 서지사항이 다 필요없다. 그러나 다음과 같은 저서들

을 참고할 만하다. J. Vuillemin, *Leçons sur la première philosophie de Russel* (A. Colin, Paris); *Le Dieu d'Anselme et les apparences de la raison* (Aubier, Paris); A. Tarski, *Logique, sémantique, métamathématique* (A. Colin, Paris); W. Quine, *The Ways of Paradox* (Random House, New York).

8 라블레의 웃음에 대하여는, M. Bakhtine, *L'Œuvre de François Rabelais* (Gallimard), p. 80을 보라.

9 M. Bakhtine, *Ibid*, p. 90.

10 '강요된 선회'에 대한 카를 마르크스의 말은 *Critique de l'économie politique* (Pléiade), t. 1, p. 407. 또한 다음 것들도 볼 것: *Le Capital* (Pléiade), t. 1, p. 681; t. 2, p. 1189; V. Lénine, *Œuvres* (ed. de Mouscou), t. 22, p. 295; K. V. Clausewitz, De la guerre (éd. de Minuit), p. 82; G. Sorel, *Réflexions sur la violence* (M. Riviere, éd. 1972), pp. 26, 142.

11 플라톤(『법률론』, V 739c)에서도 텔렘 수도원과 아주 비슷한 이상적 공동체의 묘사를 볼 수 있다. 조금 다른 관점으로는 C. Jambet, *Apologie de Platon* (Grasset), pp. 128-29 참조.

2 자기도 모르게 지크프리트

1 T. Mann, *Considérations d'un apolitique* (Grasset).

2 프리츠 랑(Fritz Lang)의 〈마부제 박사의 유언(Le Testament du docteur Mabuse)〉(1933)은 나치에 의해 상영이 금지되었다. 정신병원에 수용된 마부제 박사의 유일한 활동은 글을 쓰는 것이었다. 그는 '혼돈에 의한 질서'라는 일반원칙에 따라 세워진 '범죄의 제국'의 기초를 허물었다.

3 '영토(territoire)'의 어원은 P. Legendre, *Jouir du pouvoir* (éd. de Minuit, 1976).

4 E. Vermeil, *L'Allemagne* (Gallimard, 1945), p. 100.

5 W. Scheel, "Friedrich Ebert fut notre première chance démocratique," 바이로이트 축제 100주년 담화.

6 E. Vermeil, *op. cit.*, p. 24.

7 Musil, *L'Homme sans qualités* (éd. du Seuil).

8 트로츠키의 말은 Isaac Deutscher, *Trotsky, le prophète désarmé* (II)(Julliard), p. 463에서 재인용.

9 맥나마라 전략에 대하여는, *Le Discours de la guerre*, p. 371을 보라.

10 P. Legendre, *op. cit.*, pp. 157-58.

11 *Ibid.*, p. 69.

12 J.-P. Sartre, *Situations X* (Gallimard), p. 469.

13 P. Legendre, *op. cit.*, p. 169.

14 A. Thierry, *Essai sur l'histoire... du Tiers État* (Garnier, 1875), p. 12.

15 A. et M. Mitscherlich, *Le Deuil impossible* (Payot), p. 56.

3 불가능한 소크라테스 선생

1 미군에서 나온 최초의 반박문에 대한 글로는, D. Cortright, *Soldiers in Revolt* (Doubleday, New York, 1975).

2 K. Marx (Pléiade), t. 1.

3 K. Sombart, *Le Bourgeois* (Payot, 1926), p. 432.

4 P. Clastres, *La Société contre l'État* (éd. de Minuit).

5 G. W. F. Hegel, *Principes de la philosophie du droit* (N.R.F.), préface "Idées," p. 37.

6 Platon, *Apologie de Socrate*, 23a.

7 소크라테스 관련, "아주 중요한 인물…"은 G. W. F. Hegel, *Leçons sur l'histoire de la philosophie* (Vrin, 1971), t. 2, p. 273.

8 "변증론의 공기 펌프…"는 S. Kierkegaard, *Le Concept d'ironie* (l'Orante, 1975), p. 162.

9 소크라테스와 국가에 대하여는, Hegel, *Leçons…*, t. 2, p. 333.

10 '탄력성(élasticité)'은 Kierkegaard, *Ibid.*

11 G. W. F. Hegel, *La Relation du scepticisme avec la philosophie* (Vrin, 1972).

12 트릭(truc)은 독일어로 Witz이다.

13 헤겔의 헛됨은 Kierkegaard, *op. cit.,* p. 243.

14 소크라테스의 인식의 기원은 Hegel, *Leçons…*, t. 2, p. 295.

15 L. F. Céline, *Le Voyage au bout de la nuit* (Folio, N.R.F.).

16 A. Soljenitsyne *et al., Des voix sous les décombres* (Seuil), p. 272.

네 사람의 에이스

*피히테(1762~1814)는 빈한한 시골 출신으로, 일곱 살 때까지 소를 키우다가 한 부유한 후원자가 나타나 공부의 기회를 얻은, 가난했으나 재능 있는 사상가였다. 그때 한창 유명하던 칸트의 재정적인 지원을 받기도 했다. 취리히에서 『프랑스혁명에 대한 대중의 평가를 수정하기 위한 고찰들』(1793. 프랑스어판은 『프랑스혁명 논고*Considérations sur la Révolution française*』, Payot, 1974)을 출간했다. 이 책으로 자코뱅주의자라는 평판을 얻었다. 괴테는 예나 대학에 온 그를 '새로운 시대의 철학자'라고 불렀다. 몇 년 후 그는 '무신론자'라는 이유로 파면되었다. 프랑스가 점령한 마인츠에서 강의를 할까도 생각하다가, 베를린의 자기 집에서 개혁주의 프로

이센 시대의 교수, 장관, 고위공무원들을 상대로 사설 강의를 했다. 젊은 낭만주의자들과 모순적인 교류 관계를 유지하면서 점차 반(反) 제국주의적 독일 애국심의 선구자가 되었고(『독일 국민에게 고함』, 1808. 프랑스어판은 *Discours a la nation allemande*, Aubier), 개혁주의 장관들에게 자청하여 강의를 했다(그의 '폐쇄적 상업국가' 이론은 중앙은행의 개입으로 정부가 경제를 통제하고 대외 무역도 독점할 수 있는 이론적 근거가 되었다. 나중에 여러 사회주의 국가들이 '일국사회주의'라는 방식으로 채택하게 될 이상적인 자급자족 경제형태였다). 베를린 대학 총장 재임 중 사망했다. 지나침이 없는 애국자였고, 혁명을 배반했다는 이유로 나폴레옹을 적대시했으며, 그렇다고 해서 왕정 옹호자도 아니었다.

헤겔(1770-1831)의 삶은 피히테보다 좀 더 잘 알려져 있다(cf. F. Châtelet, *Hegel par lui-même*, éd. du Seuil). 혁명을 연구했고(그의 친구들, 예컨대 미래의 시인 횔덜린Hölderlin이나 미래의 철학자 셸링Schelling처럼 그도 프랑스대혁명을 매우 찬양했다), 신문사를 경영하기도 했으며, 그가 매우 존경한 나폴레옹에 의해 점령된 독일 지역에서, 그리고 나중에 베를린에서 고등학교를 하나 경영하기도 했다. 독일 철학을 지배하는 대표적 철학자이다.

카를 마르크스는 1818년 트리어(Trier)의 유대계 독일 가정에서 태어났다. 자유주의적인 그의 부모들은 단지 필요에 의해 개종했다. 1883년 사망. 마르크스의 삶은 현대의 공적 영역의 일부가 되었다. 그의 전기를 마치 성자 열전처럼 기술하는 방식에 식상한 독자라면 다음 책에서 보통 사람 마르크스를 만날 수 있을 것이다. F. Lévy, *Marx, histoire d'un bourgeois allemand* (Grasset 1976).

프리드리히 니체의 삶도 역시 현대의 공적 영역의 일부가 되었다. 가끔은 그의 저서들보다 그의 인생이 더 극적이다. 1844년 10월 13일에 태어난 니체는 영광의 절정에 오른 바그너와 우정을 나누었고, 『비극의 탄생(*La Naissance de la tragédie*)』(trad. G. Bianquis, N.R.F., 1949)이 증명하듯 바그너의 거의 (무조건적인) 공식 철학자가 되었다. 『반시대적 고찰(*Considérations inactuelles*)』(trad. G. Bianquis, Aubier)도 역시 니체와 바그너의 밀접한 관계를 증명해 준다. 몇 번에 걸쳐 바그너와 불화하여 헤어진 후 주요 저서들을 출간했다. 1889년에 정신병원에 수용되었고, 1900년에 사망했다.

1 새로운 그리스와 그 유대인

1 피히테의 생애에 대하여는 다음 책을 참고할 것. X. Léon, *Fichte et son temps* (A. Colin).

2 하이네의 충고에 대하여는, H. Heine, *Histoire de la religion et de la philosophie en Allemagne* (1834)의 끝 부분.

3 Nietzsche, *Naissance...*, p. 209.

4 헤겔의 유대인론은 *La Constitution de l'Allemagne* (1800, 독일어판, Suhrkamp, 1800: 프랑스어판, éd. Champ libre, 1974), p. 167. 인용된 문장은 비(非)편집본인 이 프랑스판의 마지막 문장이다.

5 "사람은… 가치가 있다"는 *Philosophie du droit*, §209, p. 236.

6 히믈러(Himmler)에 대하여는, L. Poliakov, *Le Bréviaire de la haine* (éd. de poche) 참조.

7 M. Foucault, *Histoire de la folie* (Tel-Gallimard), pp. 57-58. 이 유명한 구절을 함부로 변경한 것이 많은 데카르트 전공자들과 철학 교수들을 화나게 했다. 텍스트로만 한정해 보면 푸코 쪽이 유리해 보인다. 편견을 가진 사람들에게는 안될 얘기지만.

8 유대교에 대한 헤겔의 생각은, *L'Esprit du christianisme et son destin* (1798-1800), trad. J. Martin (Vrin).

9 Fichte, *Considérations...*, p. 160.

10 말장난은 *Schriften zur Revolution* (Ullstein), p. 176 참조(프랑스어판 p. 161).

11 Hegel, *La Constitution...*, p. 30; Nietzsche, *Naissance...*, p. 232.

12 Hegel, *La Constitution...*, p. 79 및 *Leçons sur la philosophie de l'histoire*, trad. Gibelin (Vrin, 1963), p. 340. 이것은 헤겔의 노년 강의를 사후에 출판한 강의록에서 따온 구절들이다.

13 Nietzsche, *Écrits posthumes, 1870-1873* (Gallimard), pp. 180-81.

14 R. Marienstras, "Les Juifs ou la vocation minoritaire," *Les Temps modernes*, août-sept. 1973. 그와 몰나르(M. Molnàr)와의 관계는, *Marx, Engels et la politique internationale* (Idées, Gallimard) 및 F. Lévy, *op. cit.*, p. 153.

15 Hegel, *La Constitution...*, pp. 92, 77.

16 Marx, *La Question juive*, trad. Palmier (10/18), p. 50.

17 Fichte, *Considérations...*, p. 228.

18 Hegel, *La Constitution...*, p. 48 및 *Philosophie de l'histoire*, pp. 133-34.

19 마키아벨리에 대한 헤겔의 언급은 *La Constitution...*, p. 137.

20 *Ibid.*, pp. 47, 46.

21 Fichte, *Considérations...*, p. 246.

22 안티고네에 대한 헤겔의 언급은 *La Phénoménologie de l'Esprit* (1807), trad. J. Hyppolite (Aubier), t. 2, p. 41.

23 Hegel, *Philosophie de l'histoire*, pp. 342, 346 및 *Philosophie du droit*, §280.

24 '판옵티즘'에 대하여는, M. Foucault, *Surveiller et punir*, III, 3.

25 Hegel, *Philosophie de l'histoire*, p. 167.

26 "생각한다는 것, 그것은 지배한다는 것이다"는 다음 책들을 참고할 것: J. Wahl, *Le Malheur de la conscience dans la philosophie de Hegel* (P.U.F.), p. 154; D. Janicaud, *Hegel et le destin de la Grèce* (Vrin), p. 65.

27 크로노스(Chronos)에 대하여는, Hegel, *Encyclopédie des sciences* *philosophiques*, trad. de Gandillac (N.R.F.), §258, p. 248.

28   D. Goldstein, *Dostoievski et les Juifs* (Idées, Gallimard), pp. 264, 222를 보라.

29   L. Poliakov, *Histoire de l'antisémitisme* (Calmann-Lévy), t. 3, pp. 389, 168; 또한 Nietzsche, *Fragments posthumes 1887-1888*, *Œuvres* (N.R.F.), t. 13, trad. P. Klossowski, p. 154: "고대 귀족사회가 기독교인들에 대해 느꼈던 깊은 경멸감은 오늘날의 사람들이 유대인들에 대해 느끼는 본능적 거부감과 비슷하다. 그것은 자유스럽고 자기의식이 명석한 사람들이 그들 사이에 슬그머니 끼어든 수줍은 사람들에 대한 증오이다. 이 수줍은 사람들은 자신의 존재가 부조리하다는 혼합된 감정을 갖고 있다."

30   Hitler, *Mein Kampf*, trad. N.E.L., p. 62.

31   Hegel, *Philosophie de l'histoire*, p. 79.

32   반 유대주의의 세밀한 묘사로는 반 유대주의의 위기에 관한 L. Poliakov의 글을 보라. 저자는 대중국가주의('민족주의')의 결정적 역할을 강조하지는 않는다.

2 왜 나는 그토록 혁명적인가(피히테)

1   Hegel, *Correspondance*, t. 1 (N.R.F.), pp. 115, 130.

2   L. Althusser, *Éléments d'autocritique* (Hachette), pp. 34-36.

3   피히테 인용은 A. Philonenko, *Théorie et praxis dans la pensée morale et politique de Kant et de Fichte en 1793* (Vrin), p. 78.

4   *Considérations...*, p. 8.

5   '정신적 무기'로서의 철학은 Marx, *Contribution à la critique de la philosophie du droit de Hegel*, trad. Molitor, t. 1.

6 이론적 연구의 부재에 대하여는, *Les Luttes de classes en France*.

7 Kant, *Vermischte Schriften* (Inselverlag), p. 635.

8 피히테에서 필연성에 대하여는, B. Willms, *Die totale Freiheit, Fichtes politische Philosophie* (Köln und Opladen, 1967), p. 96.

9 Hegel, *Philosophie de l'histoire*, p. 340, 339.

10 Hegel, *Vie du Jésus*, trad. Rosca.

11 니체가 사상의 거장들의 교훈을 물려받은 것은 나폴레옹을 통해서였다. "혁명은 나폴레옹을 가능하게 했다. 나폴레옹이 정당화되는 것은 바로 그 점에서이다. 비슷한 대가를 치르고 우리는 우리 문명이 허무주의적으로 붕괴하기를 원해야 할 것이다. 나폴레옹은 민족주의를 가능하게 했다. 그 것이 그의 한계이다"(*Œuvres*. N.R.F., t. 13). 거장들은 민족주의라는 작은 옷 속에 갑갑하게 몸이 꽉 끼어 있다. 그들은 제국, 인터내셔널 혹은 전(全) 지 구적 지배라는 용어들로 사유한다.

12 『정신현상학』에서 나폴레옹의 지위는 *Le Discours de la Guerre*를 보라.

13 Léon Trotsky, *Histoire de la révolution russe* (le Seuil), t. 2, p. 541; t. 1, p. 34.

14 거꾸로 돌아가는 필름에 관한 언급은 I. Deutscher, *op. cit.*, t. 2, p. 616.

15 '절대적 확신'은 *Phénoménologie...*, t. 2, p. 197.

16 Hegel, *Phénoménologie...*, t. 1, pp. 162ff.

17 Marx, *Critique de l'économie politique* (Pléiade, 1859), t. 1, p. 288.

18 노예제에 대하여는, Hegel, *Philosophie de l'histoire*, pp. 79, 312.

19 Hegel, *Science de la logique*, t. 1, trad. S. Jankelevitch (Aubier), pp. 129-31.

20 Hegel, *La Première Philosophie...*, pp. 98ff.

21 *Science de la logique*, t. 1, p. 188.

22 Hegel, *Système de la vie éthique* (1802-03), trad. Taminiaux (Payot), pp. 112, 167 및 *Philosophie première...*, p. 114.

23   Hegel, *Philosophie du droit*, §324.

24   *Système de la vie éthique*, p. 196; Nietzsche, *Le Gai Savoir*, trad. Klossowski (N.R.F.), pp. 256ff.

25   1848년 6월 사태와 마르크스, 엥겔스의 평가에 대하여는, F. Lévy, *op. cit.*, p. 287.

3 왜 나는 왜 그토록 박식한가(헤겔)

1   헤겔에서 일출의 의미는 *Philosophie de l'histoire*, p. 340.

2   Nietzsche, *Cons. inactuelles*, t. 2, p. 385.

3   Fichte, *Considérations sur la révolution*, p. 110 및 독일어판 p. 148.

4   Hegel, *Phénoménologie*, t. 2, p. 104.

5   *Philosophie du droit*, §301, 그리고 다양한 변이형들로 Hegel, *La Société civile bourgeoise*, trad. J. P. Lefebvre (Maspero), pp. 125ff.

6   니체의 다양한 잡문들은 *La Volonté de puissance*, trad. G. Bianquis (Gallimard), t. 2, p. 82 (éd. 1947).

7   Lénine, *Œuvres* (éd. de Moscou), t. 33, p. 512; A. Soljenitsyne, *L'Archipel...*, t. 1, p. 105.

8   피히테에 관하여는, A. Philonenko, *La Liberté humaine dans la philosophie de Fichte* (Vrin, 1966), p. 230을 보라.

9   "군주정치에는… 하나의 주인만이 있고 노예는 하나도 없다(In der Monarchie... ist Einer Herr und Keiner Knecht)": Hegel, *Philosophie de l'histoire*.

10   Fichte, *Conférences sur la destination du savant* (1794), trad. Vieillard-Baron (Vrin), pp. 72, 76, 70.

11 하이네 텍스트를 재편집한 *Beitrage zur deutschen Ideologie* (Ullstein) p. 6.

12 H. Marcuse, *Raison et révolution* (éd. de Minuit), pp. 180, 262.

13 Hegel, *La Constitution...*, p. 84.

14 B. Willms, *op. cit.*, pp. 158-59.

15 Hegel, *La Première Philosophie de l'Esprit* (1803-1804), trad. Planty-Bonjour
(P.U.F.), pp. 122, 82, 104-05.

16 Hegel, *Jenenser Philosophie des Geistes 1805-06* (F. Meiner), p. 181 및 *La
Première...*, p. 102.

17 '절대적인 자유'에 대하여는, *Encyclopédie*, §244, p. 234.

18 Hegel, *Les Preuves de l'existence de dieu*, trad. Niel (Aubier), p. 135.

19 M. Heidegger, *Chemins qui nemènent nulle part*, trad. Brokmeier (N.R.F.), p.
126.

20 "정신은 뼈다": *Phénoménologie*, t. 1, p. 284.

4 왜 우리는 이토록 형이상학적인가

1 Hegel, *Phénoménologie...*, préface, p. 29(독일어판, F. Meiner, p. 29).

2 Philonenko, *Théorie et...*, pp. 101ff; *Liberté humaine*, p. 284.

3 해부학 등은 Marx, *Introduction générale...* (Pléiade, 1857), t. 1, p. 260을 보라.

4 M. Heidegger, *Nietzsche*, trad. P. Klossowski (N.R.F.), t. 2, pp. 133ff.

5 M. Bloch, *L'Étrange Défaite* (éd. Franc-tireur, 1946), p. 70.

6 Hegel, *Encyclopédie*, § 50.

7 Fichte, *Œuvres choisies de philosophie première*, trad. A. Philonenko (Vrin), p.
50.

8 '인간화하다'는 Nietzsche, *La Volonté de puissance*, t. 2, p. 384.

9 Nietzsche, *Ecce Homo* (1888), *Œuvres*, t. 9 (N.R.F).

10 Fichte, *Œuvres choisies*, p. 246.

11 Marx, *L'Idéologie allemande* (Éd. Sociales, 1846), p. 434; *Manuscrits de 1844* (Éd. Sociales), p.97.

12 Fichte, *Œuvres choisies*, p. 26.

13 Hegel, *Encyclopédie...*, §25.

14 Hegel, *Phénoménologie*, t. 1, pp. 56ff.

15 과학에 대한 니체의 생각은, *Le Gai Savoir*, §7.

16 Hegel, *Phénoménologie*, t. 1, pp. 57, 40; *Les Preuves...*, pp. 42, 128, 175.

17 M. Heidegger, *Questions IV* (N.R.F.), p. 247.

18 Hegel, *Phénoménologie...*, p. 59; *Les Preuves...*, p. 204.

19 마르크스 관련 내용은, *Manuscrits de 44*.

20 M. Heidegger, *Qu'est-ce qu'une chose?* (N.R.F.), pp. 124-25.

21 Hegel, *Phénoménologie...*, pp. 59ff.

22 *Ibid.*, p. 34.

23 Marx, *La Misère de la philosophie et le Capital* (Pléiade), t. 1, p. 995.

24 Hegel, *Science de la logique*, t. 1, p. 84.

25 Nietzsche, *Par-delà le bien et le mal* (éd. bilingue Aubier), §56.

26 Hegel, *Encyclopédie*, §552, p. 472.

27 Nietzsche, *Volonté de puissance*, t. 2, p. 387.

28 *Échanges et dialogue ou la mort du clerc* (éd. IDOC-France, 1975)를 보라.

29 *Le Monde* 게재.

1 Hegel, *Foi et savoir* (1802), trad. Méry (Ophrys), 결론 부분 및 *Différence des systèmes philosophiques de Fichte et de Schelling*, trad. Méry (Ophrys), p. 133.

2 중국적 관료주의 모델에 대하여는, C. et J. Broyelle, *Deuxième retour de Chine* (Le Seuil, 1977)을 보라.

3 바쿠닌의 마르크스론은, *Socialisme autoritaire ou libertaire* (10/18), t. 1, p. 216.

4 Trotsky, *Écrits militaires* (l'Herne), p. 288.

5 Marx, trad. Molitor, *op. cit.*, t. 1, p. 102.

6 Marx, *Le dix-huit Brumaire...*

7 F. Lévy, *op. cit.*, p. 400.

8 Marx, *Travail salarié et capital* (1849)(Pléiade), t. 1, pp. 206-07; *Misère de la philosophie* (Pléiade), t. 1, p. 136

9 Nietzsche, *Volonté de puissance*, t. 2, p. 313.

10 Marx, *Le Capital*, III, 3 (Pléiade), t. 2, p. 1044.

11 *Introduction générale...* (1857)(Pléiade), t. 1, p. 262.

12 Marx, *Le Capital*, I, 2 (Pléiade), t. 1, p. 726

13 *Question juive*, p. 44.

14 *Critique de l'économie* (1859)(Pléiade), t. 1, p. 285

15 *Fondements de la critique de l'économie politique*, trad. Dangeville (éd. Anthropos), t. 1, p. 164.

16 Marx, *Le Capital*, I, 2 (Pléiade), t. 1, pp. 725, 719.

17 I, 4, t. 1, "La grande industrie."

18 Marx, *Le Capital*, I, 4 (Pléiade), t. 1, p. 956.

19 M. Foucault, *Surveiller et punir*, p. 229.

20 프랑스 노동운동사에서 광부의 지위에 대한 대작을 준비 중인 프랑수아 에발드(François Ewald)는 마르크스가 이처럼 일방적인 접근방식을 취했다는 것을 강조했다.

21 Marx, *Le Capital*, III, 5 (Pléiade), t. 2, pp. 1130, 1035.

22 이 절의 마르크스 인용은: Marx, *Le Capital*, III, 5 (Pléiade), t. 2, p. 1027; *Fondements* (éd. Anthropos), t. 1, p. 243; *Le Capital*, III, 7, t. 2, p. 1429; I, 6, t. 1, p. 1037; *Introduction...* (Pléiade), t. 1, p. 258; *Misère de la philosophie* (Pléiade), t. 1, pp. 32, 28-29; *Fondements*, t. 1, p. 313; *Le Capital*, I, 3, t. 1, p.752.

23 Trotsky, *Histoire de la révolution*, t, 2, p. 702.

24 Marx, *Critique du programme de Gotha* (1875)(Pléiade), t. 1, p. 1420.

25 *Critique de l'économie politique* (Pléiade), t, 1, pp. 340-41.

26 Nietzsche, *Volonté de puissance*, t. 2, p. 308.

6 나는 어디를 통해 모든 것 위에 올라가게 되었는가(니체)

1 *Marx, Le Capital*, III, 7, t. 2, p. 1480; *Introduction...*, t. 1, p. 256.

2 Nietzsche, *Ainsi parlait Zarathoustra* (éd. bilingue Aubier), t, 1, "Des trois métamorphoses."

3 *Ibid.*, t. 2, "En disponibilité," pp. 233, 235, 213.

4 *Volonté de puissance*, t. 1, p. 147.

5 Nietzsche, *Le Gai Savoir*, § 222, 124; *Volonté de puissance*, t, 1, p. 46.

6 이 절의 니체 인용은: Nietzsche, *Le Gai Savoir*, §4, "De l'origine de la poésie," *Par-delà le bien et le mal*, §268; *Ainsi parlait...*, t. 1, "Des mille et une fins."

7   Nietzsche, *Volonté de puissance*, t. 1, p. 81.

8   이 절의 니체 인용은: Nitzsche, *Le Crépuscule des idoles, Œuvres*, t. VIII (N.R.F.), pp. 80-81; *Le Gai Savoir*, §4; *Volonté de puissance*, t. 1, pp. 112, 90; t. 2, pp. 70-71.

9   Nietzsche, *Volonté de puissance*.

10   A. Tarski, *Logique, sémantique...*, t. 1, p. 250.

11   J. Vuillemin, *Le Dieu d'Anselme et les apparences de la raison* (Aubier), p. 134.

12   Nietzsche, *Volonté de puissance*, t. 2, pp. 335, 286.

13   M. Heidegger, *Questions II* (N.R.F.), pp. 76-77.

14   "지배와 착취는 동일한 하나의 개념이다"(마르크스가 1843년 5월 루게Ruge에게 보낸 편지).

15   바이로이트 축제를 감독한 파트리스 셰로(Patrice Chéreau)와 리샤르 페두치(Richard Péduzzi)의 노고를 치하하는 『누벨 오브세르바퇴르(Le Nouvel Observateur)』 기사.

역사의 종말

1   F. Furet et D. Richet, *La Révolution française* (Fayard, 1973), pp. 21, 86, 204, 209, 277.

2   G. Lefebvre, *La Grande Peur de 1789* (A. Colin), pp. 142.

3   A. Soboul, préface à C. Mazauric, *Sur la révolution française* (Éd. Sociales), p. 7.

4   P. Caron, *Les Massacres de Septembre* (éd. La maison du livre français, 1935), pp.

110, 442.

5 R. Cobb, *Teneur et subsistances* (Clavreuil), pp. 21, 27.

6 A. Soboul, post-face à G. Lefebvre, *Quatre-vingt-neuf*, pp. 273.

7 K. Marx, *Histoire des doctrines économiques*, trad. Molitor, t. 2, p. 209.

기타 참고 문헌

H. Arendt, *Essai sur la Révolution* (N.R.F.).

F. Furet, "Le catéchisme révolutionnaire," *Annales*, mars-avril 1971 (E.S.C.).

D. Richet, "Élites et despotisme," *Annales*, janvier 1969.

La Pensée, n° 186 (juin 1976).

J.-L. Talmon, *Les origines de la démocratie totalitaire* (Calmann-Lévy).

천민 개념에 대하여는, 미셸 푸코의 다음 글이 가장 최신의 관련 글이다 (*Recherches logiques*, n° 4, 1977).

"'천민'을 역사의 영원한 기초 혹은 모든 종속의 최종적 목표, 또는 모든 반란의 결코 꺼지지 않는 불꽃으로 생각해서는 안 된다. '천민'의 사회적 실체는 없다. 다만 언제나 사회체 안에, 계급들 안에, 집단들 안에, 혹은 개인들 안에, 권력관계에서 벗어나는 어떤 존재가 있을 뿐이다. 그것은 양순하거나 고집 센 원재료가 아니라 원심적 운동이고, 역행하는 에너지이며, 틈새이다. 천민 '그 자체'는 존재하지 않지만 '천민적'은 있다. 몸에도 영혼에도, 개인 안에도, 프롤레타리아 안에도 부르주아지 안에도 있다. 그러나 그 형태와 에너지와 특성은 매우 다양하다. 천민의 이런 부분은 권력관계의 외재성이라기보다는 차라리 그 경계선, 뒷면, 반동(反動)이다. 그것은 권력에서 벗어나고자 하는 운동에 의해 권력의 지나침에 대응하려 한다. 그러므로 그것은 언제나 새로운 권력망의 개발을 추동한다. 천민의 환원은 세 가지 방식으로 실행될 수 있다. 즉, 실질적인 복종에 의해, 또는 천민이라는 지위의 사용을 통해(19세기 경범죄의 예를 참고하라), 또 혹은 저항의 전략에 따라 자신의 지위를 굳힘으로써이다. 천민이 권력의 한계이며 뒷면이라는 관점은 권력장치의 분석을 위해 반드시 필요한 관점이다. 거기서부터 권력의 기능과 전개가 이해될 수 있다."